LUTZ HACHMEISTER (HG.)
GRUNDLAGEN DER MEDIENPOLITIK
EIN HANDBUCH

W0070375

LUTZ HACHMEISTER (HG.)

Grundlagen der Medienpolitik

EIN HANDBUCH

REDAKTION

Kai Burkhardt, Claudia K. Huber, Gisela Schmalz,
Julia von Dobeneck und Stephan Weichert

DEUTSCHE VERLAGS-ANSTALT

FSC

Mix
Produktgruppe aus vorbildlich
bewirtschafteten Wäldern und
anderen kontrollierten Herkünften

Zert.-Nr. SGS-COC-1940
www.fsc.org
© 1996 Forest Stewardship Council

Verlagsgruppe Random House FSC-DEU-0100
Das für dieses Buch verwendete FSC-zertifizierte Papier *EOS*
liefert Salzer, St. Pölten.

1. Auflage
Copyright © 2008 Deutsche Verlags-Anstalt, München,
in der Verlagsgruppe Random House GmbH
Alle Rechte vorbehalten
Typographie und Satz: DVA / Brigitte Müller
Gesetzt aus der Minion
Druck und Bindung: GGP Media GmbH, Pößneck
Printed in Germany
ISBN 978-3-421-04297-2

www.dva.de

INHALT

Einleitung

Nachdem sich Humpty Dumpty und Alice darüber unterhalten haben, ob es nicht besser sei, an 364 Nicht-Geburtstagen beschenkt zu werden anstatt nur an einem Tag im Jahr, beginnt zwischen den beiden in Lewis Carrolls Kinderbuch »Alice hinter den Spiegeln« ein Dialog über die Bedeutung von Begriffen. Humpty Dumpty, das Ei mit den menschlichen Zügen, sagt: »Da gibt es Ruhm für Dich«, meint aber eigentlich, so muss Alice erstaunt feststellen, »Das ist ein nettes schlagendes Argument für Dich«. Alice entgegnet: »Aber ›Ruhm‹ bedeutet nicht: *ein nettes schlagendes Argument.*« Daraufhin Humpty Dumpty: »Wenn ich ein Wort gebrauche, dann hat es genau die Bedeutung, die ich ihm gebe – nicht mehr und nicht weniger.« »Die Frage ist«, so Alice, »ob Sie Worten einfach so viele Bedeutungen geben *können*«. Humpty Dumpty: »Die Frage ist, wer hier die Macht hat – das ist alles.«

In Lewis Carrolls sprachphilosophischem Spiel geht es um das Besetzen von Begriffen, um Definitionshoheiten, um die Bedeutung von Bedeutungen. Moderne Medienpolitik hat genau in diesem Feld ihre Ursprünge – mit Sprachregelungen, mit den Versuchen, die Produktion der technischen Kommunikationsmedien zu kontrollieren, mit hoheitlichen Verfügungen darüber, was mitgeteilt und gesagt werden darf – und was untersagt werden soll. Im Mittelpunkt jeder strategischen Medienpolitik steht bis heute, wie sich das Politische und die etablierten gesellschaftlichen Kräfte zu jener »Bewusstseinsindustrie« verhalten, die sich im 19. und 20. Jahrhundert mit Massenpresse, Kino und Rundfunk entfaltet hat. Die Eigendynamik der publizistischen Kommunikation, die tendenziell auf übergeordnete Öffentlichkeiten zielt, trifft empfindlich das Ordnungsgefüge des Staates, der Parteien und der großen gesellschaftlichen Organisationen, die sich nun mit der Realität der Massenmedien arrangieren müssen – und gezwungen sind, jeweils neue, mehr oder weniger untergründige Einflussmechanismen auszubilden. Medienpolitik ist damit nicht so sehr ein Politikfeld unter anderen (wie »Gesundheitspolitik«

oder »Arbeitsmarktpolitik«). Sie ist vielmehr *Metapolitik,* weil jeder Eingriff in die Ordnung der gesellschaftlichen Verständigung, sei es über Technologien, über Subventionen und Förderungen, über gesetzliche Fusions- und Konzentrationskontrollen, darüber mitbestimmt, wie über das Politische selbst geredet und gedacht wird. In der Medien- und Kommunikationspolitik erweisen sich Realverfassung und Identität von Staaten, internationalen Zusammenschlüssen, großen gesellschaftlichen Organisationen, aber auch von Partisanen, Guerilleros und Terroristen. Die Bedeutung von Medienpolitik für jeden, der an politischen Prozessen aktiv teilhaben will, wird so am ehesten in ihren Extremen sichtbar.

Als das russische Atom-Unterseeboot »Kursk« im August 2000 in der Barentssee explodierte und die Suche nach überlebenden Seeleuten nur schleppend und dilettantisch verlief, zeigten die privatisierten russischen Fernsehsender ORT und NTW unter anderem auch Bilder von Präsident Wladimir Putin, der auf dem Schwarzen Meer Wasserski fuhr und auf der Terrasse seiner Datscha in Sotschi Grillpartys gab. Der erboste Putin, schließlich doch nach Moskau zurückgekehrt, ließ den Mann vorladen, der für diese Bilder verantwortlich war – den »Oligarchen« schlechthin, den Multi-Unternehmer und Medienzaren Boris Beresowski (unter anderem Besitzer des Senders ORT), der Putin erst ins höchste Staatsamt gelotst hatte. Putin teilte Beresowski mit, ORT werde wieder, so oder so, in den Besitz des russischen Staates kommen. Als Begründung gab er an, in einem Geheimdienstbericht habe gestanden, Beresowskis Fernsehleute »hätten ein paar Nutten angeheuert, die als Frauen und Schwestern der verunglückten Matrosen posieren und auf mich schimpfen sollen«. Es war die letzte Begegnung zwischen Putin und Beresowski. Der Oligarch ging bald ins Exil nach London, auch dort seines Lebens nicht wirklich sicher. Schon zuvor hatte Russlands zweiter Fernsehzar aus der Jelzin-Ära, Wladimir »Goose« Gussinski, gezwungenermaßen seine Medienholding an den halbstaatlichen Energieversorger Gazprom verkauft. Heute ist »Gazprom Media« Russlands einflussreichstes Medienunternehmen.

Als die Putin-kritische Journalistin Anna Politkowskaja im Oktober 2006 am Geburtstag des Präsidenten im Treppenhaus ihrer Wohnung erschossen wurde, hatte Putin für diesen Mord, der weltweit Entsetzen erregte, nur einige zynische Bemerkun-

gen übrig. Die junge Journalistin Elena Tregubova schrieb in der
»Zeit« in einem offenen Brief an die deutsche Bundeskanzlerin
Angela Merkel: »Schweigen heißt Mittäterschaft.« Der Mord an
Politkowskaja ist bis heute ebenso wenig aufgeklärt wie die töd-
lichen Schüsse im Juli 2004 auf den Chef des Moskauer Büros von
»Forbes«, Paul Klebnikow. Er hatte über tschetschenische Warlords
recherchiert und auch eine Biografie Boris Beresowskis verfasst, als
Subgeschichte der Ausverkaufs-Ökonomie in der Jelzin-Ära.

Um die Zusammenhänge zwischen »Realpolitik«, Besitzverhält-
nissen in der Medienindustrie und politisch-publizistischem Ein-
flusstransfers zu verdeutlichen, kann man auch auf die deutschen
Verhältnisse verweisen. Im Jahr 2003 wurde nach dem Konkurs
der Kirch-Gruppe bekannt, dass der »ewige Kanzler« Helmut Kohl
nach dem Ende seiner Amtszeit von Kirch-Firmen zwischen 1999
und 2002 jährlich rund 300.000 Euro an Beraterhonoraren erhalten hatte. Das ARD-Fernsehmagazin »Panorama« und der Journalist Hans Leyendecker präsentierten genüsslich den Beratervertrag
(abgewickelt über eine Firma des Kohl-Sohnes Walter), der dem
Altkanzler praktisch nichts, nämlich nur mündlich-situative Leistungen abverlangte. Einen weiteren Beratervertrag hatte Kohl von
der »Credit Suisse« erhalten, einer Hausbank der Kirch-Gruppe.
Die Konkursverwalter ermittelten (letztlich ohne durchgreifendes
Ergebnis) wegen des evidenten Verdachts der Untreue.

Leo Kirch hatte sich, aus kleinen Verhältnissen stammend, mit
Cleverness und unter steter Pflege seiner politischen Verbindungen ins CDU/CSU-Lager zum zweitgrößten deutschen Medienunternehmer nach Bertelsmann emporgearbeitet, mit zeitweiliger
Beteiligung am Springer-Verlag und dessen Massenblatt »Bild«. Auf
den überzeugten Katholiken Kirch hatte die CDU/CSU gesetzt, als
es darum ging, Mitte der 1980er Jahre den als linkslastig verdäch-
tigten öffentlich-rechtlichen Rundfunk mithilfe kommerzieller
Wettbewerber zu »entautorisieren«. Der damalige niedersächsische
Ministerpräsident Ernst Albrecht (CDU) hielt das für ein geistig-
moralisches »Projekt, größer als Gorleben«. Umso mehr verblüffte
es später, als ans Licht der Öffentlichkeit kam, dass auch eine ganze
Riege von Kohls Ministern zu Kirch-Beratern mutiert waren – so
die ehemaligen Postminister Schwarz-Schilling und Bötsch, Finanzminister Theo Waigel und auch der FDP-Mann Jürgen Möllemann,

ein Medienpolitiker ganz eigener Art, an den allein eine Million Euro geflossen sein sollen – wofür, ist bis heute völlig unklar. Im Frühjahr 2003 erlebte der »Panorama«-Reporter Stephan Stuchlik eine berufliche Sternstunde, als er Kohl bei einer Gedenkveranstaltung zum Todestag von Ehefrau Hannelore im Bonner Hotel Maritim auflauerte und nach den Beraterhonoraren von Kirch fragte. Kohl, ganz auf Streit eingestellt, erwiderte: »Sie sind doch von Panorama. Sie wissen, was das heißt. Sie haben doch mit Journalismus nichts zu tun.« Stuchlik: »Herr Dr. Kohl, ich darf Sie noch mal fragen: Wofür haben Sie denn die Gelder von Leo Kirch bekommen?« – Kohl: »Das kann ich Ihnen sagen. Das Geld sammle ich, um das nötige Geld zu haben, um jetzt eine große Untersuchung anzustellen über die Vaterlandsverräter und Leugner der deutschen Einheit – etwa bei bestimmten Machenschaften der ARD.«

Zu der angekündigten »großen Untersuchung« über die »Vaterlandsverräter« kam es dann natürlich nicht; Kohl hatte andere Sorgen. Bei seiner bekannten Spendensammelaktion zugunsten der CDU bekam er noch einmal eine Million Euro von Kirch, dazu 800.000 Euro von dem 2007 verstorbenen Erich Schumann (WAZ-Gruppe), der daraufhin aus der SPD ausgeschlossen wurde. Leo Kirch, der bei seiner Insolvenz offenkundig Privatvermögen bei Verwandten, Bekannten und im Ausland geparkt hatte, feierte 2007 als 80-Jähriger ein Comeback in der Medienindustrie, als er über neue Unterfirmen und mithilfe der bei seinem Konkurs blamierten Banken wieder die TV-Rechte an den Übertragungen von der Fußball-Bundesliga erwarb.

Bei der Einführung des kommerziellen Rundfunks in Deutschland wurde Medienpolitik deutlich als Machtpolitik kenntlich: Die vermutete publizistische Begünstigung bestimmter politischer Grundhaltungen und Ziele wurde mit ökonomischen und publizistischen Vorteilsgewinnen verrechnet. *Medienpolitik als Machtpolitik* ist ein Topos geblieben, der vom zähen bürokratischen Alltagsgeschäft der legislativen Medienpolitik häufig überdeckt wird. Letztere, in Deutschland hauptsächlich Sache der Staatskanzleien auf Länderebene, des Bundesverfassungsgerichts und diverser Aufsichtsbehörden und Kommissionen, weist sich durch Wort-Ungetüme wie »Rundfunkänderungsstaatsverträge« aus, durch rituelle Debatten um Gebührenerhöhungen für das öffentlich-rechtliche

Rundfunksystem und durch nur für Eingeweihte durchschaubare Institutionen mit Abkürzungen wie ZAK, KEK, KEF, DLM oder KJM (vgl. Register). Zuletzt öffentlich wurden die Ängste vor anonymen ausländischen Finanzinvestoren oder der Zwist zwischen Presseverlegern und den Intendanten von ARD und ZDF über die Präsenz im Internet. Da geht es auch schon einmal um die Frage, ob Rezepte öffentlich-rechtlicher Kochsendungen im Netz publiziert werden dürfen. »Medienpolitiker« als reale Personen sind in der Öffentlichkeit nahezu unbekannt, und auch in den politischen Parteien wird zumeist unumwunden zugestanden, dass es hier an Kompetenz für ein außerordentlich kompliziertes technologisch-publizistisches Feld fehlt, das somit eher Domäne von Verfassungsrichtern und juristisch ausgebildeten Ministerialbeamten bleibt. So ist in Mainz aus medienhistorischen Gründen die »Rundfunkkommission der Länder« angesiedelt, die die medienpolitischen »Kamingespräche« der Ministerpräsidenten vorbereitet. Über Jahrzehnte war Hans-Dieter Drewitz, Abteilungschef 2 in der rheinland-pfälzischen Staatskanzlei, so etwas wie der heimliche Chef der operativen Medienpolitik in Deutschland.

Mit diesem Buch sollen Grundbegriffe und Handlungsfelder eines Politikfelds empirisch-historisch geklärt werden, das zum einen für jede entwickelte Demokratie und vor allem jetzt für die Europäische Union machtpolitisch sensibel ist und bleibt. Man denke an die »Vermählung von Sex, Politik und Soap« (»Spiegel«) durch den französischen Tele-Präsidenten Nicholas Sarkozy (mit seinen engen Verbindungen zu Rüstungsindustriellen und Medienkonzern-Lenkern) oder an Silvio Berlusconis Chancen, als reichster Medienunternehmer seines Landes zum dritten Mal Ministerpräsident Italiens zu werden. Gleichzeitig verschwimmen mit dem Siegeszug des Internets, das alle anderen publizistischen Medien zusehends in sich aufsaugt und transformiert, die Parameter für eine an den klassischen »Massenmedien« orientierte Medienpolitik.

Erst in den 1960er Jahren dringt »Medienpolitik« als Begriff in die deutsche Kommunikationswissenschaft vor, dann auch in die Programme der Parteien. Es sind zwei CDU-nahe Medienforscher, die Professoren Franz Ronneberger und Otto B. Roegele, die erstmals im akademischen Rahmen Medien- und Kommunikationspolitik begrifflich und systematisch zu begründen suchen –

sicherlich nicht zufällig in der unmittelbaren Zeit nach Adenauer, im Vorfeld der »formierten Gesellschaft« Ludwig Erhards. Franz Ronneberger (1913–1999) war im NS-Staat SS-Untersturmführer und Spezialist für »Südosteuropaforschung«; als junger national-sozialistischer Multifunktionär hatte er in Wien unter anderem die »Dienststelle Dr. Ronneberger«, eine Korrespondenzstelle des Auswärtigen Amtes, aufgebaut. Er habilitierte 1944 in Rechtswissenschaften und schrieb im »Völkischen Beobachter« und ähnlichen einschlägigen Periodika harte antisemitische Prosa. Nach 1945 kam er bei der WAZ als Dokumentar und Kommentator unter, dozierte auch bald wieder an der Wirtschafts- und Verwaltungsakademie Bochum. Nach einer erneuten Habilitation 1960 in Soziologie bei Helmut Schelsky wurde er 1963 auf einen Lehrstuhl für Politik- und Kommunikationswissenschaft an der Universität Erlangen-Nürnberg berufen. Ronneberger formulierte seine »Kommunikationspolitik« (gekrönt durch ein gleichnamiges, eher trockenes, dreibändiges Werk, erschienen zwischen 1978 und 1985) als Integrationslehre für etablierte gesellschaftliche Institutionen. Er bekannte freimütig seine Vorliebe für »Ausgewogenheit« und seine Abneigung gegen »globale und politisch-radikale Auffassungen«, da seine eigene Generation »wahrhaftig durch schwere Irrtümer und Versuchungen hindurchgehen musste«.

Otto B. Roegele (1920–2005), promovierter Mediziner und später langjähriger Herausgeber des »Rheinischen Merkur«, zählte sich zum katholischen Widerstand gegen das NS-Regime. 1963 wurde er Professor für Zeitungswissenschaft in München. Eher pragmatisch orientiert, öffnete Roegele dort den Weg zur »Wissenschaft von der gesellschaftlichen Kommunikation« und publizierte 1965 den Sammelband »Pressereform und Fernsehstreit. Texte zur Kommunikationspolitik 1832 bis heute. Unter Mitarbeit von Peter Glotz«. Glotz, bald einer der profiliertesten SPD-Intellektuellen, war mit Wolfgang R. Langenbucher 1970/1971 an der Gründung der Münchener »Arbeitsgemeinschaft für Kommunikationsforschung« (AfK) beteiligt, die vor allem Aufträge vom Bundespresseamt erhielt.

Neben Roegele und Ronneberger war Elisabeth Noelle-Neumann (Jg. 1916) für die Unionsparteien als Medienforscherin konzeptionell tätig, während am Berliner Institut für Publizistik unter Fritz

Eberhard und Harry Pross beziehungsweise deren Assistenten für eine »linke«, gewerkschaftlich orientierte Medienpolitik gefochten wurde. Dort erhielt 1969/1970 auch Ulrike Meinhof einen Lehrauftrag für »Agitation im Hörfunk-Feature«. Paradoxerweise war die klassische Publizistik- und Kommunikationswissenschaft mit den genannten Persönlichkeiten (auch mit den Institutsleitern Walter Hagemann in Münster und Emil Dovifat in Berlin in den 1950er Jahren) weit stärker medienpolitisch profiliert als die aktuelle Kommunikations- und Medienwissenschaft, die zwar personell besser ausgestattet ist, sich aber in einem Nebel von Systemtheorien und Konstruktivismen entpolitisiert hat und geräuschlos in den akademischen Alltag eingebunden ist.

Kommunikations- und Medienpolitik werden begrifflich häufig synonym gebraucht; es bietet sich aber an, Kommunikationspolitik als eine umfassendere Variante strategischer Kommunikation zu sehen, die der Medienpolitik historisch vorausgeht. »Medienpolitik« sollte als Begriff pragmatisch an die Entwicklung der Publizistik seit dem 16. Jahrhundert durch technische Medien bzw. Massenkommunikation gebunden sein, also durch Buch, periodische Presse, Kino(-film), Hörfunk, Fernsehen, Internet, verbunden mit verwandten Medienformen wie Flugblätter, Fotografie, Karikatur oder Tonträger. Kommunikationspolitik ist hingegen schon Topos der antiken Staatsphilosophie, die sich mit dem Zusammenhang von Wahrnehmung, Erkenntnis, Sprachlogik und den Organisationsformen der Gesellschaft auseinandersetzt. So findet sich bei Platon die Überzeugung: »Nirgends wird an den Gesetzen der Musik gerüttelt, ohne dass auch die höchsten Sätze des Staates ins Wanken geraten.« Eine eigene Untersuchung verdiente die Kommunikationspolitik der katholischen Kirche, die mit ihren Dogmen, Ritualen und Symbolen über mehr als ein Jahrtausend auch die weltliche Kommunikation beherrschte. Die »Exkommunikation«, der Ausschluss von der Teilhabe an Ritualhandlungen der *communio,* geht sogar ex negativo dem heute üblichen Kommunikationsverständnis voraus. Mit der gegenreformatorischen »Congregatio de Propaganda Fide« (begründet 1622) weist der Vatikan den Weg für alle späteren Propagandalehren. Im Verhältnis zur Größe seines Staatsgebiets ist der Vatikan historisch wie aktuell (mit zahlreichen publizistischen Beteiligungen und Distributionskanälen) zweifellos die stärkste globale medienpolitische Macht.

Die Ungleichzeitigkeit medien- und kommunikationspolitischer Verhältnisse kann man am Beispiel des ausgehenden Wilhelmismus studieren, als antiquierte Gemäldemalerei und pompöses monarchisches Gehabe auf moderne Nachrichtentechniken und eine mit der »Arbeiterklasse« wie dem Bürgertum engverbundene Pressekultur treffen. Im Ersten Weltkrieg werden schließlich die auch heute noch gebräuchlichen kommunikationspolitischen Techniken wie psychologische Kriegsführung, Gräuelpropaganda oder Einbindung von Journalisten und PR-Fachleuten in »Pressestäbe« konzeptualisiert.

Neben die restriktiven Formen der Medien- und Kommunikationspolitik treten seit dem 17. Jahrhundert im Zuge der philosophischen Aufklärung und der zunehmenden Verkopplung von Bildungs- und Mediensystem normative Forderungen nach staatlicher Gewährleistung weitgehender Kommunikationsfreiheit. Diese werden in der Folge schrittweise, bei manchen Rückschlägen etwa in der Metternich-Ära, verfassungsrechtlich kodifiziert und im Idealfall gegen allzu offenkundige Machtaspirationen der politischen Klasse im engeren Sinn geschützt. Zentrale Proklamationen sind hier die britische »Bill of Rights« (1698, zunächst nur mit der Garantie parlamentarischer Redefreiheit), der Artikel 11 der Erklärung der Menschen- und Bürgerrechte in Frankreich (28. August 1789) und der Erste Verfassungszusatz (»First Amendment«) zur »Bill of Rights« der Vereinigten Staaten (1791) mit der Garantie der Religions-, Rede- und Versammlungsfreiheit. Im Verlauf der presse- und medienrechtlichen Entwicklung haben sich diese Grundvorstellungen normativer Medienpolitik weiter aufgefächert – so soll die Freiheit der Medienproduktion gewährleistet sein, Angebotsvielfalt und politische Pluralität ebenso gesichert werden wie ein möglichst offener Zugang zu den Medien der Öffentlichkeit; das »Zeitgespräch der Gesellschaft« soll im Sinne einer spannungsreichen gesellschaftlichen Debatte gefördert werden wie auch medienkünstlerische und publizistische Kreativität. Daneben treten Schutzbestimmungen, die eine schrankenlose Presse- und Kommunikationsfreiheit sinnvoll relativieren (Menschenwürde,

Privatsphäre). Solche normativen Grundlagen der Medienpolitik sind in den westlichen Demokratien heute weitgehend akzeptiert. Aber dennoch musste 1961 das Bundesverfassungsgericht in seinem berühmten ersten Fernsehurteil der seinerzeitigen Adenauer-Administration nahebringen, dass der öffentlich-rechtliche Rundfunk »Medium *und* Faktor« der öffentlichen Meinungsbildung sein solle, also nicht nur funktional Ansichten der Regierung oder der Parteien zu transportieren habe. Interessanterweise gibt es eine historische Drift von der zensorischen über die normativ-gewährleistende Medienpolitik bis hin zu Vorstellungen von einer technologischen und ökonomischen Aufhebung jeder Medienpolitik im Internet-Zeitalter. Solange aber noch mehr oder weniger heftige Interventionen der politischen Klasse zu verzeichnen sind und sich eine publizistische Sphäre weiterhin herausbildet, sind solche Vorstellungen einer Selbstregulierung der Medienindustrie eher naiv, mindestens aber verfrüht.

In diesem Handbuch sind mit dem Begriff »Medienpolitik« wesentlich drei untrennbar verbundene Handlungsfelder gemeint: 1. die staatliche und juristische Regulierung der Medienindustrie (»Medienordnung«), insbesondere die Rolle des Staates bei der Entwicklung neuer Kommunikationstechnologien oder bei Frequenzvergaben, 2. die Vermittlung und Präsenz von Politik in den publizistischen Medien (Inszenierung, Wahlkämpfe, *campaigning*) und 3. die Politik der Medienunternehmen selbst – dazu zählen der Einfluss von »Medienzaren«, die Lobby-Arbeit von Medienkonzernen, der Journalismus als Profession, die mit der handelnden Politik um öffentliche Aufmerksamkeit konkurriert und gleichzeitig über diese informiert, oder auch die Verbandspolitiken der Medienwirtschaft. In diesem erweiterten Verständnis von Medienpolitik ist die Gründung eines konservativen Kabelsenders wie »Fox News« in den USA durch Rupert Murdoch weitaus wirkungsvoller als die meisten Beschlüsse der dortigen Aufsichtsbehörde FCC. Schließlich sind die unterschiedlichen nationalen Kulturen der Medienpolitik, die mit der historischen Entwicklung der jeweiligen Mediensysteme zusammenhängen, zu berücksichtigen; so denkt man in Frankreich auch medienpolitisch bis heute eher etatistisch-präsidial, in Deutschland bestimmen Föderalismus und Verfassungsrecht die Regeln und Handlungsabläufe, in den USA fordern nur vereinzelte Intellektuelle wie Noam Chomsky demokratische Interventionen gegen die »Konsensmaschine« der Medienindustrie, während sich in Großbritannien ein System feiner *checks and balances* mit zahlreichen Kommissionen und Selbstverpflichtungen herausgebildet hat. Seitdem jede nationale Medienregulierung durch Satellitenkommunikation und Internet zumindest relativiert ist, gewinnen Konzepte von Medienpolitik als Geopolitik an Bedeutung (auch vor dem Hintergrund des vieldebattierten neuen »Kampfes der Kulturen«), abzulesen an der Gründung zahlreicher neuer Nachrichtenkanäle im globalen Fernsehgeschäft. Schließlich ist seit den 1980er Jahren Medienpolitik auch dezidiert als Wirtschafts- und Ansiedlungspolitik betrieben worden – in Deutschland bildete sich dabei zunächst ein scharfer Konkurrenzkampf zwischen Nordrhein-Westfalen und Bayern heraus, der mit großen »Medienforen« und »Medientagen« symbolisiert wurde. Es gab einige Glamour-Effekte, aber auch viele Subventionspleiten; der Brückenschlag zwischen kurzfristiger »Standortpolitik« und einer substantiellen Förderung der Medienkultur gelang häufig nicht.

Eine international vergleichende Geschichte der Medienpolitik fehlt bislang, so wie auch für Deutschland bislang nur parzellierte Darstellungen zur »Presse«-, »Film«- oder »Rundfunkpolitik« vorliegen und auch nur sehr vereinzelt empirische Studien über medienpolitische Entscheidungsprozesse. Man kann die Geschichte der Medienpolitik dezidiert als Abfolge von Interessenkonflikten der Akteursgruppen aus Politik, Publizistik und Gesellschaft schreiben, wie ein stichwortartiger Überblick für die Entwicklung in Westdeutschland nach 1945 verdeutlicht.

In den späten 1940er und den 1950er Jahren ging es um die Auseinandersetzung zwischen »Altverlegern« und den Inhabern alliierter Presselizenzen sowie um Pläne der Adenauer-Administration für ein »Bundesinformationsministerium« (der Kanzler wollte »'ne demokratische Joebbels« für die Vermittlung seiner Regierungsleistungen). Auf der medienpolitischen Agenda stand die Einführung von Privatfernsehen nach britischem Vorbild und die Krise der Kinoproduktion (»Keinen Meter Film für das Fernsehen«).

Die 1960er Jahre begannen im Abschwung der Adenauerschen Kanzlerdemokratie spektakulär mit der »Spiegel-Affäre« und dem erwähnten, zentralen Urteil des Bundesverfassungsgerichts 1961, mit dem die Länderkompetenz in Rundfunk-Angelegenheiten festgeschrieben wurde, damit verbunden die Gründung des ZDF in Rheinland-Pfalz. Es gab Auseinandersetzungen um die politische Ausrichtung des Fernsehmagazins »Panorama« und um den Einfluss der Parteien bei der Besetzung von Führungs- und Redakteurspositionen im öffentlich-rechtlichen Rundfunk. Axel Springer drängte mit Macht auf ein »Verlegerfernsehen«. Thematisiert wurden die Verteilkämpfe zwischen Presse und Fernsehen auf dem Werbemarkt. Schließlich kam das Jahr 1968 mit Parolen wie »Enteignet Springer!« und Diskussionen um »innere Pressefreiheit« und mögliche »Redaktionsstatute«.

Anfang der 1970er Jahre entwickelten CDU/CSU, FDP und SPD erste umfassendere medienpolitische Forderungskataloge. Gestritten wurde über einen angeblichen »Rotfunk« und die »Systemveränderer« in den ARD-Sendern. Im weiteren Verlauf des Jahrzehnts ging es um die Möglichkeiten des Kabelfernsehens. Die CDU-Ministerpräsidenten Ernst Albrecht und Gerhard Stoltenberg kündigten den NDR-Staatsvertrag mit dem Ziel, ihrer Partei stärkeren Einfluss zu verschaffen. Filmpolitisch ging es um Vor- und Nachteile der Kooperation zwischen Kino- und Fernsehproduktion (»amphibischer Film«).

Die 1980er Jahre standen ganz im Zeichen der Einführung des kommerziellen Fernsehens. Es wurde eine heftige Debatte geführt um »Programmqualität« angesichts vieler schriller und plebejischer Sendungen bei RTL und Sat.1. Bald hatten die Kirch-Gruppe (Bayern) und Bertelsmann (Nordrhein-Westfalen) mit einigen kleineren Kombattanten aus dem Verlegerlager (WAZ, Bauer, Burda) den kommerziellen Fernsehmarkt unter sich aufgeteilt. Die Bertelsmann-Stiftung als Eigentümerin des von Gütersloh aus gesteuerten Konzerns beherrschte einen gewichtigen Teil des medienpolitischen Diskurses.

In den 1990er Jahren ging es um die Herausbildung von »Senderfamilien«, die Erfolgschancen des Pay-TV, die zunehmende Formatisierung der Fernsehprogramme, die Rolle der Telekom bei der Entwicklung der Kabelnetze, um Reality-TV wie »Big Brother«, um »Fernsehduelle« und Politikvermittlung durch spezielle Talkshows. Schließlich wurden die ehemaligen DDR-Medien in das bundesdeutsche Mediensystem integriert.

Die medienpolitischen Diskussionen am Beginn des 21. Jahrhunderts sind vor allem durch die technologischen und ökonomischen Möglichkeiten des Internets gekennzeichnet. Gleichzeitig erstarkt das öffentlich-rechtliche Rundfunksystem, das sich (zum Verdruss mancher Presseverleger) inzwischen ungeteilter Sympathie bei den politischen Parteien erfreut – weil es zum einen keinen »Rotfunk« mehr gibt und sich zum anderen bei der CDU/CSU kulturelle und wirtschaftliche Hoffnungen auf die Effekte des kommerziellen Fernsehens nicht wirklich erfüllten. Mit einem Urteil zur relativen Gebührenautonomie des öffentlich-rechtlichen Systems blieb das Bundesverfassungsgericht 2007 in der Tradition seiner »Rundfunkurteile« und bestätigte seine Rolle als einflussreicher Akteur in der Medienpolitik. Es ist jedoch fraglich, wie lange in Anbetracht der technologischen Entwicklung ein eigenständiges Rundfunkrecht überhaupt noch Geltung haben kann. Ab und an wird über die strategische Position der einheimischen Medienindustrie diskutiert, angesichts der auch auf den deutschen Markt drängenden internationalen Finanzinvestoren. Der Kauf der Sendergruppe »ProSiebenSat.1« durch die alteingesessene Springer AG scheiterte an Einsprüchen des Kartellamts und der Aufsichtskommission KEK.

Ganz generell hat sich die Medienpolitik heute mit dem Verhältnis von »Inhalteproduktion« und Distribution zu beschäftigen. Zurzeit erscheinen den Medienkonzernen offenbar Investitionen in Verteilsysteme und Präsentationsportale im Internet lukrativer als Zukäufe oder Neugründungen in der klassischen Publizistik – von Auslandsmärkten abgesehen. Wie die »Social Communities« im Internet mit ihren erstaunlichen Nutzerzahlen (und einer verblüffenden Bereitschaft, sich auch mit dem Privatesten zu »veröffentlichen«) zeigen, integrieren sich technologische Systeme und Sozialsysteme zusehends. Medienpolitik hat es heute eher mit digitalem Kommunismus als mit publizistischen Persönlichkeiten alten Stils zu tun.

Im medienpolitischen Feld stellen sich aktuell einige weitere Fragen: Wird die marktorientierte EU-Telekommunikationspolitik die traditionell werteorientierte »Rundfunkpolitik« deutschen und britischen Zuschnitts dominieren? Wer beurteilt die Aufgaben und Funktionen, also die konkreten Programmleistungen, des zweifelsohne üppig finanzierten öffentlich-rechtlichen Systems? Kann die nationale Medienpolitik weiterhin auf der Ebene der Bundesländer bestimmt werden oder wird eine stärkere Koordination auf Bundesebene gebraucht – etwa im organisatorischen Zusammenhang mit dem 1998 unter der Kanzlerschaft Gerhard Schröders eingerichteten Staatsministerium für Kultur und Medien?

Diese und andere Fragen verweisen auf die Notwendigkeit einer »gestaltenden« und zumindest wissenschaftlich-strategisch unterfütterten Medienpolitik – nicht so sehr im Sinne einer technokratischen Planungseuphorie der 1970er Jahre mit ihren Vorstellungen von »konzertierten Aktionen« und »Globalsteuerungen«, wohl aber wäre mehr Fachkompetenz in dieses Handlungsfeld systematisch einzubinden. Empirisch-vergleichendes Wissen könnte erzeugt und die öffentliche Diskussion über strategische Optionen (über das rein Juristische hinaus) und originelle Modelle angeregt werden. Das Forschungsfeld ist zwischen Kommunikationswissenschaft, Soziologie und Politikwissenschaft zersplittert. Nur wenige Politologen haben sich über längere Zeit mit medien- und kommunikationspolitischen Fragen beschäftigt, weil »Medien« und »Journalismus« lange Zeit nicht als legitime politische Handlungsfelder galten. Für die wenigen Medienpolitiker in den Parteien ist es objektiv schwierig, die Realität der publizistischen Produktion im Auge zu behalten und die technologischen Beschleunigungen auf ihre Wirkungen zu taxieren.

So hat der Direktor der Medienanstalt Berlin-Brandenburg, Hans Hege, einer der langjährigen Kenner der medienpolitischen Szenerie, 2004 in einem Aufsatz lakonisch festgestellt: »Auffallend ist im Rückblick, wie wenig realistisch die Medienpolitik die technischen Möglichkeiten (für eine Öffnung des Fernsehmarktes) einschätzte.« Hege weiter: »Das Internet, das interaktive Medium schlechthin, ist ohne die deutsche Medienpolitik eingeführt worden, man könnte bösartig formulieren: Wenn es von der deutschen Kommunikationspolitik geplant worden wäre, hätte es das Internet nie gegeben.« Und schließlich: »Die deutsche Medienpolitik hatte immer eine zu große Nähe zu etablierten Medien und hat von ihnen die Gestaltung der Entwicklung erwartet« (in: »Zaubermaschine interaktives Fernsehen«, hg. von Christiane zu Salm, Wiesbaden 2004).

Man wird die Probleme einer strategischen Untersteuerung der Medienpolitik wohl nicht lösen, in dem man »Medienpolitik«

durch den Begriff »Media Governance« ersetzt, weil der Kreis der Mitspieler vielfältiger und diffuser geworden ist, weil man von den Parteipolitikern auf diesem Feld kaum noch etwas erwartet oder weil »Governance« schlicht modischer klingt. Der Hang zu technokratisch-abstrakten Begriffen beweist eine gewisse Verzweiflung und durchzieht unheilvoll große Teile der gesellschaftlichen und ökonomischen Verständigungsprozesse. Mit den terminologischen Tricks wird eher verdeckt, dass es nach wie vor Hierarchien und Machtspiele im medienpolitischen Entscheidungsprozess gibt und natürlich ein großes Handlungsvakuum. So gibt es wenig Anlass für begriffliches *deficit spending*.

Mit diesem Handbuch sollen Medien- und Kommunikationspolitik als zentrales und lebendiges Feld der öffentlichen Auseinandersetzung gekennzeichnet und umrahmt werden. Dabei wurde ein empirisch-biografischer Zugang gewählt; der Leser erfährt das Wesentliche über Akteure, Länder, Institutionen, Medien, gesellschaftliche Bereiche und Grundbegriffe. Die gewählte Perspektive, die stärker aufs Allgemeine denn auf akademische Spezifika zielt, hat den Vorteil einer anschaulicheren Darstellungsform. Sie macht, wenn man so will, das Politische in der Medienpolitik wieder deutlicher.

Dem wissenschaftlichen Beirat des Instituts für Medien- und Kommunikationspolitik bin ich für seine Anregungen zur Struktur der Stichworte ebenso dankbar wie den Redakteuren dieses Handbuchs, den Förderern des IfM (bei diesem Projekt vor allem der Bundeszentrale für politische Bildung und dem ZDF) und dem Verlag; mein besonderer Dank aber gilt natürlich den Wissenschaftlern und Publizisten, die dieses Buch geschrieben haben.

Berlin, im Februar 2008   *Lutz Hachmeister*

Affären

Der Begriff »affaire« war im Frankreich des 17. Jahrhunderts als Metapher für eine »delikate Angelegenheit« gebräuchlich; »Skandal« hat seine Ursprünge im Französischen (»scandale«), Lateinischen (»scandalum«) und Griechischen (»skandalon«) und wurde als Lehnwort im frühen 18. Jahrhundert ins Deutsche übernommen, ursprünglich in der Bedeutung eines Stellhölzchens für eine Falle. Während »Skandal« eher das punktuelle Ereignis beziehungsweise den Beginn einer Verfehlung oder eines Fehltritts meint, bezeichnet »Affäre« deren Entwicklung.

Affären gehören zu den Medien wie die Sünde zum Glauben. Was in der griechischen Ursprungsbedeutung noch das Stellhölzchen der Falle war, ist nicht zuletzt unter dem Einfluss der Massenmedien zum Stellhölzchen der Macht mutiert: Medien decken Missstände und Normabweichungen auf, insbesondere enthüllen sie Verfehlungen politischer Institutionen beziehungsweise moralische Fehltritte von deren Repräsentanten, verstärken die Wahrnehmung und fordern Konsequenzen. Dabei muss es keine logische Beziehung zwischen dem Grad der Verfehlung und dem Ausmaß öffentlicher, sprich: medialer Empörung geben. Stets aber ruft die Enthüllung eines Skandals kollektive moralische Gefühle hervor. Zum Skandal wird die Verfehlung nicht (allein) durch den Tatbestand der Normverletzung, sondern vor allem deshalb, weil sich deren Etikettierung als Skandal konsensual durchsetzt.

Optimisten sehen in der Enthüllung von Skandalen und in der Aufklärung von Affären eine wesentliche demokratische Funktion der Medien, durch die diese sich als Vierte Gewalt bewähren. Es hat sich ein nahezu synonymer Sprachgebrauch von Skandal und Affäre eingebürgert; die Wortwahl – »Spiegel-Affäre«, »Barschel-Affäre«, aber »Bundesliga-Skandal« – hat nichts mit Art und Schwere der Verfehlungen zu tun. Getreu des britischen Sprichworts, dem zufolge Lügen Beine haben, Skandale aber Flügel, ist die Skepsis gegenüber realen oder vermeintlichen Skandalen gewachsen. Mit Begriffen wie »Skandalisierung« betonen Publizistikwissenschaftler – etwa Hans Mathias Kepplinger, der im Skandal einen zugespitzten Sonderfall von Konflikten sieht – die Rolle der Medienakteure, die mit Gut-Böse-Zuschreibungen operierten und sich mit häufig grotesken Überspitzungen als »moderner Pranger« aufspielten.

Deutlich gelassener sieht dies die Soziologie: Sighard Neckel etwa schreibt den Medien eine »Verstärkerfunktion« zu, die für die »Visibilität« von Missständen sorge, während Karl Otto Hondrich in dem »Signum der ewigen Wiederkehr« von Skandalen Beruhigendes entdeckt: Nichts sei den guten Sitten zuträglicher als ein vollendeter Skandal. Wenn die Ertappten ihre Schuld eingestünden oder Besserung gelobten, sei dies eine Verbeugung vor kollektiven Gefühlen, der eigentlichen »Supermacht« in einer demokratischen Gesellschaft. Einige Medienwissenschaftler fürchten wiederum eine Entpolitisierung durch medial initiierte Skandale als Auslöser regelmäßiger »moralischer Panik«, die Symbolpolitik zur Folge habe; Emotion und Personalisierung treten dann – so die Befürchtung – an die Stelle eines ernsthaften politischen Diskurses.

Als Mutter aller modernen Affären können international zwei historische Fälle gelten: die »Dreyfus-Affäre« in Frankreich Ende des 19. Jahrhunderts (➤ Émile Zola) und der von den beiden Reportern der »Washington Post«, Carl Bernstein und Bob Woodward, aufgedeckte »Watergate-Skandal« in den USA 1972, der eine Verfassungskrise auslöste, an deren Ende der bisher einzige Rücktritt eines US-Präsidenten (Richard Nixon) stand.

Auch im Wilhelminismus gab es einige veritable Affären unter Beteiligung der Medien, so zum Beispiel als die sogenannte »Krüger-Depesche«, ein am 3. Januar 1896 von Wilhelm II. aufgegebenes Telegramm an den Präsidenten der Burenrepublik Transvaal, Paulus Kruger, öffentlich bekannt wurde. Darin beglückwünschte der deutsche Kaiser das südafrikanische Oberhaupt für einen vereitelten Überfall der Briten auf Transvaal. Infolge dieser Depesche verschlechterten sich die diplomatischen Beziehungen zwischen dem britischen Königreich und Deutschland zusehends, und Transvaal befand sich wenig später im Kampf gegen England, im sogenannten Burenkrieg.

Die »Daily Telegraph-Affäre« ist ein weiterer historischer Fall jener Zeit: Am 28. Oktober 1908 druckte die britische Tageszeitung ein autorisiertes Interview mit Wilhelm II., in dem dieser sich zweideutig über das deutsch-englische Verhältnis äußerte und diplomatische Geheimnisse preisgab – ein publizistisches Fiasko, das in der Öffentlichkeit nicht nur eine Welle der Entrüstung, sondern in Deutschland auch eine Staatskrise auslöste.

Skandale sind an die Massenmedien gebunden, weil erst durch sie eine Verfehlung Aufmerksamkeit erhält und weil nur mit Medienkraft eine öffentliche Dynamik in Gang gesetzt wird. Drei Ebenen von Skandalen oder Affären sind zu unterscheiden, die nicht selten miteinander verwoben sind:

Erstens gesellschaftliche Verfehlungen, die durch das Engagement von Journalisten thematisiert oder gar aufgeklärt werden. Dazu zählen einige Skandale der Bundesrepublik wie der »Flick-Skandal« um illegale Parteienfinanzierung oder der »Neue-Heimat-Skandal« um raffgierige Gewerkschaftsfunktionäre Anfang der 1980er Jahre.

Zweitens werden Presse, Rundfunk und Internet selbst zum Gegenstand politischer Affären, etwa weil sie im Zentrum von Angriffen auf die Pressefreiheit stehen wie der »Spiegel« im Jahre 1962. In jüngerer Zeit gehören die Razzien gegen Redaktionen, etwa beim Magazin »Cicero«, aber auch der Streit um Karikaturen, die womöglich den Islam beleidigen könnten, in diese Kategorie.

Drittens lassen sich Presse, Funk und Fernsehen vorsätzlich oder leichtsinnig »skandalöse« Verfehlungen zuschulden kommen, wie zum Beispiel, als der »Stern« die gefälschten Hitler-Tagebücher unter Versagen sämtlicher journalistischer Kontrollmechanismen publizierte (1983) oder bei den von Tom Kummer zu einer radikalen Form des subjektiven Schreibens (»Borderline-Journalismus«) verklärten Interview-Fälschungen im »SZ-Magazin« (1999) oder bei der Ausstrahlung gefälschter Beiträge des Filmemachers Michael Born in »Stern TV«. Zu solchen Verfehlungen gehört auch das Agieren von Reportern im Zuge des Gladbecker Geiseldramas (1988), die sich zu den bewaffneten Kidnappern hinzugesellten, oder die ungeprüft weitergegebenen falschen Behauptungen, Neonazis hätten den 1997 in einem Schwimmbad in Sebnitz verstorbenen kleinen Joseph ertränkt.

Von solchen Fälschungen zu unterscheiden sind Übertreibungen, zu deren international wirkungsvollsten der sogenannte »Clinton-Lewinsky-Skandal« zählt, im Zuge dessen den US-Präsidenten Bill Clinton Ende der 1990er Jahre eine – von ihm zunächst geleugnete – private sexuelle Beziehung zur Praktikantin Monica Lewinsky bis in ein Amtsenthebungsverfahren trieb. Ob die jeweiligen Skandalierer Erfolg haben, hängt meist nicht nur vom konkreten Fall, sondern von den Begleitumständen ab. Nur so ist zum Beispiel zu erklären, dass eigentlich relativ harmlose Bilder, die im Jahr 2001 einen verliebt im Pool planschenden Verteidigungsminister Rudolf Scharping mit neuer Gefährtin zeigten, dessen Rücktritt beschleunigten.

In der bunten deutschen Skandal-Chronik mit »Flick-Skandal«, »Barschel-Affäre«, »CDU-Spenden-« beziehungsweise »Schwarzgeldaffäre« und »Bundesliga-Skandal« überschneiden sich oft die verschiedenen Ebenen. Der »Bundesliga-Skandal« mit gekauften Siegen vom Abstieg bedrohter Vereine in der Saison 1970/1971 signalisierte die stürmische Ökonomisierung des Massensports Nummer eins. Die »Barschel-Affäre«, von der die legendäre »Ehrenwort«-Pressekonferenz des schleswig-holsteinischen Ministerpräsidenten vom 13. September 1987 ebenso in Erinnerung bleibt wie das Foto des Toten in der Badewanne des Genfer Hotels »Beau-Rivage«, zeigt auch das in starkem Maße politisch operative Eingreifen des »Spiegel« in den Wahlkampf.

Eine noch größere Zäsur war die »Spiegel-Affäre« selbst: Im Gefolge eines von Conrad Ahlers gezeichneten und mit Geheimdienstmaterial versehenen Artikels über die Bundeswehr wurde »Der Spiegel« am 26. Oktober 1962 polizeilich durchsucht, Ahlers in Franco-Spanien verhaftet und der Herausgeber Rudolf Augstein sogar für 103 Tage inhaftiert. Damit war zugleich der Gründungsmythos des »Spiegel« als »Sturmgeschütz der Demokratie« geschaffen und das Ende des autoritären Adenauer-Staates eingeleitet worden. Es gab außerparlamentarische Proteste, die ebenso wie der erzwungene Rücktritt von Franz Josef Strauß aus dem Kabinett eine Begrenzung exekutiver Macht signalisierten.

Eine geradezu entgegengesetzte Rolle spielte das auflagenstarke Hamburger Magazin »Stern« im Skandal um die gefälschten Hitler-Tagebücher. Am 26. April 1983 nahmen mehr als ein Dutzend internationale TV-Teams und weit über hundert Reporter an der internationalen Pressekonferenz im »Gruner + Jahr«-Verlagshaus in Hamburg teil. Die Ausgabe des »Stern«, in der deren Chefredakteur Peter Koch behauptete, dass große Teile der deutschen Geschichte nun neu geschrieben werden müssten, lag bereits gedruckt vor und der findige, von Hitler-Devotionalien aller Art stets faszinierte Reporter Gerd Heidemann ließ sich mit Victory-Zeichen ablichten. 9,3 Millionen Mark hatte der »Stern« für 62 von Konrad Kujau gefälschte Kladden ausgegeben. Das sollten die bis dahin unentdeckten Hitler-Tagebücher sein. Jedwede redaktionelle Kontrolle war weitgehend ausgeschaltet worden, Schriftgutachten hatten die Echtheit bestätigt, weil die zum Vergleich eingereichten Schriftproben ebenfalls aus Kujaus Fälscherwerkstatt stammten. Es dauerte nur eine Woche bis der gesamte Schwindel aufflog und die »Stern«-Chefredaktion zurücktrat. Die Leser bestraften das leichtgläubige Blatt mit drastischem Auflagenrückgang. Es war der größte publizistische Unfall in der deutschen Nachkriegsgeschichte. Später wurde das Ganze in dem Spielfilm »Schtonk« satirisch verarbeitet. Nicht nur übereifrige Sensationsgier wurde in diesem Medien-Skandal deutlich, sondern auch die damalige mentale Verfassung publizistischer Eliten, die – obwohl offiziell längst demokratisch geläutert – immer noch mit ehrfürchtiger Ergriffenheit auf die vermeintliche Größe des Dritten Reiches schauten.

Affären und Skandale führen somit in unterschiedlichem Ausmaß immer auch zu Neuvermessungen der politischen Landschaft oder markieren Zäsuren in der gesellschaftlichen Mentalitätsentwicklung.

Literatur

Steffen Burkhardt: Der Medienskandal. Theorie und Empirie aus diskursanalytischer Perspektive, Köln 2006.

Karl Otto Hondrich: Enthüllung und Entrüstung. Eine Phänomenologie des politischen Skandals, Frankfurt a. M. 2002.

Hans Mathias Kepplinger und Uwe Hartung: Am Pranger. Eine Fallstudie zur Rationalität öffentlicher Kommunikation, München 1993.

Rolf Ebbinghausen und Sighard Neckel (Hg.): Anatomie des politischen Skandals, Frankfurt a. M. 1989.

Andrei S. Markovits und Mark Silverstein (Hg.): The Politics of Scandal. Power and Process in Liberal Democracies, New York, London 1988.

WOLFGANG EICHHORN

Agenda-Setting

Agenda-Setting (dt. etwa: die Tagesordnung oder das Programm bestimmen) ist eine der einflussreichsten Hypothesen,
um die Wirkung von Massenmedien auf Politik und Gesellschaft zu beschreiben. Sie geht von einer Thematisierungs-
funktion der Massenmedien aus. Der vieldiskutierte Ansatz
ist seit den 1970er Jahren in verschiedene Modelle und
Unterbegriffe aufgelöst worden.

Die Agenda-Setting-Hypothese gehört zu den Ansätzen im
Bereich der Medienforschung, die zunächst eher trivial klingen:
Die Medienberichterstattung gibt die Themen der öffentlichen
Diskussion vor. Vielleicht war es diese scheinbare Trivialität, die
dazu führte, dass eine systematische Beschäftigung mit Agenda-
Setting-Prozessen erst zu Beginn der 1970er Jahre einsetzte, als
die Medienwirkungsforschung von Skepsis gegenüber einer per-
suasiven Macht der Medien geprägt war. Maxwell McCombs und
Donald Shaw präsentierten in ihrer 1972 veröffentlichten Studie
»The Agenda-Setting Function of Mass Media« als Erste eine klare
Formulierung und Operationalisierung dieser These, griffen dabei
aber zum Teil auf Ideen zurück, die man mindestens bis zu Walter
Lippmanns in den 1920er Jahren veröffentlichtem Werk »Public
Opinion« zurückverfolgen kann.

Die empirische Basis für die Annahme, dass die Massenmedien
die Themen der öffentlichen Diskussion bestimmen, war zunächst
dünn, der Ansatz wurde aber schnell von anderen Forschern aufgegriffen. Als die Forschung begann, sich intensiver mit den Ursachen, den unterstellten Wirkungsmechanismen und den Folgen
von Agenda-Setting zu beschäftigen, zeigte sich, dass das Bild einer
»trivialen« These getrogen hatte. Die Untersuchungen lieferten
teilweise stark divergierende Resultate und warfen eine Reihe von
Fragen auf: Wie stark ist der Einfluss der Medien auf die öffentliche Agenda? Ist er abhängig von Themengebiet, Typ des Mediums
oder Publikum? Wie stabil sind die Effekte? Können die Medien

ihre eigene Themenagenda selbst bestimmen oder werden sie von anderen Akteuren beeinflusst? Lässt sich Thematisierung steuern? Welche Sekundäreffekte treten auf?

Diese und weitere Fragen wurden in den letzten drei Jahrzehnten in mehreren hundert Studien untersucht. Dabei zeigte sich, dass der themensetzende Einfluss der Medien von einer Vielzahl von Faktoren abhängig ist. Eigenschaften der Medien, der Themen und des Publikums spielen eine entscheidende Rolle, wobei ihre individuelle Bedeutung im Zeitverlauf variabel ist.

Neben der Suche nach intervenierenden Einflüssen im Wirkungsprozess wurde schon früh die Rolle der Medien als alleinstehender Agenda-Setter infrage gestellt: Auch wenn Massenmedien in einer komplexen Umwelt eine zentrale Informationsquelle sind, so ist es doch plausibel, anzunehmen, dass auch andere Erfahrungen die öffentliche Beachtung von Themen beeinflussen – zumal, wenn es sich um »sichtbare« Probleme wie Kriminalität oder Umweltverschmutzung handelt. Auch die Frage, wie die Medien bei der Auswahl von Themen vorgehen, wurde problematisiert: Wenn man davon ausgeht, dass sie sich dabei an den Interessen des Publikums orientieren, müsste man von einer der Agenda-Setting-These entgegengesetzten Wirkungsrichtung ausgehen. Als weiterer Einflussfaktor auf die Medienagenda kommen öffentliche Akteure in Betracht, die gezielt versuchen, die mediale Aufmerksamkeit auf bestimmte Themen zu lenken. Und schließlich stellt sich die Frage, wie stark sich Medien untereinander beeinflussen: Einerseits haben einige wenige Elite- oder Leitmedien einen überproportionalen Anteil bei der Platzierung der Top-Themen auf der medialen Agenda, andererseits spielen spezialisierte Medien am Rande des Mainstream (»Fringe Media«) eine wesentliche Rolle bei der Einführung neuer Themen in den Mediendiskurs.

Im Rahmen der empirischen Erforschung des Phänomens traten in zunehmendem Maße Definitionsprobleme auf. Was genau ist mit »Thema« beziehungsweise *issue* gemeint (der englische Begriff wäre eher als »Streitfrage« zu übersetzen)? Wie konstituieren sich die Agenden der Medien und des Publikums? Der Versuch der begrifflichen Klärung von »Thema« und »Wichtigkeit« führte zur Entwicklung einer Vielzahl operationaler Definitionen. Eine allgemeingültige Begriffszuschreibung ist auch heute noch problematisch. Einige Aspekte der Operationalisierung sind von weitreichender Bedeutung für die theoretische wie empirische Behandlung des Phänomens: Eine zentrale Frage ist, wie weit oder eng der Begriff des »Themas« zu fassen ist, ob man also abstrakte Themen wie »die Arbeitslosigkeit« behandelt oder engbegrenzte Streitfragen wie die Einführung eines konkreten Reformvorhabens. Auch bei der Definition und Operationalisierung der »Bedeutung« (*salience*) von Themen ist eine Differenzierung notwendig. Auf der Publikumsseite kann man hier grob trennen zwischen der Aufmerksamkeit für ein Thema und dessen Einschätzung als persönlich – oder für die Allgemeinheit – bedeutsam. Auf der Seite der Medien ist zu klären, welche Indikatoren herangezogen werden, um mediale Aufmerksamkeit zu messen: die einfache Häufigkeit der Nennung, der Umfang der Berichterstattung oder eine Gewichtung mit weiteren Faktoren, zum Beispiel die Positionierung oder Verknüpfung mit Nachrichtenwerten. Mit der Differenzierung von Fragestellung und theoretischem Konzept gingen methodische Weiterentwicklungen einher: zur Messung der *issue salience* auf individueller wie aggregierter Ebene, zur angemessenen Erfassung quantitativer und qualitativer Aspekte der Medienberichterstattung, zur Verknüpfung von Daten aus Publikumsbefragungen und Inhaltsanalysen und zur Spezifikation von Wirkungsmodellen und Wirkungszeiträumen.

Die theoretischen Einordnungsversuche führten auch zu einer Öffnung des Agenda-Setting-Ansatzes im Hinblick auf die Sekundäreffekte, also auf die Folgen, die eine Veränderung der Vorstellungen über die Bedeutsamkeit von Themen nach sich ziehen. Besonders im Rahmen der Wahlforschung gibt es Hinweise, dass derartige Veränderungen politische Präferenzen beeinflussen können. Mediale Thematisierung vermag so einen möglicherweise entscheidenden, indirekten Einfluss auf Wahlen auszuüben. Mit dem Konzept des »Framings« wird die Untersuchung, »worüber« die Öffentlichkeit nachdenkt, durch die Frage ergänzt, »wie« dieses Nachdenken vonstatten geht und welche Rolle die Massenmedien dabei spielen.

Die Überlegungen zur gesamtgesellschaftlichen Relevanz von Thematisierungsprozessen knüpfen an Problembereiche aus benachbarten Disziplinen an: Der politikwissenschaftliche »Agenda-

Building«-Ansatz beschäftigt sich seit den 1970er Jahren mit der Frage, mit welcher Dringlichkeit Themen auf die Tagesordnung politischer Entscheidungsträger gelangen. Die öffentliche Meinung (▸Öffentlichkeit) spielt dabei – ebenso wie die Medienberichterstattung – eine nicht unbedeutende Rolle. Aus der Perspektive öffentlicher (ökonomischer und politischer) Akteure ist es daher erstrebenswert, mediale und öffentliche Agenden zu beobachten und zu beeinflussen. Das strategische Marketing entwickelte hierzu das Konzept des »Issue Managements«.

Auf gesellschaftlicher Ebene verläuft Agenda-Setting als kontinuierlicher Prozess, der die Themenstrukur der öffentlichen Meinung prägt. Er wird einerseits von Ereignissen auf den politischen, ökonomischen und kulturellen Schauplätzen, andererseits von den Aktivitäten der Protagonisten des gesellschaftlichen Lebens beeinflusst, die bemüht sind, die Aufmerksamkeit gezielt für bestimmte Themen zu wecken – und von anderen Themen abzulenken.

Öffentliche Aufmerksamkeit für Themen ist aufgrund ihrer politischen Relevanz ein begehrtes Gut; die Macht, Themen zu setzen, ist von entscheidender Bedeutung bei der Gestaltung des öffentlichen Diskurses. Die Massenmedien sind hier an einer wichtigen Schaltstelle platziert, aus der sich ein hohes Maß an Verantwortung ableitet.

Aus medienpolitischer Sicht stellt sich die Frage, welchen Grad an Unabhängigkeit man den Medien und ihren Vertretern zugestehen will beziehungsweise muss. Dabei rücken Fragen des Zugangs zu Medien und der Sicherstellung von Meinungsvielfalt ins Zentrum der Aufmerksamkeit. Im Zeitalter global vernetzter, digitaler Medien wird die Bedeutung medienpolitischer Entscheidungen in dem Maße relativiert, in dem sich die Thematisierungsmacht von den bisherigen institutionell geregelten publizistischen Schaltstellen in einen weitgehend unregulierten oder auch unregulierbaren »virtuellen« Diskurs verlagert. Hier eröffnen sich einerseits Chancen für alternative Themen öffentlicher Akteure, die sich an den »Gatekeepern« der Medien vorbei Gehör verschaffen können, andererseits entsteht die Gefahr eines politisch oder ökonomisch motivierten Missbrauchs. Der direkte, nicht mehr von medialen Gatekeepern moderierte Zugriff von Unternehmen und Interessengruppen auf die öffentliche Aufmerksamkeit und der durch

Online-Medien zu Popularität gelangte interaktive »Grassroots«-Journalismus lassen den Prozess öffentlicher Themenstrukturierung diffuser erscheinen.

Literatur

Uta Rußmann: Agenda-Setting und Internet, München 2007.

Bryan D. Jones und Frank R. Baumgartner: The Politics of Attention. How Government Prioritizes Problems, Chicago u. a. 2005.

Kym Anderson: Setting the Trade Policy Agenda. What Roles for Economists? Washington DC 2005.

Maxwell McCombs: Setting the Agenda: The Mass Media and Public Opinion, Cambridge 2004.

Wolfgang Eichhorn: Agenda-Setting-Prozesse. Eine theoretische Analyse individueller und gesellschaftlicher Themenstrukturierung, München 1996.

Al-Dschasira

Arab. »Al-gazira« (in der dt. Schreibweise »Al-Dschasira«)
bedeutet so viel wie »Die Insel«. Der gleichnamige Nachrichtensender aus Doha, Katar, der nach der Devise
»Meinung und Gegenmeinung« berichtet, unterhält weltweit dreißig Büros. Das freiheitliche journalistische Selbstverständnis der rund 500 Mitarbeiter hat Hoffnungen auf
eine Demokratisierung des arabischsprachigen Raumes
geweckt. Seit Ende 2006 konkurriert der Sender mit einer
englischen Ausgabe auch in Europa um publizistische
Deutungsmacht.

»Al-Dschasira« wurde am 1. November 1996 in Katar gegründet
und hat sich innerhalb weniger Jahre zum populärsten Fernsehsender im Nahen Osten entwickelt sowie weltweit Reputation
erlangt. Die Etablierung des privaten Nachrichtenkanals war von
immenser Bedeutung, weil er weitgehend frei von Regierungsein-
flüssen operiert und in der arabischen Welt ein liberales Medien-
modell eingeführt hat. 150 Millionen Dollar kostete der Aufbau,
Scheich Hamad, Emir von Katar Al-Thani, rekrutierte seinen
Redaktionsstab überwiegend aus dem damals gerade geschlossenen arabischen Fernsehdienst der »BBC World« (➤ BBC). Das
»arabische CNN« (➤ CNN), als das »Al-Dschasira« oft bezeichnet
wird, sieht sich selbst als Sender, der professionelle amerikanische
Techniken des Nachrichtenjournalismus und des Politainment mit
der journalistischen Neutralitäts- und Objektivitätsethik der BBC
auf Basis einer arabischen Nachrichtenagenda verbindet. Nach
den Terror-Anschlägen vom 11. September 2001 in New York und
Washington sowie im Zuge der Berichterstattung über die Kriege
in Afghanistan und Irak wurde der Sender zum Gegenstand einer
intensiven weltweiten Debatte, insbesondere wurde dabei über die
Möglichkeiten und Grenzen der Nachrichtenmedien im Zeitalter
asymmetrischer Kriege zwischen Staaten und Widerstandsgrup-
pen oder Terroristen diskutiert.

In den ersten Jahren nach seiner Gründung gewann »Al-Dschasira« etwa vierzig internationale Preise von Organisationen wie »Index on Censorship«. Was den Sender so beliebt machte, war sein rigoroser Bruch mit vielen sozialen und politischen Tabus der arabischen Welt. Sei es Frauenbeschneidung, das syrische Regime oder der Westsaharakonflikt – »Al-Dschasira« berichtete über Themen, die in der autoritären arabischen Fernsehlandschaft zuvor gemieden worden waren. In »Die entgegengesetzte Richtung«, einer berühmten Talkshow, die auf dem »Crossfire-Modell« basiert, debattieren Anhänger unterschiedlicher ideologischer Richtungen. Vertreter von Regierungen und Oppositionen sitzen einander direkt gegenüber. »Al-Dschasira« hat die Idee der freien öffentlichen Rede im arabischen Raum revitalisiert.

Als direkte Folge dieses radikalen Verständnisses von Meinungsfreiheit ist »Al-Dschasira« im Laufe der Jahre von nahezu allen arabischen Regimes kritisiert worden: Sie fürchten den Verlust ihres politischen TV-Monopols, zum Beispiel im palästinensischen Autonomiegebiet (2001), in Jordanien (2002), im Sudan (2003) und im Irak (2004). Viele Regionalbüros von »Al-Dschasira« in der arabischen Welt sind deshalb, in teilweise spektakulären Nacht- und Nebel-Aktionen, wiederholt geschlossen worden. Die »Arab Satellite Broadcasting Union« (ASBU) hat »Al-Dschasira« eine reguläre Mitgliedschaft verweigert. Viele Werbetreibende, die dem Regime von Saudi-Arabien oder anderen autoritären Staaten nahe stehen, boykottieren den Sender.

Aber die Regierungen haben inzwischen gelernt, dass Maßnahmen der autoritären Informationskontrolle den Sender als Sprachrohr der arabischen Bevölkerung nur noch beliebter machten. Obwohl es noch keine soliden Daten über Nutzerreichweiten gibt und die Forschung in diesem Bereich gerade erst anfängt, wird »Al-Dschasira« gemeinhin als führender Nachrichtenkanal im arabischen Raum betrachtet, mit schätzungsweise 35 bis 45 Millionen Zuschauern täglich, die den Sender unter anderem über die Satelliten »Arabsat« und »Eutelsat« empfangen.

In finanzieller und organisatorischer Hinsicht präsentiert sich »Al-Dschasira« nach wie vor als ein Hybrid, der in keine der üblichen, im Westen bekannten Kategorien des staatlichen, öffentlich-rechtlichen oder privaten Rundfunks passt. Ohne die Protektion und finanzielle Unterstützung des Emirs Al-Thani und des katarischen Staates würde »Al-Dschasira« nicht existieren. Der Sender selbst jedoch betrachtet sich als unabhängig und der arabischen öffentlichen Meinung verpflichtet. »Al-Dschasira« muss aber insofern als privater Fernsehsender betrachtet werden, dass institutionelle *checks and balances* und ein klarer programmatischer Auftrag, wie ihn etwa öffentlich-rechtliche Sender in ➤ Deutschland haben, nicht existieren. Darüber hinaus gibt es keine Garantie für staatliche Subventionen, und der Sender hat mehrfach sein Bestreben nach kommerzieller finanzieller Unabhängigkeit bekundet. Insgesamt ist »Al-Dschasiras« finanzielle und organisatorische Struktur nach wie vor sehr fragil und verwundbar. Ohne verbindlichen verfassungsrechtlichen Rahmen könnte der Sender von einem Tag auf den anderen geschlossen werden, obwohl diese Option relativ unwahrscheinlich ist, zumal das Image des Staates Katar von der Reputation »Al-Dschasiras« weltweit enorm profitiert hat. Dennoch ist eine Umwandlung in ein öffentlich-rechtliches Modell ohne vorherige Demokratisierung des politischen Systems in Katar kaum denkbar. Bis heute gelingt es der dortigen Regierung, Berichte über die katarische Innenpolitik auch bei »Al-Dschasira« zu zensieren oder bereits im Vorfeld zu verhindern. Und der natürliche Verbündete des Fernsehens, die Zuschauer, verlangen eine enge Bindung an die arabische politische Kultur – eine Tendenz, die von vielen Beobachtern kritisiert wird, weil sie zu einer proarabischen Ausrichtung der Berichterstattung beiträgt.

Trotz der enormen weltweiten Aufmerksamkeit, die »Al-Dschasira« erzielt, liegen bislang kaum solide Inhaltsanalysen über die Berichterstattung des Senders vor. Einige Phasen und Akzente können jedoch unterschieden werden. Zwischen 1996 und 2001 herrschte eine vielfach enttabuisierende und demokratieorientierte Agenda vor. Zum ersten Mal traten sogar israelische Akteure in einem arabischen Fernsehsender auf und rechtfertigten Maßnahmen der israelischen Regierung gegen die Palästinenser. Nach dem Ausbruch des zweiten Intifada-Aufstands in den besetzten Gebieten im Jahr 2000 und nach den Ereignissen des 11. September 2001 sowie der darauffolgenden amerikanischen Intervention in Afghanistan positionierte sich der Sender immer deutlicher in Opposition gegenüber Israel und den USA. Die ausufernde Berichterstattung über die Beerdigung des Hamas-Führers Scheich Jassin, Shows des islamischen Predigers Jusuf Al-Qaradawi, in denen der Prediger nicht selten kontroverse Standpunkte einnahm und beispielsweise palästinensische Selbstmordattentäter verteidigte, und das häufige Senden von Videos der Terrororganisation »Al-Qaida« und ihres Führers Osama Bin Laden brachten dem Sender zumindest im Westen weithin den Ruf ein, Sprachrohr des ➤ Terrorismus zu sein. Dabei hatten auch westliche Fernsehanstalten häufig entsprechendes Bildmaterial von »Al-Dschasira« übernommen. In den letzten Jahren zeichnet sich eine dritte, moderatere Phase der Berichterstattung ab, in der »Al-Dschasira« zu seiner ursprünglichen demokratieorientierten Mission zurückzukehren scheint, etwa bei der Berichterstattung über die Kifajah-Bewegung in Ägypten oder die libanesische Opposition gegen die syrische Besatzung. Insgesamt ist »Al-Dschasiras« politische Berichterstattung eine Mischung aus professionellem journalistischen ➤ Agenda-Setting und konsumentenorientiertem Populismus in Krisenzeiten, was den Sender zu einem veritablen Gegenstück großer amerikanischer Networks wie ➤ CNN oder »Fox« werden ließ, die ein ähnliches Programmprofil aufweisen, in Kriegs- und Krisenzeiten aber zur deutlichen Parteinahme für die USA tendieren.

Ein solcher Vergleich wird auch durch die Tatsache gestützt, dass »Al-Dschasira« mit zahlreichen westlichen Sendern (zum Beispiel mit CNN, ABC, NBC, Fox und ZDF) Kooperationsverträge für den Bild- und Nachrichtenaustausch geschlossen hat. In der Praxis beschränkt sich dieser Austausch häufig auf ein enges Themenspektrum im Zusammenhang mit Terrorismus und auf die Übernahme von Bildmaterial, während die Inhalte der Berichterstattung »Al-Dschasiras« von westlichen Sendern kaum aufgegriffen und deshalb die Sichtweisen der arabischen Welt dem westlichen Zuschauer auch nicht zugänglich gemacht werden.

Das 2006 gegründete englische Programm von »Al-Dschasira« ist der erste Versuch eines arabischen Fernsehsenders, westlichen Nachrichtenkanälen Konkurrenz zu machen und deren Dominanz zu beenden. Anders als in Europa, wo der Sender weithin zu empfangen ist, haben in den USA bislang nur einige kleine Kabelbetreiber »Al-Dschasira« eingespeist. Der Sender hat daher mit der Videoplattform »YouTube« einen Vertrag abgeschlossen, um in den USA wenigstens über das Internet empfangbar zu sein.

Inhaltlich versucht der englische Ableger einen Brückenschlag, indem er weniger auf arabische Fragen konzentriert ist als das arabische Programm und sich auf eine breite Vermittlung von Ereignissen und Entwicklungen mit den Schwerpunkten Asien, Afrika und Lateinamerika konzentriert. Bei diesem Ansatz wird auf Berichte und Perspektiven Wert gelegt, die in den westlichen Fernsehsendern oft fehlen, etwa Interviews mit arabischen Politikern und Intellektuellen, einschließlich Vertretern umstrittener Kräfte wie der »Hamas«. Ob »Al-Dschasira« mit diesem professionell gemachten Programm als »Stimme des Südens« auf dem westlichen oder asiatischen Markt reüssieren kann, bleibt abzuwarten. Ein Prestigeprojekt ist es für die arabischen Produzenten allemal.

Literatur

Sabine Sasse: Schlacht der Weltbilder. Die Gründung neuer News-Channels ist ein Wettrennen um Deutungsmacht, in: Dieter Anschlag u. a. (Hg.): Jahrbuch Fernsehen, Berlin u. a. 2007, S. 11–22.

Kai Hafez: Arab Satellite Broadcasting. Democracy without Political Parties? In: Transnational Broadcasting Studies (2006), Bd. 1, Nr. 2, S. 275–297.

Mohamed Zayani (Hg.): The Al Jazeera Phenomenon. Critical Perspectives on New Arab Media, London 2005.

Mohammed El-Nawawy und Adel Iskandar: Al-Jazeera. The Story of the Network that is Rattling Governments and Redefining Modern Journalism, Cambridge 2003.

STEFFEN GRIMBERG

BBC

»British Broadcasting Corporation« (BBC), am 18. Oktober
1922 als privatrechtliche Aktiengesellschaft der Funkindustrie
gegründet, seit 1. Januar 1927 Körperschaft des öffentlichen
Rechts, versehen mit einer »Royal Charter«. Die BBC ist der
bekannteste öffentlich-rechtliche Rundfunk der Welt und
ist in inhaltlicher, struktureller und technischer Hinsicht bis
heute beispielgebend.

1927 erhielt die vier Jahre zuvor gegründete »British Broadcasting
Corporation« (BBC) ihre erste »Royal Charter«, die sie, wie die
»Bank of England«, zu einer staatlichen Institution außerhalb des
Einflussbereichs der Regierung, nicht aber des Parlaments machte.
Ausschließlich finanziert über eine sogenannte *licence fee,* war in
Form der BBC der unabhängige, öffentlich-rechtliche Rundfunk
geboren. Kern des Programmauftrags ist bis heute, durch Infor-
mation, Bildung und Unterhaltung »dem öffentlichen Interesse zu
dienen« (*public service*).

Zunächst auf den Hörfunk beschränkt, nahm die BBC 1946 den
regelmäßigen Fernsehbetrieb auf. 1952 gelang mit der internatio-
nalen Live-Übertragung der Krönung von Elisabeth II. ein erster
Durchbruch für das neue Medium. Bereits 1955 erhielt das BBC-
Fernsehprogramm kommerzielle Konkurrenz durch die Einführung der werbefinanzierten, regional organisierten ITV-Sender
(»Independent Television«). Mitte der 1960er Jahre wurde der BBC,
Anfang der 1980er Jahre auch dem Privatfernsehen, jeweils ein
weiteres Programm (»BBC 2« bzw. »Channel Four«) genehmigt.
Seit dem Einstieg in das digitale Fernsehen Mitte der 1990er Jahre
baut die BBC planmäßig ihr Programm-Angebot aus.

Versuche in der Regierungszeit der konservativen Premier-
ministerin Margaret Thatcher, die Gebührenfinanzierung der BBC
abzuschaffen, hatten trotz der durchweg marktliberal eingestell-
ten Medienpolitik keinen Erfolg. Die damals eingesetzte »Peacock
Commission« hatte die Abkehr von den Rundfunkgebühren zwar

im Grundsatz empfohlen und angeregt, zunächst die Radioprogramme der BBC ausschließlich durch Werbung zu finanzieren. Doch die Umsetzung blieb auf halbem Wege stecken. Zwar ist der reine Radio-Empfang in Großbritannien heute nicht mehr gebührenpflichtig, werbefrei blieb der BBC-Hörfunk trotzdem: Er wird weiter aus einer Umlage aus den TV-Gebühren mitfinanziert. Knapp zwei Jahrzehnte später wurde die BBC sogar zu einer Art »Retter« auf dem Fernsehmarkt, nachdem mehrere kommerzielle Versuche gescheitert waren: Mitte der 1990er Jahre übernahm sie die eigentlich für einen kommerziellen Veranstalter vorgesehene Lizenz für terrestrisches Digitalfernsehen (»FreeView«) in Großbritannien. Aktuell gehören zum »FreeView«-Konsortium neben der BBC, Rupert Murdochs Pay-TV-Plattform »BSkyB«, »Channel 4«, ITV und eine Tochter des Stromnetzbetreibers »National Grid«. Damit ist die öffentlich-rechtliche Anstalt weiter die dominierende Kraft im britischen TV-Markt.

Anders als die öffentlich-rechtlichen Sender in Deutschland ist die BBC auch bereits deutlich stärker in der Welt des digitalen Rundfunks aktiv und sieht sich selbst als treibende Kraft hinter dem jetzt für 2012 geplanten *switch off* der analogen Sender. Bis dahin verbreitet die BBC weiterhin ihre beiden analogen TV-Programme »BBC 1« (mit Regionalfenstern für Schottland, Nordirland, Wales) und »BBC 2«. Dazu kommen die fünf analogen UKW-Sendeketten »Radio 1« (Pop, Jugend), »Radio 2« (allgemeine Unterhaltung), »Radio 3« (E-Musik, Kultur), »Radio 4« (Unterhaltung, Nachrichten, Hörspiele) und »Radio 5 Live« (Nachrichten, Sport) sowie regionale Hörfunk-Programme für Schottland, Wales und Nordirland sowie rund vierzig BBC-Lokalsender in England.

Im Radiobereich betreibt die BBC derzeit zusätzlich fünf weitere Programme über den DAB (»Digital Audio Broadcasting«)-Standard, der sich in Großbritannien anders als in Deutschland durchgesetzt hat: »1Xtra« (aktuelle Musik), »Five Live Sports Extra«, »6 Music« (Rock und Pop), »BBC 7« (Comedy, Hörspiele, Kinderprogrammm) sowie das an Migranten aus dem asiatischen Raum gerichtete »Asian Network«, das überwiegend in Englisch, zum Teil aber auch in diversen asiatischen Sprachen sendet. Im TV-Bereich betreibt die BBC über »FreeView« sechs digitale Programme im DVB-T (»Digital Video Broadcasting Terrestrial«)-Standard:

»BBC 3« (Zielgruppe junge Erwachsene), »BBC 4« (Kultur/Bildung), »BBC News 24« (Nachrichtenkanal), »BBC Parliament« (Live-Übertragungen aus Westminster) sowie die beiden Kinderkanäle »Children's BBC« (CBBC) und »CBeebies«.

Alle diese Programme sind werbefrei und werden aus der Rundfunkgebühr finanziert. 2007 belief sich der Gesamtetat auf 3,2 Milliarden britische Pfund. Zusätzliche Einnahmen (2006/2007 rund 111 Millionen Pfund vor Steuern) erhält die BBC durch ihre hundertprozentige Tochter »BBC Worldwide«. In diesem im Vergleich zu den kommerziellen Töchtern von ARD und ZDF deutlich transparenteren Unternehmen sind seit 1994 alle kommerziellen und internationalen Aktivitäten der BBC zusammengefasst. »BBC Worldwide« ist so für den internationalen Rechtehandel mit BBC-Programmen und internationale Koproduktionen zuständig. Außerdem betreibt das Unternehmen aktuell elf TV-Sender, zum Teil als Pay-TV-Angebote oder Joint-Ventures mit anderen Medienunternehmen. Sie alle senden überwiegend außerhalb von Großbritannien. Hierzu gehören »BBC Prime« (BBC-Programm-Highlights), der internationale Nachrichtenkanal »BBC World«, Kabelsender wie »BBC America«, »BBC Japan«, »BBC Canada«, »BBC Food«, »USA« (seit 1998, US-Kabelsender), »Animal Planet« und »People & Arts« (Joint-Venture mit »Discovery Communications«) sowie das auch in Großbritannien zu empfangende Pay-TV-Paket UKTV (Joint-Venture mit »Flextech«). »BBC Worldwide« verlegt außerdem mehrere Dutzend Zeitschriften wie das Programmheft »Radio Times«, eine ganze Palette von Koch- und Gartentiteln sowie konkret auf BBC-Sendungen zugeschnittene Magazine wie »Top of the Pops« oder »Doctor Who Adventures«. Dazu kommen Bücher, Hörbücher, Tonträger, DVDs und Lehrmaterialien zu den diversen BBC-Bildungsprogrammen. Im Oktober 2007 kaufte »BBC Worldwide« den australischen Reisebuchverlag »Lonely Planet« für mehr als 100 Millionen Euro.

Der »BBC World Service« sendet in über dreißig Sprachen und erreicht wöchentlich mindestens 140 Millionen Hörer in aller Welt. Traditionell über Kurzwelle zu empfangen, wird der »World Service« in mehr und mehr Ländern ganz oder teilweise auf UKW-und Mittelwelle-Frequenzen übernommen. Das in den vergangenen Jahren trotz heftiger interner und öffentlicher Kritik eingeschränkte Programmangebot wird vollständig über einen *grant in aid*, einen festen Etatposten des Außenministeriums, finanziert, das aber keinerlei Einfluss auf den Programminhalt hat.

Nach einer schwierigen Phase um das Jahr 2000 gilt der von der britischen Politik immer wieder auch kontrovers diskutierte Fortbestand der BBC wieder als gesichert. Die von 2007 bis 2016 gültige neue »Royal Charter« hat aber zu einschneidenden Reformen geführt, insbesondere im obersten Management und bei der Selbstaufsicht der Anstalt. Geleitet wird die BBC von einem Management-Team (»BBC Executive Board«), an dessen Spitze der »Director General« steht. Dieser ist gleichzeitig als »oberster Chefredakteur« für alle Programme verantwortlich. Die neue Charter schreibt verbindlich mindestens vier sogenannte »Non-executive-Members« im Board vor, deren Position eher mit der eines Aufsichtsrates zu vergleichen ist. Auch die Position des erst 2004 eingeführten »Deputy Director General« wird verbindlich festgeschrieben, um »einsamen Entscheidungen« des »Director General« oder anderer Top-Manager vorzubeugen. Hintergrund dieser Maßnahmen waren die erbitterten Auseinandersetzungen der amtierenden Labour-Regierung mit der BBC, vor allem über die Berichterstattung zu den politischen Hintergründen der britischen Beteiligung am jüngsten Irak-Krieg.

Aus demselben Motiv wurde auch die bislang vom »Board of Governors« ausgeübte Selbstkontrolle der BBC neu organisiert. An die Stelle der Governors, die die oberste Mangement-Instanz und gleichzeitig das anstaltseigene Aufsichtsgremium darstellten, tritt jetzt der »BBC Trust«. Er hat zwar keine direkten Management-Aufgaben mehr, verfügt aber über deutlich mehr Kompetenzen bei der Besetzung des »Executive Board« und soll vor allem den *public value* der BBC bewerten. Außerdem soll er die Programmleistung der BBC und ihre Übereinstimmung mit dem Programmauftrag detailliert überwachen. Die zwölf Mitglieder des Trusts repräsentieren formal – ähnlich wie die Rundfunkräte in Deutschland – die gesellschaftliche Vielfalt im Land. Durch ihre im Vergleich zu deutschen Aufsichtsgremien viel geringere Zahl sind die einzelnen Trust-Mitglieder deutlich mächtiger. Anders als in Deutschland werden sie auch nicht von entsprechenden »Trägern des gesellschaftlichen Lebens« nominiert, sondern von der Königin auf

Vorschlag der Regierung ernannt. Allerdings startete der »BBC Trust« mit einem handfesten Skandal: Sein designierter Vorsitzender Michael Grade, früher Chef des Privatsenders »Channel 4«, erklärte sich erst kurz vor dem offiziellen Amtsantritt – und wechselte als neuer Vorstandschef zum größten Konkurrenten der BBC, dem Privatsender ITV. Mittlerweile hat sich der »BBC Trust« unter seinem neuen Chairman, Sir Michael Lyons, etabliert und begreift seine Rolle durchaus aktiv – wie beispielsweise die noch laufende Untersuchung über Spitzenhonorare für TV-Stars und deren Vereinbarkeit mit Programmauftrag und Gebührenfinanzierung belegt.

Unter ihrem heutigen »Director General« Mark Thompson, der 2004 den über die Irak-Kontroverse gestürzten Greg Dyke beerbte, hat sich die BBC zu einer sehr pragmatischen Verhandlungsstrategie mit der Regierung durchgerungen. Regierungsforderungen nach mehr *value for money* im Programm begegnet die BBC nicht zuletzt durch einen radikalen Sparkurs. Mehrere Tausend BBC-Mitarbeiter werden demnächst aus London nach Salford in Nordengland versetzt, um die Dominanz der Hauptstadt in der BBC einzuschränken und den Wert der BBC auch für die Regionen stärker zu betonen.

Dieses Umzugsdekret galt als Faustpfand der BBC bei den jüngsten Gebührenverhandlungen. Hier ist die BBC vom britischen Parlament abhängig, das die Höhe der bislang an einen Index gekoppelten Fernsehgebühren festsetzt und über das Kultur- und Medienministerium zuweist. Die bisherige großzügige Regelung, nach der die Gebühr jeweils um 1,8 Prozent über der Inflationsrate angeglichen wurde, galt als nicht länger durchsetzbar, obwohl die BBC anfangs unter Verweis auf den verordneten Teil-Umzug und die Kosten der Digitalisierung sogar 2,3 Prozent über dem Inflationsausgleich gefordert hatte. Die Neuregelung durch die Labour-Regierung unter ihrem erst seit dem Sommer 2007 amtierenden Premierminister Gordon Brown fiel drastischer aus als erwartet: Die Gebühren wurden völlig vom Inflations-Index entkoppelt. Die bis 2013 gültige Gebührenstaffel bleibt um insgesamt zwei Milliarden Pfund unter dem BBC-Antrag. Bis zu 2500 feste Jobs werden nun nach Gewerkschaftsangaben gestrichen, die Budgets aller Programmbereiche gekürzt. Das neue Motto von »Director

General« Mark Thompson lautet: »Weniger, aber besser«. Dass die BBC trotz zunächst gegenteiliger Beteuerungen ebenfalls in den branchenweiten Skandal um Manipulationen bei Anrufsendungen und Gewinnspielen verwickelt war, hat dem Ansehen des öffentlich-rechtlichen Schlachtschiffs zusätzlich geschadet. Ende November 2007 kündigte die BBC an, sich den Diskussionen mit ihren privaten Konkurrenten und der Medienaufsichtsbehörde Ofcom um eine »Best Practice«-Initiative nicht länger zu verschließen – und zu versuchen, das verlorengegangene Vertrauen in der Öffentlichkeit wieder zu stärken.

Literatur

Robin Aitken: Can we trust the BBC? London u. a. 2007.

Department for Culture, Media and Sport (DCMS): A Public Service for All. The BBC in the Digital Age, London 2006.

Tony Grant (Hg.): From Our Own Correspondent. A Celebration of Fifty Years of the BBC Radio, London 2006.

Lucy Kung-Shankleman: Inside the BBC and CNN. Managing Media Organisation, London 2000.

ULRIKE SAUER

Berlusconi, Silvio

* Mailand, 29. September 1936, italienischer Unternehmer
und Politiker. Als Besitzer der Firma »Fininvest« ist Berlusconi
einer der reichsten Männer Italiens. Als zweimaliger Ministerpräsident (1994/1995 und von 2001 bis 2006) gehört er zu
den umstrittensten, aber auch populärsten italienischen
Politikern.

Die politische Karriere des aus kleinbürgerlichen Verhältnissen
stammenden Multi-Milliardärs Silvio Berlusconi begann just in
dem Moment, als sein Fernsehimperium ins Wanken geriet. Nach
fulminantem Aufstieg sah sich der Magnat zu Beginn der 1990er
Jahre plötzlich einer dreifachen Bedrohung ausgesetzt. Berlusconis
Konzernholding »Fininvest« mit ihren dreihundert Tochtergesell-
schaften war so hoch verschuldet, dass die Gläubigerbanken im
Herbst 1993 die Einsetzung eines externen Sanierers durchsetzten.
Zugleich hatte die Justiz in Italien mit ihren Schmiergeldermitt-
lungen einen ungeheuerlichen Korruptionssumpf aufgedeckt und
das Parteiensystem aus den Angeln gehoben. Durch den Sturz von
Sozialistenchef Bettino Craxi verlor Berlusconi den Schutz seines
mächtigen Freundes und Förderers, der die zügellose und regel-
widrige Expansion des privaten Mailänder TV-Pioniers ermöglicht
hatte. Schließlich geriet der Craxi-Günstling selbst in den Ermitt-
lungsstrudel. Die Staatsanwälte leiteten damals die ersten Untersuchungsverfahren gegen den »Fininvest«-Konzern und seinen
Gründer wegen Bestechung und Bilanzfälschung ein. Alle diese
Probleme schaffte Berlusconi mit dem Einstieg in die Politik –
über kurz oder lang – aus der Welt. Seine Firmen prosperierten
von neuem, sein Vermögen verdreifachte sich seither. Das Wirtschaftsmagazin »Forbes« schätzt es auf knapp zwölf Milliarden
Euro (2006), womit er zum reichsten Mann Italiens geworden ist.
    Bevor Berlusconis Machtfülle und Medienpopulismus zu einer
»Herausforderung der politischen Kultur Europas« (Freimut Duve)
wurden, hatte sein unbehelligter Aufstieg zum Monopolisten des

italienischen Privatfernsehens den Wettbewerb auf dem nationalen TV-Markt im Keim erstickt. Dabei begann der Eroberungszug des umtriebigen Selfmade-Unternehmers scheinbar beiläufig. 1974 lässt der 37-jährige Mailänder Bauunternehmer für seine moderne Trabantenstadt »Milano 2« ein internes Kabelfernsehprogramm entwickeln. Es dient der Marketingabteilung als zusätzliches Verkaufsargument. Bald darauf streckt Berlusconi seine Fühler auch in die Presselandschaft aus und übernimmt die in Finanzschwierigkeiten steckende Mailänder Tageszeitung »Il Giornale«. Die entscheidende Wende kommt 1978: Berlusconi gründet die Holding »Fininvest« und wird Mitglied der subversiven Geheimloge P2 von Großmeister Licio Gelli. Gleichzeitig nimmt der Wohnanlagen-Sender »TeleMilano« die terrestrische Ausstrahlung auf. Privatsender sind in Italien im Zuge einer Liberalisierung zu diesem Zeitpunkt zugelassen, doch dürfen sie weder landesweit noch live ausstrahlen. Berlusconi setzt sich ab 1980 systematisch darüber hinweg. Innerhalb von vier Jahren errichtet er durch den Aufkauf der wichtigsten Konkurrenten ein privates Fernsehmonopol, das fortan aus drei landesweiten Sendern besteht. Legalisiert wird die so entstandene Vorherrschaft erst 1990 durch ein auf ihn zugeschnittenes Mediengesetz. Im darauffolgenden Jahr erlangt »Fininvest« nach einer erbitterten Übernahmeschlacht auch die Kontrolle über Italiens größten Buch- und Zeitschriftenverlag »Mondadori«. 1995 werden die Fernseh- und Werbeaktivitäten Berlusconis unter dem Dach des Tochterunternehmens »Mediaset« zusammengefasst und ein Jahr später an die Börse gebracht. Die Übernahme des Fußballklubs AC Mailand im Jahr 1986 beflügelte dabei schon seit langem die Popularität des Fernsehzaren.

So haarsträubend die steile Karriere des Bankangestelltensohnes ist, so dubios sind die scheinbar unerschöpflichen Quellen, aus denen sie finanziert wurde. Der Ursprung von Berlusconis immensen Finanzen liegt bis heute teilweise im Dunkeln. Während des Jurastudiums in Mailand hatte sich Berlusconi noch als Staubsaugervertreter und Entertainer auf Kreuzfahrtschiffen Geld verdient. Ein Jahr nach seinem Examen, das er 1961 mit einer Arbeit über Verträge in der Werbebranche ablegte, war er bereits als Bauunternehmer im Geschäft.

Jedenfalls erfasste der Immobilienunternehmer früher und klarer als seine Wettbewerber in Italien das Erfolgsgeheimnis des kommerziellen Fernsehens. Der branchenfremde Berlusconi maß im Gegensatz zu den konkurrierenden Verlegern nicht den TV-Inhalten zentrale Bedeutung zu, sondern den Werbespots, schreibt der italo-amerikanische Publizist Alexander Stille in der 2006 erschienenen Biografie »Citizen Berlusconi«. Bei der Programmgestaltung achtete Berlusconi darauf, nie den niedrigsten gemeinsamen Nenner der Zuschaueransprüche aus dem Auge zu verlieren. So bestimmt bis heute eine Mischung aus seichten Shows, Gewinnspielen, Reality-TV, Gewaltfilmen, Wiederholungen und Zeichentrickfilmen das Angebot. Sich selbst bezeichnete der mit einem außerordentlichen Verkaufstalent ausgestattete Unternehmer als »Missionar des Kommerzfernsehens«. Die Einschaltquoten der hochprofitablen »Mediaset«-Sender liegen deutlich über vierzig Prozent. Zusammen absorbieren »Canale 5«, »Retequattro« und »Italia 1« 65 Prozent der Werbeinvestitionen auf dem italienischen Fernsehmarkt.

Die unumschränkte Medienmacht verschaffte Berlusconi leichten Zugriff auf die politische Macht. Den Neustart seiner Karriere inszenierte der Unternehmer an symbolträchtigem Ort. Am 23. November 1993 kündigte Berlusconi bei der Eröffnung des Einkaufszentrums »Shopville« vor den Toren Bolognas seinen Eintritt in die Politik an. Schon fünf Monate später hielt er erstmals die Regierungsmacht in Händen. Das ganze Land war in kürzester Zeit mithilfe konzerneigener Strukturen und Ressourcen von einem schlagkräftigen Netz des Wahlvereins »Forza Italia« überzogen. Auch die Wähler hatte sich der Polit-Neuling in gewisser Hinsicht selbst herangezogen. »Berlusconi repräsentiert das alte Italien: Senioren, Hausfrauen, Arbeitslose, Leute, die viel vor dem Fernseher hocken und keine Zeitungen lesen«, interpretierte der Soziologe Piergiorgio Corbetta die Wähleranalysen. Die Dauer des TV-Konsums wurde in Italien zum zuverlässigen Indikator für das Wahlverhalten. Die propagandistischen Möglichkeiten taten ihr Übriges. Trotz seines siebenmonatigen Regierungsfiaskos von 1994/1995 errang Berlusconi bei den Wahlen 2001 einen überwältigenden Sieg. In den fünf darauffolgenden Regierungsjahren kontrollierte er die öffentliche Rundfunkanstalt RAI, gängelte die

Justiz und baute Italien mit einer Reihe von »Rettet-Berlusconi«-Gesetzen nach seinen Bedürfnissen um. Die Wirtschaft rutschte in die schwerste Krise der Nachkriegsgeschichte.

Über die Grenzen Italiens hinaus verkörpert der zweifache römische Ministerpräsident mit seiner »Rhetorik der Antipolitik« (Angelo Bolaffi) einen neuen politischen Stil. Auch wenn der italienische Verführungskünstler einer Gesellschaft entwachse, die über keine Tradition im Kartellrecht und in der Lösung von Interessenkonflikten verfügt, dafür aber über eine lange Geschichte der politischen Korruption, sei es ein großer Irrtum, Berlusconi als italienischen Sonderfall zu betrachten. Die Berlusconische Formel »Geld + Medienherrschaft + Berühmtheit = politische Macht« setze sich vielmehr in zahlreichen führenden Demokratien durch, so argumentiert Alexander Stille in »Citizen Berlusconi«.

Literatur

Alexander Stille: Citizen Berlusconi, München 2006.
Udo Gümpel, Ferruccio Pinotti und Dalbert Hallenstein: Berlusconi Zampano. Die Karriere eines genialen Trickspielers, München 2006.
Paul Ginsborg: Berlusconi – Politisches Modell der Zukunft oder italienischer Sonderweg? Berlin 2005.

DIRK SCHÄFER

Bernays, Edward L.

* Wien, 22. November 1891, † New York, 9. März 1995.
Bernays gilt als Vater der Propagandalehre und war für die
Professionalisierung der Public Relations in den USA stilprägend. Der Neffe von Sigmund Freud nutzte für seine Kampagnen die psychologischen Erkenntnisse seines Onkels.

New York City, im Jahr 1929: Zehntausende von Menschen fla-
nieren zur traditionellen »Easter Parade« durch die Straßen der
Metropole. Von Fotoreportern umringt, zückt eine Gruppe junger
Frauen unter ihren Röcken plötzlich Zigarettenschachteln hervor
und beginnt genüsslich zu rauchen. Ein Skandal, denn die Ziga-
rette galt in Händen der Weiblichkeit als unschicklich, und in den
USA war Frauen das Rauchen per Gesetz gar verboten. Die Journalisten machten die Aktion mit dem Motto »Torches of Freedom«, Fackeln der Freiheit, am nächsten Tag zum landesweiten
Aufmacher. Trotz sozialen Banns und gesetzlichen Verbots waren
rauchende Frauen in den USA danach sozial akzeptiert, und auch
das eigentliche Ziel, die Steigerung des Zigarettenkonsums, war
erreicht.

PR- und Marketingfachleuten gelten die »Torches of Freedom«
heute als ein Meilenstein auf dem Weg in ein neues Werbezeit-
alter, und ihr Erfinder, Edward L. Bernays, gilt als der Vater der
➤ Propaganda. Außerhalb der PR-Szene ist Bernays kaum bekannt,
doch sein Einfluss auf die Kultur des 20. Jahrhunderts hätte größer
kaum sein können. Mit seiner Arbeit legte er den Grundstein für
eine Konsumkultur, in der wir nicht das kaufen, was wir brauchen,
sondern vor allem das, was uns ein gutes Gefühl gibt.

Der amerikanische Journalist und Autor Larry Tye schrieb
in seinem Buch »The Father of Spin« (1998): »Fast im Allein-
gang kreierte Edward Bernays das Handwerk, das später einmal
(➤) Public Relations heißen sollte.« Sein Wissen um die Beeinflussbarkeit der Massen war in langer Vorbereitungszeit entstanden. Fast zwei Dekaden hatte er mit Symbolen, Events und Insze-

nierungen experimentiert. Von 1913 an arbeitete Bernays in New York als Presse-Agent und übte sich darin, in den USA unbekannte europäische Künstler wie Enrico Caruso oder russisches Ballett bekanntzumachen. Obwohl er erfolgreich war, füllte ihn diese Tätigkeit nicht aus.

Der Wendepunkt kam 1917. Mit dem Eintritt der Vereinigten Staaten in den Krieg gegen das Deutsche Kaiserreich und die österreichische Donaumonarchie fühlte sich Bernays, dessen Familie von Österreich in die USA ausgewandert war, als Streiter für das Land berufen, in dem er aufgewachsen war. Er arbeitete für das »Commitee on Public Information«, das die zweifelnden Amerikaner auf den europäischen Krieg einschwören sollte. Bernays erwies sich als äußerst geschickt darin, die Idee einer mit amerikanischen Waffen erkämpften, sicheren und friedvollen Weltordnung öffentlich zu verkaufen. »Make the world safe for democracy«, so lautete sein Slogan. Als Bernays nach Kriegsende mit der US-Delegation um Präsident Woodrow Wilson zu den Friedensverhandlungen nach Paris reiste, war er überrascht, wie begeistert die Franzosen Wilson empfingen: Er wurde gefeiert wie ein Volksheld, der Frieden und Freiheit gebracht habe. Tief beeindruckt kam Bernays zu dem Schluss, dass die Beeinflussung der Massen in Kriegszeiten auch in Friedenszeiten funktionieren müsste. Einen Grundstein für diese These lieferten ihm die Schriften Sigmund Freuds.

Während seines Aufenthalts in Paris schickte Bernays seinem Onkel »Siggi« eine Kiste Havanna-Zigarren nach Wien und erhielt retour Unterlagen über die Einführung in die Psychoanalyse. Fasziniert von dem Gedanken unterbewusster Kräfte, die Menschen zum Handeln bewegen, ersann Bernays Methoden, diese Kräfte anzusprechen. Er wollte Menschen im Sinne seiner Auftraggeber beeinflussen und daraus Profit schlagen. Die USA und die europäischen Staaten hatten sich in Industriegesellschaften verwandelt, von einem entsprechenden Konsum nach heutigem Verständnis konnte aber nicht die Rede sein. Bis auf wenige Reiche kauften die Leute das, was die ➤ Werbung als funktional und beständig darstellte. Ein Auto war kein Statussymbol, sondern ein Transportmittel, und Kleider machten nicht Leute, sondern hielten sie warm und trocken. Doch nach Ende des Ersten Weltkriegs ereilte amerikanische Magnaten die Angst, sie könnten ihre Waren eines

Tages nicht mehr loswerden, weil jeder schon vergleichbare besaß. Was die Unternehmen durch Bernays' Arbeit realisierten, war, dass sie das Verhalten ihrer Kundschaft verändern konnten.

Ein großer Hersteller von Schinken, dessen Absatzzahlen gefallen waren, engagierte Bernays, um den Verkauf anzukurbeln. Bernays dachte beim Stichwort »Schinken« gleich an Frühstück. Bis dahin waren die frühstückenden Amerikaner auf Saft, Toast und Kaffee getrimmt. Also befand Bernays, dass sich die Frühstücksgewohnheiten der Nation ändern müssten. Er befragte bekannte Mediziner, ob sie ein leichtes oder ein deftiges Frühstück favorisierten, und die deftige Variante gewann. Bernays lancierte das Ergebnis in Zeitungen, und die Amerikaner folgten dem Rat der Ärzte. *Bacon and eggs* gehören seitdem zu Amerika wie später der Hamburger.

Mit verschiedenen Aufträgen änderten sich Bernays' Strategien, doch seine Philosophie blieb stets dieselbe: Er verkaufte nicht in erster Linie Produkte, sondern änderte Verhaltensweisen. 1924 rief ihn der amerikanische Präsident Calvin Coolidge zu Hilfe, der in der Öffentlichkeit als blass und langweilig galt. Zum ersten Mal beschäftigte sich die ➤ Politik in Friedenszeiten mit Propaganda. Bernays verfuhr mit dem Präsidenten wie mit einem Produkt. Er verpflichtete 34 Hollywoodstars, Coolidge im Weißen Haus zu besuchen. Es gab Tee, Kaffee und Gebäck. Am nächsten Tag meldeten die Zeitungen: »Coolidge entertained actors«. Präsident und Nation waren zufrieden.

Ende der 1920er Jahre war Bernays auf dem Höhepunkt seines Schaffens, doch nach der »Torches of Freedom«-Kampagne sank sein Stern für kurze Zeit dramatisch. Der mit geliehenem Geld erkaufte Wirtschaftsboom brach 1929 im größten Börsencrash der Geschichte in sich zusammen. In der folgenden Rezession gaben die Millionen Arbeitslosen und Verarmten der Wirtschaft die Schuld an der Misere und hörten schlicht auf zu konsumieren. 1933 wählten die Amerikaner mit Franklin D. Roosevelt einen Mann zum Präsidenten, der die instabil gewordene Gesellschaft stützen wollte. Mit seinem Aufbauprogramm, dem »New Deal«, setzte er einer ausufernden Wirtschaft Grenzen. Die Unternehmen sagten Roosevelt daraufhin offen den Kampf an – und für ihren Propaganda-Feldzug holten sie Edward Bernays. Das Motto seiner

Kampagne: Eine unkontrollierte Privatwirtschaft ist untrennbarer Bestandteil einer stabilen ➤ Demokratie.

In den Jahrzehnten danach wandte sich Bernays verstärkt der Politik zu. Mit einer detaillierten Wähleranalyse (➤ Wahlkampf) verhalf er dem damaligen New Yorker Bürgermeister Fiorello La Guardia zur Wiederwahl. Für die indische Regierung wandelte er das Bild des Landes von dem eines »Staates mit Tiger fressenden Einwohnern« zu einem, das Amerika im Kampf gegen den Kommunismus unterstützen kann. Und der israelischen Politikerin Golda Meir gab Bernays Tipps, wie sie bei den Vereinten Nationen wirkungsvoll für die Sache Israels werben konnte.

Nicht immer war Bernays' Engagement unstrittig. So half er in den 1950er Jahren der »United Fruit Company«, heute »Chiquita«, die linksgerichtete Regierung Guatemalas zu diffamieren, indem er sie in den USA als kommunistisch darstellte. Die Kampagne trug mit zum gewaltsamen Sturz der Regierung durch die USA beziehungsweise die CIA im Jahr 1954 bei.

Einen seiner letzten öffentlichen Auftritte hatte Bernays 1992 als Gast des Late-Night-Talkers David Letterman. Als dieser ihn mit »Welcome Doctor Bernays« begrüßte, dankte der ihm für die Nennung des Titels: »Das steigert bei den Zuschauern meine Glaubwürdigkeit.« Edward Bernays wurde 103 Jahre alt.

Literatur

Larry Tye: The Father of Spin – Edward L. Bernays and the Birth of Public Relations, New York 2002.

Stuart Ewen: PR! A Social History of Spin, New York 1996.

Edward L. Bernays: Propaganda, New York 1928 (dt. Edward L. Bernays: Propaganda. Die Kunst der Public Relations, Freiburg 2007).

Sigmund Freud: Massenpsychologie und Ich-Analyse, Wien 1921.

Sigmund Freud: Vorlesungen zur Einführung in die Psychoanalyse, Wien 1917.

THOMAS SCHULER

Bertelsmann

Der sechstgrößte Medienkonzern der Welt agiert in 63 Ländern und bezeichnet sich selbst als »internationalstes Medienunternehmen«. Die Erfolgsgeschichte Bertelsmanns begann im 19. Jahrhundert mit pietistisch-protestantischen Schriften und entwickelte sich in den 1950er Jahren rasant weiter mit der Buchclub-Idee. Mittlerweile reichen die Geschäfte von Zeitschriften und Büchern bis zu Europas größtem TV-Unternehmen RTL. Das Unternehmen gehört mehrheitlich der Bertelsmann Stiftung, die großen Einfluss auf Gesellschaft und Politik in Deutschland ausübt.

Bertelsmann ist eine nicht an der Börse notierte AG mit Sitz in Gütersloh. Ihre mehr als dreihundert Einzelfirmen mit über 100.000 Mitarbeitern erwirtschafteten 2006 mit Fernsehen (»RTL Group«), Zeitungen und Zeitschriften (»Gruner + Jahr«), Büchern (»Random House«), Musik (BMG) und Dienstleistungen (»Arvato«) über 19 Milliarden Euro Umsatz. Bertelsmann ist somit Europas größter ➤ Medienkonzern. Kapital- und Stimmrechte sind getrennt. Mehrheitseigentümerin ist mit 76,9 Prozent der Kapitalrechte die von der Familie Mohn beaufsichtigte Bertelsmann Stiftung; der Rest ist in Familienbesitz. Alle Stimmrechte kontrollieren die Eheleute Liz und Reinhard Mohn und zwei ihrer sechs Kinder, Brigitte und Christoph, über die sogenannte Verwaltungsgesellschaft mbH.

1835 gründete der Buchbinder Carl Bertelsmann (1791–1850) in Gütersloh einen Verlag für religiöse Schriften. Dieses Datum gilt als Geburtsjahr des gleichnamigen Unternehmens, obwohl Bertelsmann bereits 1824 mit einer Druckerei angefangen hatte. Den Verlag fügte er hinzu, um seine Druckerei auszulasten – bis heute eine erfolgreiche Expansionsstrategie des Unternehmens. Damals verkaufte Bertelsmann Missionstexte und Liederbücher für die evangelische Erweckungsbewegung in hoher Auflage. Mit Zeitungsgründungen hatte er jedoch weniger Glück, auch weil er als strenger Protestant keine Anzeigen für Alkohol drucken wollte. Seine Nachfahren rechtfertigen die Programmerweiterung mit ihrem Dienst an der Allgemeinheit.

Carl Bertelsmanns Sohn Heinrich (1827–1887) und dessen Schwiegersohn Johannes Mohn (1856–1930) dehnten die Geschäftsbereiche aus – durch Zukäufe und Gründung von Fachzeitschriften und Buchreihen. Mit Johannes Mohn übernahm 1887 die Familie Mohn die Kontrolle über Bertelsmann. Dessen Sohn Heinrich Mohn (1885–1955) expandierte besonders auf dem Belletristik-Sektor. Als er wegen Asthmas einige Jahre aus Gütersloh nach Braunlage im Harz ziehen musste, entwickelte er die damals revolutionäre dezentrale Führungstechnik, die das Unternehmen bis heute prägt: Sein wichtigster Vertrauter und Mitarbeiter in Gütersloh wurde Fritz Wixforth, der in enger Abstimmung mit Mohn das Belletristikgeschäft mit neuen Marketingtechniken (Buchkassetten, Wettbewerbe, Werbeschaufenster, Reisebuchhandel) forcierte.

Der überzeugte Protestant Heinrich Mohn ließ sich mit den Nationalsozialisten ein, wurde förderndes Mitglied der SS, verlegte Johannes Kuhlo, der Posaunen-Noten für das Horst-Wessel-Lied schrieb, und lieferte der Wehrmacht Naziliteratur und Kriegspropaganda in Millionenauflage. Während der Verlag von vormals sechzig Mitarbeitern 1923, zur Zeit der Hyperinflation, nur noch sechs beschäftigen konnte, stieg die Zahl 1933 auf 153 und 1938 auf 335 Mitarbeiter. 1938 produzierte der Verlag dreimal mehr Bücher als 1933, vor allem Kriegsbücher für das Militär, die zwischen 1938 und 1941 drei Viertel der Produktion ausmachten. Wegen Papierschiebereien und allgemeiner »Kriegswirtschaft« wurde der Verlag 1944 von den Nationalsozialisten geschlossen.

Nach dem Krieg übergab Heinrich Mohn die Leitung seinem zweitjüngsten Sohn Reinhard (geb. 1921), weil dieser politisch unbelastet war. Um von den Briten eine Lizenz zu erhalten, erfanden Vater und Sohn die Legende vom Widerstandsverlag, der den Nazis »ein Dorn im Auge« war und deshalb geschlossen worden sei – eine Legende, die Bertelsmann erst 2002 nach öffentlichen Protesten und gegenteiligen Belegen einer Historikerkommission korrigierte.

Als »Königsidee« und Keimzelle des Nachkriegserfolgs von Bertelsmann gilt der Lesering (heute »Buchclub«), der Abonnenten zum regelmäßigen Kauf eines Buches verpflichtet und somit einen planbaren Absatzmarkt schafft. Mohn beteiligte sich schrittweise an Europas größtem Druck- und Verlagshaus, der »Gruner + Jahr AG« mit Sitz in Hamburg (»Stern«, »Brigitte«, »Financial Times Deutschland«), expandierte ins Film- wie ins Musikgeschäft (»Ariola«) und ins Ausland. Den Ausbau finanzierte Mohn, indem er seine Mitarbeiter am Unternehmen beteiligte und ihre Anteile als Kredite unversteuert einbehielt. Dabei half ihm der Steuerjurist Manfred Köhnlechner, der das Unternehmen ab 1957 neu strukturierte. Mohn machte ihn zum Generalbevollmächtigten, trennte sich aber 1970 überraschend von ihm wegen angeblicher Eigenmächtigkeiten beim gescheiterten Versuch, den ➤ Axel Springer Verlag (mit der »Bild«-Zeitung) zu übernehmen.

1981 wechselte Mohn vom Vorstands- in den Aufsichtsratsvorsitz. Unter dem Vorstandsvorsitzenden Mark Wössner (1983–1998) kaufte Bertelsmann amerikanische Buch- und Musikverlage, expandierte mit RTL ins Privatfernsehen und setzte sich kurzzeitig an die Spitze der weltweit umsatzstärksten Medienkonzerne. Heute führt Bertelsmann diese Liste nur in Teilsegmenten, zum Beispiel im Buchgeschäft, mit seinen rund einhundert Verlagen (vereint in der »Random House«-Gruppe). Die Erträge verteilen sich etwa zu einem Drittel auf Deutschland, Europa (ohne Deutschland) und die USA.

In der Sorge, seine Erben würden steuerlich gezwungen, Bertelsmann aufzuteilen, gründete Mohn 1977 die Bertelsmann Stiftung und übereignete ihr 1983 die Mehrheit der Kapitalrechte am Unternehmen. Die Stimmrechte behielt er selbst. Mit dem Kapitalerlös baute die Stiftung ihre Aktivitäten und ihren Einfluss kontinuierlich aus. Seit seinem Rückzug vom Unternehmen 1994 bezeichnet Mohn die Institution als sein Lebenswerk. Sie avancierte zur größten operativen Stiftung in Deutschland. Regelmäßig versammelt sie Politiker, Akademiker und Fachleute zu Symposien und berät sie mit eigenen Konzepten zu gesellschaftlichen und politischen Fragen, etwa zur Arbeits-, Bildungs- und Gesundheitspolitik. Hier nahm zum Beispiel die Arbeitsmarktreform (»Hartz IV«) ihren Anfang. Damit sichert sich Bertelsmann in einer medienpolitischen Grauzone Einfluss in Politik und Gesellschaft, ohne dass dies etwa bei der Berechnung von Konzentrationsgrenzen für Medienkonzerne Beachtung findet. Kritiker bemängeln die Monopolstellung der Stiftung, ihre neoliberale Politik sowie die unscharfe Trennung von Unternehmen und Stiftung, deren Führungspersonal sich abwechselt. Obwohl die Stiftung gemeinnützig ist und somit aus Steuergeldern gefördert wird, bestimmt de facto die Mohn-Familie allein. Reinhard Mohn ersetzte den religiösen Missionseifer der Väter mit seiner Philosophie einer Unternehmenskultur, die über die Stiftung auch auf die Gesellschaft ausstrahlen soll.

1998 übernahm Thomas Middelhoff den Vorstandsvorsitz von Mark Wössner. Ihm verdankt Bertelsmann den Einstieg beim Internetanbieter AOL. Der spätere Verkauf brachte dem Unternehmen einen Rekorderlös von 6,75 Milliarden Dollar und machte es zu einem der wenigen Medienkonzerne, der von der Internet-Hysterie profitierte. Als sich die Internet-Träume nicht verwirklichen ließen, setzte Middelhoff aufs Fernsehen und erwarb schrittweise die Mehrheit beim Marktführer RTL, der heutigen Cashcow von Bertelsmann. Reinhard Mohn setzte dafür sogar seine eherne Regel, niemals mit der gesamten Firma an die Börse zu gehen, außer Kraft. Im Tausch von einem Drittel aller RTL-Anteile gegen ein Viertel der Bertelsmann AG wurde dem belgischen Finanzier Albert Frère (GBL, »Groupe Bruxelles Lambert«) dieses Recht zugesichert.

Doch Reinhard Mohn fühlte sich nie wohl mit diesem Geschäft. Im Streit mit Middelhoff um den Verkauf von Anteilen der Familie Mohn und um den Einfluss seiner zweiten Ehefrau Liz musste Middelhoff Bertelsmann 2002 verlassen. Bis Ende 2007 leitete Gunter Thielen, zuvor Geschäftsführer der Druck- und Onlinedienst-Sparte »Arvato« und kurzzeitig Vorstandsvorsitzender der Stiftung, das Unternehmen. Thielen, der im Januar 2008 in den Aufsichtsrat wechselte und erneut den Vorstandsvorsitz der Bertelsmann Stiftung übernahm, konsolidierte die Bertelsmann AG und fuhr einen vorsichtigen Wachstumskurs, obwohl unter seiner Führung der Rückkauf der Aktienanteile von Albert Frère für 4,5 Milliarden Euro durchgeführt wurde, für den sich Bertelsmann hoch verschulden musste. Seit 2008 führt Hartmut Ostrowski, ebenfalls ein ehemaliger »Arvato«-Chef, die Geschäfte: Der gebürtige Bielefelder und Betriebswirtschaftler setzte sich als Zögling von Thielen souverän gegen seinen Hauptkonkurrenten Ewald

Walgenbach, Chef der »Direct Group«, durch. Ostrowski stehe für Kontinuität, heißt es im Hause Bertelsmann.

Als Vertreterin der Familieninteressen agiert heute Liz Mohn in allen wichtigen Gremien (Aufsichtsrat, Vorstand und Kuratorium der Stiftung, Verwaltungsgesellschaft mbH), in denen strategische Entscheidungen getroffen werden. Sie wurde am 21. Juni 1941 als Elisabeth Beckmann in einem Nachbarort von Gütersloh geboren und begann mit 17 Jahren als Telefonistin bei Bertelsmann. Reinhard Mohn heiratete sie 1982, nachdem beide sich von ihren Partnern aus erster Ehe hatten scheiden lassen. 1993 gründete Liz Mohn die »Stiftung Deutsche Schlaganfall-Hilfe«; 2002 wurde sie Vorsitzende der Verwaltungsgesellschaft.

Drei der sechs Kinder von Reinhard Mohn sind im Unternehmen engagiert: Johannes (aus erster Ehe mit Magdalene Mohn) bei »Arvato«; Brigitte im Vorstand der Stiftung und Christoph (beide aus der Ehe mit Liz Mohn) als Vorstandsvorsitzender der Internet-Tochter »Lycos«. Brigitte Mohn sitzt auch in der Verwaltungsgesellschaft, sie und Christoph Mohn gehören außerdem dem Aufsichtsrat an. Seinen ältesten Sohn Johannes hat Reinhard Mohn früher jahrelang öffentlich als Nachfolger ausgegeben, seinem jüngsten Sohn Andreas unterbreitete er später ebenfalls entsprechende Pläne – beide ließ er jedoch fallen. Sie haben auf das Schicksal von Bertelsmann keinen Einfluss mehr.

Literatur
Gian Trepp: Bertelsmann. Eine deutsche Geschichte, Zürich 2007.
Frank Böckelmann und Hersch Fischler: Bertelsmann. Hinter der Fassade des Medienimperiums, Frankfurt a. M. 2004.
Thomas Schuler: Die Mohns. Vom Provinzbuchhändler zum Weltkonzern. Die Familie hinter Bertelsmann, Frankfurt a. M. 2004.
Saul Friedländer u. a.: Bertelsmann im Dritten Reich, München 2002.

Bücher, Karl

* Kirberg (Hessen-Nassau), 16. Februar 1847, † Leipzig,
12. November 1930. International renommierter Nationalökonom, Statistiker, Historiker und Zeitungsforscher, gilt als
einer der Begründer der Zeitungskunde. Bis heute immer
wieder zitiert wird seine Definition der Zeitung als »ein
Erwerbsunternehmen, das Annoncenraum als Ware erzeugt,
die nur durch einen redaktionellen Teil verkäuflich wird«.

Bücher arbeitete seit 1872 als Gymnasiallehrer in Dortmund und
danach in Frankfurt am Main. Da ihn diese Tätigkeit nicht mehr
befriedigte, wurde er 1874 freier Mitarbeiter und 1878 Redakteur
für Sozialpolitik der »Frankfurter Zeitung«. In diesem freisinnig-
liberalen Blatt begann er, seine sozial- und wirtschaftshistorischen
Interessen mit aktuellen sozialpolitischen Fragestellungen in
Zusammenhang zu bringen. In diese Zeit fiel auch seine Hinwen-
dung zur Nationalökonomie und Statistik. Zugleich begann er in
Frankfurt langjährige Studien über die antike und mittelalterliche
Wirtschaft sowie über die Agrarverfassung und das Gemeineigen-
tum bei Naturvölkern. Ebenfalls 1874 trat er dem »Verein für Social-
politik« bei. Dessen Themenstellungen und wissenschaftlichen
Netzwerke beförderten seine nationalökonomische Orientierung.

1881 habilitierte er sich an der Universität München für Nationalökonomie. Seine akademische Karriere führte ihn über die
Universitäten Dorpat (1883), Basel (1883–1890) und Karlsruhe
(1890/1891) an die Universität Leipzig. Dort lehrte er ab 1892 als
Nationalökonom und ab 1916 als Zeitungskundler mehr als dreieinhalb Jahrzehnte, ehe er 1926, fast 80-jährig, endgültig aus dem
akademischen Leben ausschied.

In Leipzig entstanden die Werke von Bücher, die seinen internationalen Ruf begründeten. 1893 veröffentlichte er »Die Entstehung
der Volkswirtschaft«, eine bis 1926 in siebzehn Auflagen gedruckte
Aufsatzsammlung. Ihr Zentrum bildeten die auf dem Kriterium
der Tauschbeziehungen gegründete Theorie der Wirtschaftsstu-

fen, ferner die bis in die 1960er Jahre immer wieder abgedruckte Studie »Arbeitsteilung und soziale Klassenbildung«, eine Analyse der wirtschaftlichen Ursachen von gesellschaftlicher Differenzierung, sowie die wegweisende Untersuchung über die »Anfänge des Zeitungswesens«. Weit über seine Fachgrenzen hinaus wurde Bücher durch seine 1896 veröffentlichte Monografie »Arbeit und Rhythmus« bekannt, die ein auf arbeitswissenschaftliche, musiksoziologische und ethnografische Detailstudien gestütztes, den Arbeitsablauf strukturierendes Phänomen umschreibt.

Das von Bücher aufgestellte »Gesetz der Massenproduktion« (1910) und der darin formulierte Effekt der Fixkosten-Degression sind bis heute relevant. Zu Unrecht in Vergessenheit geraten sind dagegen zahlreiche seiner Studien zum wirtschaftlichen, gesellschaftlichen und kulturellen Strukturwandel der Moderne, unter anderem zur Lage des Handwerks und zu seiner Wettbewerbsfähigkeit gegenüber der Großindustrie, zur Binnenmigration und Urbanisierung sowie zur Soziologie der modernen Stadt.

Bücher war einer der herausragenden Hochschulreformer und Wissenschaftsorganisatoren in der Wilhelminischen Ära. Er gehörte zu den Mitgründern von verschiedenen Hochschuleinrichtungen (unter anderem der Handelshochschule Leipzig 1898), wissenschaftlichen Kommissionen und Gesellschaften. Seine Ideen für den von ihm als notwendig erachteten Wandel des universitären Bildungsideals durch eine stärkere Orientierung der Ausbildungsziele an der beruflichen Praxis fasste er 1903 in seiner Leipziger Rektoratsrede über »Alte und neue Aufgaben der Universität« zusammen. Bücher förderte nachdrücklich die akademische Professionalisierung der sogenannten freien Berufe. Aus diesen Reformbestrebungen ging schließlich das Institut für Zeitungskunde der Universität Leipzig hervor, das er 1916 mit Hilfe einer Stiftungsförderung des Leipziger Verlegers Edgar Herfurth als erste akademische Einrichtung zur Journalistenausbildung in Deutschland gründete. Es wurde zum Vorbild für weitere fachliche Institutsgründungen an deutschen Universitäten in den 1920er Jahren. Allerdings zeigte sich Bücher skeptisch gegenüber einer disziplinären »Zeitungswissenschaft«.

Sein wissenschaftliches Interesse an der Entstehung und gesellschaftlichen Bedeutung von Zeitung und Journalismus sowie an

Fragen der Pressepolitik hatte Bücher während seiner Redakteurstätigkeit entwickelt, als die »Frankfurter Zeitung« in den Jahren des sogenannten »Kulturkampfes« und der Sozialistengesetzgebung vehementen Attacken von Bismarck ausgesetzt war. Seit dieser Zeit beobachtete er scharfsichtig die atemberaubende quantitative Expansion, typologische Differenzierung und soziale Verbreitung der Pressemedien sowie die fortschreitende Spezialisierung und Arbeitsteilung im ➤ Journalismus.

Die nationalökonomischen Fragen von Bücher richteten sich letztlich auf den Zusammenhang zwischen Wirtschaft und Kultur. Im Kontext seiner Analysen des Ausdifferenzierungsprozesses von Wirtschaft und Gesellschaft interessierte ihn, wie und wodurch die Zeitung und der Journalismus wirtschaftliche und soziale Beziehungen herstellen und festigen, sowie grundsätzlich die volkswirtschaftliche Bedeutung der Presse und die Begründung einer dazu erforderlichen Statistik.

Ein Kategoriensystem für die Pressestatistik entwickelte er während seiner Baseler Lehrtätigkeit. Es wurde von einem seiner Schüler, Hjalmar Schacht, der im Dritten Reich zum Reichsbankpräsidenten und Reichswirtschaftsminister avancierte, in Leipzig 1897 erstmals erprobt und danach in der deutschen und internationalen Presseforschung vielfach angewendet. Die Grundzüge seiner Zeitungslehre formulierte Bücher in seiner 1906 veröffentlichten Studie »Die Grundlagen des Zeitungswesens«. In ihr beschrieb er die Entstehung und den Betrieb der modernen Zeitung und kritisierte zugleich die bestehenden organisatorischen und strukturellen Ausprägungen von Presse und Journalismus.

Orientiert an der Soziologie von Albert Schäffle, basierte die Lehre von Bücher auf einem hierarchischen Öffentlichkeitsmodell. Bücher verstand die Zeitung als ein »Vermittlungsglied« zwischen »dem Volk und seinen führenden Geistern«. Die kulturelle Bedeutung der Zeitung sah er durch ihre Beziehungen insbesondere zur Hochkultur begründet, andererseits durch ihre Verbreitung in allen sozialen Schichten und dadurch, dass der redaktionelle Teil, aber auch die Zeitungsanzeigen das Wissen der Leser bereichern und ihnen eine Orientierung in der Umwelt ermöglichen. Zeitung und Journalismus sollten eine »öffentliche Aufgabe« erfüllen, die er jedoch durch die hauptsächlich ökonomischen Interessen der Verleger, durch den Angestelltenstatus der Journalisten und ihre Abhängigkeit vom Verlagsunternehmen beeinträchtigt sah. Diese Strukturen begünstigten nach Büchers Ansicht den Einfluss von Politik und Wirtschaft auf die Presse und die Gefahr ihrer Korrumpierung.

Die Auffassungen, die Bücher in seinen stets international vergleichend angelegten Detailstudien zur Pressestruktur und in seinen kritischen Kriegsschriften über die deutsche Pressepropaganda vertrat, wurden in der Pressepraxis – häufig kontrovers – diskutiert. Sie erlangten insofern mittelbare pressepolitische Relevanz, als sich ein so namhafter Gelehrter wie Bücher überhaupt mit diesen Fragen wissenschaftlich auseinandersetzte. Darüber hinaus trugen verschiedene Forderungen von Bücher wie etwa sein Plädoyer für die Aufhebung der Anonymität in der Presse (1916) dazu bei, einen Einstellungswandel in Verleger- und Journalistenverbänden herbeizuführen. Das galt nicht zuletzt für das von ihm 1906 entworfene Idealbild von der journalistischen Ethik und der publizistischen Vermittlungsleistung des Journalisten in der Gesellschaft. Dieses Rollenbild wurde in Berufsverbänden als Bestätigung und Legitimation für eine notwendige Professionalisierung des Journalismus zum Expertenberuf aufgegriffen.

Direkten medienpolitischen Einfluss versuchte Bücher – erfolglos – zweimal auszuüben: 1903 durch seine im Auftrag des Akademischen Schutzvereins erstellte Denkschrift »Der deutsche Buchhandel und die Wissenschaft«, in der er gegen die Ladenpreisbindung des Buchhandels und für Rabatte für Wissenschaftler und Universitätsbibliotheken kämpfte, sowie 1919 durch seinen im Auftrag der Münchener Räteregierung erstellten, an eine Forderung von Ferdinand Lassalle aus dem Jahre 1863 anknüpfenden Gesetzentwurf für eine Kommunalisierung der kommerziellen und privaten Zeitungsanzeigen.

Literatur

Jürgen G. Backhaus (Hg.): Karl Bücher. Theory, History, Anthropology, Non-Market Economies. Marburg 2000.
Arnulf Kutsch: Schriftenverzeichnis Karl Bücher, Leipzig 2000.
Hanno Hardt: Social Theories of the Press. Early German and American Perspectives, 2. Aufl., Beverly Hills 1979.
Karl Bücher: Gesammelte Aufsätze zur Zeitungskunde, Tübingen 1926.

China

Die Volksrepublik China (gegründet 1949) ist mit 1,3 Milliarden Einwohnern das bevölkerungsreichste Land der Erde. Der chinesische Medienmarkt ist gekennzeichnet durch großes Wachstum sowie Vielfalt bei gleichzeitiger zentraler Kontrolle: Ende 2005 gab es in China 360 Fernsehstationen mit 2058 Kanälen. Im Radiobereich nennt das »National Bureau of Statistics« 267 Stationen mit über 2000 Programmen. Dazu kommen 2100 Zeitungen, 9000 Magazine und über 500 Verlage.

Wie beim Kompass und beim Schwarzpulver waren die Chinesen auch bei der Presse Pioniere: Die erste Zeitung der Welt erschien bereits vor rund eintausend Jahren. Sie war das offizielle Organ der Song-Dynastie und informierte in mehreren tausend Exemplaren täglich die höherrangigen Angehörigen der Bürokratie über Vorgänge und Entscheidungen am Kaiserhof. Das Blatt unterlag freilich strenger ➤ Zensur.

China verfügt also über einen großen Erfahrungsschatz im restriktiven Umgang mit Medien. Entsprechend machte sich die Kommunistische Partei Chinas bereits kurz nach ihrer Gründung 1921 an den Aufbau eines eigenen Medienapparates. Nach der Gründung der Volksrepublik 1949 wurde die damals noch bestehende Konkurrenz im Zeitungsbereich systematisch ausgeschaltet. Die zentrale Rolle bei der Information der chinesischen Bevölkerung spielt seither unangefochten die Nachrichtenagentur »Xinhua«. Sie besitzt das Monopol zur Nachrichtenverbreitung und kann so das Angebot in allen Medien steuern. Oberste Autorität in Medienfragen ist die Abteilung für ➤ Propaganda beim Zentralkomitee der Kommunistischen Partei. In China gibt es eine Doppelstruktur von Partei und Staatsorganen. Die Propaganda-Abteilung im Parteiapparat hat zwei staatliche Entsprechungen: für die Printmedien das »Presse- und Publikationsamt der VR China« und für die elektronischen Medien die »Staatliche Administration für Radio, Film und Television«, SARFT.

Wer aber glaubt, Chinas Medien dienten hauptsächlich der ideologischen Indoktrination, hat sich getäuscht. Zu den Besonderheiten des »Sozialismus mit chinesischen Charakteristiken« gehört es, dass die Medien zwar inhaltlich streng kontrolliert werden, sie aber andererseits kommerziell operieren und ihre Inhalte vor allem am Profit orientieren: Chinas Werbemarkt ist mittlerweile der drittgrößte der Welt und der größte in Asien.

Der Medienkontrollbehörde SARFT direkt unterstellt sind die drei zentralen Medienorganisationen: der landesweit ausstrahlende Fernsehsender »China Central Television« (CCTV), der landesweit ausstrahlende Radiosender »China National Radio« (CNR) sowie der internationale Sender »China Radio International« (CRI). CCTV allein betreibt sechzehn Kanäle.

Seit Mitte der 1990er Jahre hat sich der Staat aus der Finanzierung der Medien weitgehend zurückgezogen. Sie wurden den Gesetzen des Marktes ausgesetzt und müssen sich seither am Kiosk, bei den Einschaltquoten und am Werbemarkt behaupten. Der ehemalige Verlautbarungsjournalismus ist passé. Die Ansprache der Hörer/Zuschauer/Leser hat sich komplett gewandelt. Man wird unterhalten, umworben, umschmeichelt. Nur: objektiv informiert wird man nicht. Die bereits erwähnte Propaganda-Abteilung der KP Chinas wacht mit Argusaugen darüber, ob entgegen ihren Anweisungen sensible Themen behandelt werden. Bei der Fülle an Publikationen ist eine Vorab-Zensur aller veröffentlichten Inhalte zwar nicht mehr möglich. Aber jeder Journalist kennt sehr genau die Grenzen, innerhalb derer er operieren kann. Dafür sorgen bereits die Ausbildungsgänge an den Universitäten. In der größten Ausbildungsstätte für Journalisten in der Volksrepublik China, der »Communications University of China«, erläuterte noch 2004 der stellvertretende Universitätspräsident die Rolle des Journalisten in China folgendermaßen: Journalisten müssten die korrekte politische Linie vertreten, Sprachrohr der KP China sein und die Mehrheitsinteressen des chinesischen Volkes vertreten.

In der Praxis wird die Medienwelt durch einen stetigen Strom von Anweisungen aus den Abteilungen für Propaganda gesteuert. Diese unterstehen der kommunistischen Partei auf den verschiedenen Ebenen von Kreis oder Provinz bis hin zum Zentralkomitee. Die Propaganda-Abteilungen listen Themen auf, die zu meiden sind, und schreiben vor, aus welchem Blickwinkel zu berichten ist. Bei Katastrophen im Bergbaubereich etwa soll sich das Hauptaugenmerk auf die Rettungsmaßnahmen richten. Wer die inhaltlich eng gezogenen Grenzen überschreitet, muss mit harschen Reaktionen rechnen. Das Spektrum reicht vom Verlust der Arbeitsstelle bis zu langjährigen Gefängnisstrafen. In keinem anderen Land der Welt sitzen mehr Journalisten im Gefängnis, weshalb China auf der Rangliste der Pressefreiheit von »Reportern ohne Grenzen« einen traurigen 163. Platz unter 168 gelisteten Ländern einnimmt.

Der oben angesprochenen Vielfalt der Publikationen entspricht die Vielfalt der Verbreitungswege. Fernsehsignale zum Beispiel werden terrestrisch ausgestrahlt, auch wenn 110 Millionen Haushalte über Kabel versorgt werden. Daneben gibt es bereits Internetfernsehen und 51 Satellitenkanäle. Im Juli 2007 wurde zusätzlich der Satellit »China Sat 6 B« auf eine Umlaufbahn gebracht. Er wird China und weitere Gebiete Asiens in den nächsten fünfzehn Jahren mit rund dreihundert Fernseh-Kanälen versorgen.

Bei den neuen Medien wird es mittelfristig vermutlich zu einer Konvergenz von Mobilfunk und ➤ Internet kommen. Radio per Mobilfunk bietet die »Shanghai Media Group« SMG bereits seit 2005 auf elf Kanälen an. Die 400 Millionen Mobilfunkkunden sind als Markt zu attraktiv, um übersehen zu werden. Allerdings zögert das zuständige Ministerium für Informationsindustrie die Einführung der dazu notwendigen 3G-Services noch hinaus. Hintergrund ist, dass China einen eigenen 3G-Standard entwickelt und diesen schließlich einführen will.

Das kabelgestützte Internet wächst derweil weiter. Inzwischen sind rund 140 Millionen Chinesen online. Rund die Hälfte davon nutzt schnelle ADSL-Verbindungen, aber nicht jeder mit dem eigenen PC. Der durchschnittliche User verbringt pro Woche drei Stunden im Internet – er tut dies häufig in der Schule, im Büro oder im Internetcafé. Die enormen Zuwachszahlen sollten nicht darüber hinwegtäuschen, dass noch immer knapp neunzig Prozent der Chinesen keinen Zugang zum Internet hat. Die meisten von ihnen leben auf dem Lande. In den Städten können immerhin rund vierzig Prozent der Bevölkerung das Netz nutzen.

Dennoch setzt das Internet seinen Siegeszug fort – strikt kontrolliert von rund 30.000 hauptamtlichen Internetpolizisten und von modernster Überwachungstechnologie. China hat sich dessen ungeachtet zu einer Nation von Bloggern entwickelt. Die angesehene Qinghua-Universität in Peking sprach Anfang 2006 von 658 Blog-Servern, 16 Millionen Bloggern und rund 37 Millionen Blogs. Trotz aller Kontrolle haben sich diese Blogs zu einem wichtigen Forum für unabhängige Berichterstattung entwickelt. Immer häufiger müssen die offiziellen Medien bei der Enthüllung von Skandalen einer bereits im Internet geführten Debatte folgen. Selbst in China gewinnt der Begriff des *citizen journalism* an Bedeutung. Immer wieder werden jedoch Internet-Autoren verhaftet – zum Teil sogar mit Hilfe ausländischer IT-Konzerne: »Yahoo« etwa unterstützte im Jahr 2004 die chinesischen Behörden aktiv bei der Verhaftung des regimekritischen Dissidenten Shi Tao. Der hatte eine E-Mail über sein privates »Yahoo«-Konto an die Betreiber einer ausländischen Website geschickt. Dort wurden seine Informationen über eine von der Propaganda-Abteilung verfasste Warnung an chinesische Journalisten vor dem 15. Jahrestag des Tiananmen-Massakers vom 4. Juni 1989 anonym veröffentlicht. Chinesische Ermittler verfolgten die E-Mail mit Hilfe von »Yahoo« zu der Zeitung in Hunan zurück, wo Shi Tao damals noch als Redakteur arbeitete. Er wurde im April 2005 zu zehn Jahren Haft verurteilt.

Es entspricht dem offensichtlichen Trend zur Kommerzialisierung, dass China seinen Werbemarkt so groß werden ließ. Um in China Fuß zu fassen, waren Medienriesen wie Murdoch oder Google bereit, sich der chinesischen Zensur zu unterwerfen. Es gibt reichlich Geld im chinesischen Mediensystem – es wird Zeit, sich um attraktive und vor allem relevante Inhalte zu kümmern.

Literatur
Anke Redl und Rowan Simons: China Media Monitor Intelligence. 2006 China Media Yearbook and Directory, Beijing 2006.
Sigrun Abels: »Das Mediensystem in der VR China«, in: Hans-Bredow-Institut für Medienforschung (Hg.): Internationales Handbuch Medien 2004/2005, Baden-Baden 2004, S. 828–859.
Sebastian Heilmann: Das politische System der Volksrepublik China, Wiesbaden 2004.
Hugo de Burgh: The Chinese Journalist. Mediating Information in the World's Most Populous Country, London, New York 2003.
Richard Gunther und Anthony Mughan (Hg.): Democracy and the Media. A Comparative Perspective, New York 2000.

ANDREAS ELTER

CNN

Der Sender CNN betreibt 42 Büros und 24 Sendeplattformen
in sechs Sprachen, zum Beispiel »CNN World News«, »CNN
Español« oder »CNN Turk«. Das Programm »CNN International« kann in 212 Ländern der Erde von mehr als einer
Milliarde Zuschauer gesehen werden. Neben seinen Fernsehkanälen und Radioprogrammen bietet CNN zwölf Web-
sites in verschiedenen Sprachen an, unter anderem in
Arabisch und Japanisch.

Spektakuläre Nachrichten gab es kaum am 1. Juni 1980. Ausgerechnet an diesem Tag startete in den Südstaaten der USA ein
neuer privater TV-Nachrichten-Sender. Doch das war noch nicht
alles: Das neue »Cable News Network« (CNN) sendete vom ver-
schlafenen Atlanta aus nicht etwa irgendein x-beliebiges lokales
Nachrichtenprogramm, sondern das erste weltweite 24-Stunden-
News-Angebot überhaupt. Die Skepsis, ob so ein »Radiokonzept«
jemals im TV erfolgreich sein könnte, war groß. Einige Spötter
sprachen sogar vom »Chicken Noodle Network« – unter anderem
auch deshalb, weil CNN beim Personal auf unausgebildete Kräfte
wie Praktikanten und in Schnellkursen angelernte Videoreporter
setzte, die noch niemals zuvor etwas mit Fernsehen zu tun hatten.
   Gegründet und zunächst auch finanziert wurde CNN von Ted
Turner, der früh die Bedeutung des Kabelfernsehens erkannt hatte.
Seit 1970 betrieb er das »Turner Broadcasting System« (TBS). Darüber hinaus war Turner im Unterhaltungs- und Sportbereich tätig
und durch den Rechtehandel und sein Engagement bei Sendern
wie TNT oder »Cartoon Network« bekanntgeworden. 1986 kaufte
er das Hollywood Studio MGM und verschuldete sich dadurch so
hoch, dass er wenig später Teile davon wieder abgeben musste.
   Ein Anspruch von CNN war es, schneller zu sein als die Konkurrenz. Das Laufband »Breaking News«, das inzwischen fast alle
westlichen Sender kopiert haben, flackerte auch schon einmal
vorschnell über den Sender und musste im Nachhinein korrigiert

werden. Doch dies wurde bewusst in Kauf genommen. Denn es ging darum, ein Thema vor allen anderen zu besetzen. Spätestens seit 1985 verfolgte CNN mit seinem internationalen Programm (»CNN International«) konsequent auch eine globale Ausrichtung auf einer eigenen Sendeplattform. Eine ethnozentrische Sichtweise sollte vermieden und Sprachbarrieren sowie die Betonung einseitiger Kulturauffassungen dadurch umgangen werden, dass Redakteure und Reporter aus aller Welt für den Sender arbeiteten.

Der wichtigste Bestandteil des CNN-Systems blieben jedoch sogenannte *affiliates*. Diese Partner sorgen dafür, dass der Sender live und vor Ort berichten kann. Am Anfang waren die meisten *affiliates* Lokalstationen in den USA, schnell kamen aber weitere Partner in allen Ländern der Erde hinzu – inzwischen sind es etwa 900. Dadurch sichert sich CNN bis heute zu betriebswirtschaftlich vertretbaren Konditionen den Zugriff auf internationales Bildmaterial. Denn das Netzwerk der *affiliates* arbeitet in erster Linie nach dem Motto »Give and Take« (Geben und Nehmen). Ein teurer Bildankauf entfällt somit. Für das Material, das CNN von kleineren Sendern weltweit bekommt, stellt es seinen Partnern eigenes Material zur Verfügung. Ebenso findet auch ein Austausch von Reportern zwischen CNN und seinen *affiliates* statt. Über das Prinzip der *affiliates* hinaus setzte der Sender Anfang der 1990er Jahre zunehmend auf bilaterale Kooperationsabkommen mit ausländischen Sendern. Seit 1996 gehört CNN zum international operierenden ➤ Medienkonzern »Time Warner«, in dem der charismatische Ted Turner Vizepräsident wurde. In Deutschland war CNN zeitweilig auch am Nachrichtensender n-tv beteiligt.

Der internationale Durchbruch für CNN kam mit dem ersten Golfkrieg von 1991. Der Sender platzierte sich auf dem internationalen Nachrichten-Markt als Nummer eins. Während CNN normalerweise ein Publikum von rund 900.000 Haushalten erreichte, waren es in der Nacht der ersten Bombardierungen Bagdads über zehn Millionen. Nach dem Golfkrieg konnte CNN die Preise für einen 30-Sekunden-Werbespot um das Dreihundertfache steigern. CNN reinvestierte einen Teil seiner Einnahmen in den Ausbau des Programms und die Gründung neuer Kanäle. Der Aufstieg CNNs ist aber auch vor dem Hintergrund der zunehmenden Bedeutung des Kabelfernsehens und des Ausbaus der Satellitentechnik zu verstehen.

Für die Golfkriegs-Berichterstattung 1991 wurde CNN heftig angegriffen: Medienkritiker beanstandeten mangelnde journalistische Sorgfalt und die unkritische Übernahme von Regierungsmeinungen. Außerdem habe CNN den Krieg durch spezifische neue Präsentationsformen, zum Beispiel den vehementen Einsatz von Computergrafiken und virtuellen Animationen, wie ein digitales Sandkastenspiel aussehen lassen und dadurch die Kriegsgräuel verharmlost. Auf der Metaebene wurde zudem bemängelt, dass CNN *instant history* geschrieben habe. Mit diesem Begriff wird eine kontextlose Berichterstattung kritisiert, die ausschließlich die aktuellen Ereignisse widerspiegelt, nicht aber ihre historischen, ökonomischen, politischen oder sozialen Hintergründe.

Die US-Regierung wiederum warf CNN vor, durch die Live-Berichterstattung aus Bagdad dem irakischen Diktator Saddam Hussein meinungspolitisch in die Hände gespielt zu haben. Namentlich geriet der Reporter Peter Arnett ins Kreuzfeuer, der live vom Balkon eines Hotels in Bagdad über die ersten US-Luftangriffe berichtete und sich von irakischen Soldaten die Folgen des Angriffs zeigen ließ. Die Berichterstattung selbst und nicht der Krieg war zum Politikum geworden.

Anders als Konkurrent »Fox News«, den liberale Intellektuelle mitunter als »Propagandasender« betiteln, wird CNN von beiden politischen Lagern in den USA kritisiert. Der republikanische Abgeordnete Thomas DeLay bezeichnete den Sender während der Amtszeit Präsident Clintons als »Communist News Network« oder auch »Clinton News Network«. CNN-Chef Rick Kaplan soll seine Mitarbeiter angewiesen haben, bei der Berichterstattung über Unregelmäßigkeiten bei Clintons Wahlkampf-Fundraising den Gebrauch des Begriffs »Skandal« zu minimieren. Der Journalist Eric Alterman hingegen hält CNN keineswegs für liberal und verweist auf die wohlwollende Berichterstattung über Maßnahmen der Bush-Administration. Die CNN-Kommentatoren Glenn Beck und Lou Dobbs gelten als rechte Hardliner, deren Weltanschauung der von »Fox-News«-Moderatoren sehr nahekommt.

Bereits 1989 hatte CNN mit seinen weltweit ausgestrahlten Berichten von den gewaltsam aufgelösten Studenten-Demonstrationen auf dem Platz des Himmlischen Friedens in Peking erstmals die westliche Außenpolitik tangiert. Seither spricht man in der internationalen Politik von einem »CNN-Faktor« beziehungsweise »CNN-Effekt«. Das weltweite Nachrichtenfernsehen beeinflusst die politische Wahrnehmung in allen modernen Demokratien fundamental, nicht nur in den USA. Der Slogan »If it is no news for CNN, there is no news« (Wenn es CNN keine Meldung wert ist, gibt es auch keine Meldung) verweist auf den Bereich des ➤ Agenda-Setting. CNN und andere internationale Medien geben die Themen der außenpolitischen Debatte vor, die Politik reagiert darauf – so eine weithin akzeptierte These der 1990er Jahre.

Der Begriff »CNN-Faktor« oder »CNN-Effekt« bezeichnet aber nicht nur Wechselwirkungen zwischen internationaler Politik und Medien. Auch in den Media-Military-Relations (MMR) taucht der Begriff auf (➤ Krieg). Hier bezieht er sich auf neue Entwicklungen in der Kommunikationstechnik. Durch mobile Satellitenübertragung und sogenannte *fly aways*, die CNN als erster Sender konsequent nutzte, hat sich der Charakter der Kriegsberichterstattung erheblich gewandelt. Live-Berichte von der Front sind inzwischen nichts Besonderes mehr; dies wiederum hat erheblichen Einfluss auf die Art der Kriegsführung. Die Medien sind so selbst zum Mittel der militärischen Taktik geworden. Das gilt inzwischen nicht mehr nur für CNN.

Einen Tiefpunkt in der Geschichte des Senders stellte die Berichterstattung zur US-Präsidentschaftswahl 2000 dar. Eine interne Untersuchung kommt zu dem Ergebnis, dass CNN wie auch andere Sender ihre journalistische Sorgfaltspflicht vernachlässigt hätten und insbesondere aufgrund unzuverlässiger Quellen voreilig Kandidaten zu Wahlsiegern erklärten. Joan Konner, Co-Autorin des Berichts, gab in einer Anhörung vor dem Kongress zu Protokoll, CNN-Manager, Korrespondenten und Produzenten hätten die Wahlberichterstattung als »Fiasko« beschrieben – eine Einschätzung, die der Bericht teilt.

Spätestens seit Mitte der 1990er Jahre hat CNN international starke Konkurrenz bekommen. Der arabischsprachige Sender ➤ »Al Dschasira« (im Amerikanischen auch »Al Jazeera«) wurde nach »9/11« im globalen Nachrichtengeschäft mindestens genauso wichtig wie sein US-Konkurrent. Er strahlte noch vor CNN die berühmt-berüchtigten Bin-Laden-Videos aus. Im November 2006 startete »Al Dschasira« ein eigenes englischsprachiges Satelliten-

Programm, das auch in Europa empfangen werden kann. Neben seinem Hauptquartier in Doha wird auch aus Sendezentren in Washington, London und Kuala-Lumpur berichtet.

Außerdem hat sich die »alte Tante« des Nachrichtengeschäfts, die BBC, 1995 mit ihrem internationalen Fernsehableger »BBC World« – ebenfalls ein globales 24-Stunden-Nachrichtenprogramm – verjüngt. Mit staatlichen Mitteln ausgestattete Auslandssender aus Frankreich, China, Italien und Deutschland konkurrieren mittlerweile um das internationale Publikum – häufig mit dem Anspruch, aktuelle Nachrichten mit nationaler Interpretation zu bringen, nicht nur in der eigenen Sprache und auf Englisch, sondern zum Teil auch auf Arabisch.

Und auch auf dem Heimatmarkt ist die Luft für CNN mit seinem 1,6-Milliarden-Dollar-Budget dünner geworden. 1996 gingen besagte »Fox-News« auf Sendung, der Kanal des konservativen Medienmoguls ➤ Rupert Murdoch. Während des Irak-Krieges 2003 überflügelte Fox erstmals CNN bei Einschaltquoten und Werbeeinnahmen.

Ted Turner kündigte 1997 an, zehn Jahre lang 100 Millionen Dollar pro Jahr an die Vereinten Nationen zu spenden, und zog sich nach der wenig erfolgreichen Fusion von »Time Warner« und AOL sukzessive aus dem Management zurück. Zudem gab es weitere personelle Wechsel auf der Führungsebene. Zu Beginn des neuen Jahrtausends hat CNN sein Alleinstellungsmerkmal, 24 Stunden Nachrichten weltweit zu produzieren, endgültig verloren. Ebenso wird der globale Anspruch durch kontinental ausgerichtete Mitbewerber und das ➤ Internet zunehmend infrage gestellt.

Literatur

Andreas Elter: Die Kriegsverkäufer. Geschichte der US-Propaganda 1917–2005, Frankfurt a. M. 2005.

Reese Schonfeld: Me and Ted against the World. The Unauthorized Story of the Founding of CNN, New York 2001.

Don M. Flounoy und Robert K. Stewart: CNN. Making News in the Global Market, Luton (UK) 1997.

Howard H. Frederick: Global Communication and International Relations, Belmont 1993.

Datenschutz

Das erste Datenschutzgesetz wurde 1970 in Hessen erlassen.
Der Begriff ist irreführend, weil nicht die Daten geschützt
werden, sondern Personen. Die Datenschutzgesetzgebung
ist ein wichtiger Katalysator bei der Entwicklung von Medien-
systemen.

Menschen sammeln seit Jahrhunderten Daten über andere Menschen. Zunächst waren es Kirche und Staat. Die Kirche begnügte
sich noch mit dem Tauf-, Ehe- und Sterberegister. Den planenden
Staat interessierten weitere Daten, wie sie etwa bei Volkszählun-
gen erhoben werden: Wohnort, Haushaltsgröße oder Einkommen.
Wirtschaftsunternehmen sammeln Daten, die sie zur Optimie-
rung ihres Marketings benötigen. Das Interesse an Daten kann
in zwei Richtungen gehen. Zum einen braucht man Statistiken
und aggregierte Daten, zum Beispiel um die Infrastruktur einer
Stadt planen zu können oder um die potentielle Nachfrage nach
einem bestimmten Produkt vorauszusagen. Zum anderen geht
es um konkrete Daten konkreter Personen: Wann ist die Person
geboren? Welches Einkommen steht ihr zur Verfügung? Welches
Shampoo wird bevorzugt? Gibt es fundamentalistische Tendenzen
im Freundeskreis? Hat die Person eine chronische Krankheit? All
diese Daten stehen zur Verfügung – das Datenschutzrecht definiert
jedoch, ob und, wenn ja, wie lange und in welchem Ausmaß man
diese Daten sammeln, aufbewahren und verwenden darf.

Im Bereich des Allgemeinen Persönlichkeitsrechts gibt es bezüglich der Frage, was über eine Person veröffentlicht werden
darf, eine klare Aussage: praktisch nichts! Von nichtprominenten
Personen dürfen weder Name noch Kaufgewohnheiten, weder
Fotos noch Briefe veröffentlicht werden. Ähnliches gilt für das
verwandte Recht der »informationellen Selbstbestimmung«. Im
grundlegenden »Volkszählungsurteil« hat das Bundesverfassungsgericht dieses Grundrecht bei der Menschenwürde und dem allgemeinen Persönlichkeitsschutz verankert. Es gibt dem Bürger

grundsätzlich das Recht zu bestimmen, welche ihn betreffenden Daten er wem gegenüber preisgibt. Nur unter bestimmten Voraussetzungen dürfen Daten, die sich auf eine Person beziehen, erhoben, gespeichert und verarbeitet werden. Eine Erlaubnis dazu kann entweder in einem Gesetz zu finden sein oder von der jeweils betroffenen Person erteilt werden.

Existiert eine solche Erlaubnis, ist mit den erhaltenen Daten streng nach dem Grundsatz der Zweckbindung zu verfahren. Die Daten dürfen nur zu dem gesetzlichen oder vereinbarten Zweck verwendet werden. Datensparsamkeit und Datenvermeidung bedeuten schließlich, dass nur die für den jeweiligen Zweck unbedingt erforderlichen Daten verarbeitet werden dürfen. Wenn möglich, sollen anstelle von Daten, die sich auf eine bestimmte Person beziehen, anonymisierte oder statistische Daten verwendet werden.

Die Deutschen waren einmal Weltmarktführer in Sachen Datenschutz. Das erste Datenschutzgesetz der Welt wurde 1970 in Deutschland, im Bundesland Hessen, verabschiedet. Die erste bundesgesetzliche Regelung folgte 1977. Diese Vorreiterrolle im Bereich des Datenschutzes hat der deutsche Gesetzgeber längst eingebüßt. Zwar gab es zwischen 1986 und 1990 Reformen des Datenschutzrechts auf Landes- und Bundesebene. Hier wurden insbesondere die Anforderungen des Bundesverfassungsgerichts, die es in seinem Volkszählungsurteil aufgestellt hatte, vom Gesetzgeber verarbeitet. Doch die Umsetzung der EU-Datenschutzrichtlinie von 1995 in deutsches Recht erfolgte erst mit einer erheblichen Verspätung von fünf Jahren. Schon zum Zeitpunkt der Umsetzung in deutsches Recht im Jahr 2000, die sich auf ein Mindestmaß beschränkte, waren sich die Experten und auch der Bundestag einig, dass eine grundsätzliche Modernisierung des Datenschutzes erforderlich sei. Diese Modernisierung lässt seitdem auf sich warten. Erst im März 2007 wurde erneut im Bundestag beschlossen, dass grundlegende Änderungen im Datenschutzrecht vonnöten seien. Darüber, wie diese Neuerungen aussehen sollen, besteht freilich Uneinigkeit.

Traditionell ist das Konzept des Datenschutzes an dem Verhältnis Bürger–Staat ausgerichtet. Daneben müssen aber auch Private, die Daten erheben, speichern und verarbeiten, den Datenschutzbestimmungen des Bundesdatenschutzgesetzes (BDSG) genügen. Für die Medien existieren bereichsspezifische Regelungen. Die einschlägigen datenschutzrechtlichen Vorschriften finden sich im Telemediengesetz, im Rundfunkstaatsvertrag und in den Landesmedien- und Landespressegesetzen. Die Netzbetreiber unterliegen den speziellen Datenschutzbestimmungen des Telekommunikationsgesetzes.

Auch hier hat die Debatte um die zunehmende Konvergenz der Medien Wirkung gezeigt. Mit den Änderungen zum neunten Rundfunkstaatsvertrag und der Schaffung des Telemediengesetzes ist es dem Gesetzgeber gelungen, ein einheitliches Datenschutzniveau für die Medien zu schaffen. Die dienstorientierte Unterscheidung des ➤ Medienrechts wirkt sich im Wesentlichen nur noch darauf aus, wer die Einhaltung der Datenschutzbestimmungen als zuständiger Datenschutzbeauftragter überwacht. Für alle Medien, also auch für das Internet, gilt mittlerweile das sogenannte Medienprivileg. Dabei handelt es sich um eine Lockerung der datenschutzrechtlichen Bestimmungen für Daten, die zu eigenen journalistisch-redaktionellen Zwecken genutzt werden. Um eine freie Medienberichterstattung zu ermöglichen, gelten hier die oben genannten Grundsätze des Datenschutzes nicht. Vielmehr sind die Medien im Bereich der journalistisch-redaktionellen Arbeit nur zur Wahrung des Datengeheimnisses verpflichtet und dazu, technische und organisatorische Maßnahmen zur Sicherung der Daten vor unbefugten Zugriffen zu treffen. Neben dieser Begrenzung des Datenschutzes bedeutet das Medienprivileg auch, dass die Berufsverbände eigene Verhaltenskodizes wie etwa den Pressekodex auch im Bereich des Datenschutzes erstellen können (die sogenannte freiwillige Selbstkontrolle).

Die gesetzlichen Grundlagen für einen Eingriff in das Recht auf informationelle Selbstbestimmung werden aber nicht nur vom Bundes- oder Landesgesetzgeber entwickelt, sondern zunehmend auch auf europäischer Ebene geschaffen und durchgesetzt. Besonders kritisch wurde die »EU-Richtlinie über die Vorratsdatenspeicherung von Daten aus öffentlichen Kommunikationsdiensten oder Kommunikationsdiensten« aus dem Jahr 2006 aufgenommen. Nach Umsetzung der Richtlinie in nationales Recht im November 2007 sind öffentliche Anbieter von Kommunikationsdiensten und

-netzen (Telefonanschlüsse und Handys, Internetzugänge, E-Mails, Internetdienste) verpflichtet, alle Verkehrs- und Standortdaten der Nutzer für eine Dauer von sechs Monaten zu speichern. Diese Speicherung ist generell vorgesehen, also ohne einen konkreten Verdacht und nicht nur bei bestimmten Personen. Politisch begründet werden diese und andere immer weitergehenden Einschränkungen des Rechts auf informationelle Selbstbestimmung zunehmend mit der wachsenden Terrorgefahr – ohne dass jedoch der konkrete Nutzen der einzelnen Maßnahmen, die alle Staatsbürger betreffen, erwiesen ist.

Dabei ist es angesichts der Globalität der Datenverarbeitung, die nicht zuletzt das Internet mit sich gebracht hat, notwendig, internationale Datenschutzstandards festzusetzen. So hat die »Organisation für wirtschaftliche Zusammenarbeit und Entwicklung« (OECD) Leitlinien und Erklärungen zum Datenschutz in globalen Netzwerken festgelegt. Dabei handelt es sich aber ebenso wenig um bindendes Völkerrecht wie bei den »Richtlinien zur Verarbeitung personenbezogener Daten in automatisierten Daten« der Vereinten Nationen. Auf europäischer Ebene haben die »Europäische Menschenrechtskonvention des Europarates« und die »Europäische Kommission« mit dem Erlass von Richtlinien rechtsverbindlich zur Harmonisierung der Datenschutzstandards beigetragen. Darüber hinaus bemüht sich die EU auch gemeinsam mit Drittländern um die Herstellung eines einheitlichen Datenschutzniveaus. So dürfen Daten nur dann in Nicht-EU- beziehungsweise Nicht-EWR-Staaten übermittelt werden, wenn dort ein ähnlich hohes Datenschutzniveau gewährleistet wird (*safe harbour principles*). Dabei stellt sich aber gerade im globalen Internet die Frage, wo denn die Daten letztlich erhoben wurden. Nach geltendem EU-Recht ist dies nicht der Ort, an dem sich der Nutzer, dessen Daten erhoben wurden, befindet, sondern der Ort, an dem das Unternehmen seinen Sitz oder zumindest eine Niederlassung hat.

Das Medium Internet hat die Möglichkeiten der Datenerfassung und Datenverarbeitung grundlegend verändert. Die Entwicklung bringt es außerdem mit sich, dass der Nutzer bewusst oder unbewusst Datenspuren hinterlässt. So werden durch Cookies, Web-Bugs und Web-Mining Informationen über einzelne Nutzer zusammengetragen. Die so zusammengetragenen Nutzerprofile sind für die einzelnen Unternehmen von großer wirtschaftlicher Bedeutung. Gerade dieses Szenario zeigt bereits die Schwierigkeiten, mit denen sich eine Modernisierung des Datenschutzes auseinanderzusetzen hat. Zum einen muss dem technologischen Fortschritt Rechnung getragen werden, zum anderen ist zu berücksichtigen, dass die Daten im gesellschaftlichen Bereich eine wirtschaftlich immer größere Rolle spielen. Dabei ist nicht zu vernachlässigen, dass der Nutzer in vielen Fällen seine Daten freiwillig preisgibt, etwa um sich wirtschaftlich Vorteile zu verschaffen (zum Beispiel für Prämien nach dem Treuerabatt-Prinzip) oder um einen Service zu erhalten, der auf ihn zugeschnitten ist. So motivieren personalisierte Einkaufsempfehlungen in Internetversandhäusern, angepasste Radioprogramme oder Fernsehprogrammempfehlungen den Nutzer, in eine umfassende Verarbeitung seiner Daten einzuwilligen. Plattformen wie »MySpace« werden von Millionen genutzt, um sich selbst darzustellen und dabei werden viele, zum Teil sehr private Daten preisgegeben. Ob diese Entwicklungen eher als Gefahr für den Einzelnen und die Gesellschaft zu sehen sind oder ob die zunehmende Entprivatisierung zu einem Umdenken im Bereich des Datenschutzes führen muss, wird sich erweisen.

Literatur

Ansgar Pallasky: Datenschutz in Zeiten globaler Mobilität. Eine Untersuchung des Verhältnisses von Datenschutz und Gefahrenabwehr im Reisebereich, Baden-Baden 2007.

Martin Woesler (Hg.): Ethik der Informationsgesellschaft. Privatheit und Datenschutz, Nachhaltigkeit, Human-, Sozial- und Naturverträglichkeit, Interessen- und Wertekonflikte, Urheber- und Menschenrechte, 3. überarb. und erw. Aufl., Berlin u. a. 2006.

Torin Monahan (Hg.): Surveillance and Security. Technological Politics and Power in Everyday Life, New York 2006.

CLAUS LEGGEWIE

Demokratie

Der Begriff leitet sich vom Griechischen »Volksherrschaft«
(»demos« = Volk, »krátein« = herrschen) her: »Demos«
bezeichnete im antiken Athen das Gebiet und die Gemeinschaft des Stadtstaates. Bis Mitte des fünften Jahrhunderts v. Chr. bezeichneten die Griechen mit dem Begriff
»isonomía«, dass alle Bürger gleiche Rechte haben.
»Isonomía« war ein Kampfbegriff gegen die Tyrannis. Erst
dieser Gegensatz schuf ein Bewusstsein dafür, dass das
Volk herrschen (»krátein«) kann.

Eine prägnante Art, Demokratie zu definieren, war die berühmte
Gettysburg-Formel Abraham Lincolns während des US-amerikanischen Bürgerkriegs im Jahr 1863: »Government *of* the people,
by the people, *for* the people«. Ein Zeitgenosse, der französische
Amerika-Reisende Alexis de Tocqueville, erklärte die Demokratie
zur künftigen Staatsform. Ihre Ursprünge sind weit älter: Selbst-
herrschaft des Volkes wurde erstmals, wenn auch nur für wenige
und für einen kurzen Zeitraum, im Athen des fünften Jahrhunderts v. Chr. etabliert. Damit bildete Volkssouveränität als politische Ordnungsform eine reale Denkalternative zu Aristokratie und
Monarchie genauso wie zu Tyrannis (➤ Diktatur) und Anarchie
(Herrschaftsfreiheit).

Die Besonderheit demokratischer Herrschaft liegt in der Kon-
gruenz von Herrschern und Beherrschten, die auch in großen
politischen Einheiten durch Repräsentation wirksam fingiert wird.
Renaissance und Durchsetzung der Demokratie in der Moderne
waren verbunden mit der antikolonialen Bewegung (USA) beziehungsweise der sozialen Frage (Frankreich, Zentraleuropa, Großbritannien) und generell mit einer auf Gleichberechtigung und
Gleichstellung zielenden geschichtlichen Tendenz, die jede qua
Gottesgnadentum, Abstammung, Usurpation oder Wissensvor-
sprung begründete Vormachtstellung durch das simple, aber effek-
tive Prinzip politischer Gleichheit ersetzte.

Politische Gleichheit, ausgedrückt in der schlichten Regel »One man – one vote«, ist nicht zu verwechseln mit sozialer Gleichheit; tendenziell ist sie sogar ein Gegenbegriff, sofern politische Gleichheit Partizipationsrechte auch für sozial schlechtergestellte Individuen und Gruppen bereitstellt. Dabei muss der Wohlfahrtsstaat versuchen, die faktische Exklusion ärmerer und formal weniger gebildeter Personen im öffentlichen Raum zu kompensieren, da soziale Benachteiligungen häufig politische Teilnahme verhindern. Die Brisanz der Mehrheitsregel liegt in der Behauptung, politische Rationalität werde nicht mehr gewogen, sondern regelrecht gezählt und moderne Gesellschaften könnten im politischen Raum auf Hierarchien verzichten, die nicht demokratisch legitimiert sind. In der Quantifizierung steckt die Vermutung, Mehrheiten könnten nicht nur ihre Interessen besser artikulieren und durchsetzen, sondern Mehrheitsentscheidungen seien auch klüger (»The wisdom of crowds«) – was Kritiker des demokratischen Prinzips immer vehement infrage gestellt und in Richtung Elitendemokratie zu modifizieren versucht haben.

Die »Tyrannei der Mehrheit« (Tocqueville) bleibt eine Gefahr, der zu begegnen ist durch eine menschenrechtlich fundierte Verfassung, die Bindung demokratischer Prozesse an den Rechtsstaat und Minderheitenschutz, während »illiberale Demokratien« (Fuad Zakariya) Macht nur in die Hände einer unverantwortlichen Mehrheit legen. Eine andere Bremse der Mehrheitsregel ist das Gebot der Reversibilität von Entscheidungen durch neue Mehrheiten, was allerdings im Blick auf langfristig wirksame Mehrheitsentscheide etwa im Gebiet der Atom- und Gentechnologie infrage gestellt wird. Als nicht minder problematisch erweist sich, wenn Demokratien unter dem Druck der Globalisierung (Entgrenzung) ihren bisherigen Hüllen, also dem Nationalstaat, entwachsen, ohne eine Legitimationsbasis für grenzüberschreitende Kollektiventscheidungen geschaffen zu haben. Dann regieren supranationale Gemeinschaften (zum Beispiel die Europäische Union) und transnationale Regime (wie der Internationale Währungsfonds, IWF, oder die Welthandelsorganisation WTO und andere) ohne sichtbare und nachvollziehbare Rückbindung an den Souverän.

Demokratien haben sich bisher durch ein Höchstmaß an Inklusion ausgezeichnet. Das geht auf einen Wesenszug säkularer und ausdifferenzierter Gesellschaften zurück, die niemanden mehr von einer Teilhabe ausschließen können, also alle einschließen müssen. Der wellenförmige Prozess der Demokratisierung, der im frühen 19. Jahrhundert mit der Einführung des allgemeinen, freien, gleichen und geheimen (Männer-)Wahlrechts begann, ist als andauernder Inklusionsprozess anzusehen, der sukzessive Arbeiter und Arme, Frauen, Junge und Minderheiten einschloss und sich zunehmend auf nicht-westliche Gesellschaften ausweitete. Zu Beginn des 21. Jahrhunderts wird zwar noch nicht die Mehrheit der Menschheit, aber das Gros aller Staaten demokratisch regiert.

Die Inklusionsdynamik führte zur Forderung nach »Demokratisierung aller Lebensbereiche« (wie Schulen, Hochschulen, Unternehmen und Familien) und zielt gelegentlich bereits auf die (wenigstens indirekte) Einbeziehung von Kindern, künftigen Generationen und Tieren. Generell ist daran bemerkenswert, wie sehr nicht-demokratische Verhältnisse mittlerweile der Legitimation bedürfen und wie stark politische Systeme weniger auf Ordnung und Integration als auf Diversität und Heterogenität hin organisiert sind. Die Auffassung, dass die ethnische oder republikanische Homogenität der Bevölkerung Grundbedingung demokratischer Herrschaft sei, gilt als nicht mehr zeitgemäß. Aber die fast triumphale Durchsetzung demokratischer Herrschaft nach 1945 und 1989, die oft unter diplomatischem und militärischem Druck erfolgte, kann nicht verdecken, dass auch gefestigte Demokratien an Unterstützung und Legitimität eingebüßt haben.

In der Politikwissenschaft, die sich teilweise als »Demokratiewissenschaft« versteht, wird Demokratie empirisch, formal und normativ analysiert. Empirisch ist von Belang, welche Ausprägungen eine Demokratie hat und wie sie im konkreten Alltagsprozess funktioniert. Zu unterscheiden sind zum Beispiel direkt-demokratische und plebiszitäre Verfahren (wie in der Schweiz oder in Kalifornien) von den vorherrschenden repräsentativ-demokratischen Systemen, diverse Formen des Wahlrechts sowie parlamentarische und Präsidialdemokratien. Die Erfolge von Demokratie lassen sich messen im Hinblick auf ihre »Input-Legitimation« (Bürgerbeteiligung) und »Output-Legitimation« (Performanz und Qualität der Entscheidungen).

Formal gehen die verschiedenen Modelle von Demokratien auf konkurrierende Menschenbilder oder Gesellschaftstheorien zurück. Normativ steht das *Warum* von Demokratie im Vordergrund, also die Begründbarkeit eines Herrschaftstyps, den Winston Churchill einmal als »die schlechteste Regierungsform – außer all den anderen Formen, die von Zeit zu Zeit ausprobiert worden sind« charakterisiert hat. Wenn die aktuelle Zeitdiagnose des »postdemokratischen« Zeitalters zutrifft, stellt sich die Frage erneut, insofern politische Systeme (wie die asiatischen Schwellenstaaten, aber auch die EU) oft überwiegend oder ausschließlich nach ihrer (wirtschaftlichen) Leistungsfähigkeit bewertet werden.

Eine funktionierende ➤ Öffentlichkeit ist ein wichtiges Korrelat der demokratischen Herrschafts- und Lebensform. Im Medium der Öffentlichkeit werden Entscheidungen erörtert und abgewogen, deliberative Prozeduren (von lat. »deliberatio« = Erwägung, Beratung) untermauern ihre Qualität. Damit ist der medienpolitische Bezug des Demokratieprinzips angesprochen, der historisch nachvollzogen werden kann. Im Rückblick auf die Wellen der Demokratisierung und die Entwicklung der Medien ist eine starke Parallelität und Wechselwirkung feststellbar; schon die Einführung der Schrift, dann vor allem des Buchdrucks und der Massenpresse haben Inklusion, Egalisierung und Demokratisierung bewirkt. Die zeitlose, nicht mehr an orale Überlieferung und Ko-Präsenz gebundene Zugänglichkeit von Information ermöglichte Intersubjektivität. Der Buchdruck gilt als Voraussetzung der Bürgergesellschaft. (Elektronische) Massenmedien wie ➤ Radio und ➤ Fernsehen förderten später eine für die Massendemokratie unabdingbare Ausweitung des Adressatenkreises aktueller Information. Nie zuvor waren so viele Menschen über politische Verhältnisse und Vorgänge weltweit informiert, andererseits besteht die Gefahr der Informationsüberflutung.

»Mediendemokratie« meint zunächst die Nutzung von Massenmedien für demokratische Prozesse, als Instrument der Kommunikation zwischen Bürgern und Politikern und von Bürger zu Bürger. Dadurch werden Medien idealiter als »Vierte Gewalt« etabliert. Rechtliche und ökonomische Presse- und Medienfreiheit (➤ Zensur) ist hier eine wichtige, in Verfassungen hochrangig geschützte Grundlage, die vor allem die Unabhängigkeit der journalistischen Profession (➤ Journalismus) schützt. Eine neuere Version des Begriffs »Massendemokratie« zielt dagegen auf die Erkenntnis einer Herrschaft durch vor allem audiovisuelle Medien, die politische Information und Kommunikation aufgrund von Personalisierung und Visualisierung verzerrt und im Extremfall eine Kolonisierung des Politischen befürchtet (➤ Medien und Politik). In der Tat richten sich häufig politische Entscheidungen und die Selbstdarstellung von Politikern an tatsächlichen oder vermeintlichen Bedürfnissen der elektronischen Massenmedien. Eine dritte, seltener diskutierte Variante des Begriffs bezieht sich auf die Demokratisierung von Medien, etwa durch Mitsprache und Mitbesitz der Journalisten und/oder der Leserschaft.

Ob interaktive Digitalmedien, neuerdings vor allem »Weblogs« (➤ Internet) als Beispiel für »nutzergenerierte Inhalte«, neue Formen des Jedermann-Journalismus etablieren und mittelfristig Reziprozität herbeiführen, also die klassische Sender-Empfänger-Hierarchie älterer Verteilmedien relativieren, bleibt abzuwarten. Manche Beobachter knüpfen an die damit mögliche Umgehung von publizistischen *gatekeepern* die Hoffnung auf einen neuen Demokratisierungsschub, andere fürchten eine weitere Zerstreuung der Öffentlichkeit und das Überhandnehmen eines »elektronischen Populismus«.

Literatur

Frank Bösch und Norbert Frei (Hg.): Medialisierung und Demokratie im 20. Jahrhundert, Göttingen 2006.

Hans Vorländer: Demokratie. Geschichte, Formen, Theorien, München 2003.

Claus Leggewie und Christoph Bieber: »Demokratie 2.0. Wie tragen neue Medien zur demokratischen Erneuerung bei?«, in: Claus Offe (Hg.): Demokratisierung der Demokratie. Diagnosen und Reformvorschläge, Frankfurt a. M. 2003, S. 124–151.

Robert A. Dahl: On Democracy, New Haven 1998.

Deutschland

Die Bundesrepublik Deutschland hat 82 Millionen Einwohner. Es gibt zwei öffentlich-rechtliche Rundfunkanstalten, ARD und ZDF (mit 21 Fernseh- und 65 Radioprogrammen), und seit 1984 kommerziellen Rundfunk (311 Radio- und 191 Fernsehsender, Stand 2007). In Deutschland erscheinen 352 Zeitungen (136 publizistische Einheiten) mit einer täglichen Auflage von über 20 Millionen Exemplaren. Auf 100 Einwohner in Deutschland kamen Ende 2007 109 Mobilfunkanschlüsse. Mit 7,3 Milliarden Euro Budget unterhält die Bundesrepublik Deuschland das reichste öffentlich-rechtliche Rundfunksystem der Welt.

Das auf Deutschland gemünzte Bonmot des Publizisten Johannes Gross, »die beste Medienpolitik ist gar keine«, lässt außer Acht, dass auch der Verzicht auf Medienpolitik eine medienpolitische Entscheidung ist, nämlich zugunsten anderer Kräfte, die sich dann im Mediensystem als bestimmend durchsetzen.

Die Medienpolitik in Deutschland ist gekennzeichnet durch das föderale politische System und die scharfen historischen Brüche der politischen Strukturen seit der Reichsgründung von 1871, die jeweils zu einer neuen Medienordnung geführt haben. In der Bundesrepublik gibt es neben dem öffentlich-rechtlichen Rundfunksystem nur zwei Senderfamilien (»ProSiebenSat.1«, RTL) und wenige Verlagshäuser von internationaler Bedeutung. Der ➤ Bertelsmann-Konzern war gleichwohl zeitweilig der umsatzstärkste Medienkonzern der Welt und liegt heute immerhin noch auf Platz 6. Die ➤ Axel Springer AG folgt mit weitem Abstand auf Platz 48.

Charakteristisch für Deutschland ist eine starke Regionalisierung der Medienbranche, mit den vier führenden Standorten Berlin, Hamburg, Köln und München. Die Hälfte der Tageszeitungsgesamtauflage entfällt auf regionale Titel, von den zehn größten Medienkonzernen befindet sich nur die Zentrale der Axel Springer AG in der Hauptstadt.

Im Vergleich zum angelsächsischen System bildete sich in Deutschland erst spät eine kommerzielle Medienkultur heraus. Im 19. Jahrhundert schwankte die staatliche Medienpolitik zwischen liberalen und repressiven Phasen (➤ Presse). Erst nachdem 1874 im Deutschen Reich die Pressezensur abgeschafft wurde und der politische Einfluss privater Medienunternehmen wuchs, begann die politische Klasse subtilere Formen der Einflussnahme zu entwickeln. Bismarck, der ein weitgehend autoritäres Verständnis von der Rolle der Presse hatte, unterstützte ausgewählte Redaktionen regierungsseitig durch Nachrichten und machte sie so »fügsam«, wie er es nannte. An einzelne »gewandte Korrespondenten« wurde auch Geld gezahlt.

Zur »Dolchstoßlegende« nach 1918 gehörte die Ansicht, mangelnde Propagandaleistung und Versagen der nationalen Presse hätten die Niederlage im Ersten Weltkrieg zumindest mitverschuldet. Dies blieb nicht ohne Folgen für die Medienpolitik der Weimarer Republik. Der Sturz der Monarchie brachte keine uneingeschränkte Pressefreiheit. Durch gezielte Nutzung des Strafrechts konnte die Regierung weiterhin gegen missliebige Journalisten vorgehen. Verlage wie ➤ Hugenberg, Scherl, Mosse und Ullstein hatten jedoch politisches Gewicht und ließen sich nicht mehr ohne weiteres politisch kontrollieren. Gleiches galt für die Parteipresse. Notverordnungen ermöglichten ab 1930 dann Zeitungsverbote ohne richterliche Entscheidung.

In den 1920er Jahren trat neben die Pressepolitik die bis heute dominierende Rundfunkpolitik. Das neue Medium Hörfunk hatte sogenannte Auflagenachrichten zu übernehmen, die von einer zentralen Nachrichtenstelle, der »Gesellschaft Drahtloser Dienst AG« (Dradag), oder von den Landesregierungen geliefert wurden. Bis zum Ende der Kanzlerschaft Brünings waren die Reichsregierungen mehr an der Kontrolle des Rundfunks als an seiner aktiven politischen Nutzung interessiert. Reichskanzler von Papen verstaatlichte 1932 die Sendegesellschaften und ebnete damit der späteren nationalsozialistischen Gleichschaltung auch des Rundfunks den Weg.

Im »Dritten Reich« setzte Propagandaminister ➤ Joseph Goebbels erstmals auf eine integrierte Strategie. ➤ Kino, Rundfunk und Zeitungen wurden vom Staat gelenkt oder der Partei unterstellt. 1944 gehörten achtzig Prozent der Gesamtauflage der noch bestehenden Zeitungen zum Pressekonzern der NSDAP. Zu diesem Zeitpunkt waren die bürgerlichen Zeitungen, denen zunächst eine mehr scheinbare als tatsächliche Bewegungsfreiheit zugebilligt worden war, liquidiert, zuletzt die »Frankfurter Zeitung«.

Die Zeit der alliierten Besetzung Deutschlands war gekennzeichnet durch konträre Entwicklungen in den westlichen Zonen und in der sowjetischen Zone. Im Westen entstand eine freie Presse, die zunächst durch alliierte Lizenzierung und Zensur bestimmt wurde, und ein öffentlich-rechtlicher, auf Länderebene organisierter staatsfreier Rundfunk. Ein nach angelsächsischem Vorbild auf Fairness sowie die Trennung von Nachricht und Kommentar verpflichtetes Verständnis von Journalismus wurde gefördert und dem Nachwuchs vermittelt.

Großen Anteil an der Entwicklung der Medienstruktur hatten Verlegerpersönlichkeiten mit sehr eigenen Vorstellungen von der Zukunft der Republik. Rudolf Augstein mit dem »Spiegel«, Henri Nannen und Gerd Bucerius mit dem »Stern« und der »Zeit« prägten eine linksliberale Publizistik und begründeten damit das sogenannte »Hamburger Kartell«. Ihnen gegenüber stand ➤ Axel Springer, der wirtschaftlich erfolgreichste Verleger der Nachkriegszeit. Durch seine politische Haltung und publizistische Linie trug sein Verlag nicht unwesentlich zur Eskalation der Studentenunruhen der späten 1960er Jahre bei. In diesen Zusammenhang gehören auch die Michel-Kommision (1964–1967, benannt nach ihrem Vorsitzenden, einem ehemaligen Ministerialdirektor im Bundeswirtschaftsministerium, Elmar Michel) und die Günther-Kommission (1967/1968, benannt nach ihrem Vorsitzenden und damaligen Chef des Bundeskartellamts Eberhard Günther), beide vom Bundestag eingesetzt. Sie erörterten das publizistische und ökonomische Verhältnis von Fernsehen und Presseverlegern. Bis 1984 hielt sich das »Prinzip der publizistischen Gewaltenteilung«: privatwirtschaftliche Presse auf der einen, öffentlich-rechtlicher Rundfunk auf der anderen Seite.

In der sowjetischen Besatzungszone beziehungsweise von 1949 an in der DDR wurden die Medien in den Dienst der kommunistischen Ideologie gestellt. Die Pressedichte war dort in den 1980er Jahren mit 39 Tageszeitungen und einer Gesamtauflage von neun Millionen eine der höchsten der Welt. Presse, Hörfunk und Fernsehen hatten allerdings »Instrumente der Partei zur Durchführung ihrer revolutionären Politik« zu sein. Die Staatsorgane gaben in Form von unbedingt zu befolgenden »Empfehlungen« detaillierte Direktiven und Sprachregelungen heraus.

Nach dem Beitritt der »neuen Länder« zur Bundesrepublik haben von den Medien der DDR nur wenige überlebt. Dazu gehört das Zentralorgan der SED, das »Neue Deutschland«, das heute noch mit einer Auflage von 50.000 Exemplaren erscheint und zu fünfzig Prozent der Partei »Die Linke« gehört. Sie ist damit die einzige Partei Deutschlands, die über eine Tageszeitung verfügt. Die Regionalzeitungen der SED sind hingegen an westdeutsche Verlagsgruppen verkauft, die Fernsehsender kraft des Art. 36 des Einigungsvertrags 1991 aufgelöst oder in Anstalten des öffentlichen Rechts überführt worden. Zwar haben auch politische Parteien Anteile an ehemaligen Zeitungen der DDR erworben (die SPD hält zum Beispiel einen Anteil von vierzig Prozent an der »Sächsischen Zeitung«), die Medienpolitik beschränkt sich aber vor allem auf das Fernsehen.

In der Bundesrepublik war Bundeskanzler Adenauer 1961 mit dem Versuch gescheitert, ein formal privatrechtliches, tatsächlich aber staatliches, vom Bund kontrolliertes zweites Fernsehprogramm als Gegengewicht zur als linkslastig empfundenen ARD zu schaffen. Das Bundesverfassungsgericht vertrat damals und seither die Auffassung, der Bund sei für die Rundfunkordnung nicht zuständig. Das Zweite Deutsche Fernsehen (ZDF) wurde daraufhin von den Bundesländern gegründet, mit einer Programmphilosophie und einem Gründungsintendanten, Karl Holzamer, die der damaligen Bundesregierung kaum Anlass zu Beanstandungen gaben. Die SPD sicherte sich gleichwohl durch Personalpolitik einen Anteil an der Kontrolle über das ZDF. Wie in der ARD wurden in der Folge auch die führenden Positionen des ZDF im Proporz unter den großen Volksparteien CDU und SPD aufgeteilt. Die Staatsferne, von den Alliierten für die Medien der Bundesrepublik vorgesehen, wurde von den Parteien unterlaufen.

Vorbehalte gegen den kommerziellen Rundfunk bestanden besonders bei den Sozialdemokraten, in deren Regierungszeit 1973 die »Kommission für den Ausbau des technischen Kommunikationssystems« (KtK) die Möglichkeiten einer Verkabelung der Republik untersuchte. Unter Vorsitz von Bundespostminister Horst Ehmke wurde vorsichtig vorgeschlagen, zunächst »Kabelpilotprojekte« zu etablieren. Die basisdemokratischen Hoffnungen auf dieses Projekt, das ursprünglich einen Informationsfluss in zwei Richtungen vorsah, scheiterten an zu hohen Kosten.

Die sozialliberale Bundesregierung unter Bundeskanzler Helmut Schmidt, einem entschiedenen Gegner rundfunkpolitischer Veränderung, stoppte die Verkabelung der Bundesrepublik. Christian Schwarz-Schilling, der Postminister der CDU/CSU/FDP-Regierung unter Bundeskanzler Helmut Kohl, trieb sie nach dem Regierungswechsel energisch voran, nicht zuletzt, um die technische Voraussetzung für die Verbreitung zusätzlicher, privatwirtschaftlicher Programme zu schaffen.

Die unionsgeführten Länder nutzten die Kabelpilotprojekte zur Einführung privater Sender, bevor Landesmediengesetze die Konzessionen erschwerten. Als Beginn des »dualen Systems« gilt das Jahr 1984 mit der Zulassung von Sat.1 und RTL. CDU und CSU wollten endlich ein Gegengewicht zum »linkslastigen« öffentlich-rechtlichen Rundfunk schaffen. Es gab aber auch wirtschaftspolitische Motive, weil befürchtet wurde, dass ohne diese Investitionen neue Sender den deutschen Markt von Luxemburg, Österreich und der Schweiz aus versorgen würden – mit bitteren Folgen für den deutschen Arbeitsmarkt.

Die Regierung Kohl vertrat eine protektionistische Politik, von der besonders der deutsche Unternehmer ➤ Leo Kirch profitierte, dessen Konzern unter Kohl zu internationaler Bedeutung aufstieg und zum größten deutschen Medienhaus nach ➤ Bertelsmann wurde. Als sich vermehrte inhaltliche Vielfalt durch politische Programme bei den Privatsendern nicht einstellen wollte, gewann die Theorie an Gewicht, die quantitative Programmvermehrung habe wenigstens zu einer »Entautorisierung« des öffentlich-rechtlichen Fernsehens und damit zum Bedeutungsverlust von problematischen, politisch-»missionarischen« Sendungen geführt.

Die Insolvenz der Kirchgruppe 2002 erschütterte den deutschen Markt. Zudem wurde bekannt, dass CDU- und FDP-Politiker zum Teil hohe Summen von dem Unternehmen erhalten hatten. Die Regierung Schröder hat Medienpolitik nicht mehr unter industriepolitischen Gesichtspunkten betrieben und am Ende eher gegen die Medien operiert als mit ihnen. Dabei hatte Wolfgang Clement als Ministerpräsident Nordrhein-Westfalens die Ansiedlung von Medienunternehmen noch subventioniert und Medienpolitik zur Chefsache gemacht.

Parallel zu der Vermehrung von Fernsehkanälen, an der die Zeitungsverleger beteiligt sein wollten und teilweise auch waren, fand im Printbereich eine Reduzierung von Vielfalt durch Pressekonzentration statt. Das begründete den Ruf nach einer aktiven Medienpolitik zur Sicherung der freien Presse. Die Politik setzte der bloßen Verrechtlichung der Medienpolitik aber kein eigenes Konzept mehr entgegen. Das Bundeskartellamt verhinderte die Übernahme der »Berliner Zeitung« durch die Holtzbrinck-Gruppe, die den Berliner »Tagesspiegel« besitzt, und den Verkauf von »ProSiebenSat.1« an die Axel Springer AG. Stattdessen kamen internationale Finanzinvestoren zum Zug. So wurde sowohl eine neue Hauptstadtzeitung mit nationaler Reichweite verhindert als auch ein zweiter integrierter deutscher Medienkonzern neben Bertelsmann.

Die Verrechtlichung wird durch die Medienpolitik der Europäischen Kommission noch befördert. Gegen das Bemühen der EU, die Regeln des freien Markts auch in der Medienpolitik uneingeschränkt durchzusetzen, wehren sich die Bundesregierung und die Bundesländer, die die deutsche kulturelle Identität, die Rundfunkkompetenz der Länder und den Status des öffentlich-rechtlichen Rundfunks sichern wollen. Die gegenwärtige Form von Regulierung reagiert aber auf das Engagement ausländischer Investoren hauptsächlich mit der Stärkung des öffentlich-rechtlichen Modells, das politisch kontrollierbarer erscheint.

Literatur

Christina von Hodenberg: Konsens und Krise. Eine Geschichte der westdeutschen Medienöffentlichkeit 1945–1973, Göttingen 2006.

Jürgen Wilke (Hg.): Mediengeschichte der Bundesrepublik Deutschland, Köln u. a. 1999.

Dietrich Schwarzkopf (Hg.): Rundfunkpolitik in Deutschland. Wettbewerb und Öffentlichkeit, München 1999.

Hans Bausch (Hg.): Rundfunk in Deutschland, 5 Bde., München 1980.

Kurt Koszyk: Geschichte der Deutschen Presse, Bde. 1–3, Berlin 1964–1966.

Diktatur

Das lateinische Wort »dictare« ist eigentlich ein Iterativum von »dicere« (sagen) und bedeutet so viel wie »vorsagen«, »zum Nachschreiben einsagen«. Im frühen römischen Staatsrecht bezeichnete Diktatur einen Staatsnotstand. Ein Beamter erhielt für die Dauer von höchstens sechs Monaten unbeschränkte Befugnisse. Das neuere Staatsrecht unterscheidet von solchen kommissarischen die souveränen Diktaturen, in denen die Macht dauerhaft bei einzelnen Personen oder Gruppen liegt.

Der Begriff Diktatur bildet den Gegenpol zum Begriff Demokratie und bezieht sich hauptsächlich auf die Mittel, deren ein Herrscher (Diktator) und seine Entourage sich bedienen (können), um ihre Herrschaft auszuüben, weniger auf deren Interessen und Ziele. Für die als Diktatur bezeichnete Herrschaftsweise sind folgende Merkmale charakteristisch:
– Monopolisierung der Machtfaktoren durch die Herrschenden, tiefes und steiles Machtgefälle zwischen Herrschenden und Beherrschten,
– Verfügung der Herrschenden über einen Zwangsapparat, Anwendung oder Androhung von physischer Gewalt,
– Unterdrückung von oppositionellen Bewegungen oder offenen Konflikten um eine Neubesetzung von Herrschaftspositionen,
– Beschneidung und Reglementierung von Kommunikation (Zensur), Vorherrschaft von persuasiver Kommunikation in der Öffentlichkeit (➤ Propaganda).
Medienpolitik ist konstitutiv für jede Diktatur. Zumeist wird der Begriff Diktatur auf der Makroebene von Gesellschaft und Staat angewendet, wo er unter anderem das Fehlen von Wahlen und Pressefreiheit oder deren rechtlicher Garantie anzeigt. Er wird aber auch auf der Mikroebene von Familien und anderen Kleingruppen und auf der Mesoebene von politischen Parteien, (Medien-) Betrieben und anderen Institutionen gebraucht. Friedrich Engels

hat einmal die Redaktionsstruktur bei der »Neuen Rheinischen Zeitung« als die »einfache Diktatur von Marx« beschrieben.

Diktatoren können im Hinblick auf Medien und (öffentliche) Kommunikation aus ihrer Situation heraus unterschiedliche Schlüsse ziehen. Einerseits kann die Unsicherheit, die aus dem starken Machtgefälle, dem Widerstreben der Beherrschten und dessen Unterdrückung herrührt, zu besonderen persuasiven Bemühungen um Zustimmung (Legitimität) Anlass geben. Es liegt nahe, von solchen historischen Beispielen den Idealtyp der »Propagandadiktatur« abzuleiten. Propagandadiktaturen bilden sich besonders dann, wenn die Ziele, die mit diktatorischer Herrschaft durchgesetzt werden sollen, offenkundig inhuman sind und den Interessen der Beherrschten zuwiderlaufen. Dies ist ein besonders fruchtbarer Nährboden für die Entwicklung elaborierter Propagandakonzeptionen und -methoden, die sich in der Praxis als wirkungsvoll erweisen, um viele Menschen von der Richtigkeit problematischer Ideen und Maßnahmen zu überzeugen. Typisch dafür ist das Ausschalten oder Umgehen rationaler Erwägungen durch die bewusste Ansprache tiefsitzender Ressentiments und Emotionen.

Andererseits kann die Sicherheit, auf einen Zwangsapparat zurückgreifen zu können, zur Vernachlässigung von Bemühungen führen, durch Ideologie und Propaganda »Legitimität« zu erzeugen. Für solche Fälle bietet sich der Idealtyp der »Gewaltdiktatur« an. Gewaltdiktaturen bilden sich paradoxerweise besonders dann, wenn die Ziele, die die diktatorische Herrschaft durchsetzen soll, rational plausibel, ja, human erscheinen. Kennzeichnend für diesen Typ der Diktatur ist, dass Zwangsmaßnahmen nicht verheimlicht, möglicherweise sogar bewusst zur Schau gestellt werden und dass Propaganda sich vor allem an rationale Schichten des Bewusstseins der Adressaten wendet.

Als Idealtypen treten Propaganda- und Gewaltdiktatur im konkreten historischen Fall selten säuberlich getrennt mit allen ihren Merkmalen hervor. In der Realität finden sich meist charakteristische Merkmalsmischungen, die dem einen oder anderen Typ näher stehen. Besonders im Hinblick auf Methoden der Medienlenkung weisen im Übrigen auch die reinen Formen der beiden Typen zahlreiche Gemeinsamkeiten auf, die für Diktaturen an sich charakteristisch sind: direkte Steuerung durch Zensur und Presse-

anweisungen, indirekte Steuerung durch gesetzliche und ökonomische Rahmenbedingungen sowie durch ➤ Agenda-Setting (politische PR). Aus dem Fehlen eines diktatorischen Zwangsapparats
in Demokratien ergibt sich, dass Methoden der persuasiven Kommunikation dort oft weiterentwickelt sind und häufiger angewendet werden als in Diktaturen.

Die von den Nationalsozialisten zwischen 1933 und 1945 in
Deutschland ausgeübte Herrschaft steht dem Typus der Propagandadiktatur nahe. Damit ist nichts über das Ausmaß der ver-
übten Gewalt oder die Zahl ihrer Opfer gesagt, sondern nur über
die Art und Weise, in der sich das NS-Regime Zustimmung in der
Bevölkerung verschafft hat. Bereits Adolf Hitler hat der ➤ Propaganda in »Mein Kampf« ein ganzes Kapitel gewidmet. Darin
fordert er, sie müsse sich am untersten Bildungsniveau breiter
Volksmassen orientieren und vor allem die Gefühle der Menschen, nicht ihre Vernunft ansprechen. ➤ Joseph Goebbels, den
Hitler von Anfang an zum obersten Propagandisten des »Dritten
Reiches« bestimmt hatte, war ein geschickter Kommunikator und
Menschenkenner. Sein Konzept zielte weniger auf »Gleichschaltung« der Medien, wie oft unterstellt wird, als auf Propaganda
als Konzert vieler verschiedener Stimmen, dessen Wohlklang
zum Vehikel für ideologische Botschaften wird. Der scheinbare
Pluralismus im NS-Mediensystem ist beispielsweise daran zu
erkennen, dass bis 1943 Qualitätsblätter mit liberalem Image wie
die »Frankfurter Zeitung« erscheinen konnten, um bürgerliche
Leserschichten an das Regime zu binden und um dem Ausland
einen (falschen) Eindruck vom Niveau der deutschen Presse zu
vermitteln.

Goebbels hielt es für das Beste, den Journalisten eines Tages
nichts mehr vorschreiben zu müssen, weil sie freiwillig im Sinne
des Regimes berichten; und er hat immer wieder betont, die
beste Propaganda sei jene, die das Publikum gar nicht als solche bemerkt, weil dadurch kein Widerstreben hervorgerufen
wird. Dazu passt zum Beispiel die nationalsozialistische Spielfilmproduktion: großenteils harmlos wirkende Unterhaltungsstreifen,
die trotz ihres unterschwelligen Ideologiegehalts noch heute im
deutschen Fernsehen gezeigt werden – in gewisser Weise eine Ver-
längerung der Goebbelsschen Propaganda.

Zur Intensität und Geschicklichkeit der NS-Propaganda gehörte auch, dass man bewusst bestrebt war, an Traditionen anzuknüpfen und sie sich zunutze zu machen. So griffen die Nazis die Symbole der Arbeiter- oder Jugendbewegung auf und wandelten sie für ihre Zwecke ab; und bei der Lenkung des Journalismus durch Presseanweisungen nahm man Rücksicht auf professionelle Routinen der Journalisten und deren staatsnahes Selbstverständnis.

Die Dringlichkeit, mit der Hitler, Goebbels und andere NS-Herrscher sich der Frage zugewandt haben, wie für ihr Regime Legitimität zu beschaffen sei, korrespondiert in auffälliger Weise mit der offenkundigen Brutalität ihrer Absichten: Nicht nur die Judenvernichtung, auch die »Eroberung von Lebensraum« durch Krieg oder die Knechtung der osteuropäischen Völker waren proklamierte Ziele des Regimes, denen die Deutschen die Inhumanität unmittelbar ansehen konnten. Dass die Herrschenden für dieses Problem durchaus sensibel waren, zeigt sich daran, dass die Pläne für die »Euthanasie«-Maßnahmen, die »Endlösung der Judenfrage« und andere Verbrechen geheim gehalten wurden.

Neben der Verbreitung nationalsozialistischer Ideologie durch Propaganda hat das NS-Regime auch kommunikationsbeschneidende Methoden der Medienlenkung angewandt, die für Diktaturen generell charakteristisch sind. Dazu gehörten die Pflicht zur Registrierung aller Medienschaffenden in der Reichskulturkammer, zu der jüdische und politisch unliebsame Journalisten oder Künstler nicht zugelassen wurden, weiter die täglich in der Reichspressekonferenz vom »Reichsministerium für Volksaufklärung und Propaganda« (RMVP) erlassenen Schreibverbote für Journalisten sowie die wirtschaftliche Konzentration des Pressewesens im Eher-Konzern. Mit diesen Steuerungsinstrumenten wie mit ihren propagandistischen Aktivitäten hatten die Nationalsozialisten erheblichen Erfolg. Aufschlussreich ist, dass gegen Ende des Zweiten Weltkriegs, unter höchsten Entbehrungen und im Angesicht der unausweichlichen Niederlage, noch zahlreiche Soldaten und Zivilisten, darunter viele Jugendliche, freiwillig bereit waren, dem »Führer« das Leben zu opfern. Der NS-Diktatur gelang es, eine Mehrheit der Bevölkerung von der Notwendigkeit zu überzeugen, sich wider das eigene Interesse ins Verderben zu stürzen.

Stärkere Anforderungen an die Effektivität von Medienlenkung und Propaganda lassen sich nicht vorstellen.

Die »Deutsche Demokratische Republik« muss trotz dieses Etiketts schon deshalb als Diktatur gelten, weil ➤ Karl Marx, auf dessen Theorie sich die SED berief, die Übergangsphase zur klassenlosen Gesellschaft als sozialistische »Diktatur des Proletariats« über die noch verbliebenen anderen Gesellschaftsklassen konzipiert hatte. Obwohl die beiden deutschen Diktaturen des 20. Jahrhunderts gerade bei den Methoden der Medienlenkung frappierende Gemeinsamkeiten verbinden – in ihrer kruden Logik oft kaum nachvollziehbare Presseanweisungen gab es zum Beispiel hier wie dort –, zeigen sich vor allem bei Art und Umfang der Propagandabemühungen auch erhebliche Unterschiede. Die DDR steht dem Idealtyp der Gewaltdiktatur näher, womit wiederum nichts über Art und Umfang der Gewaltmaßnahmen gesagt ist – diese waren in der NS-Diktatur bei weitem brutaler und systematischer –, sondern lediglich über das Konzept der Legitimitätsbeschaffung.

Im Unterschied zur NS-Diktatur konnten die offiziell verkündeten Ziele der SED-Herrschaft als human gelten und deshalb per se Zustimmung beanspruchen: das Beseitigen von kapitalistischer Ausbeutung, Unterdrückung und sozialer Ungleichheit sowie auf lange Sicht die Errichtung einer klassenlosen Gesellschaft. Gewaltmaßnahmen, die (angeblich) dazu dienten, solche Ziele zu erreichen, brauchten nicht verheimlicht oder durch Propaganda verbrämt zu werden, sondern konnten als solche Legitimität beanspruchen. Die Herrschenden der DDR tendierten deshalb weniger dazu, Gewaltmaßnahmen zu leugnen, als sie für notwendig zu erklären. Die Berliner Mauer einschließlich der dort bei Fluchtversuchen Erschossenen konnte und sollte nicht vor den Augen der Bevölkerung verborgen werden, sondern wurde als »antifaschistischer Schutzwall« gerechtfertigt.

Da die marxistisch-leninistische Ideologie, auf die sich die DDR-Diktatur berief, Anspruch auf Wissenschaftlichkeit erhob, sprach die vom Zentralkomitee der SED und seinem »Sekretär für Agitation und Propaganda« (in den 1980er Jahren Joachim Herrmann) erzeugte und gelenkte öffentliche Kommunikation weniger die Emotionen als das rationale Bewusstsein der Beherrschten an und setzte ein gewisses Maß an Bildung voraus. Dass die Machthaber auf die Vernunft der DDR-Bürger setzten, zeigt zum Beispiel die Formulierung, mit der die von der DDR-Verfassung de jure garantierte Medienfreiheit bereits vom Verfassungskommentar de facto wieder eingeschränkt wurde: »Die Freiheit der Presse, des Rundfunks und des Fernsehens zu sichern heißt … vor allem, keinerlei Missbrauch der Massenmedien für die Verbreitung bürgerlicher Ideologien zu dulden und ihre Tätigkeit bei der Verbreitung der marxistisch-leninistischen Ideologie, als Foren des schöpferischen Meinungsaustausches der Werktätigen bei der Organisierung des gemeinsamen Handelns der Bürger für die gemeinsamen sozialistischen Ziele voll zu entfalten.«

Anders als Goebbels, dessen Medienlenkung auf die konservativen und liberalen Traditionen des deutschen Journalismus Rücksicht nahm, oktroyierte das SED-Regime den Journalisten ausdrücklich das leninsche Konzept der Presse als »kollektiver Agitator, Propagandist und Organisator«. Als Produkt wissenschaftsgläubiger Sozialisten, die meinten, dass Richtige nur oft genug wiederholen zu müssen, damit es wirksam werde, nahm die politische Agitation der SED kaum Notiz von den tatsächlichen Kommunikationsbedürfnissen der Menschen, die diese daher auf andere Weise (zum Beispiel über das Westfernsehen) befriedigten. Bereits Ernst Bloch hat den Unterschied zwischen faschistischer und sozialistischer Diktatur in ihrer Art der (öffentlichen) Kommunikation beschrieben: »Nazis sprechen betrügend, aber zu Menschen, die Kommunisten völlig wahr, aber nur von Sachen« (»Erbschaft dieser Zeit«, Frankfurt a. M. 1962).

Auch wegen ihres Desinteresses, zu Menschen zu sprechen, ist die DDR-Diktatur resonanzarm geblieben und schließlich gescheitert. Während die NS-Diktatur sich nicht zuletzt aufgrund ihrer wirksamen Propaganda trotz zahlloser Opfer bis zum totalen physischen Zusammenbruch aufrechterhalten konnte, wurde das SED-Regime, in dem es den Menschen vergleichsweise besser ging, von einer Bürgerbewegung hinweggefegt.

Neben ihrer Medienlenkung und persuasiven Kommunikation interessiert an Diktaturen die Frage, ob es in ihnen eine publizistische Opposition geben kann. Oft finden sich Individuen und Gruppen, die mit den Methoden oder Zielen der Herrschenden nicht einverstanden sind und die Diktatur stürzen wollen. Während auf Adolf Hitler nur eine Reihe von erfolglosen Anschlägen verübt worden ist, wurde das SED-Regime tatsächlich vom öffentlichen Protest einer anschwellenden Zahl Unzufriedener zu Fall gebracht.

Das Ende der DDR ist nicht typisch für Diktaturen. Wegen des starken Machtgefälles und der Zwangsmittel in der Hand der Herrschenden müssen Oppositionelle in aller Regel geheim agieren. Autokratische Herrschaftssysteme zeichnen sich durch ein gespaltenes Kommunikationsklima aus: Übereinstimmungen mit den Herrschenden werden öffentlich demonstriert, während abweichende Einstellungen, wenn überhaupt, nur in geschlossenen Zirkeln geäußert werden (können). Alexander Puschkin hat nach der Niederschlagung des Dekabristen-Aufstands im Dezember 1825 in seiner privaten Korrespondenz gegen die Zensur gewettert, während er ihr in seinen zur Publikation bestimmten Schriften nur Positives abgewann. Oppositionelles kann in Diktaturen allenfalls »zwischen den Zeilen« öffentlich werden, wenn es nicht der ➤ Zensur zum Opfer fallen oder den Urheber in Gefahr bringen soll. Für solch feinsinnig versteckte Opposition hat sich der Begriff »Camouflage« eingebürgert.

Ob es sich dabei tatsächlich um *publizistische* Opposition handelt, ist höchst zweifelhaft. Denn was die Zensoren und diktatorischen Unterdrücker freier Kommunikation nicht verstehen, wird auch im Publikum bestenfalls für bereits Eingeweihte verständlich sein. Zur Diktatur gehört, dass sie öffentliche Opposition nicht zulässt.

Literatur

Jürgen Wilke: Presseanweisungen im 20. Jahrhundert. Erster Weltkrieg – Drittes Reich – DDR, Köln u. a. 2007.

Gerhard Besier: Das Europa der Diktaturen. Eine neue Geschichte des 20. Jahrhunderts, München 2006.

Horst Pöttker: Journalismus als Politik. Eine explorative Analyse von NS-Presseanweisungen der Vorkriegszeit, in: Publizistik, 51. Jg. 2006, H. 2, S. 168–182.

Ders.: Öffentlichkeit und Autokratie. Aleksandr Pushkin und die Anfänge des modernen Journalismus in Russland, in: Rita Franceschini u. a. (Hg.): Medienmentalitäten, LiLi, 36. Jg., H. 142, Stuttgart und Weimar 2006, S. 8–42.

Nikolaus Werz: Lateinamerika. Eine Einführung, Baden-Baden 2005.

Peter Baehr und Melvin Richter (Hg.): Dictatorship in History and Theory. Bonapartism, Caesarism, and Totalitarianism, New York u. a. 2004.

Günther Heydemann und Heinrich Oberreuter (Hg.): Diktaturen in Deutschland. Vergleichsaspekte: Strukturen, Institutionen und Verhaltensweisen, Bonn 2003.

Gunter Holzweißig: Die schärfste Waffe der Partei. Eine Mediengeschichte der DDR, Köln 2003.

THOMAS LATSCHAN, WOLFGANG WESSELS

Europäische Medienpolitik

Die Medienpolitik der Europäischen Union besteht neben
der medialen Vermittlung der eigenen Institutionen und
ihrer Politik aus dem Überwachen eines einheitlichen Rechts-
raumes und dem Erarbeiten von Richtlinien, die für gemeinsame Mindeststandards in den Bereichen audiovisuelle
Dienste, Internethandel oder Urheberrecht sorgen sollen.
Auch Förderprogramme etwa im Filmbereich gehören dazu.
Akteure sind die EU-Kommission mit ihren Generaldirektio-
nen für Kommunikation, Informationsgesellschaft und Wettbewerb, der Ministerrat sowie das Europäische Parlament (EP).

Die Europäische Union unternahm bereits in den frühen 1980er
Jahren erste weitreichende Schritte zur Europäisierung und Vereinheitlichung eines gesamteuropäischen Medienmarktes. Mittlerweile beschäftigt sie sich in gleich vier Politikbereichen mit
Medien und den damit verbundenen neuen Technologien: 1. In
der »Audiovisuellen Politik und Medienpolitik« verfolgt die EU die
Entwicklung eines leistungsstarken europaweiten Medienmarktes
und die Förderung einer gesamteuropäischen Film- und Fernseh-
kultur. 2. In der Politik der »Informationsgesellschaft« stehen die
verschiedenen Informationstechnologien sowie die Möglichkeiten ihrer Förderung im Mittelpunkt. 3. In der »Wettbewerbspo-
litik« unterzieht die Europäische Kommission Unternehmenszusammenschlüsse und -fusionen einer strengen Kontrolle im
Hinblick auf die Gefahren einer zu großen Medienkonzentration.
4. Im Bereich »Institutionelle Beziehungen und Kommunikationsstrategie« schließlich arbeitet die Generaldirektion »Kommunikation« der EU-Kommission daran, politische Prozesse und Inhalte
der EU-Politik den Bürgern (medial) zu vermitteln.

In der Generaldirektion »Audiovisuelle Politik und Medienpolitik« fördert die Europäische Kommission den Bereich der
audiovisuellen Medien und den Wettbewerb auf dem gemeinsamen europäischen Markt. Der Kommission fällt auch die Kon-

trolle des gemeinsamen Medienmarktes zu. Die Generaldirektion »Informationsgesellschaft und Medien« erarbeitet die grundlegenden Regeln zum einheitlichen Wettbewerb auf dem europäischen Medienmarkt. Diese Generaldirektion ist darüber hinaus auch für die kulturellen Aspekte der Medienpolitik verantwortlich. Hierbei hat die Kommission jedoch nur ein Vorschlagsrecht gegenüber dem Rat und dem Europäischen Parlament. Auch kann die Kommission keine Richtlinien im Rahmen der Kulturpolitik verabschieden, sondern muss sich auf reine Fördermaßnahmen beschränken.

Die Generaldirektion »Wettbewerb« überprüft die Rechtmäßigkeit von Unternehmensfusionen und -kooperationen. Dabei behält sie auch die besonders in den Medien vorherrschende starke Konzentration der Anbieter im Blick. So gab die Kommission beispielsweise am 19. Juli 2004 erst nach reiflicher Überlegung ihre Zustimmung zum Zusammenschluss von »Sony Music Entertainment« und der »Bertelsmann Media Group« (BMG) (➤ Bertelsmann). Eine der Generaldirektion unterstellte Abteilung, die gerne auch »Europäisches Kartellamt« genannt wird, prüft in diesem Zusammenhang die Einhaltung des EU-Kartellrechts nach Art. 81 ff. EGV. Dieses wiederum hat grundsätzlich Vorrang vor den kartellrechtlichen Bestimmungen der Mitgliedstaaten. In den letzten Jahren sind vermehrt Forderungen nach einem von der EU-Kommission unabhängigen Europäischen Kartellamt gestellt worden. Bislang sperrt sich die Kommission jedoch erfolgreich gegen eine solche Einrichtung.

In der Generaldirektion »Kommunikation« koordiniert die EU-Kommission die eigene Kommunikationspolitik und informiert die Bürger der EU über politische Institutionen, Ziele und Inhalte der EU-Politik. Gleichzeitig erfasst sie Nachrichten und Meinungen in den 27 Mitgliedsstaaten. Besonders vor dem Hintergrund des negativen Ausgangs der Referenden zur Europäischen Verfassung in Frankreich und den Niederlanden im Jahr 2005 und des häufig festgestellten Transparenz- und Demokratiedefizits der EU-Politik wird der Kommunikation mit den Bürgern heute große Bedeutung beigemessen.

Der Ministerrat, der in der Formation der Bildungs-, Jugend-, Kultur- und Kommunikationsminister drei- bis viermal im Jahr tagt, entscheidet über die Vorschläge der Kommission zu neuen Richtlinien oder Förderprogrammen im Bereich der Medienpolitik. Beschlüsse zum gemeinsamen Medienmarkt kann der Rat mit qualifizierter Mehrheit beschließen; kulturpolitische Entscheidungen verlangen hingegen Einstimmigkeit.

Die Richtlinien zur Regulierung des Medienmarktes werden nach dem Mitentscheidungsverfahren (Art. 251 EGV) verabschiedet: Das Europäische Parlament besitzt dabei das Recht, Änderungsvorschläge einzubringen, ohne jedoch selbst Initiativanträge stellen zu können. In der Praxis kann das Parlament jedoch die Kommission auffordern, einen entsprechenden Vorschlag einzureichen. In der Kulturpolitik kann das Parlament dagegen nur bedingt Einfluss nehmen, etwa über den EU-Haushalt und durch eigene Untersuchungsausschüsse.

Auch der Europarat beschäftigt sich mit den kulturpolitischen Aspekten der audiovisuellen Medien. Im Gegensatz zur EU-Kommission besitzt der Europarat jedoch keine eigene Gesetzgebungskompetenz. Das wichtigste Filmförderprogramm des Europarats, »Eurimages«, gibt es seit 1988. Schon 1950 wurde die »Europäische Rundfunk-Union« (»European Broadcasting Union«, EBU) mit Sitz in Genf gegründet. Der Zusammenschluss umfasst mittlerweile 74 nationale Rundfunkanstalten aus 55 europäischen, nordafrikanischen und arabischen Staaten. Die EBU organisiert den Austausch von Nachrichten, regt Kooperationen der ihr angeschlossenen Stationen untereinander an, verhandelt über die Senderechte größerer Sportereignisse und veranstaltet den »Eurovision Song Contest«.

Mit der Entwicklung des Satellitenfernsehens und der beginnenden Ausweitung der Kabelnetze in den 1980er Jahren geriet auch die Medienpolitik zunehmend ins Interesse der Europäischen Gemeinschaft. Die neue Möglichkeit, Fernseh- und Hörfunkkanäle per Satellit über ganz Europa auszustrahlen, führte dazu, dass rein nationalstaatliche Regulierungen in diesem Bereich als nicht mehr sinnvoll erachtet wurden. Zu diesem Zeitpunkt bestand jedoch noch keine international wettbewerbsfähige gesamteuropäische Medienindustrie. Vielmehr kauften die neu entstehenden Privatsender in großem Umfang US-amerikanische Serienimporte, womit sie ein EG-Medienhandelsdefizit in Milliardenhöhe verursachten. Gleichzeitig konstatierte das Europäische Parlament im »Hahn-Bericht« von 1982 (benannt nach dem deutschen

EP-Abgeordneten Wilhelm Hahn), das bislang rein nationalstaat-lich organisierte Mediensystem sei hinderlich für die europäische Integration. Das Parlament sah in der Stärkung eines gemein-samen, gesamteuropäischen Medienraumes ein entscheidendes kulturelles Element einer europäischen Identitätsbildung. In der daraufhin 1989 verabschiedeten Richtlinie »Fernsehen ohne Gren-zen« standen die Schaffung eines gemeinsamen Medienmarktes und dessen Deregulierung sowie das Setzen von Mindeststandards für europäische Medienprodukte im Mittelpunkt. Dabei legte die Kommission den Schwerpunkt nicht – wie ursprünglich vom Par-lament geplant – auf die kulturellen Aspekte der Medienpolitik. Vielmehr begünstigte sie vor allem den europäischen Medienwett-bewerb.

Mit dem Vertrag zur Europäischen Union von Maastricht (1992) übernahm die EU von den Nationalstaaten teilweise Kompetenzen im Bereich der Kulturpolitik und des audiovisuellen Sektors (vgl. Art. 151 EGV). Zudem sollte die Vereinheitlichung des Urheber-rechtes den Schutz und den Vertrieb europäischer Produktionen auf eine gemeinsame rechtliche Basis stellen. Dies galt als entschei-dende Voraussetzung für einen funktionierenden europäischen Medienmarkt. Die Ausbreitung und technische Weiterentwicklung des Internets, welche zunehmend die Verbreitung audiovisueller Medien im Netz ermöglichte, machte es notwendig, auch in die-sem Bereich Mindeststandards einzuführen. Mit einer Richtlinie zum »Jugendschutz und dem Schutz der Menschenwürde« sowie zum »Schutz von Urheberrechten und verwandten Schutzrechten in der Informationsgesellschaft« wurde dieser Entwicklung Rech-nung getragen.

Das 1990 eingerichtete »MEDIA-Programm« zur europäischen Filmförderung mit einem Budget von umgerechnet 200 Millio-nen Euro wurde 1996 durch »MEDIA II« mit einer Gesamtför-dersumme von 310 Millionen Euro ersetzt. Im Jahr 2001 erhöhte die EU im Programm »MEDIA Plus« das Budget erneut – auf 531 Millionen Euro für den Zeitraum bis 2006. Die aktuelle Phase des »MEDIA-Programms«, die am 1. Januar 2007 startete, verfügt sogar über ein Budget von knapp einer Milliarde Euro, wobei häufig bürokratische Antragsverfahren und eine undurchsichtige Vergabepolitik kritisiert werden.

Die rasante Entwicklung im Mediensektor, die vor allem auch zu einer immer stärkeren Verschmelzung klassischer Rundfunkinhalte und neuer Informationstechnologien führt, verlangte auch eine Überarbeitung der Fernsehrichtlinie. Dabei versuchte die Kommission, die Balance zwischen den derzeit deutlich überwiegenden ökonomischen und den kulturellen Aspekten der Medienpolitik herzustellen. Eine »Richtlinie über audiovisuelle Mediendienste« für alle audiovisuellen linearen und non-linearen Dienstleistungen, die unter anderem einheitliche Jugendschutz- und Werberegelungen festschreibt sowie Vorgaben zur Förderung europäischer Werke macht, wird die bisherige Fernsehrichtlinie ersetzen. Sie wurde November 2007 endgültig verabschiedet und muss bis Ende 2009 in den Mitgliedsstaaten in nationales Recht umgesetzt werden.

Umstritten ist die Sonderrolle des öffentlich-rechtlichen Rundfunks im europäischen Medienmarkt, die im Amsterdamer Protokoll von 1997 festgeschrieben ist. Die EU-Administration drängt darauf, dass der öffentlich-rechtliche Rundfunk keine wettbewerbsverzerrenden Aktivitäten entfalten darf.

Zusätzlich zum aktuellen »MEDIA Plus-Programm« verabschiedete der Ministerrat am 24. November 2003 eine Entschließung »zum Schutz des audiovisuellen Erbes Europas«. Darin kommt der Rat überein, dass europäische Filmwerke als kulturelles Erbe erhaltenswert sind, und fordert daher alle Mitgliedsstaaten auf, ein System zu entwickeln, das die wirksame Hinterlegung und Bewahrung von Filmen ermöglicht. Diese Entschließung wurde präzisiert und erweitert durch eine Empfehlung des Rates und des Europäischen Parlaments zum Filmerbe vom 16. November 2005.

Literatur

Werner Weidenfeld und Wolfgang Wessels: Europa von A–Z. Taschenbuch der europäischen Integration, Bonn 2007.

Christina Holtz-Bacha: Medienpolitik für Europa, Wiesbaden 2006.

Arno Bernhard Cesare Marti: Die audiovisuelle Politik der EU. Ökonomische und kulturelle Ziele in einer europäischen Medienordnung, Baden-Baden 2004.

Karen Rinsche: Aspekte und Perspektiven der Medienpolitik in Europa, Hamm 2003.

Victor Henle: Fernsehen in Europa. Strukturen, Programme und Hintergründe, München 2001.

FCC

Die US-amerikanische »Federal Communications Commission« (FCC) wurde 1934 gegründet. Sie beaufsichtigt die Bereiche Rundfunk, Telefonie, Satellit und Kabel und finanziert sich durch Steuergelder. Die ihr vorstehenden fünf Kommissare werden für fünf Jahre vom US-Präsidenten ernannt. Die FCC verfügt über 1926 feste Mitarbeiter und hat ein Jahresbudget von etwa 300 Millionen Dollar.

Die amerikanische Medienaufsichtsbehörde FCC wurde mit der Aufgabe gegründet, der neu entstehenden Telefon- und Rundfunkindustrie ein Regulierungsorgan zu geben. Sie war die erste Behörde dieser Art in den ➤ USA. Im Laufe der Jahre passte sie sich stets den technologischen Neuentwicklungen und deren Ordnungsbedarf an. Zusätzliche Aufgabenfelder erhielt die FCC durch den »Communications Satellite Act« von 1962 zur Satellitenregulierung und den »Cable Act« von 1992 für das neu entstandene Kabelfernsehen.

Die der FCC vorstehenden Kommissare und ihr Vorsitzender werden vom US-Präsidenten bestimmt. Nur drei dieser Kommissare dürfen der gleichen politischen Partei angehören. Die Behörde ist in sechs Hauptbüros untergliedert. Das »Consumer and Governmental Affairs Bureau« informiert die Öffentlichkeit über neue Dienste und koordiniert neue Regulierungsvorschläge zwischen der Regierung und der Medienindustrie. Das »Enforcement Bureau« verhängt und vollzieht Strafmaßnahmen bei Verstößen gegen die Gesetze, und das »International Bureau« kümmert sich um internationale Belange. Das »Media Bureau« reguliert die Bereiche Lang- und Kurzwellenradio, Fernsehnetworks sowie Kabel- und Satellitendienste. Das »Wireless Communications Bureau« befasst sich mit der schnurlosen Telefonie, und das »Wireline Competition Bureau« schließlich ist für die Telefonie-Regulierung zwischen den US-Bundesstaaten zuständig.

Die wohl grundlegendste Neuordnung in der Geschichte der FCC stellte der »Telecommunications Act« von 1996 dar, mit dem die Regierung unter Bill Clinton die ➤ Regulierung der Neuerungen im beginnenden digitalen Zeitalter anpackte. Absicht des Gesetzes war es, staatliche Eingriffe einzuschränken sowie Innovation und Wettbewerb, vor allem in der Telefonie, zu fördern. Das ➤ Internet wurde ausgelassen, um dem neuen Medium Entwicklungsspielraum zu geben. Die Eigentumsbeschränkungen der ➤ Medienkonzerne wurden zurückgeschraubt, was den großen Fusionsboom der späten 1990er Jahre und des beginnenden Millenniums auslöste. Auch die Radiokonzerne wuchsen in der Folge des »Telecommunications Act« und wurden zu erfolgreichen Profitcentern. Doch die Konsolidierung löste auch Angst vor Informationsmonopolen aus, und Kritiker beklagen vor allem wegen der anhaltenden Fusionen eine Dezimierung der Meinungsvielfalt.

Eines der wichtigsten Schlagworte, auf denen die Reform des Telekommunikationsgesetzes (➤ Telekommunikation) von 1996 beruhte, war das der Konvergenz: das rapide Zusammenwachsen von Fernsehen, Telefon und Computer und die daraus resultierenden Synergien, die für die Unternehmen erwartet wurden. Die große Medienrevolution hat bis heute allerdings nur graduell stattgefunden, bisher haben die meisten Amerikaner in der Regel drei getrennte Geräte im Wohnzimmer stehen: Fernseher, Computer und Telefon. Dies ist Anlass für Kritiker des Gesetzes, auf ihren Standpunkt hinzuweisen, dass viele Trends in der digitalen Welt von den Konsumenten gemacht werden und nicht vom Gesetzgeber.

Dennoch macht sich die FCC parallel dazu schon seit Jahren für die Einführung des hochauflösenden Fernsehens, HDTV, stark. Bereits im April 1997 verabschiedete die Behörde neue Richtlinien, nach denen die TV-Betreiber kostenlose Lizenzen für die Übertragung eines digitalen Signals erhielten, um neue Technologien voranzutreiben. Bis Ende 2006 sollten alle 1500 TV-Stationen in den USA digitales Equipment implementiert haben und dann ihre analogen Lizenzen zurückgeben, die anschließend wieder verkauft werden können. Ziel war es, die Zuschauer in den Genuss eines dem Kino ähnlicheren Formats von 16:9 statt wie bisher 4:3 zu bringen. Doch HDTV verbreitet sich wegen der damit verbundenen erhöhten Kosten nur schleppend, sodass die Deadline vor kurzem bis 2009 ausgedehnt wurde.

Ein anderes Thema, das der Regierung von George W. Bush und dem von ihm ernannten FCC-Vorsitzenden Kevin Martin besonders am Herzen liegt, sind die sogenannten »Indecency«-Regeln, die besagen, dass unangemessene und sexuell anzügliche Inhalte nicht im Free-TV zu sehen sein dürfen. Schon unter dem letzten FCC-Vorsitzenden der republikanischen Partei, Michael Powell, begann die FCC auf Druck des US-Kongresses und diverser Lobbygruppen hin, erhöhte Strafgelder zu verhängen, wenn es im Hauptabendprogramm der Free-TV-Sender zu Verstößen kam. Der Kongress erließ zu diesem Zweck eigens ein neues Gesetz, das die Höchststrafe von bisher 27.500 Dollar dramatisch auf 500.000 Dollar erhöhte. Powell machte sich dieses Gesetz umgehend zunutze und verhängte 2004 Strafen in der Rekordhöhe von 3,7 Millionen Dollar – mehr als in den gesamten zehn Jahren zuvor. Auch sein Nachfolger Kevin Martin hat klargemacht, dass es bei Verstößen kein Pardon geben werde.

Martins Augenmerk ruht derzeit nicht mehr nur auf den Free-TV-Sendern, für die die »Indecency«-Gesetze ursprünglich gemacht worden sind, weil diese so leicht für Kinder zugänglich sind. Auch das Kabel- und Satellitenfernsehen soll in Zukunft den gleichen Regeln unterliegen – sehr zum Unbehagen der Programmveranstalter, die sich in ihrer Programmfreiheit bedroht sehen. Martin will, dass die Medienkonzerne mehr familienfreundliche Sender anbieten, das Reality-TV zurückfahren und den Zuschauern stattdessen die Möglichkeit geben, ganze Kabelsender aus dem Angebot auszublenden. Die Industrie dagegen verweist auf Techniken wie den »V-Chip«, die es den Eltern ermöglichen, gewisse Sendungen zu blockieren, und hat in diesem Zusammenhang eine millionenschwere Aufklärungskampagne auf die Beine gestellt. Die Erfahrung zeigt jedoch, dass die Sender sich auch selbst gewisse Restriktionen auferlegen, um die Zuschauer und die Werbekundschaft zufriedenzustellen, sobald die FCC mit neuen Gesetzen droht. Medienkontrolle in den USA stellt daher in den meisten Fällen ein Mischmodell aus Gesetzen und freiwilliger Selbstkontrolle dar.

Derzeit wird von Gesetzgebern und Lobbyisten darüber nachgedacht, in den nächsten Jahren eine Reform des »Telecommunications Act« in Angriff zu nehmen. Die Befürworter einer solchen Aktion plädieren für ein Ersatzmodell, das einen bedeutenden

Deregulierungsschub mit sich bringen soll. Demnach würde die FCC auf die Rolle einer Organisation für den Konsumentenschutz reduziert. Sie müsste die Gründe für jeden Eingriff in den Wettbewerb genauestens nachweisen, und neue Regeln würden automatisch nach fünf Jahren auslaufen.

Selbst einige Mitglieder der FCC scheinen dieser Idee der Tendenz nach zuzustimmen und sprechen von einem neuen Regulierungsmodell, das die Trennung von Festnetz, drahtloser Telefonie, Kabel und Satellit aufhebt. Auf diese Weise soll die Konvergenz endlich Wirklichkeit werden. Dies sind Nachwirkungen des letzten Versuches, die Medienwirtschaft zu lenken und die Vielfalt zu vergrößern. 1970 versuchte die FCC mit den »Finance and Syndication Rules« (»finsyn«), die Abhängigkeit kleinerer Produzenten von den Networks zu mindern. Die Networks wurden gezwungen, einen Teil ihrer Sendezeit außer Haus produzieren zu lassen. Da von dieser Regel vor allem die großen Hollywood-Studios profitierten, wurde sie 1991 wieder fallengelassen.

Literatur

FCC, Statistical Reports: *http://www.fcc.gov/statistical-reports/*.
William B. Ray: FCC. The Ups and Downs of Radio-TV Regulation, Ames 1990.
James L. Baughman: Television's Guardians. The FCC and the Politics of Programming 1958–1967, Knoxville 1985.
Stanley M. Besen: Misregulating Television. Network Dominance and the FCC, Chicago 1984.

Fernsehen

Fernsehen (kurz: TV, von dem aus dem Griechischen und
Lateinischen abgeleiteten Kunstbegriff »Tele-Vision«) ist
eine audiovisuelle Form des Rundfunks (»broadcasting«),
bei dem per Antenne, Kabel, Satellit oder Internet Sendungen
an ein tendenziell nicht begrenztes Publikum ausgestrahlt
werden. Als »Hintergrundstrahlung unseres sozialen und
intellektuellen Universums« (Neil Postman) ist das Fernsehen seit den 1950er Jahren medienpolitisch umkämpft.
Im 21. Jahrhundert wird das traditionelle Programm-Medium
Fernsehen durch das Internet transformiert, seine Reichweite
bei jüngeren Nutzern und Höher-Gebildeten nimmt ab.

Das Fernsehen war in der zweiten Hälfte des 20. Jahrhunderts
alltagskulturelles Leitmedium, bevorzugte Bühne für Politikvermittlung und zugleich Anlass für grundsätzliche medienkritische
und -politische Debatten. Wegen seiner technischen und ästheti-
schen Bestimmtheiten (leichter Zugang, hohe Reichweite, schnelle
Folgen der Bilder, Formate und Genres, Globalität, Augenblick-
lichkeit, »Altarfunktion« in den Haushalten bei »passivem« Konsum) wurden dem Medium umwälzende gesellschaftliche, politische und kulturelle Wirkungen zugesprochen. Dabei abstrahierte
man – gerade aufseiten der operativen Politik – häufig von konkreten Programmstrukturen und publizistischen Leistungen; es
überwogen kulturkritische Töne, zugespitzt in der Forderung nach
einem »fernsehfreien Tag« durch den SPD-Bundeskanzler Helmut
Schmidt in den 1970er Jahren.

Besonders intensiv geführt wurden die Debatten um Gewaltdarstellungen im Fernsehen und deren möglichen Effekte, um die
vermutete Senkung des formalen Bildungsniveaus von Kindern
und Jugendlichen durch erhöhten Fernsehkonsum (zu Lasten
des Lesens) oder um Fernsehpolitik als Entertainment und Talkshow (zu Lasten eines aufgeklärt-rationalen Politikdiskurses). Viele
dieser kulturkritischen Befürchtungen beruhten durchaus auf Be-

obachtungen realer Effekte, dennoch hat sich die medienpolitische und -kritische Debatte um die gesellschaftlichen Wirkungen des Fernsehens Anfang des 21. Jahrhunderts stark abgeschwächt – bedingt durch den technologischen Zentralitätsverlust des Mediums, die Vielfalt seiner audiovisuellen Kanäle und Plattformen und nicht zuletzt durch den Siegeszug des ➤ Internets. In diesem neuen Kontext erscheint Fernsehen, abgesehen von seinen inhaltlichen Produktionsleistungen, nur noch als ein Display unter mehreren in der globalen Netzkommunikation. Debatten um audiovisuelle Gewaltdarstellungen konzentrieren sich längst auf Videospiele und das Internet. Zeitungsverleger fühlen sich heute mehr durch öffentlich-rechtliche Rundfunkanstalten als Internetanbieter bedroht denn durch deren Wirken im traditionellen Sektor des Programmfernsehens. Das Web 2.0 überlagert alle älteren Visionen vom »interaktiven Fernsehen«. Gleichwohl zeigt sich das Fernsehen als Massenmedium bei bestimmten Programmformen ungebrochen vital, so zum Beispiel bei Sportübertragungen, wie die Renaissance des *public viewing* bei der Fußballweltmeisterschaft 2006 in Deutschland gezeigt hat. Weltereignisse wie die 9/11-Terroranschläge in den USA werden zuerst durch das Fernsehen vermittelt. Bestimmte rituelle Sendungen wie »Tatort«-Krimis oder die Show »Wetten, dass …?« erreichen in Deutschland nach wie vor ein erstaunlich stabiles Millionenpublikum.

Die Wirkungen des Fernsehens und seine phänomenologische Präsenz sind von Hollywood (das mit der Fernsehproduktion in den USA eng verflochten ist) besonders treffsicher und zynisch vermittelt worden. So sieht man in dem Film »Being there« (1979) Peter Sellers als naiven Gärtner, der seine Weltsicht allein durch das Fernsehen gewinnt und schließlich zum US-Präsidentschaftskandidaten aufsteigt. »Network« (1976) von Sidney Lumet zeigt skrupellose und neurotische Figuren des quotenfixierten kommerziellen TV. In Gus van Sants »To Die For« (1995) lässt Nicole Kidman, deren einziges Lebensziel eine Karriere als Fernsehmoderatorin ist, ihren lahmen Ehemann durch zwei Jugendliche ermorden. Barry Levinsons »Wag the Dog« (1997) thematisiert strategische Fernseh-Kriege, ausgelöst durch amoralische Spin-Doktoren. »The Truman Show« (Peter Weir, 1998) und »American Dreamz« (Paul Weitz, 2006) treiben Reality- und Castingshows ins Extrem.

David Cronenbergs kanadischer Thriller »Videodrome« (1983) zeigt einen unverkennbar dem Medientheoretiker ➤Marshall McLuhan nachempfundenen Hohepriester des Fernsehens, der die Zuschauer buchstäblich ins Gerät hineinzieht und in seltsame elektronische Welten entführt. Dass vergleichbare drastische Visionen im europäischen Kino nicht entwickelt werden, hängt auch mit der europaweit stärkeren Bedeutung des *public broadcasting,* des öffentlich-rechtlichen Fernsehens in seinen verschiedensten Schattierungen zusammen.

McLuhan war in den 1960er und 1970er Jahren der führende Fernsehprophet. Als technologischer Determinist und Theoretiker des »Global Village« sah er mit dem Siegeszug des Fernsehens die Rückkehr zu vor-alphabetischen, tribalen Gemeinschaften und eine »Veröstlichung des Westens« kommen. An den späten, skeptischer gewordenen Kommunikationsökologen McLuhan knüpften zwei weitere Fernsehpropheten an, deren Bücher auch in Deutschland populär wurden: Neil Postman (»Das Verschwinden der Kindheit«, 1983, »Wir amüsieren uns zu Tode«, 1985) und, differenzierter, Joshua Meyrowitz (»No Sense of Place«, dt. »Die Fernseh-Gesellschaft«, 1987), die langfristig tiefgreifende Veränderungen der Kultur durch das Fernsehen behaupteten, weil es vielen Menschen Einblicke in zuvor unzugängliche gesellschaftliche Bereiche ermögliche und einen nahen, kritischen Blick auf Politiker zuließe. Tatsächlich entstand mit dem Fernsehen eine neue Form von Öffentlichkeit, bei der die traditionellen Öffentlichkeiten und die privaten Räume miteinander verschränkt und damit grundlegend verändert worden sind. Fernsehen liefert ein Band von mehr oder weniger aktuellen Ereignissen, an das sich die Einzelnen zu jeder Tages- und Nachtzeit ankoppeln können. Das führt dazu, dass immer neue spektakuläre (Medien-)Ereignisse oder Formate gesucht werden, um die Aufmerksamkeit wieder auf das Medium zu ziehen. Das Fernsehen ist zudem, durch seine Serialität, nachhaltiger als Kino oder Presse, das Medium für die Definition zeitgenössischer »Prominenz«.

1935 wurden im NS-Staat von Berlin aus erste Fernsehsendungen ausgestrahlt. Die eigentliche Programm-Entwicklung setzte jedoch erst Ende der 1930er Jahre in Großbritannien und den USA ein. In ➤Deutschland begann ab 1948 der Wiederaufbau des Fern-

sehens beim NWDR in Hamburg. Ab dem 25. Dezember 1952 war
das »Deutsche Fernsehen« zu sehen, das ab dem 1. November 1954
zum Gemeinschaftsprogramm der ARD (»Arbeitsgemeinschaft der
Rundfunkanstalten Deutschlands«) wurde und bis heute besteht.
Das regional strukturierte bundesdeutsche Fernsehen orientierte
sich in seinem journalistischen Selbstverständnis an der britischen
➤ BBC mit ihrem Modell des *public service* und grenzte sich damit
gegenüber staatlichen und rein kommerziellen Fernsehsystemen
ab. Mit der zunehmenden Verbreitung des Fernsehens verschärften
sich die Auseinandersetzungen um den Einfluss von Parteipolitik
und Parteiräson in den Aufsichtsgremien (den Rundfunk- und
Fernsehräten) der öffentlich-rechtlichen Sender, vor allem bei
der Personalpolitik. Besonders umkämpft war lange Zeit die Ausrichtung der politischen Fernsehmagazine (beginnend mit »Panorama«, 1961). Anders als in Großbritannien kam es, trotz zahlreicher Initiativen, aufgrund medienpolitischer Verwicklungen
zwischen Bund und Ländern zu keiner frühzeitigen Einführung
eines privatrechtlich verankerten Fernsehens. Stattdessen nahm,
gegründet auf einen Staatsvertrag der Bundesländer, im April 1963
das »Zweite Deutsche Fernsehen« mit Sitz in Mainz seinen Sende-
betrieb auf (nach einem Zwischenspiel mit »ARD 2« von 1961 bis
1963). Im Urteil über das sogenannte »Adenauer-Fernsehen« vom
28. Februar 1961, bis heute die Magna Charta der deutschen Rundfunkpolitik, hatte das Bundesverfassungsgericht den Ländern die
Kompetenz für Hörfunk und Fernsehen zugewiesen. Der Bund
sei laut Grundgesetz lediglich für das Fernmeldewesen zuständig.
Von 1964 bis 1969 entstanden sukzessive die Dritten Programme
der ARD, die zunächst per Programmauftrag auf Weiterbildung,
Telekollegs und Experimentelles verpflichtet waren und später im
Zuge der verschärften Konkurrenz mit kommerziellen Anbietern
zu normalen Vollprogrammen ausgebaut wurden.
    Die Weiterentwicklung der Fernsehtechnik (Kabelfernsehen,
Satellitenübertragung) machte, nach einer Versuchsphase der
»Kabelpilotprojekte«, die Zulassung privatrechtlicher Sender mög-
lich, deren Betrieb erstmals von der »Programmgesellschaft für
Kabel- und Satellitenrundfunk« (PKS, später »Sat.1«) und von
»RTL plus« (später RTL) im Januar 1984 aufgenommen wurde.
Der Staatsvertrag der Länder über den »dualen Rundfunk« regelt

seit 1987 das Nebeneinander von öffentlich-rechtlichem und privatrechtlichem Rundfunk (➤Regulierung). Dieser Vertrag wird, bedingt durch technologische Aushebelungen (Internet, Telekommunikation) und neue medien- bzw. wettbewerbsrechtliche EU-Vorgaben, in immer kürzeren Abständen novelliert; 2008 gibt es bereits den zwölften »Rundfunkänderungsstaatsvertrag«.

Aus den ersten, größtenteils von mehreren Unternehmen gemeinsam betriebenen Programmen entstanden rasch zwei große Senderfamilien: die zur ➤Bertelsmann AG gehörende »RTL Group« und die heutige »ProSiebenSat.1-Gruppe« (ehemals ➤Leo Kirch-Gruppe), die seit 2006 zur internationalen Investorengruppe »Permira« und »Kohlberg Kravis Roberts & Co.« (KKR) gehört. Eine äußerst wechselvolle Geschichte hatte das Abonnementfernsehen (»Pay TV«): Es wurde zunächst von Kirch und Bertelsmann (»Premiere«) gemeinsam betrieben und ist heute, nach mehreren Zwischenspielen, auch mehrheitlich im Besitz von »Permira«, mit rund 3,5 Millionen Abonnenten und 700.000 indirekten Nutzern (über den einstigen Konkurrenten »Arena«). Durch die Ausdifferenzierung in Sparten- und Themenkanäle (wie »Phoenix«, ZDF-Theaterkanal, n-tv, N24 etc.) bietet das deutsche Fernsehen ein formal sehr vielfältiges Angebot, wobei die Entwicklung neuer Formate im Vergleich zum Ausland (Großbritannien, USA, Niederlande) seit geraumer Zeit stagniert. Das öffentlich-rechtliche Fernsehen hat seine Marktanteile bei rund 45 Prozent stabilisieren können, ist mit rund sieben Milliarden Euro Budget im internationalen Vergleich üppig ausgestattet und genießt nach heftigen Angriffen seitens der CDU/CSU in den 1970er und 1980er Jahren auch wieder die uneingeschränkte Solidarität aller Ministerpräsidenten und ihrer Medienpolitiker. In zyklischen Abständen (zuletzt nach diversen Affären um Schleichwerbung oder um das ARD-Sponsoring des durch Doping lädierten Telekom-Radsport-Teams) wird nach dem Verhältnis von Gebührenaufkommen und realer Programmleistung bei ARD und ZDF gefragt.

Eine einzigartige Rolle kam dem deutschen Fernsehen beim Ende der DDR zu. Das »West-Fernsehen« hatte sich für die DDR-Bürger zu einer Sozialisierungsagentur und imaginären »Fluchtinstanz« entwickelt. Am Abend des 9. November 1989 führte die Berichterstattung des DDR-Fernsehens über eine Pressekonferenz mit

Günter Schabowski, damals Sekretär des ZK der SED für Informationswesen, dazu, dass sich Tausende Bürger an die Grenze begaben und die Öffnung der Mauer erzwangen. In der DDR wurde das Farbfernsehen mit dem neuen Programm »DFF 2« erst Ende 1969 eingeführt (in der BRD im August 1967, in den USA schon 1954), und dies bewusst im französischen SECAM-Standard, sodass das Fernsehen des »Klassenfeindes« längere Zeit nur schwarzweiß empfangbar war. Mit der deutschen Einheit 1989/90 und der Liquidierung des DDR-Fernsehens 1991 entstanden in den neuen Bundesländern Landesrundfunkanstalten nach westdeutschem Vorbild, die in die ARD integriert wurden.

Während die Fernsehsender Nachrichtensendungen und bestimmte aktuelle Formate in der Regel selbst produzieren, hat sich in Deutschland seit Mitte der 1960er Jahre im unterhaltenden Bereich (TV-Shows, Serien, Fernsehspiele) das Modell der Auftragsproduktion durchgesetzt. Fiktionale und zunehmend auch dokumentarische Sendungen werden von Tochtergesellschaften der Sender und Medienkonzerne (Bavaria, Studio Hamburg, Ufa, Produktionsfirmen der ehemaligen Kirch-Gruppe) sowie von wenigen unabhängigen Produzenten hergestellt. Die Stellung der Produzenten gegenüber den Sendern ist im Vergleich zu Großbritannien oder den USA in Deutschland eher schwach. Sie verstehen sich zum großen Teil als »verlängerte Werkbank« und verfügen aufgrund ihrer geringen Kapitalisierung kaum über eigene Rechte und Lizenzen. Dies hat, medienpolitisch bisher weitgehend unbeachtet, Auswirkungen auf die kreative Gesamtleistung des deutschen Fernsehens.

Durch seine Live-Übertragungen von Sportveranstaltungen ist das Fernsehen der zentrale Ort der Sportöffentlichkeit (➤Sport), wobei sich das Fernsehen dabei auf besonders massenattraktive Sportarten konzentriert und damit zur Herausbildung einer kapitalstarken Sportindustrie beiträgt. Mitunter, wie beim Tennis in der Ära Boris Becker/Stefanie Graf, bei der Formel 1 mit Michael Schumacher oder beim Biathlon vor einigen Jahren, dynamisiert das Fernsehen schubartig die Popularität einer Sportart.

In der Politik ist die öffentlichkeitsbildende Funktion des Fernsehens besonders deutlich zu erkennen. Es informiert nicht nur über das politische Geschehen, sondern ist auch selbst Bühne für

Politiker (➤Medien und Politik). Um das Medium für die eigenen Interessen nutzen zu können, lassen sich die Politiker auf die Bedingungen des Mediums ein (Kürze und Prägnanz der Darstellung, Telegenität der Politikdarsteller, Aktualität et cetera). Die daraus entstehende unterhaltungsorientierte Medialisierung der Politik wird auch als »Politainment« (Andreas Dörner) bezeichnet. Die sachgerechte Vermittlung politischer Entscheidungen reduziert sich oft auf personenorientierte spektakuläre Showdowns zwischen Konkurrenten (zum Beispiel »Kanzler-Duelle«). Den Extremfall der politischen Funktionalisierung des Fernsehens konnte man in Italien unter dem Medienunternehmer und Ministerpräsidenten ➤Silvio Berlusconi beobachten (laut »Forbes« mit 12 Milliarden Euro Privatvermögen auch der reichste Mann seines Landes). Generell ist in den vergangenen Jahren eine langsam zunehmende Ausrichtung aller Programmteile auf Entertainment festzustellen, die durch eine Dramatisierung, Personalisierung und Emotionalisierung des Fernsehens gekennzeichnet ist. Verstärkt werden hybride Formate konzipiert, die eine Realitätshaltigkeit für sich beanspruchen, zugleich aber hochgradig zugespitzt und animierend sind (Dokusoaps, Reality-TV, TV-Movies, Comedy-Ereignisse, Servicetainment, kollektives Kochen et cetera).

Der Bundesbürger sieht durchschnittlich ab seinem 15. Lebensjahr pro Tag drei Stunden und 45 Minuten fern (Stand: 2007), 74,8 Prozent aller deutschen Erwachsenen rezipieren das Medium täglich. Der Fernsehkonsum hat sich weitgehend in die Routinen des Alltags integriert, gleichzeitig haben sich die Formen der Rezeption und die Nutzergruppen stark ausdifferenziert. Die Fernsehnutzung weist im Vergleich zu anderen Medien einige spezifische Effekte und Nutzungsmuster auf: Es gibt das *switching* und *zapping* mit der Fernbedienung (*push button society*), weiter das in den USA in den 1950er Jahren von Sylvester »Pat« Weaver (NBC) proklamierte, auf seinen Radioerfahrungen basierende Prinzip des *audience flow* (durch abgestimmte Programmfolgen soll der Zuschauer am Umschalten gehindert werden) sowie spezifische Formen des Nachrichtenflusses (»Breaking News« bei CNN). Als paradox hat sich die Fixierung der kommerziellen Sender auf die angeblich kaufkräftige Gruppe der 14- bis 49-jährigen Zuschauer erwiesen: Gerade die umworbenen jüngeren Nutzer bewegen sich vom traditionellen Fernsehen weg ins Internet. Nachdem die in Deutschland von der Nürnberger »Gesellschaft für Konsumforschung« (GfK) tagesaktuell erhobenen Einschaltquoten auch bei öffentlich-rechtlichen Sendermanagern mittlerweile eine quasi religiöse Bedeutung erlangt haben, wird seit kurzem, wie bei der BBC (Stichwort »Reichweite«), über komplexere Konzepte der Erfolgsmessung nachgedacht.

Als Labor für die Entwicklung des Fernsehens in allen Genres und Formen gelten die USA, wo der Rundfunk traditionell fast ausschließlich als kommerzielles Gewerbe betrieben wird. Bis in die 1970er Jahre hinein hatten die drei großen »Networks« ABC, CBS und NBC, die ihre Programme an regionale Stationen weiterlizenzieren, neunzig Prozent Marktanteil. Mit dem Siegeszug des Kabel- und Satellitenfernsehens, das von kapitalstarken Konzernen (»Time Warner«, »Comcast«, »Cox Enterprises«, »Dish Network«) beherrscht wird, nahm der Einfluss der Networks ab. Spartenkanäle wie CNN, »Fox News«, »Court-TV«, MTV (der eine Zeitlang popkulturell extrem einflussreiche Musikfernsehsender), Pay-TV-Sender (HBO, »Showtime«) und Nischensender aller Art wurden wichtiger. Europäische Beobachter nehmen das gewöhnliche US-Fernsehen mit ständigen Werbeunterbrechungen, Expertentalks aller Art und dem grassierenden *home-shopping* gern als Beispiel eines missratenen kapitalistischen Fernsehsystems; dabei sind die US-Sender bei der Produktion hochwertiger und ungewöhnlicher Fernsehserien (wie »Desperate Housewives«, »The Sopranos« »ER«, »24«) seit kurzem dominierender denn je.

Nachdem in Deutschland die Diskussionen um Formen des »Unterschichtenfernsehens« und die Besetzung prominenter Moderatorenplätze beim politischen Talkshow-TV erst einmal durchgestanden sind, konzentriert sich die aktuelle medienpolitische Diskussion mit zunehmender Schärfe auf das Gegen- und Nebeneinander von öffentlich-rechtlichen und privaten Anbietern im Internet sowie auf die Rolle internationaler Finanzinvestoren. Von einer intelligenten Medienpolitik wären zukünftig Entwicklungs-, Produktions- und Vertriebsmärkte (und deren jeweilige Wertschöpfung) über die reine Betrachtung von »Sendern« hinaus zu analysieren, zumal sich zwischen Fernsehen und Internet ohnehin neue Mischungs- und Rezeptionsverhältnisse entwickeln.

Zudem stellt sich durch den Generationswandel und durch mentale Umbrüche beim (finanziell privilegierten) öffentlich-rechtlichen Fernsehen in Deutschland die drängende Frage, wer dort mit welchem Bewusstsein und welcher Zielsetzung den »publizistischen Mehrwert« von ARD und ZDF dauerhaft vertreten kann.

Literatur

Jonathan Bignell und Andreas Fickers (Hg.): A European Television History, London 2008.

Horace Newcomb (Hg.): Television. The Critical View, 7. erweiterte Aufl., New York 2006.

Klaus Plake (Hg.): Handbuch Fernsehforschung. Befunde und Perspektiven, Wiesbaden 2004.

Andreas Dörner: Politainment. Politik in der medialen Erlebnisgesellschaft, Frankfurt a. M. 2001.

Eric Karstens und Jörg Schütte: Firma Fernsehen. Alles über Politik, Recht, Organisation, Markt, Werbung, Programm und Produktion, Reinbek 1999.

Knut Hickethier: Geschichte des deutschen Fernsehens, Stuttgart 1998.

Förderung

Die Staatliche Förderung des Mediensektors erstreckt sich in Deutschland vor allem auf den Film- und Fernseh-Bereich. Die Filmförderung ist überwiegend auf regionaler Ebene angesiedelt; die Länderstiftungen vergeben jährlich Produktionszuschüsse von über 120 Millionen Euro. Seit der Jahrtausendwende setzt die Politik verstärkt auf Bundesförderung, verteilt mit Hilfe der Berliner Filmförderungsanstalt und dem Anfang 2007 initiierten DFFF (»Deutscher Filmförderfonds«). Auch die Europäische Union fördert mit ihrem »MEDIA-Programm« die Wettbewerbsfähigkeit der europäischen Filmwirtschaft.

Medienförderung findet in Deutschland hauptsächlich in Form von Filmförderung statt. Zwar gibt es auch in Deutschland, wie in den meisten europäischen Ländern, Maßnahmen zur Presseförderung (verringerte Umsatzsteuersätze, verbilligte Postgebühren), doch wird davon ausgegangen, dass die deutsche Presselandschaft ein gewisses Maß an Pluralismus aus eigener Kraft beziehungsweise auf Grundlage der Pressefusionskontrolle gewährleisten kann. Gegen dieses Prinzip sprach sich ➤ Jürgen Habermas im Mai 2007 aus, er warnte in der »Süddeutschen Zeitung« vor der Übernahme von Qualitätszeitungen durch Finanzinvestoren (»Keine Demokratie kann sich das leisten«).

Darüber hinaus werden die Offenen Kanäle im TV öffentlich gefördert sowie die Medienforschung und -technologie durch Landesmedienanstalten. Eine weitere Medienförderung von nennenswertem Umfang – etwa durch private Stiftungen – gibt es in Deutschland nicht. In den USA ist dieses Modell dagegen sehr verbreitet. Eine kaum überschaubare Zahl von privaten *endowments* bietet dort unabhängigen Produzenten oft die einzige Möglichkeit einer finanziellen Unterstützung.

In Europa sind es öffentliche Mittel, die Erhalt und Entwicklung der jeweiligen nationalen Filmkultur sicherstellen. Nur so können

größere Kinoproduktionen noch hergestellt werden; zu klein sind
die einzelnen Märkte, zu übermächtig ist die Konkurrenz aus den
USA. Dort refinanzieren sich die hohen Filmbudgets in der Regel
bereits nach dem heimischen Kinostart. In Europa bleiben 85 Prozent der Produktionen auf ihr Ursprungsland beschränkt.

Die deutsche Filmförderung als Kultur- und Wirtschaftsför-
derung ist dem föderalen Prinzip gemäß auf Bundes- und Länderebene organisiert, wobei die regionalen Instanzen nach einer
Ausbauphase Anfang der 1990er Jahre über lange Zeit die maßgeblichen Geldgeber waren. Am Beispiel der »Filmstiftung Nordrhein-
Westfalen« werden die besonderen standortpolitischen Aufgaben
und Ziele der Länderförderung deutlich. Gegründet 1991 vom
Land Nordrhein-Westfalen (NRW) und dem Westdeutschen Rundfunk, fiel der Filmstiftung eine wichtige Rolle beim Strukturwandel
des Landes zu. Vom Bergwerk zur Filmkulisse, vom Kohlenpott zu
»Klein-Hollywood«, so hieß die Devise des damaligen NRW-Minis-
terpräsidenten Wolfgang Clement. Mit Erfolg: das ZDF, RTL und
die »Landesanstalt für Medien« (LfM) traten dem Kreis der Gesellschafter bei. Heute ist die Filmstiftung die mit Abstand größte
regionale Förderanstalt in Deutschland mit einer Fördersumme
von 33,45 Millionen Euro 2006 und die Nummer zwei in Europa.

Seit ihrer Gründung hat die in Düsseldorf residierende Filmstiftung über eintausend Filme mit knapp 371 Millionen Euro gefördert (Stand: Ende 2006) – alle Genres, High- und Low-Budget, von
der Stoffentwicklung und der Produktion bis zum Vertrieb und
Verleih. Die Mittel fließen in Form von Zuschüssen oder zinslosen
und bedingt (also erfolgsbedingt) rückzahlbaren Darlehen.

Die anderen regionalen Förderer, die sich analog zur Filmstiftung aus Steuergeldern, Gebühren und mithilfe privater TV-Anbie-
ter finanzieren, sind in ihrer Förderpolitik ähnlich ausgerichtet:
»Medienboard Berlin-Brandenburg« (Potsdam, Fördervolumen
2006: 26,06 Millionen Euro), »FilmFernsehFonds Bayern«, FFF
(München, 23,39 Millionen Euro), »Mitteldeutsche Medienförderung«, MDM (Leipzig, 13,9 Millionen Euro), »Filmförderung
Baden-Württemberg« MFG (Stuttgart, 8,38 Millionen Euro),
»nordmedia«, die Mediengesellschaft Niedersachsens und Bre-
mens (Hannover, 7,46 Millionen Euro), »Filmförderung Hamburg
Schleswig-Holstein«, FFHH (Hamburg, 7,18 Millionen Euro).

Alle verbindet ein besonderes Phänomen der föderalen Beihilfesysteme, der sogenannte »Fördertourismus«, eine problematische
Folge der Zersplitterung der Förderlandschaft. Häufig werden
erfolgversprechende Projekte gleich von mehreren Anstalten
unterstützt, die alle vorschreiben, einen gewissen Prozentsatz der
Fördersumme, den »Effekt«, wieder im Förderland zu investieren.
Diese Vorgaben führen zu im Prinzip unnötigen, kostenintensiven
Reiseaktivitäten, etwa zu Dreh- oder Postproduktionsarbeiten in
den jeweiligen Bundesländern.

Nach der Jahrtausendwende wurde der Film als »Kulturwirt-
schaftsgut« auch von der Bundespolitik wiederentdeckt. Nach dem
Erfolg von Regisseuren wie Wolfgang Becker, Sönke Wortmann
und Christian Petzold registrierte man sogar einen »neuen Zeitgeist im deutschen Film« (so die damalige Kulturstaatsministerin
Christina Weiss). 2004 kam es nach zähem Ringen zwischen Bund,
Verbänden, Intendanten und Produzenten zur Novellierung des
»Bundes-Filmförderungsgesetzes« (FFG). Der Etat der »Berliner
Filmförderungsanstalt« (FFA) wurde von rund 46 auf 65 Millionen Euro erhöht, die TV-Sender verdoppelten ihren Beitrag auf
22 Millionen Euro. Unabhängige Produzenten kritisierten die
Festschreibung überholter Richtlinien: Nur wer ein Jahr nach
dem Filmstart 150.000 Zuschauer erreicht hat, der erhält eine
automatische Referenzförderung (also ohne Gremienauswahl)
von maximal zwei Millionen Euro. Das ist ein Schwellenwert,
der von kleineren Produktionsfirmen nicht erreicht werden kann
und der den ursprünglichen Absichten einer Gewichtung auch
auf anspruchsvolle Stoffe widerspricht – wohl auch, weil die
Interessenverbände der Großproduzenten (SPIO, »AG Spielfilm«,
»film 20«) erfolgreich interveniert hatten.

Zusätzlich vergibt der Bundesbeauftragte für Kultur und Medien
(BKM) eine Reihe von Preisen und Beihilfen in Höhe von 30 Millionen Euro pro Jahr. Besonderes Aufsehen erfuhr der Bundesbeauftragte Bernd Neumann (CDU) mit seinem »Anreizmodell«
des »Deutschen Filmförderfonds« (DFFF), das seit dem 1. Januar
2007 in Kraft ist. Seitdem stellt der Bund für drei Jahre jeweils
60 Millionen Euro zur Verfügung, und seitdem bekommt ein Kino-
produzent 16 Prozent der in Deutschland ausgegebenen Produk-
tionskosten erstattet – automatisch, ohne Jury-Entscheidung, ohne

Rückzahlung. Es versteht sich, dass die unbürokratische Unterstützung in der Branche ein positives Echo fand. Doch werden auch kritische Stimmen laut: Wie zum Beispiel konnte die amerikanische Comic-Verfilmung »Speed Racer« (gefördert mit 9 Millionen Euro) den »kulturellen Eigenschaftstest« des DFFF bestehen oder das »Valkyrie«-Projekt (4,8 Millionen Euro) des bekennenden Scientologen Tom Cruise?

Neumann zog Mitte des Jahres 2007 ein erstes Resümee: Große internationale Koproduktionen kommen nach Deutschland (und damit technologisches Know-how), die Studios sind »optimal ausgelastet«, die Kameraleute ausgebucht, alle profitieren. Zur gleichen Zeit signalisierte Finanzminister Peer Steinbrück eine Fortsetzung des DFFF über 2009 hinaus.

Das Förderland Frankreich ist eine Art Idealbild für Produzenten und Filmpolitiker. 2006 konnte die französische Filmindustrie auf Förderungen in Höhe von 495,5 Millionen Euro zugreifen, zentral verwaltet vom CNC (»Centre National de la Cinématographie«) – ein unangefochtener Weltrekord. Die protektionistische Förderpolitik beruht auf dem vielzitierten Konzept der *exception culturelle*, der zufolge Filme, eigens als »Kulturgut« deklariert, unter besonderem staatlichen Schutz stehen. Eine elfprozentige Abgabe pro Kinokarte wird erhoben, die Fernsehsender müssen 5,5 Prozent des Umsatzes an den CNC überweisen. Die Folge: eine lebendige, differenzierte Filmlandschaft, ein echtes Filmstar-System. Und mit der Kinoabgabe finanzieren auch US-Produktionen das Förderprogramm mit einem Resultat, von dem andere europäische Länder nur träumen. Französische Filme kamen 2006 mit 45 Prozent auf einen nur unwesentlich geringeren Kino-Marktanteil als die Hollywood-Exporte (45,8 Prozent).

Auf EU-Ebene werden die nationalen Filmförderinstrumente wiederum von der EU- Kommissarin für Informationsgesellschaft und Medien (derzeit Viviane Reding) evaluiert und gegebenenfalls zur Korrektur angemahnt. Besonders mögliche wettbewerbsverzerrende Konsequenzen werden geprüft. Die eigenen Initiativen der Kommission zur »Wahrung und Stärkung der audiovisuellen Industrie« und »des kinematografischen Erbes Europas« finden sich gebündelt unter dem Dach des »MEDIA-Programms«, mittlerweile in seiner vierten Stufe als »MEDIA 2007« (➤ Europäische

Medienpolitik). Ein Gesamtetat von 755 Millionen Euro für die der Produktion vor- und nachgelagerten Etappen (zum Beispiel Entwicklung, Vertrieb/Verleih, Filmtheater) ist für die siebenjährige Laufzeit eingestellt. Ziel ist die Förderung eines unabhängigen Filmschaffens in einem »vielfältigen und innovativen Europa« zur Stärkung der Wettbewerbsfähigkeit der in eine Vielzahl nationaler Märkte geteilten europäischen Filmwirtschaft. Diese EU-Regelungen führen regelmäßig zu Protektionismus-Vorwürfen aus Hollywood – trotz der Tatsache, dass US-Produktionen den europäischen Markt mit einem Anteil von rund siebzig Prozent dominieren. Auch im Rahmen der GATS-Verhandlungen (Abkommen über den Handel mit Dienstleistungen der Welthandelsorganisation WTO) dient das Kino als Schauplatz des Kampfes um kulturelle Hegemonie. Die USA fordern, innereuropäische Subventionen für den Film als »wirtschaftsorientierte Dienstleistung« abzuschaffen; die Europäer berufen sich auf eine Filmförderung zur »Wahrung der kulturellen Identität«.

Die kulturelle Notwendigkeit sei dahingestellt, die Erfolge der von »MEDIA« unterstützten Filme sind unumstritten. Und auch die Investitionen in das »Eurimages«-Programm (bis heute rund 260 Millionen Euro), 1988 nach Initiative des Europarats als dezidierte Kinofilm- und Koproduktionsförderung gegründet, haben sich rentiert, wie zahlreiche Preise auf den großen Festivals und in Hollywood belegen.

Europäische Filmschaffende können nicht klagen. Zahlreiche Beihilfesysteme und Fördervarianten in Höhe von über einer Milliarde Euro stehen jährlich zur Verfügung (siehe *korda.obs.coe.int/web/search_aide.php* für einen vollständigen Überblick), für alle Stadien der Produktion und Verwertung, sowohl europaweit als auch national und regional.

Literatur

Stefan A. Duvvuri: Öffentliche Filmförderung in Deutschland. Versuch einer ökonomischen Erfolgs- und Legitimationsbeurteilung. Hamburger Forum Medienökonomie 8, München 2007.

Anne Kathrin Häußler: Filmindustrie und Filmförderung in Europa. Ein Vergleich von Deutschland und Frankreich, Saarbrücken 2007.

Gaby Koblitz: Die Filmförderung der EU. Von den Anfängen des MEDIA-Programms bis MEDIA PLUS, Saarbrücken 2007.

Frankreich

Mit seinen 61 Millionen Einwohnern ist Frankreich der
zweitgrößte Medienmarkt Westeuropas. Der Rundfunk ist
in staatliche und private Trägerschaft untergliedert. Im Printbereich stehen neben den großen regionalen Tageszeitungen
Flaggschiffe wie »Le Monde« und »Libération«, die auch
über die Grenzen hinaus gelesen werden. Ein neuer Konkurrent ist das Internet, das von über fünfzig Prozent aller
Franzosen genutzt wird.

Republikanische Tradition und ökonomischer Wettbewerbsdruck
bilden zwei zentrale Eckpfeiler der heutigen französischen Medienlandschaft. Diese hat im vergangenen Vierteljahrhundert einen
erheblichen Wandel durchlaufen. Seit dem Ende des staatlichen
Rundfunkmonopols in den 1980er Jahren ist Frankreichs Mediensystem dual organisiert. Im Zuge der Liberalisierung richtete die
sozialistische Regierung zur Gewährleistung der Autonomie von
Rundfunk- und Fernsehanstalten – aber auch zu ihrer Kontrolle –
eine »Haute Autorité de la Communication Audiovisuelle« ein.
Unter anderem war diese Instanz, die 1986 von der Regierung Chirac
zur »Commission Nationale de la Communication et des Libertés«
(CNCL) umgewandelt und dann wiederum 1989 von der Regierung
Rocard in »Conseil Supérieur de l'Audiovisuel« (CSA) umbenannt
wurde, für die Berufung der Intendanten der staatlichen Sender
zuständig. Die neun Mitglieder des CSA werden bis heute zu je einem
Drittel vom Staatspräsidenten, vom Präsidenten der Nationalversammlung und vom Präsidenten des Senats für sechs Jahre bestimmt.
  Die Pressefreiheit (➤Zensur) ist in Frankreich nicht in der Verfassung festgeschrieben – sie geht auf das *loi du 29 juillet 1881*
zurück. Sie war aber schon einmal in der Französischen Revolution
verfassungsmässig verankert – wenn auch nur von kurzer Dauer,
denn schon während des *terreur* wurde die Freiheit der Presse
eingeschränkt, um dann unter Napoleon noch stärker beschnitten zu werden: Die Presse wurde der Vorzensur unterworfen und

die Staatszeitung »Le Moniteur universel« dominierte die politische Willensbildung. Die Rechtsform einer öffentlich-rechtlichen Rundfunkanstalt ist in Frankreich nicht bekannt; allerdings sind »France Télévisions« und »Radio France« gebührenfinanzierte staatliche Anstalten. Die Verteilung der Gebühren wird jährlich festgelegt und richtet sich unter anderem nach den Einschaltquoten. Zur Verhinderung von Medienkonzentration bestehen rechtliche Obergrenzen für Beteiligungen, gegliedert nach den unterschiedlichen Medienbereichen.

Frankreichs Presselandschaft ist äußerst vielschichtig, wobei die Zeitungsdichte mit rund 150 Exemplaren je eintausend Einwohner im internationalen Vergleich eher gering ausfällt. Die größte französische Tageszeitung ist die in Rennes erscheinende Regionalzeitung »Ouest France«, die nach Angaben der Medienkontrollorganisation OJD im Jahr 2006 etwas über 780.000 Leser erreichte. Die auflagenstärksten überregionalen Zeitungen sind »Le Parisien« und die Sportzeitung »L'Équipe«. Von den auch international geschätzten Qualitätsblättern (➤Qualität) sind »Le Monde« und »Le Figaro« mit einer verkauften Auflage von jeweils rund 350.000 Exemplaren täglich führend (Stand 2006).

Die französische Presse durchläuft derzeit einen Strukturwandel. Insbesondere die Hauptstadtpresse ist sowohl durch die auflagenstarken Gratisblätter »20 Minutes« und »Métro« als auch durch das ➤Internet in Bedrängnis gekommen. Daneben leiden die Zeitungen auch unter einem Rückgang der Werbeeinnahmen (➤Werbung). Die mit Strukturanpassungen einhergehenden Veränderungen lassen sich besonders gut bei der Sanierung der linken, 1973 gegründeten »Libération« ablesen. Deren Hauptaktionär ist inzwischen Eduard de Rothschild, der die Rationalisierung der »Libé« gegen den Widerstand der Mitarbeiterschaft forciert. Das Flaggschiff der Qualitätspresse, die 1944 von Hubert Beuve-Méry gegründete »Le Monde«, hat sich nach verschiedenen Skandalen zur Flucht nach vorn entschieden: »Le Monde« ist über den Verlag Hachette inzwischen an zwei Gratiszeitungen beteiligt und bemüht sich seit den 1990er Jahren um eine moderne und leserfreundlichere Aufmachung.

Weniger von ökonomischen Turbulenzen sind Wirtschaftszeitungen wie »Les Echos« und »La Tribune« betroffen sowie die katholische Tageszeitung »La Croix«. Eine Kuriosität ist die satirische Wochenzeitschrift »Le Canard enchaîné«, die mit sauber recherchierten Artikeln investigativen Journalismus pflegt und, ohne Werbung und nur zweifarbig aufgemacht, relativ erfolgreich ist. Boulevardformate sind in Frankreich generell weniger bedeutsam. Auch Publikumszeitschriften und politische Magazine scheinen weniger von der wirtschaftlichen Konjunktur abhängig: »L'Express« ist mit 547.000 abgesetzten Exemplaren (Stand: 2006) das größte Nachrichtenmagazin, gefolgt vom »Nouvel Observateur« (544.000) und »Le Point« (409.000). Bis heute wird der Großteil der Presse noch direkt am Kiosk als *vente au numéro* abgesetzt. Daher messen die Redaktionen der Aufmachung des Titelblatts eine besondere Bedeutung zu.

Das Fernsehen besetzt auch in Frankreich den Platz eines Leitmediums: Nach Angaben des Marktforschungsinstituts »Médiametrie« vom Juli 2007 verbrachten bereits fünfjährige Kinder im Schnitt täglich drei Stunden und elf Minuten vor dem Fernseher, ähnlich wie in Deutschland. Bis 1974 unterstanden alle staatlichen Hörfunk- und Fernsehsender der Leitung der Monopolgesellschaft O.R.T.F. (»Office de Radiodiffusion-Télévision Française«). Unter der Präsidentschaft Giscard d'Estaings ging diese Struktur in vier autonome Programm- (»Radio France«, TF1, »Antenne 2«, »France Régions 3«) und drei Produktionsgesellschaften über. In den 1980er Jahren wurde die Liberalisierung des audiovisuellen Sektors vorangetrieben. Als ein entscheidender Schritt auf dem Weg zur dualen Rundfunkordnung gilt die Privatisierung von TF1 im Jahr 1986. Heute gehören darüber hinaus noch M6 und das 1984 auf François Mitterrands Initiative hin gegründete Abonnenten-Fernsehen »Canal+«, das neben Kinofilmen und Sport auch Serien, Dokumentationen und Pornografie ausstrahlt, privaten Eignern. »France 2«, »France 3«, und »France 5/Arte« sind dagegen staatliche Sender.

Die Verkabelung ist in Frankreich weniger fortgeschritten als in der Bundesrepublik. Der im Besitz des Baukonzerns Bouygues befindliche Kanal TF1 dominiert quotenmäßig die Fernsehlandschaft, gefolgt von »France 2« und »France 3«. In Bezug auf die Inhalte wird insbesondere TF1 häufig ein Mangel an kritischer Berichterstattung vorgeworfen. Einen Kontrast dazu bildet das deutsch-französische Kulturprogramm »Arte«. Seit Dezember 2006 existiert darüber hinaus mit »France 24« ein international ausgerichteter Nachrichtensender, der als Alternative zu ➤CNN, ➤»Al-Dschasira« und ➤»BCC World« die Weltöffentlichkeit informiert. Die Einrichtung von »France 24«, in Besitz von TF1 und der staatlichen »France Télévision«, wurde erheblich durch die französische Regierung unterstützt.

Frankreich setzt sich aktiv für die Subventionierung (➤Förderung) des nationalen und europäischen Films als Kulturgut ein: Fernsehsender sind dazu verpflichtet, mindestens sechzig Prozent europäische Produktionen und davon vierzig Prozent französische Produktionen auszustrahlen. Die Bedeutung, die der Staat den audiovisuellen Medien zumisst, wird auch durch das »Institut national de l'audiovisuel« (INA), eine staatliche Institution zum Schutz des *patrimoine audiovisuel national,* des nationalen audiovisuellen Kulturerbes, unterstrichen. Ein Teilbereich der INA ist die »Inathèque de France«, die über ein hervorragend ausgestattetes audiovisuelles Archiv und Dokumentationszentrum in der »Bibliothèque Nationale« in Paris verfügt.

Die Regierung Mauroy legalisierte im Jahr 1982 die lokalen *radios libres* und *radios pirates,* die seit 1984 auch Werbung ausstrahlen dürfen. Die Mehrzahl der mehr als 1800 Stationen hat ein regionales und kommerzielles Format, darunter RTL, »Nouvelle Radio Jeunesse« (NRJ), »France Inter«, »France Info« und »Europe 1«. Vor der Liberalisierung boten *postes périphériques* – Radiostationen mit formalem Sitz jenseits der Grenze (zum Beispiel RTL) – eine beliebte Konkurrenz zu den staatlichen Monopol-Programmen. Ähnlich wie bei der Filmförderung gibt es auch bei Musikausstrahlungen im Radio eine Quote in Höhe von vierzig Prozent für *chansons d'expression française.*

Standen die Franzosen dem Internet anfangs zögerlich gegenüber, nutzen es mittlerweile über die Hälfte der Bevölkerung. Die ursprüngliche Zurückhaltung wird häufig auf den mit dem deutschen Bildschirmtext vergleichbaren Onlinedienst »Minitel« zurückgeführt, der in vielen Haushalten bis in die 1990er Jahre zur Informationsbeschaffung und Erledigung privater Dienstleistungen genutzt wurde. Heute sind Blogs besonders beliebt. Im Zuge des Präsidentschaftswahlkampfes 2007 fanden die Blogs von Ségolène Royal und Nicolas Sarkozy regen Zuspruch. Die Bedeutung des Internets für den ➤ Wahlkampf wird inzwischen von allen französischen Parteien akzeptiert.

Das Mediensystem ist nicht nur durch den typisch französischen Zentralismus und die starke sprachlich-kulturelle Prägung, sondern auch durch komplexe Verflechtungen gekennzeichnet. Trotz rechtlicher Beteiligungsobergrenzen weist der Markt klare Konzentrationstendenzen auf. Der Rüstungskonzern Lagardère ist beispielsweise über die Beteiligung an der »Hachette«-Gruppe zu einem führenden Medienkonzern mutiert. Dass das Mediengeschäft zahlreiche ökonomische Gefahren bietet, musste die »Hersant-Gruppe« mit dem Fernsehsender »La Cinq« erfahren, an dem sich sowohl ➤ Silvio Berlusconi als auch der Pressezar Robert Hersant die Finger verbrannten. Aber auch andere Sender erlebten finanzielle Fiaskos. Nachdem der Versorgungskonzern Suez Anfang 2004 seinen Anteil am Sender M6 veräußerte, wird die Mehrheit der M6-Beteiligung von der zu ➤ Bertelsmann gehörenden »Métropole Télévision« gehalten. »Canal+« gehört nach wie vor zur Unternehmensgruppe Vivendi, die nach Übernahme des Medienkonzerns Havas unter Leitung von Jean-Marie Messier unter Druck geraten war. Im Printbereich wächst die Beteiligung ausländischer Investoren wie beispielsweise »Gruner + Jahr«. Um Konzentrationen im audiovisuellen Bereich zu vermeiden, gilt ein Konsortialmodell: Pro Hörfunkanbieter sind drei Anteilseigner vorgesehen, beim nationalen terrestrischen Fernsehen darf ein Anbieter maximal 25 Prozent eines Netzes und 15 Prozent eines weiteren erwerben. Ausländische Unternehmen dürfen wie in den USA nicht mehr als 49 Prozent der Anteile an TV-Konzernen halten.

Tendenzen zu einer *télécratie* werden seit den Zeiten von Charles de Gaulle immer wieder beklagt: Schon der General nutzte seine Pressekonferenzen geschickt zur Propagierung der eigenen Politik. Auch Präsident Sarkozys wenig kaschierte Einflussnahme auf Journalisten und seine engen Verbindungen zu Chefs von Medienkonzernen wurden unlängst kritisiert. Dabei legen staatliche Regeln inzwischen genau die Redezeiten von Politikern in Wahlkampfzeiten fest, um eine allzu starke Übervorteilung der mächtigen Parteien zu vermeiden. In Bezug auf das journalistische Berufsverständnis gibt es zwei Seiten: Einerseits gelten insbesondere die audiovisuellen Medien häufig als zahm, unkritisch und autoritätshörig, und die Freiheit der Medien wird wegen ihrer engen Verbindung zur Bau- und Waffenindustrie infrage gestellt. Im Kontrast dazu steht das republikanische aufklärerische Ideal, das in ➤ Émile Zolas »J'accuse« wohl noch immer seinen klarsten Ausdruck gefunden hat. Sendungen wie »Face à Face« (ORTF) in den 1960er Jahren, »Cartes sur table« (A2) und »Sept sur Sept« (TV1) in den 1970er und 1980er Jahren sowie »Ca se discute« (F2) sorgten immer auch für eine spannende politische Gesprächskultur in der fünften französischen Republik.

Literatur

François Jost und Denis Muzet: Le Télépresident. Essai sur un pouvori mediathique, Paris 2008.

Cornelia Frenkel, Heinz-Helmut Lüger und Stefan Woltersdorff (Hg.): Deutsche und französische Medien im Wandel, Landau 2004.

Jean-Marie Charon: Les médias en France, Paris 2003.

Ernst Ulrich Große und Heinz-Helmut Lüger (unter Mitarbeit von Gérard Thiériot): Frankreich verstehen. Eine Einführung mit Vergleichen zu Deutschland, Darmstadt 2000.

Isabelle Bourgeois: »Frankreichs Medien zwischen Markt und Staat«, in: Marieluise Christadler und Henrik Uterwedde (Hg.): Länderbericht Frankreich. Geschichte, Politik, Wirtschaft, Gesellschaft, Bonn 1999.

Udo Kempf: Von de Gaulle bis Chirac. Das politische System Frankreichs, Wiesbaden 1997.

Gates, Bill

* Seattle (USA), 28. Oktober 1955. Gründer und Vorstandsmitglied von Microsoft sowie Gründer und Betreiber der
»Gates Foundation«. Seit seinem dreizehnten Lebensjahr
Softwareentwickler. Mit über 50 Milliarden Dollar Privatvermögen einer der reichsten Männer der Welt.

Bill Gates ist Gründer, Vorstandsmitglied, ehemaliger Vorstandschef und Chef-Entwickler von Microsoft. Microsoft ist der größte
Software-Hersteller der Welt. Die Firma produziert zahllose Appli-
kationen für Computer verschiedenster Bauart und hält mit »Windows« einen weltweiten Marktanteil von etwa neunzig Prozent
aller Betriebssysteme für PCs. Es gibt kein anderes Medien-Mono-
pol dieser Tragweite. Bill Gates ist darüber hinaus Gründer und
Betreiber der größten Wohltätigkeits-Stiftung der Welt, der »Bill &
Melinda Gates Foundation«. Sie hält mit weit über 30 Milliarden
Dollar den weltweit größten Kapitalstock einer privaten Stiftung
und gibt allein für Projekte im Gesundheitswesen mit 800 Millionen Dollar etwa so viel Geld pro Jahr aus wie die Weltgesundheits-
organisation der Vereinten Nationen (Stand 2007). Gates ist mit
einem geschätzten Vermögen von über 50 Milliarden Dollar der
zweitreichste Mann der Welt (hinter dem mexikanischen Konzern-
führer ➤ Carlos Slim, der Gates im Sommer 2007 vom ersten Platz
der von der Zeitschrift »Forbes« geführten Liste verdrängte).

Gates' unvorstellbarer Reichtum stammt nicht aus familiärer
Tradition, sondern aus dreieinhalb Jahrzehnten erfolgreicher
Unternehmensführung. Als Gründer und Chef von Microsoft hat
Gates wesentlich zum Aufbau der PC-Industrie beigetragen und
dabei zwei grundlegend neue Industrie-Standards mitentwickelt
und strategisch durchgesetzt, die industrielle Trennung von Software und Hardware sowie das sogenannte Moore'sche Gesetz.

Die Trennung von Software und Hardware industriell zu standar-
disieren, ist sicherlich Gates wichtigster Erfolg. Gates hat nie »gelö-
tet« oder je direkt einen Chip programmiert. Vor Gates, also von

1945 bis etwa 1980, entwickelten alle großen Computerhersteller (allen voran IBM) stets auch die Software, das heißt die logischen Programme für die Bedienung der Computer mit. Ergebnis waren langsame Entwicklungszyklen, inkompatible Betriebssysteme und isolierte Anwendungen, die mit ihrer jeweiligen Hardware wieder verschwanden. Seit Gates, also seit dem Aufstieg von Microsoft nach 1980, sind Hardware-Bau, Chip-Entwicklung, Computerherstellung und Software strikt getrennte Unternehmensbereiche, getrennte Märkte und getrennte Professionen.

Der zweite Standard, das »Moore'sche Gesetz«, betrifft die koordinierte Expansion der Entwicklungszyklen von Hardware und Software. Seit 1965 gilt: Etwa alle zwei Jahre verdoppelt sich die Rechen- und Speicherkapazität auf einem integrierten Schaltkreis zum gleichen Preis. Computer-Konsumenten können seit Mitte der 1980er Jahre tatsächlich beobachten, dass Computer-Hardware alle zwei Jahre »veraltet« und zum gleichen Preis doppelt so leistungsfähige Geräte erhältlich sind. Das Moore'sche Gesetz hat allerdings keine deterministische Objektivität. Es wird in der Computer-Industrie vielmehr als industrielle »Leitlinie« oder als »Treiber-Gesetz« verstanden, das den weitverzweigt beteiligten Herstellern im weltweiten Markt in Bezug auf ihre Produktionszyklen einheitliche Ziele vorgibt. Die darin eingeschlossenen technischen Parameter (Integrationsdichte von Schaltungen und Speichertechnologie) lassen darauf schließen, dass die industrielle Treiber-Funktion des »Moore'schen Gesetzes« noch bis 2014 anhalten könnte. Spätestens dann werden die betroffenen Komponenten (Chips, Prozessoren, Speichermedien) in herkömmlicher Bauart an ihre absoluten Leistungsgrenzen gestoßen sein.

Bill Gates hat allerdings weder das »Moore'sche Gesetz« noch die Trennung von Software und Hardware erfunden. Beide Standards lagen gewissermaßen in der Luft. Innovativ wie kaum ein anderer hat Gates sie lediglich konsequent umgesetzt. Gates selbst ist ein guter Programmierer und hat schon als junger Student ein erstes (und einziges) Mal wissenschaftlich veröffentlicht. Jedoch stammt keines der großen Erfolgsprogramme seiner Firma von ihm oder Microsoft: »Word«, »Excel«, »Powerpoint« und auch die Architektur des Betriebssystems »Windows« haben andere Quellen. Hier ist vor allem die zehnjährige Arbeit des »Xerox Palo Alto Research

Center« von 1970 an zu nennen, in dem unter anderem der Laser-drucker, das Notebook, grafische Bildschirm-Oberflächen und das »Ethernet« (eine kabelgebundene Datennetztechnik) entwickelt wurden. *Embrace, extend and extinguish* (»Einfangen, Ausweiten und Auslöschen«) werden Microsofts (juridisch legale) Aneig-nungsmethoden in der Branche genannt. Kernpunkt der Kritik an Gates ist, dass er seinen wesentlichen Erfolg dem verdankt, was andere erfunden und entwickelt haben. Diese Verschuldung aller-dings ist eines der Grundprinzipien der Dynamik und Erschlie-ßungskraft des Kapitalismus. In einem Ermittlungsverfahren der US-Justizbehörde wurde Gates zwischen 1998 und 2001 zudem unter Verdacht des Missbrauchs einer Monopolstellung gestellt. Unter Präsident Bush wurde das Verfahren von der US-Regierung niedergeschlagen. Ein ähnliches Verfahren vor der EU-Kommis-sion ist weiterhin anhängig. Wegen Monopolmissbrauchs drohen Microsoft Strafen von einer halben Milliarde Euro.

Geboren wurde Bill Gates am 28. Oktober 1955 in Seattle (Wa-shington). Offenbar zeigte er schon als Kind eine Hochbegabung in Mathematik und Naturwissenschaften. In seinem achten Schul-jahr – Gates war noch keine 14 Jahre alt – erhielt seine Schule als eine der ersten in den USA einen »Time Sharing«-Computer, der über das Telefonnetz mit einem Großrechner verbunden war, für den es jedoch keine Lehrpläne oder Fachlehrer gab. So erschloss sich eine kleine Gruppe von Schülern die nötigen Kenntnisse autodidaktisch. Die »Lakeside Programmers Group« (benannt nach ihrer Schule) bestand aus Bill Gates, Paul Allen (Ko-Grün-der von Microsoft), Ric Weiland (einer der ersten fünf Mitarbeiter von Microsoft) und Kent Evans (er starb nach einem Bergunfall noch als Schüler). Seit seiner Jugend beschäftigt sich Bill Gates mit nichts anderem als der Programmierung von Computern.

Neben der Leistung von Microsoft gründet das Gros der weltwei-ten PC-Entwicklung auf den Chips der Firma »Intel«. Microsoft selbst hat von Anfang an nahezu ausschließlich für »Intel-Chips« programmiert. Mitbegründer von »Intel« war Gordon E. Moore, Autor des oben skizzierten »Gesetzes«. Vom Jahr 1983 an bis zur Jahrtausendwende hielten Microsoft und »Intel« ein faktisches Duopol. Microsoft stimmte die Entwicklung seiner Software (der Betriebs-Systeme DOS und später »Windows«) jeweils genau auf den Zyklus der Entwicklung neuer Prozessor-Chip-Generationen der Firma »Intel« ab. Der Anfang dieser »Wintel«-Partnerschaft geht bereits auf das Jahr 1972 zurück. Auf einen der weltweit ersten Minicomputer (»Altair«, 1975) installierten Allen und Gates bereits drei Jahre später einen »BASIC-Compiler«. Zu diesem Zweck gründeten sie die Firma Microsoft (MICROcomputer SOFTware). Als die Firma IBM 1980 auf diese kleine Softwareschmiede zutrat, um ein Betriebssystem für den neuen geplanten IBM-PC zu ordern, war Gates (mit 25 Jahren) erfahren genug, seine Software billig, aber nicht exklusiv zu liefern. Auch auf die Bauweise (»Offene Architektur«) des geplanten IBM-PCs nahm Gates Einfluss. Andere Hersteller sollten den IBM-PC nachbauen können. Auf dieser Strategie gründet der exorbitante Erfolg der Firma bis heute: Computer (Hardware) kommen und gehen, Microsoft aber bleibt.

Das wird sich auch nach 2008 nicht ändern, wenn Bill Gates, wie er angekündigt hat, nur noch für seine Stiftung arbeiten will.

Literatur

David Bank: Microsoft Monopoly. Wie Bill Gates die Zukunft seines Unternehmens aufs Spiel setzt, München 2001.
Janet Lowe: Bill Gates – sein Erfolgsgeheimnis, Frankfurt a. M. 2000.
Bill Gates: Der Weg nach vorn. Die Zukunft der Informationsgesellschaft, München 2000.

Goebbels, Joseph

* Rheydt, 29. Oktober 1897, † Berlin, 1. Mai 1945. National-
sozialistischer Politiker und Reichsminister für Volksaufklärung und Propaganda 1933–1945. Goebbels amtierte nach
dem Selbstmord Adolf Hitlers noch zwei Tage lang als letzter
Reichskanzler des NS-Staates. Sein Name steht weltweit für
eine totalitäre, zugleich aber raffinierte Propaganda. Prinzipien und Methoden der Medienlenkung durch Goebbels
und seinen Apparat wurden schon vor 1945 von der angloamerikanischen Kommunikationsforschung analysiert.

Joseph Goebbels ist oft als zynischer, teuflisch begabter Propaganda-
techniker (➤ Propaganda) beschrieben worden, als der dunkle
Reklamefürst totalitärer Politik. Neuere Forschungen haben dieses
Bild um eine wichtige Dimension ergänzt: Goebbels war extremer
Typus einer Generation, die sich auf die Suche nach einer ganz-
heitlichen politischen Religion begeben hatte. In Hitler fand der
studierte Germanist und »stählerne Romantiker« Goebbels Mitte
der 1920er Jahre seinen Erlöser, nachdem er sich zuvor an Gott,
Jesus Christus, die Bolschewisten und völkische Splittergruppen
gewandt hatte, damit sie ihm aus »dem zehrenden Gefühl der
Nichtigkeit und des eitlen Wahns« heraushelfen sollten. Schon
früh bildeten sich bei Goebbels antijüdische und antikapitalisti-
sche Affekte aus, wie man seinen Tagebüchern, einer einzigarti-
gen historischen Quelle, entnehmen kann. Im Dezember 1923 lobt
der promovierte, aber stellungslose Tagebuchschreiber den Maler
Vincent van Gogh: »Sein ganzes Leben, sein ganzes Werk sind ein
Ausfluss dieser wunderbaren Liebe zur Menschheit. Sie trieb ihn
nach England als Lehrer, sie ließ ihn nicht zur Ruhe kommen, trieb
ihn als Hilfsprediger zu den Ärmsten der Armen, den Bergleuten
in Belgien, ließ ihn dort tätiges Christentum üben. Wie rührend,
ihn unter den schwarzen Grubenteufeln sitzen zu sehen, wenn er
ihnen die Bergpredigt erklärt. Die Liebe zur Menschheit ließ ihn
endlich in Arles seine unsterblichen Werke schaffen.«

Der frühe Van-Gogh-Bewunderer und »Christussozialist« entstammt einem kleinbürgerlichen, rheinisch-katholischen Milieu. Geboren im ausgehenden Wilhelminismus, kann man ihn als eine Figur der historischen Transition studieren: von rheinischem Katholizismus und deutschen Traditionsuniversitäten geprägt, frühzeitig, wie viele Angehörige seiner Generation, extrem politisiert und vom »Machen« beseelt, vom geschlossenen Auftritt der Bolschewisten und italienischen Faschisten beeindruckt – wenn er auch später, nach seinen Besuchen bei den Filmfestspielen in Venedig, den Italienern bescheinigt, selbst das Improvisieren gehe bei ihnen schief.

Was Goebbels auszeichnete war ein enormes Verständnis für alle Spielarten und Ausprägungen von Agitation, Publizistik und Unterhaltungskultur – bis hin zur offen eingestandenen Vorliebe für professionell gefertigte Hollywood-Ware. »Mrs. Miniver«, ein oscarprämiertes, noch heute bemerkenswertes Familienstück über die ersten Monate des Zweiten Weltkrieges, war einer seiner Lieblingsfilme. Überdies war Goebbels reaktionsschnell, sanguinisch, hatte ein situatives Gefühl für Mediatisierung und überlegte stets, was man aus bestimmten Ereignissen und Konstellationen propagandistisch machen könne. Er fühlte sich auf seinem ureigenen Gebiet allen in- und ausländischen Konkurrenten turmhoch überlegen und rieb sich an der tatsächlichen oder vermeintlichen Unfähigkeit seiner Untergebenen auf. Er war im Grunde immer »todmüde«, überarbeitet und sehnte sich häufiger nach einem Rückzug vom Amt, um sich als Staatshistoriker, Chefinterpret des Dritten Reiches oder Erfinder einer grundlegenden Kino-Dramaturgie nach dem Vorbild der Lessingschen Theaterkonzeptionen zu beschäftigen.

Zu Beginn des Ersten Weltkrieges begehrte der 17-jährige Gymnasiast als Kriegsfreiwilliger Aufnahme in die deutsche Armee, wurde aber wegen seiner Gehbehinderung ausgemustert. Seine frühen Jahre im Rheinischen beschreibt er selbst als »eigenbrötlerisch« und »freudlos«. Nach dem Abitur Ostern 1917 studierte er bis 1921 ziemlich unstet in den Städten Heidelberg, Bonn, Würzburg, Freiburg und München vor allem die deutscheste aller Disziplinen – Germanistik.

1921 wurde er bei dem jüdischen Gelehrten Max Freiherr von Waldberg mit einer Arbeit über einen romantischen *poeta minor*

(Wilhelm von Schütz) zum Dr. phil. promoviert. Nach der Doktorwürde bleibt die erhoffte feste Anstellung jedoch aus, sodass Goebbels längere Zeit wieder in sein Rheydter Elternhaus ziehen muss. 1924 kommt er mit der (zu dieser Zeit verbotenen) nationalsozialistischen Bewegung in Kontakt und gründet in Mönchengladbach eine Ortsgruppe der »Nationalsozialistischen Freiheitsbewegung Großdeutschlands«.

Vom 1. Oktober 1924 an amtiert er als schlechtbesoldeter Schriftleiter der »Völkischen Freiheit« in Wuppertal und wandelt sich zum völkisch-sozialistischen Kampfjournalisten mit schnoddrig-zynischem »Canaille Mensch«-Stil. Gleichzeitig beginnt seine Funktionärskarriere in der NS-Bewegung. Nach mehreren Erweckungserlebnissen bei Begegnungen mit Hitler ordnet sich Goebbels von 1926 an dem »politischen Genie« des NS-Führers unter. Der ernennt die arbeitswütige Nachwuchshoffnung am 28. Oktober 1926 zum NS-Gauleiter von Berlin, wo Goebbels rasch Furore macht und unter anderem das Kampfblatt »Der Angriff« (gegen die konkurrierende Fraktion der Strasser-Brüder) nach vorne bringt. 1928 wird er Mitglied des Reichstags, 1930 Reichspropagandaleiter der NSDAP und somit oberster Wahlkämpfer der NS-Partei. Am 19. Dezember 1931 heiratet er die 30-jährige Magda Quandt. Zum Familienverband, in den auch Magdas Sohn Harald aus der ersten Ehe mit dem Industriellen Günter Quandt aufgenommen wird, gehören schließlich sechs weitere Kinder: Helga, Hilde, Helmut, Holde, Hedda und Heide.

Nach der NS-Machtübernahme hatte Goebbels zunächst gehofft, »Volksbildungsminister« zu werden. Hitler berief ihn zunächst allerdings gar nicht in sein Kabinett. Mit einiger Verzögerung wird Goebbels (gegen den hinhaltenden Widerstand des Reichspräsidenten Hindenburg) dann Minister für Volksaufklärung und Propaganda und besetzt damit ein neues Ressort im »Dritten Reich«. Sein mit rund eintausend Beamten und Propagandaspezialisten besetztes Ministerium baut er, über die klassische Medienpolitik hinaus, schrittweise zur zentralen Lenkungsinstanz für die »Regie des öffentlichen Lebens« aus. Diese reicht von klassischen medienpolitischen Eingriffen wie dem Schriftleitergesetz oder dem Verbot von Kunstkritik und dem Abhören ausländischer Sender bis zu Lichtdomen und der pompösen Ausgestaltung von Nationalfeiertagen.

Im April 1933 organisiert er in Berlin federführend den Boykott gegen jüdische Geschäfte und Betriebe, einen Monat später hält er die Rede bei der von der NS-Studentenschaft initiierten »Bücherverbrennung« auf dem Berliner Opernplatz. Nach einer Zeit der legislativen und organisatorischen Feinarbeit am Propaganda-Apparat kommt es 1938 zu einer Kombination von Ehekrise und politischer Lähmung, als sich Goebbels heftig in die tschechische Schauspielerin Lida Baarova verliebt. Eine Scheidung droht. Hitler verfügt die Fortsetzung der Ehe aus Staatsräson, Goebbels trennt sich unter Tränen von der Geliebten. Im November 1938 ist Goebbels, der Zuverlässigkeit und Radikalität beweisen will, Antreiber der antijüdischen Pogrome (»Reichskristallnacht«).

In seiner berühmten Rede am 18. Februar 1943 ruft er im Berliner Sportpalast das deutsche Volk zum »totalen Krieg« auf. Beim versuchten Staatsstreich des deutschen Widerstands am 20. Juli 1944 rettet Goebbels für Hitler die Situation, indem er Telefonate mit dem zunächst unschlüssigen Major Ernst Remer vermittelt und über den Rundfunk das Misslingen des Attentats in der Wolfsschanze verkünden lässt. Wenig später wird er zum »Reichsbevollmächtigten für den totalen Kriegseinsatz« ernannt. Am 22. April 1945 begibt er sich mit seiner Familie in den »Führerbunker«, um zusammen mit Hitler den »Endkampf« durchzustehen. Hitler bestimmt Goebbels testamentarisch zu seinem Nachfolger als Reichskanzler. Am 1. Mai ermordet Magda zusammen mit einem SS-Arzt ihre sechs Kinder (Sohn Harald Quandt befindet sich in Kriegsgefangenschaft und überlebt deshalb); anschließend töten sich Goebbels und seine Frau im Garten der Reichskanzlei.

Die voluminösen Tagebücher, die Goebbels hinterließ, sind Resultat eines Mitteilungszwangs, unter dem er schon früh litt. Die inzwischen 24 publizierten Bände, die den Zeitraum von 1923 bis 1945 abdecken, zählen zu den bemerkenswertesten politisch-historischen Quellen des 20. Jahrhunderts. Schon Werner Stephan (ein früherer Mitarbeiter, der 1949 eine Biografie über Goebbels veröffentlichte) berichtet, Goebbels habe diese, unter enormem Zeit- und Energieaufwand erstellten Tagebücher als größten persönlichen »Schatz« betrachtet, mit dem er in die Weltgeschichte eingehen wollte. Goebbels begriff sich als Politiker, auch wenn er seine Fähigkeiten als Propagandist in höchsten Tönen loben ließ und sich selbst als

Werbe- und Marketingexperte einschätzte, an dem auch die Engländer oder Amerikaner ihre Freude gehabt hätten – wäre er denn zu ihnen gestoßen. Hasstiraden und Verbalinjurien gegen Parteiführer wie Alfred Rosenberg, Robert Ley, Hermann Göring, Joachim von Ribbentrop, Rudolf Heß oder Hans Heinrich Lammers füllen sein Tagebuch in überreichem Maße. Er mischte in allen Politikbereichen mit, vor allem in der »Judenpolitik«, wo er als Propagandachef, aber eben auch als Berliner Gauleiter zu einem der übelsten Antreiber für Deportationen und Entrechtungen wurde. Er war sich auch dessen bewusst, dass die »Festlegung in der Judenfrage« für die NS-Herrscher bedeutete, entweder zu siegen oder unterzugehen. Dennoch plädierte er ein ums andere Mal dafür, politische Verhandlungen entweder mit dem Westen oder mit Stalin über einen Friedensschluss zu suchen. Damit drang er beim Führer nicht durch, und es gehört zu den verstörendsten Passagen seiner Tagebücher, wie sich der weitgehend rational veranlagte Goebbels von Hitler mit den krudesten Argumenten immer wieder einwickeln ließ.

In Showdown und Apotheose, im bewusst erlebten Untergang wurde die filmische Inszenierung der eigenen Geschichte zum Höhepunkt gebracht. Goebbels war eben nicht nur der »Propagandafachmann«, sondern ein expressionistischer, manisch-depressiver Typ mit rationaler Grundierung, der sich nicht zufällig in seiner Studienzeit mit den »Dämonen« Dostojewskis beschäftigte. Im Juli 1924 hatte Goebbels, der interessante Fall eines anti-intellektuellen Intellektuellen, in für ihn typischer Prosa notiert: »Der Geist ist eine Gefahr für uns. Der Geist quält uns und treibt uns von Katastrophe zu Katastrophe. Nur im reinen Herzen findet der gepeinigte Mensch Erlösung von dem Elend. Über den Geist hinaus zum reinen Menschen!«

Literatur

Lutz Hachmeister und Michael Kloft (Hg.): Das Goebbels-Experiment. Propaganda und Politik, München 2005.
Ralf-Georg Reuth: Joseph Goebbels, München 1990.
Robert E. Herzstein: The War that Hitler Won. Goebbels and the Nazi Media Campaign, New York 1987.
Helmut Heiber: Goebbels, München 1973.
Derrick Sington und Arthur Weidenfeld: The Goebbels Experiment. A Study of the Nazi Propaganda Machine, London 1942.

HARALD NEYMANNS

Google

Der Name »Google« basiert auf einem Wortspiel mit
dem Wort »googol«. Um der Zahl mit einer Eins und
hundert Nullen (10^{100}) einen Namen zu geben, hatte
der amerikanische Mathematiker Edward Kasner seinen
neunjährigen Neffen Milton Sirotta den Ausdruck im Jahr
1938 erfinden lassen. Das Unternehmen »Google« wurde
1998 gegründet und ist mit einem Marktwert von knapp
150 Milliarden Euro (Oktober 2007) die bekannteste
Internet-Marke.

Suchmaschinen durchkämmen das ➤ Internet und sammeln
Informationen über die gefundenen Inhalte. Diese werden »bewertet« und den Nutzerinnen und Nutzern als hierarchische Ergeb-
nisliste geliefert. Hinter dieser Hierarchie stecken komplizierte
Algorithmen, mit denen möglichst »gute« Ergebnisse erzielt und
Manipulationsversuche verhindert werden sollen. Dabei ergeben
verschiedene Algorithmen verschiedene Ergebnisse – der Versuch,
den gleichen Begriff mit unterschiedlichen Suchmaschinen zu
finden, führt mit großer Wahrscheinlichkeit zu unterschiedlichen
Ergebnissen.

Zahlreiche Unternehmen und Start-ups haben sich Ende der
1990er Jahre der Aufgabe gewidmet, das Internet zu sortieren und
das rapide steigende Informationsvolumen zu strukturieren. Firmen wie »Yahoo!«, »Excite«, »Hotbot« und »Lycos« haben in dieser
Zeit ihren Boom erlebt und sich den Markt der Internetsuche geteilt.
Der heutige Gigant »Google« wurde 1998 von zwei Studenten
der Stanford University in Kalifornien gegründet. Mit einem im
Bekanntenkreis geborgten Startkapital von 810.000 Dollar schaff-
ten es Sergej Brin und Larry Page innerhalb von wenigen Jahren, die anderen Suchmaschinen an den Rand zu drängen und
einen Großteil der weltweiten Suchanfragen zu bearbeiten. Im
Sommer des Jahres 2000 war »Google« mit einer Milliarde indi-
zierter Webseiten die größte Suchmaschine der Welt. Der Markt-

anteil von »Google« variiert von Land zu Land. In Deutschland belief er sich im Jahr 2006 auf über 86 Prozent. Weit abgeschlagen auf dem zweiten und dritten Platz lagen die »Microsoft«-Suche (3,4 Prozent) und »Yahoo!« (2,9 Prozent).

Untermauert wird die immense Bedeutung »Googles« von der kaum vorstellbaren wirtschaftlichen Entwicklung des Unternehmens: Im Herbst 2007 betrug der Marktwert knapp 150 Milliarden Euro beziehungsweise 216 Milliarden Dollar und überstieg damit beispielsweise den Wert von IBM um 68 Milliarden Dollar. Der Gewinn im Jahr 2007 betrug etwa 13 Milliarden Dollar. Inwieweit diese Marktbewertung langfristig realistisch ist, lässt sich nicht vorhersagen. Unstrittig ist, dass »Google« innerhalb von weniger als zehn Jahren zu einem Unternehmen mit großem Einfluss und extremer Kaufkraft geworden ist.

»Google« wird in der Öffentlichkeit vorrangig als Suchmaschine wahrgenommen. Doch hinter dem Unternehmen steckt mittlerweile weit mehr: 2001 erwarb »Google« die Suchmaschine »Deja«, die auf die Suche in Newsgroups spezialisiert ist. Dadurch konnten mit einem Schlag über 500 Millionen Diskussionsbeiträge in die »Google«-Suchergebnisse integriert werden.

Mit »GMail« baute »Google« im Jahr 2004 zusätzlich einen kostenlosen E-Mail-Service auf. Ebenfalls 2004 wurde unter dem Namen »GooglePrint« beziehungsweise »Google Book Search« (GBS) das Mammutunternehmen der Digitalisierung aller Bücher angekündigt: Ein Abkommen mit den Universitätsbibliotheken von Stanford, Harvard, Michigan und Oxford sowie der New York Public Library machte dieses Vorhaben möglich. Im Rahmen dieses Projekts soll bis zum Jahr 2010 die Digitalisierung von sieben Millionen Büchern vonstattengehen. Unterstützt wird das Projekt vom ehemaligen US-Vize-Präsidenten Al Gore.

Im Herbst 2006 erwarb »Google« für 1,65 Milliarden Dollar das junge Videoportal »YouTube«, auf dem Nutzerinnen und Nutzer selbsterstellte oder kopierte Videos zum Tausch anbieten. Auf »YouTube« wurde in sehr kurzer Zeit eine Online-Community mit mehr als 100 Millionen Video-Downloads pro Tag gebildet. »YouTube« ist damit eines der erfolgreichen Beispiele für das sogenannte Web 2.0, bei denen der Austausch und die soziale Interaktion im Mittelpunkt stehen.

Diese Wachstums- und Einkaufspolitik unterstreicht den Anspruch von »Google«, als allgemeine Suchmaschine hochspezialisierte Zielgruppen zu bedienen, sich auf andere Bereiche auszudehnen und neue Technologien zu entwickeln und zu fördern.

»Googles« Marktdominanz ist häufig Gegenstand von Kritik, da die Auswahl und Reihenfolge der Ergebnisse einer Suchanfrage der verfügbaren Information entspricht und somit in gewisser Weise auch eine publizistische Tätigkeit darstellt. Als Reaktion wurde beispielsweise das deutsch-französische Projekt »Quaero« gestartet, mit dem eine europäische Suchmaschine aufgebaut werden sollte. Die gemeinsamen Pläne wurden jedoch Ende 2006 fallengelassen, und Deutschland wie Frankreich finanzieren mittlerweile jeweils eigene Projekte zum Aufbau von Suchmaschinen.

Nicht nur wegen seiner Monopolstellung wird der Suchmaschinengigant kritisiert. Bemängelt wird unter anderem auch, dass die Algorithmen nicht öffentlich gemacht werden. Sie sind allerdings zum einen ein Betriebsgeheimnis, das von Konkurrenten kopiert werden könnte, zum anderen will »Google« mit der Geheimhaltung verstärkter Manipulation vorbeugen. So naheliegend die Geheimhaltung aus Unternehmenssicht ist, für die Nutzerinnen und Nutzer bleibt es insgesamt intransparent, wie ihre Suchbegriffe gewichtet werden.

Auch aus politischer Perspektive gerät »Google« immer wieder unter Beschuss, insbesondere deshalb, weil sich »Google« in autoritären Staaten, allen voran ➤ China, vorauseilend inhaltlichen Einschränkungen unterworfen hat. In diesem Zusammenhang wurde »Google« vorgeworfen, autoritäre Regime zu stützen und die Arbeit von Journalisten und Dissidenten in diesen Staaten zu erschweren. Dass »Google« auch für die deutsche Webseite »Google.de« Inhalte, die in der US-amerikanischen Version gefunden werden können, zensiert (➤ Zensur) und die deutschen Seiten damit dem hierzulande geltenden Recht anpasst, interessiert die breite Öffentlichkeit weniger.

Mit den verschiedenen Dienstleistungen von »Google« werden große Mengen von Daten gesammelt. Dabei fallen auch viele Informationen über die Nutzer, über ihr Suchverhalten oder ihre bevorzugten Suchbegriffe an. »Google Desktop«, mit dem die Suche auf dem heimischen PC durchgeführt werden kann, erstellt beispielsweise eine Index- und Archivdatei. Bei »GMail« werden eingehende E-Mails nach Schlagwörtern durchsucht, um Werbung zu personalisieren. Und auch die normale Suchfunktion wurde und wird aus Gründen des ► Datenschutzes kritisiert, weil detaillierte Informationen über Datum und Inhalt der Suchanfrage inklusive der IP-Adresse über einen sehr langen Zeitraum gespeichert werden. Die Vielfalt der gesammelten Informationen bei »Google« sowie die Nachlässigkeit der Nutzer stellen den Datenschutz vor eine schwere Aufgabe, die wohl nur international zu lösen ist.

»Google« hat sich innerhalb weniger Jahre zu einem bedeutenden Player auf verschiedenen Gebieten entwickelt und ist weit mehr als eine Internet-Suchmaschine geworden. Das »Museum of Media History« in Florida produzierte den Internetfilm »epic 2015«, der das düstere Bild einer gesellschaftlichen Überwachungsindustrie zeichnet, das auf »Google-Maps« beruht. Schon lange ist »Google« ein weltweit agierendes Unternehmen mit immenser Finanzkraft. In welche Richtung sich »Google« weiterentwickeln wird, ist kaum vorherzusehen. So war es in der Firmengeschichte immer, und so wird es wohl auch bleiben: Überraschung und Innovation, so das Credo der Firma, sind die Wettbewerbsvorteile von »Google«. Und momentan deutet nichts darauf hin, dass dies bald ein Ende hat.

Literatur

Jean Noël Jeanneney: Googles Herausforderung. Für eine europäische Bibliothek, Berlin 2006.

David A. Vise und Mark Malseed: Die Google-Story, Hamburg 2006.

Kai Lehmann und Michael Schetsche: Die Google-Gesellschaft. Vom digitalen Wandel des Wissens, Bielefeld 2005.

Google Corporate Information, Google Milestones: *http//www.google. com/int/en/corporate.html.*

Großbritannien

Großbritannien hat 60 Millionen Einwohner, ungefähr sechzig Prozent von ihnen nutzen das Internet täglich. Das Online-Werbegeschäft war 2006 mit rund drei Milliarden Euro erstmals größer als das Anzeigengeschäft der Zeitungsverlage. Großbritanniens Medienlandschaft ist geprägt durch ein duales und im privaten Sektor fast vollständig dereguliertes Rundfunksystem unter zentraler Aufsicht des »Office of Communictions« (Ofcom).

Trotz starker Konzentrationen besitzt der britische Medienmarkt – gemessen an der Bevölkerungszahl – eine beinahe einzigartige Vielfalt. Er bietet weltweit angesehene Zeitungen, Zeitschriften und Rundunk-Programme (wie »The Financial Times«, »The Economist« oder »BBC Radio Four«), die sich an ein gebildetes Publikum richten. Die Mehrzahl der Medien ist jedoch zunehmend trivial.

Bereits zu Beginn des 19. Jahrhunderts hatten die Briten drei wichtige Schritte hin zum Recht auf freie Meinungsäußerung und damit auf die freie Veröffentlichung von Zeitungen vollzogen: 1641 durch die Abschaffung des königlichen Sternkammer-Gerichts (»Star Chamber«), das die Redefreiheit praktisch nicht zuließ, 1694 durch die Abschaffung der Genehmigungspflicht für Zeitungen (»Press Licensing«) und 1792 durch den »Fox Libel Act«, der das Verfahren für Verleumdungsklagen fairer regelte. Außerdem wurde 1709 das erste Urheberschutz-Gesetz eingeführt.

Allerdings mussten Verleger zu jener Zeit mit ökonomischen Repressionen zurechtkommen, nämlich der Besteuerung von Zeitungsverkäufen, Werbeanzeigen und Papier. Obwohl es der Politik vorrangig um eine inhaltliche Zensur ging, versuchte sie bereits, medienpolitische Ziele mit Mitteln der Marktregulierung (➤ Regulierung) zu erreichen, während beispielsweise die meisten deutschen Staaten im Vormärz (1815–1849) noch willkürlich gegen das Pressewesen vorgingen.

Die – bis heute – entscheidende Deregulierung des Pressemarktes fiel in die Regentschaft von Königin Victoria (1837–1901): die Abschaffung der Zeitungssteuer (»Newspaper Stamp Tax«) 1855 und der Papiersteuer 1861. Verleger hatten sie als »Taxes on Knowlegde« inkriminiert. Die liberale und konservative britische Medienforschung hat diesen Schritt als Geburtsstunde der uneingeschränkten Pressefreiheit verzeichnet. Medienforscher wie James Curran und Jean Seaton haben dagegen am Beispiel der Zeitungssteuern gezeigt, wie dicht Effektivität und Kontraproduktivität in der Medienregulierung beieinanderliegen: Die »Stamp Taxes« verfehlten ihr politisches Ziel, sie waren vielmehr eine Art Schutzzoll für die Meinungspresse und verhinderten größere Konzentrationsprozesse, die dann nach den Deregulierungen eintraten, als sich das Geschäftsmodell der Zeitungen auf Werbeeinnahmen (➤ Werbung) verlagerte und gleichzeitig die Preise sanken. Dadurch griffen die Menschen immer mehr zu Blättern, die Unterhaltung boten und billig waren.

Bis zum Beginn des 20. Jahrhunderts hatten die sogenannten britischen Zeitungsbarone eine marktbeherrschende Stellung erlangt. Lord Northcliffe, Lord Rothermere und Sir Lester ➤ Harmsworth – drei Brüder – besaßen 1921 zusammen das größte Medienimperium der Welt (mit einer Gesamtauflage von sechs Millionen gedruckten Zeitungen täglich). Aus der Diskussion über die publizistische Macht der Großverleger vor und nach dem Zweiten Weltkrieg heraus kam es 1954 zur Gründung des »Press Council« als erster Einrichtung der Selbstregulierung. Aus ihm ging 1990 die »Press Complaints Commission« (PCC) hervor. Mit dem Wandel vieler Verlage von inhabergeführten Unternehmen zu Aktiengesellschaften war die Kritik an deren Macht zwischenzeitlich abgeebbt. Aufgeflammt ist sie erneut, als der gebürtige Australier ➤ Rupert Murdoch in den 1980er Jahren die Traditionszeitung »The Times«, das Boulevardblatt »Sun« sowie dessen Sonntagszeitung »News of the World« kaufte und einen heftigen Preiskampf an den Kiosken (»Zeitungskrieg«) begann.

Die Gesamtauflage aller rund zwanzig überregionalen Zeitungen betrug 2007 rund 25 Millionen Exemplare. Die drei stärksten britischen Verlage (»News Corp.«, »Trinity Mirror«, »Daily Mail and General Trust«) beherrschen ungefähr 75 Prozent des gesamten

Pressemarkts, der auch an die 1250 regionale Zeitungen umfasst. Der Werbeumsatz des Zeitungsmarkts betrug 2006 rund 2,8 Milliarden Euro. Der Zeitschriftenmarkt bietet darüber hinaus mehr als 8500 Titel und hatte 2005 ein Werbeaufkommen von rund 17,5 Milliarden Euro.

Durch sinkende Auflagen und steigenden Wettbewerbsdruck haben viele der großformatigen Qualitätszeitungen (*broadsheets*) das kleinere Tabloid-Format (*compact*) eingeführt; »The Guardian« erscheint seit 2005 im sogenannten »Berliner Format«, einer Art Zwischenstufe. Diese Maßnahmen sollen langfristig Kosten senken und eine höhere Auflage bringen.

Der britische Rundfunk ist aufgeteilt in zwei Blöcke: Die ➤ BBC bildet ein durch Gebühren finanziertes Sender-Konglomerat. Obwohl der laufende Staatsvertrag (»Royal Charter«) den Bestand der BBC bis 2016 sichert, ist sie in der jüngsten Verhandlung mit der Regierung über die Gebühren schwer unter Druck geraten. Die BBC hat deshalb erhebliche Stellenkürzungen von 2500 Mitarbeitern, vor allem in der Berichterstattung, angekündigt. Das Fernsehmonopol der BBC wurde 1954 durch den »Independent Television Act« gebrochen. Ein Jahr später startete das werbefinanzierte Fernsehen mit dem »Independent Television« (ITV), einem Netzwerk aus mehr als einem Dutzend regionalen Sendern. Das streng regulierte TV-Duopol von BBC und ITV existierte knapp dreißig Jahre. Erste Privatsender entstanden mit der Deregulierung des Radio-Markts (1967) und später des TV-Markts (1982). Ein Kuriosum der Rundfunk-Geschichte bildet der 1982 gegründete Sender »Channel 4«, der – ähnlich der BBC – eine öffentliche Körperschaft mit hohen Programm- und Qualitätsverpflichtungen ist und sich zugleich vollständig durch Werbung finanzieren muss. Der Sender unterliegt der Aufsicht durch das Ofcom (s. u.). Wichtige britische Sender sind außerdem »Channel Five« (seit 1997; »RTL Group«) und der Satellitensender »BSkyB« (seit 1990; Murdoch). Der private Fernsehmarkt generierte 2006 Werbeeinnahmen von rund 5,8 Milliarden Euro.

Alle TV-Sender unterliegen der sogenannten regulierten ➤ Selbstregulierung unter Aufsicht des zentralen »Office of Communications« (Ofcom), das Sendelizenzen und den Mobilfunkmarkt kontrolliert. Außerdem befasst sich das Ofcom mit programmbezogenen Beschwerden und wettbewerbsrechtlichen Verstößen. In einzelnen Fällen und im »Interesse der Öffentlichkeit« (*public interest test*) beurteilt es Fusionen und Übernahmen.

Eine Regulierungsbehörde für das Internet gibt es nicht, wenngleich die Schaffung einer solchen zur Zeit debattiert wird. Die Bedeutung des Internets zeigen die rasant wachsenden Werbeumsätze, die 2006 um 47 Prozent auf drei Milliarden Euro gestiegen sind und mittlerweile mehr als fünfzehn Prozent des gesamten britischen Werbemarktes ausmachen.

Am Umsatz gemessen, waren 2007 drei der zwanzig größten ➤ Medienkonzerne der Welt aus Großbritannien (davon allerdings keiner unter den Top 10): »Reed Elsevier« (Platz 13), »Pearson« (15) und die BBC (19). Die Übernahme der Finanz- und Nachrichtenagentur »Reuters« durch den kanadischen Konzern »Thomson« sowie die Fusion der Konzerne »Granada« und »Carlton« zu »ITV plc« im Jahr 2004 illustrieren die gegenwärtige Konzentration im Mediensektor. Sie ist durch die Abschaffung der meisten Übernahmebeschränkungen im »Communications Act« von 2003 beschleunigt worden: Investoren – auch ausländische – dürfen unbegrenzt viele Medien kaufen, Überkreuzbeteiligungen verschiedener Mediengattungen sind bis auf wenige Ausnahmen erlaubt.

In einer bemerkenswert kritischen Rede kurz vor seinem Rücktritt hat Premierminister Tony Blair die Medien als »wildgewordenes Tier« beschrieben, die ihrer öffentlichen Verantwortung nicht mehr gerecht würden – bloß um im Wettbewerb zu bestehen. Blair kritisierte eine zu geringe Selbstregulierung der Presse und forderte schärfere Regeln.

Eine Kritik an der Selbstregulierung der Presse äußerte im Juli 2007 auch Alan Rusbridger, Chefredakteur der linksliberalen Tageszeitung »The Guardian«. Die PCC sei ein »schwacher Schlichter, der seiner Aufgabe nicht ausreichend gerecht wird«. Tatsächlich kam es in den letzten Jahren immer wieder zu verheerenden Skandalen, etwa um die gefälschten Folterbilder britischer Soldaten im Irak, die 2004 im »Daily Mirror« erschienen und zum Rücktritt von Chefredakteur Piers Morgan führten. Clive Goodman, *royal editor* von »The News of the World«, wurde im Januar 2007 zu einer viermonatigen Haftstrafe verurteilt, weil er unter anderem das Mobiltelefon von Prinz Charles abgehört hatte.

Über die Kritik an den Medien hinaus hat Blair auch eigene Fehler im Umgang mit Journalisten eingeräumt. Er selbst hatte stets auf den richtigen »Dreh« (»Spin«) seiner Regierungsgeschäfte in den Medien geachtet: In den ersten Jahren seiner Amtszeit (1997–2007) vermochte er die Nachrichtenlage mithilfe von Kommunikationsdirektor (»Spin Doctor«) Alastair Campbell (zuvor Politikchef der Boulevardzeitung »Daily Mirror«) zu kontrollieren, beispielsweise in Form der Nation-Branding-Kampagne »Cool Britannia«. Nach dem 11. September 2001 und dem späteren Kriegseinsatz im Irak schlitterte Blair allerdings in eine Vertrauenskrise, als er an der Seite der US-Amerikaner die Bedrohung durch angebliche irakische Massenvernichtungswaffen beschwor. Die Frage »Hat Blair die Medien belogen?« dominierte die Nachrichten. Das Problem gipfelte 2003 in einem der heftigsten Medienskandale der britischen Geschichte, der sogenannten Kelly-Affäre, die Anfang 2004 zum Rücktritt der BBC-Spitze führte und an Blair haftenblieb.

Die *lingua franca* Englisch hat die Omnipräsenz und die Vorbildrolle der angelsächsischen Mediensysteme befördert. Sie ist die konstituierende Basis einer Medienkultur, die sich durch Anspruch, Witz und Originalität sowie auch Trivialität, Schonungslosigkeit, bis hin zur Brutalität, auszeichnet. In dieser Gemengelage fällt ein spezifisch britisches Medienbewusstsein (*media mindedness*) ins Auge. So stellen der britische Parlamentarismus mit seinem hundertprozentigen Mehrheitswahlrecht, in dem sich in jedem Wahlkreis nur ein Herausforderer durchsetzen kann, wie auch die Monarchie mit ihrer öffentlichen Zelebrierung und ihrer noch immer stark ausgeprägten ständischen Folklore einen großen Anreiz für »Egos« dar, deren Ziel es ist, sich öffentlich zu inszenieren und durch Bekanntheit und Sichtbarkeit ein breites Bewusstsein für den eigenen Status herzustellen.

Am Beispiel von Großbritannien lässt sich zeigen, wie eng Medien- und Demokratiekultur miteinander verknüpft sind: Die Medien transportieren Investigation und Repräsentation in besonderem Maße. Die Grenzen von Meinungsfreiheit und Selbstdarstellung verschwimmen in Großbritannien wahrscheinlich mehr als in anderen Gesellschaften. Da sich die britischen Medien in einem wettbewerbsrechtlich fast vollständig deregulierten Rahmen bewegen, werden Medienkonzentration und Konflikte vermutlich zunehmen.

Literatur

Janine Gibson (Hg.): Media Directory 2007, London 2007.
Who is Who in the Media. The Definitive Guide to the Most Powerful Movers and Shakers in the Media, London 2006.
Andrew Crisell: An Introductory History of British Broadcasting, 2. Aufl., London 2002.
James Curran und Jean Seaton: Power without Responsibility. The Press and Broadcasting in Britain, 6. Aufl., London 2003.

CARSTEN BROSDA

Habermas, Jürgen

* Düsseldorf, 18. Juni 1929; Philosoph und Soziologe. Als
Gesellschaftstheoretiker hat Habermas die internationale
Debatte über Öffentlichkeit und Massenmedien in den
vergangenen Jahrzehnten entscheidend mitgeprägt. Der
Autor der »Theorie des kommunikativen Handelns« ist
der bekannteste zeitgenössische Vertreter der Frankfurter
Schule.

Als »Obsession« hat Jürgen Habermas seine Beschäftigung mit der
»Trias von Öffentlichkeit, Diskurs und Vernunft« einmal bezeichnet. Die Besessenheit hat sich ausgezahlt: Seit über einem halben
Jahrhundert ist der Sozialphilosoph einer der wichtigsten Vertreter
einer aufklärerisch motivierten Analyse und Kritik von ➤ Öffentlichkeit und Massenmedien. In seinen Werken rücken ➤ Journalismus und Massenmedien aus einer gleichermaßen soziologischen
wie ethisch-normativen Perspektive als infrastrukturelle Bedingungen von Öffentlichkeit in den Blick.

Auch in tagesaktuellen Äußerungen greift Habermas medienpolitische Fragestellungen auf. So kritisierte er 1998, dass die
»verschmutzten Kanäle des Privatfernsehens« zum Paradigma
der Medienkommunikation würden und so die »Imperative
der Einschaltquoten« in die »Poren der kulturellen Kommunikation« einsickerten. Journalistische Qualitätsangebote wie die
überregionalen Tageszeitungen hingegen betrachtete er 2003 als
»das Rückgrat für die diskursive Innenausstattung einer freien
politischen Meinungs- und Willensbildung«, als eine »argumen-
tative Substanz, die weder die regionale Tagespresse ersetzen
noch ein durch Privatisierung bedrängtes Fernsehen wettmachen
kann«. Im Frühjahr 2007 warnte er zudem vor einem wachsenden Einfluss privater Finanzinvestoren auf dem Zeitungsmarkt. Er
regte an, dass der Staat »das öffentliche Gut der Qualitätspresse
im Einzelfall« pragmatisch – auch durch direkte Interventionen –
schützen müsse.

Jürgen Habermas wurde 1929 in Düsseldorf geboren. Nach dem Studium von Philosophie, Geschichte, Psychologie, Deutscher Literatur und Ökonomie in Göttingen, Zürich und Bonn promovierte er 1954 mit einer Arbeit über Schelling. Danach arbeitete er zwei Jahre als freier Journalist, bevor er von 1956 bis 1959 Assistent von Theodor W. Adorno am Frankfurter Institut für Sozialforschung wurde. Er habilitierte bei Wolfgang Abendroth in Marburg und wurde 1961 außerordentlicher Professor für Philosophie an der Universität Heidelberg. 1964 kehrte er als Nachfolger von Max Horkheimer auf den Lehrstuhl für Philosophie und Soziologie nach Frankfurt am Main zurück. Die 1970er Jahre verbrachte er als Direktor am Max-Planck-Institut zur Erforschung der Lebensbedingungen der wissenschaftlich-technischen Welt in Starnberg, bevor er 1983 erneut nach Frankfurt wechselte. Dort blieb er bis zu seiner Emeritierung. Bis heute ist Jürgen Habermas weltweit als Wissenschaftler, Autor und Universitätslehrer tätig. Als öffentlicher ➤ Intellektueller hat er zahlreiche gesellschaftliche Debatten angestoßen und mitgeprägt. Dabei sticht der »Historikerstreit« in den 1980er Jahren heraus, in dem er sich vehement gegen die Thesen des Historikers Ernst Nolte über die »Ursprünglichkeit« des Holocaust und gegen alle Versuche der Relativierung deutscher Verbrechen in der NS-Zeit wandte. Nicht zuletzt dieses Engagement begründet Habermas' Status als »Staatsphilosoph der Bundesrepublik« (»Die Zeit«).

Die theoretische »Obsession« für Öffentlichkeit und ➤ Kommunikation begann früh und hatte, wie Habermas in einer persönlichen Rede anlässlich der Verleihung des Kyoto-Preises im Jahr 2004 ausführte, auch biografische Hintergründe. Bereits in seiner Habilitationsschrift »Strukturwandel der Öffentlichkeit« (1962) stellt Habermas dar, wie sich bürgerliche Öffentlichkeit als »Sphäre der zum Publikum versammelten Privatleute« bildete und den Anspruch entwickelte, politische Legitimation im öffentlichen Räsonnement zu generieren. Aber Habermas zeigt dort auch, wie dieser Aufklärungsoptimismus in den aufgeteilten und auf Kulturkonsum orientierten Öffentlichkeiten moderner Gesellschaften wieder der Demonstration etablierter Machtansprüche wich. Dieser Befund macht Habermas zum Kronzeugen derjenigen, die den Zerfall demokratischer Strukturen (➤ Demokratie) unter dem

Einfluss strategischer ➤ Public Relations und ökonomischer Profitinteressen beklagen.

Die Habermassche Analyse verweist auf zentrale Argumentationsstränge der Kritischen Theorie, ohne dabei primär auf ein geschichtsphilosophisch düsteres Zerfallsszenario zu zielen. Sie beschreibt vielmehr einen Idealtypus von Öffentlichkeit, dessen Charakteristika – Offenheit, Argumentativität, Verständigungsorientierung – mindestens als regulative Ideen auch im Zeitalter der Massenkommunikation herangezogen werden können. Habermas vertraut dem zwanglosen Zwang des besseren Arguments, der sich in herrschaftsfreien Kommunikationszusammenhängen entfalten kann. Daraus entwickelt er eine auch demokratietheoretisch anschlussfähige Diskursethik, der zufolge nur diejenige Norm Geltung beanspruchen kann, der alle von ihr Betroffenen aus rationaler Einsicht zustimmen können.

Die Grundlagen dieses Modells führt er in seinem *opus magnum* zu einer »Theorie des kommunikativen Handelns« (1981) zusammen. Hier entwickelt er eine Theorie kommunikativer Rationalität, ein zweistufiges Gesellschaftsmodell von Lebenswelt und System, eine Kritik moderner Entfremdungs- und Verdinglichungsprozesse und einen diskurstheoretischen Ansatz, der erkenntnistheoretische Fragen in intersubjektive Verständigungsprozesse überführt. Moderne Gesellschaften sind demnach in ihrer symbolischen Reproduktion lebensweltlich-kommunikativ und in ihrer materiellen Reproduktion systemisch-funktional koordiniert. Zwischen beiden Mechanismen existieren Wechselbeziehungen, die Habermas vor allem unter dem Aspekt der Kolonialisierung der Lebenswelt, das heißt des Durchbrechens entsprachlichter Systemimperative in das kommunikative Alltagshandeln beschreibt.

Habermas weist den Massenmedien in diesem Modell ein »ambivalentes Potential« zu: Einerseits können sie Kommunikation emanzipatorisch aus räumlich und zeitlich begrenzten Kontexten herauslösen; andererseits tendieren sie dazu, Kommunikationsflüsse zu hierarchisieren, zu kanalisieren und autoritär zu wirken.

In der rechts- und demokratietheoretischen Schrift »Faktizität und Geltung« (1992) entwickelt Habermas diese Überlegungen zu einem Kreislauf-Modell des öffentlichen Machtgebrauchs weiter. Der Öffentlichkeit werden darin Leistungen zugeschrieben, die stärker auf Vermittlungsaspekte zwischen Privatsphäre und Staatssystem fokussiert sind. Journalistische Massenmedien sollen innerhalb einer deliberativen Öffentlichkeit als »Mandatar eines aufgeklärten Publikums« agieren, indem sie Diskurse anstoßen und durch kritische Berichterstattung für Orientierung sorgen.

Die Habermasschen Überlegungen – das zeigen mittlerweile diverse kommunikationswissenschaftliche Arbeiten – lassen sich fruchtbar einsetzen. Sie entfalten als kontrafaktische Unterstellungen empirische Wirksamkeit und bieten unter anderem einen Maßstab zur Bewertung öffentlicher Kommunikation. Der »riesige Kontinent« (➤ Alexander Kluge) des Habermasschen Werks ist auch in der medienpolitischen Diskussion noch gewinnbringend zu vermessen. Weitere Entdeckungen sind nicht ausgeschlossen.

Literatur
Carsten Brosda: Diskursiver Journalismus. Journalistisches Handeln zwischen kommunikativer Vernunft und mediensystemischem Zwang, Wiesbaden 2008.
Detlef Horster: Habermas zur Einführung, Hamburg 2006.
Rolf Wiggershaus: Jürgen Habermas, Reinbek 2004.
Wieland Jäger und Marion Baltes-Schmitt: Jürgen Habermas. Einführung in die Theorie der Gesellschaft, Wiesbaden 2003.
Walter Reese-Schäfer: Jürgen Habermas, Hamburg, New York 2001.

DAVID A. CHIPP

Harmsworth, Alfred Charles William

* Chapelizod (bei Dublin), 15. Juli 1865; † London,
14. August 1922; auch Baron Northcliffe of the Isle of
Thanet (seit 1905). Einer der erfolgreichsten Zeitungs-
herausgeber in der britischen Geschichte, der als Begründer
des modernen Populärjournalismus gilt. 1918 war er als
»Director of Propaganda in Enemy Countries« publizistischer Berater des Regierungschefs.

Die »Associated-Newspaper-Gruppe« von Alfred Harmsworth war
bis zum Zweiten Weltkrieg der einflussreichste Pressekonzern der
Welt – zu einer Zeit, als das britische Empire seine größte regionale Ausdehnung erreichte, das Pfund Sterling noch die wichtigste
Handelswährung der Welt war und London sich selbst als Mittelpunkt der kulturellen und politischen Weltordnung betrachtete.
Mit dem »Observer« und vor allem der berühmtesten Zeitung
des 19. Jahrhunderts, der »Times«, besaß Harmsworth Blätter, die
in der ganzen Welt wahrgenommen wurden. Neben »Associated-
Newspaper« gab es in ➤ Großbritannien fünf große Verlagsgruppen, deren Besitzer alle in den Adelsstand erhoben wurden. Die
Presse-Lords Berry, Beaverbrook, Southwood und Layton bauten
zu Beginn des 20. Jahrhunderts nach dem Vorbild von Harmsworth große Presse-Gruppen auf. Harmsworth aber erlangte als
Lord Northcliffe weltweite Beachtung. Max Weber sah in ihm das
Sinnbild für die »Vertrustung« des Zeitungswesens.

In Großbritannien waren zwischen 1853 und 1861 die »Taxes on
Knowledge«, also die Steuern auf Zeitungswerbung, -papier und
-verkäufe, abgeschafft worden. Der britische Zeitungsmarkt befand
sich damit in einer wirtschaftlich außerordentlich günstigen Situation und war in der Lage, die Verkaufspreise niedrig zu halten.
Die Folge waren Auflagensteigerungen, aber auch eine erhöhte
Abhängigkeit von Anzeigenkunden. Darüber hinaus moderni-
sierten Neuerungen in der Drucktechnik und ein gesamtgesellschaftlicher Wandel die Presse. So förderte der »Education Act«

von 1870 die Alphabetisierung der britischen Bevölkerung. Bei steigenden Löhnen sanken die immer noch sehr hohen Wochenarbeitszeiten langsam. Charakteristischerweise waren die Gewerkschaften beispielsweise an der »Odhans-Verlagsgruppe« des Lord Southwood mit 49 Prozent beteiligt. Die Engländer, besonders die englischen Arbeiter, wurden zu einem lesenden Volk, und die Nachfrage nach Zeitungen und Magazinen stieg kontinuierlich. Dies waren gute Voraussetzungen für das neue Massenmedium. Alfred Harmsworth, 1905 zu Lord Northcliffe geadelt, erkannte ein neues Bedürfnis: Ihm wurde klar, dass es eine ganz neue Leserschicht gab, die wenig Interesse an den politischen Erklärungen oder intellektuellen Spitzfindigkeiten hatte, wie sie in den existierenden Zeitungen für die großstädtische Elite zu finden waren. Sie interessierte sich für lokale Nachrichten oder alltägliche Angelegenheiten, die direkt mit ihrem eigenen Leben zu tun hatten.

Der Pressezar wurde 1865 als Sohn eines irischen Juristen geboren. Seit seinem sechzehnten Lebensjahr schrieb er Beiträge für so populäre Blätter wie »Tit Bits« und erkundete das Land mit dem Fahrrad im Auftrag der Zeitschrift »Wheel Life«. Er entwickelte ein Gespür für die Themen und die Sprache des einfachen Mannes.

»Answers to Correspondents on Every Subject Under the Sun« war seine erste eigene Publikation. Wie der Titel schon verdeutlicht, wurden in dem wöchentlich erscheinenden Magazin Fragen zu den unterschiedlichsten Themen beantwortet, Harmsworth selbst konnte hier seine Faszination für Verbrechen, Mord und Totschlag ausleben. Das Blatt stieß nach anfänglichen finanziellen Schwierigkeiten und der Kürzung des Namens zu »Answers« – sicherlich auch dank der Einführung von Gewinnspielen – bald auf großes Interesse und erreichte eine hohe Auflage. Als sich der Erfolg abzeichnete, stieg sein jüngerer Bruder Harold Sidney Harmsworth (später geadelt zum Viscount Rothermere) ins Geschäft mit ein. Harold Harmsworth bewies großes unternehmerisches und finanzielles Talent, vor allem gelang es ihm, weitere Anzeigenkunden zu gewinnen.

1894 erwarb Alfred Harmsworth die marode »London Evening News« und begann, sich amerikanischer Praktiken wie fettgedruckter Typografien und eingeblockter Überschriften (*cross-*

heads) zu bedienen, die er zuvor bei einer Reise nach New York kennengelernt hatte. Der damalige Vorsitzende der konservativen Partei beschrieb die Zeitung als ein »Blatt für diejenigen, die zwar lesen, aber nicht denken können«. Die Leser und Anzeigenkunden aber liebten die leicht verständlichen Geschichten. Schnell schrieb die Zeitung schwarze Zahlen.

Das war nur der erste Schritt auf Harmsworths Weg zur Erfüllung eines langgehegten Traumes: die Gründung einer erfolgreichen nationalen Tageszeitung. Sie sollte nicht nur inhaltlich die Zeitung des arbeitenden Mannes, sondern auch erschwinglich sein, eine Penny-Zeitung zum Preis eines halben Pennys (um seine Konkurrenten zu unterbieten). 1896 gründete Harmsworth die »Daily Mail«, die von Anfang an ein Erfolg war. Als die Verkäufe der ersten Ausgabe 400.000 statt der erwarteten 150.000 Exemplare erreichten, sagte Harmsworth: »Wir sind auf eine Goldader gestoßen.« Der Satz ging in die Geschichte der Fleet Street (die Verlagsadresse vieler britischer Presse-Organe) ein. Nur drei Jahre nach dem Erscheinen der Erstausgabe erzielte die »Daily Mail« eine Rekord-Auflage von einer Million, die sie bis 1920 noch verdreifachte. Harmsworth rekrutierte und trainierte einen neuen Typus von Journalisten. Die Redakteure wurden angewiesen, die häufig langatmigen und beladenen Vorlagen der Reporter umzuschreiben, so dass jede Nachricht kurz war: Seine neue Zeitung sollte alles in einem »einzigen Paragrafen erklären, vereinfachen und klarstellen«. Diese Redakteure waren Teil dessen, was der britische Historiker A. J. P. Taylor als »den größten Fortschritt in der Kommunikation seit dem Triumph des Englischen über das Lateinische« bezeichnete. Monate im Voraus übten die Redakteure an Probeartikeln. Die Reporter erhielten Test-Aufträge, um einen einfachen und zugänglichen Schreibstil zu erlernen. Harmsworth ließ die neueste Druckanlage errichten und ein neuartiges Verteilernetz organisieren. Fotos wurden großzügig verwendet, internationale Korrespondenten verpflichtet, und der Sportberichterstattung wurde viel Raum gegeben. Eine Sonderseite für Frauen stieß bei der Konkurrenz auf große Skepsis, beim weiblichen Publikum jedoch auf eine positive Resonanz. Alles erschien jeden Tag an derselben Stelle, um dem hektischen, geschäftigen Leser eine schnelle Orientierung zu ermöglichen.

Die »Daily Mail« war das Sprungbrett zu Macht und Einfluss für Alfred Harmsworth, dessen Zeitungen längst Maßstäbe setzten und auf ihre Vorbilder zurückwirkten. ➤ Joseph Pulitzer war von den Erfindungen des Briten so beeindruckt, dass er ihm anbot, die Ausgabe der »News of the World« für den 1. Januar 1900 zu gestalten. Harmsworth erfand für diesen Anlass ein neues, komprimiertes Format und auch einen Namen dafür: »Tabloid«.

1905 erweiterte Harmsworth sein Zeitungsimperium und erwarb die älteste Sonntagszeitung, »The Observer«, und drei Jahre später die damals prestigeträchtigste Publikation der Welt, die Londoner »Times«. Der Zeitungsname »Times« wurde überall nachgeahmt, um vom Ruf des Weltblattes zu profitieren, so auch in New York. In der Redaktion der »Times« war auch die Schrifttype »Times Roman« erfunden worden. 1921 kontrollierten die drei Harmsworth-Brüder Lord Northcliffe, Lord Rothermere und Sir Lester Harmsworth die seinerzeit wahrscheinlich größte Zeitungsgruppe der westlichen Welt, deren Publikationen insgesamt eine Auflage von mehr als sechs Millionen erreichten.

Alfred Harmsworth war dafür bekannt, sich persönlich in die Berichterstattung einzumischen und die Inhalte seiner Zeitungen zu kontrollieren. Seine Redakteure mussten mit ihm politisch auf einer Linie liegen, sonst drohte ihnen die Entlassung.

Mit der steigenden Verbreitung seiner Zeitung wuchs sein Einfluss auf die öffentliche Meinung. Harmsworth war ein chauvinistischer Patriot, der von einer britischen Mission in der Welt überzeugt war. Vor allem im Vorfeld und während des Ersten Weltkriegs nutzte er seine Zeitungen, um Ressentiments gegen das deutsche Kaiserreich anzustacheln. Unverhohlene Kampagnen gegen das »Hunnenreich« waren in all seinen Blättern zu finden; er ließ Soldaten direkt von der Front von den Grausamkeiten des Krieges und Heldentaten der britischen Soldaten berichten.

Nach dem Kriegseintritt der USA im April 1917 zog eine Sonderabteilung des »Ministry of Information« in eine Londoner Stadtvilla ein. Im sogenannten »Crewe House«, nach seinem Besitzer benannt, richtete das Ministerium eine Propagandaabteilung für das feindliche Ausland ein. Primeminister Lloyd George übertrug die Leitung dieser Abteilung Harmsworth, nicht zuletzt um die Zeitungen der Fleet Street in die Kriegspropaganda einzubinden und auch nach innen zu wirken. Harmsworth erhielt für diese Arbeit Informationen aus dem »Ministry of Information«, dem Außen- und dem Kriegsministerium, der Admiralität, dem Schatzamt und dem »Stationery Office«, die er als Verleger nicht ohne weiteres bekommen hätte. Für die Propaganda gegen Deutschland zog Harmsworth den gefeierten Science-Fiction-Autor und Soziologen H. G. Wells heran, den er für besonders geeignet hielt, die mentale Lage in Deutschland zu schwächen. Trotz seiner Nähe zum damaligen Munitionsminister Winston Churchill erlangte er jedoch nie das volle Vertrauen der Führungspersönlichkeiten des Landes.

Die Bedeutung Harmsworths für die Entwicklung der Presse ergibt sich aus seiner konsequenten Einführung moderner Methoden im Zeitungswesen. Er bediente die Nachfrage nach Presseerzeugnissen zielgerichteter und konsequenter am Massengeschmack ausgerichtet als seine Konkurrenten. Durch Einführung neuer Layout-Techniken und die Einstellung von Redakteuren, die nicht selbst als Reporter auf Nachrichtensuche waren, revolutionierte er die Zeitungsherstellung. Harmsworth leitete die Ära der Pressebarone ein, jener Verleger, die despotisch über ihre Blätter herrschten, die öffentliche Meinung zu manipulieren wussten und dabei märchenhafte Reichtümer anhäuften. Harmsworth, der in seinen letzten Lebensjahren an Paranoia litt, starb 1922 im Alter von 57 Jahren an den Folgen eines Nervenzusammenbruchs.

Literatur

James Curran und Jean Seaton: Power Without Responsibility. The Press, Broadcasting, and New Media in Britain, 6. Aufl., London 2003.
Asa Briggs und Peter Burke: A Social History of the Media. From Gutenberg to the Internet, Cambridge 2002.
Sally J. Taylor: The Great Outsiders. Northcliffe, Rothermere and the Daily Mail, London 1996.
Charles Wintour: The Rise and Fall of Fleet Street, London 1989.
Stephen Koss: The Rise and Fall of the Political Press in Britain, London 1981.

KAI BURKHARDT

Hearst, William Randolph

* San Francisco, 29. April 1863, † Beverly Hills, 14. August
1951. Hearst setzte seine Medienmacht strategisch für politische Zwecke ein und gilt als Urbild des Medienmoguls. Orson
Welles diente er in dem Film »Citizen Kane« als Charakter-
vorlage.

Hearst hat als einer der ersten Unternehmer die synergetischen
Möglichkeiten eines Medienkonzerns erkannt und gehört zu
den Begründern des Sensationsjournalismus. Er entwickelte
immer neue Formen der emotionalen Ansprache und war ein technischer Erneuerer. Hearst ist das Urbild eines Medientycoons mit
politischen Ambitionen. Vor allem aber hat er als Erster das ganz
große Geschäft in der Zeitungsbranche zu machen vermocht.

William Randolph Hearst war von Haus aus vermögend, sein
Vater zählte als Minenbesitzer zu den reichsten Männer der USA
und hatte dem Sohn beträchtliche Summen hinterlassen. So war
Hearst auf einen Broterwerb nicht angewiesen und hätte sich
als Privatier niederlassen können. Stattdessen konzentrierte er
sich auf einen kleinen Teil des väterlichen Besitzes und investierte seine ganze Kraft in eine mittelgroße Zeitung San Francis-
cos, den »San Francisco Examiner«, den er 1887 verantwortlich
übernahm.

Der junge Hearst entwickelte ein sehr ausgeprägtes Gespür dafür,
wie ein Blatt aussehen muss, um erfolgreich zu sein. Auf der ersten
Seite platzierte er aufwendige Illustrationen und verwandte große
Sorgfalt auf das Layout, die Papierqualität und die Drucktechnik.
Aus Rücksicht auf das Gesamtbild gab es auf der Titelseite keine
Werbung. Abgedruckt war aber die Auflagenzahl. So konnten
Unternehmer täglich sehen, wie wertvoll ein Inserat im Inneren
der Zeitung war.

Hearst hielt es für das Entscheidende, auf die Zeitung aufmerksam zu machen, zur Not unter Einsatz der eigenen Person. Er trat
großspurig und geradezu skandalös verschwenderisch auf. Seine

Zeitung sollte die Leser zudem emotional ansprechen. Kriminalgeschichten, Sportnachrichten und Sensationsmeldungen gehörten ebenso zum festen Bestandteil wie das Verwenden eines klaren Freund-Feind-Schemas. Zeitungen aus sekundären Gründen zu subventionieren, wie sein Vater es tat, kam nicht infrage. Eine Zeitung musste Gewinn abwerfen.

Er investierte in Vertriebsstrukturen, in internationale Nachrichten, gute Illustratoren und herausragende Journalisten. Er reiste nach New York und warb um die besten Mitarbeiter. Dabei war Geld sicher ein gewichtiges Argument, aber er musste mehr bieten. Wer für ➤ Joseph Pulitzers Zeitungen oder andere erfolgreiche Blätter der Ostküste schrieb, war mit Geld allein nicht zu überzeugen. Hearst konnte mitreißen, und nicht wenige Spitzenjournalisten, die er Ende der 1880er Jahre anwarb, arbeiteten ihr ganzes Leben für ihn. Ohne eine überzeugende publizistische Vision wäre ihm das nicht gelungen.

Hearst ist daher nicht als ein Mann des Boulevards zu betrachten, obschon der Begriff des *yellow journalism* fest mit seinem Namen verbunden bleibt. Der Journalismus der ➤ New York Times, mit seiner sachlichen, an überprüfbaren Fakten ausgerichteten Berichterstattung, ist ebenso wie der Boulevardjournalismus in seiner heutigen Form eine Erfindung späterer Zeit. Er geht nicht auf Hearst oder Pulitzer, sondern auf den Engländer ➤ Alfred Harmsworth zurück, der mit seinen Zeitungen »Daily Mail« und »Daily Mirror« zum erfolgreichsten Presselord Großbritanniens wurde.

Hearst bediente das Leser-Bedürfnis nach Unterhaltung, verfügte aber über ein eigenes Weltbild, das ihm im Laufe der Zeit ebenso wichtig wie seine Geschäftsinteressen wurde. Als in den USA die ersten Zeitungen erschienen, die hauptsächlich aus Bildern bestanden, kritisierte er diese Entwicklung. Nur unter Widerwillen, vom Erfolg der Konkurrenz gezwungen, brachte er ein eigenes Tabloid-Format heraus. Bezeichnenderweise war es kein Erfolg. Eine Zeitung mit vielen Bildern, wenig sachlichen Informationen, ohne Kolumnen und vor allem ohne Editorials war nicht nach seinem Geschmack. Er war ein politischer Verleger.

Darum war Hearst noch lange kein Intellektueller. Er dachte in einfachen Kategorien, was vermutlich einen Teil seines Erfolges ausmachte. Die Einteilung der Welt in Gut und Böse gehörte zum Geschäft. Seine Zeitungen machten sich mit ihren Lesern gemein, indem sie den Kampf gegen Trusts, Korruption sowie die Angst vor einer asiatischen Überfremdung zu Leitmotiven der Berichterstattung erhoben. Später ließ Hearst kommunistische Einflüsse bekämpfen und bereitete mit seinen Zeitungen die Atmosphäre der McCarthy-Ära vor.

1895 wagte er den Schritt nach New York und kaufte das »New York Morning Journal«. Auf dem umkämpften Zeitungsmarkt der Metropole musste er sich vor allem gegen sein großes Vorbild Pulitzer behaupten. Er erkannte die propagandistischen Möglichkeiten der Kuba-Krise 1896 und setzte erhebliche finanzielle Mittel ein, um den Konflikt zwischen den USA und Spanien zu schüren. Mit fingierten Geschichten unterhielt er seine Leser und fragte im Mai 1898 auf der Titelseite: »How do you like the Journal´s war?«

Die Öffentlichkeit war in Bezug auf seine Person und seine Ansichten polarisiert, was Hearst aber nicht störte. Risiken sowohl finanzieller als auch politischer Art nahm der Spieler und Abenteurer in Kauf. Er engagierte Benito Mussolini, Adolf Hitler, und – da Hitler unzuverlässig war und ständig Abgabetermine versäumte – Hermann Göring als Autoren. Hearst war der Ansicht, nichts sei dem Verkauf zuträglicher, als die Diktatoren in seinen Zeitungen schreiben zu lassen.

Seine deutschfreundliche und antibritische Haltung war der Grund dafür, dass er sich bei der Kriegsberichterstattung in den Wochenschau-Beiträgen fast ausschließlich auf deutsches Filmmaterial stützte. Dass er in New York deshalb britische und jüdische Leser verlor, schreckte ihn nicht.

In den 1920er Jahren war Hearst bereits ins Filmgeschäft eingestiegen. Er betrieb Produktionsfirmen und ein großes Studio, kaufte Zeitschriften, Zeitungen, Radiostationen, Bilddienste und Nachrichtenagenturen. Er sicherte sein Unternehmen, indem er die verschiedenen Medien untereinander vernetzte. Gute Geschichten wurden zu Drehbüchern oder Radiobeiträgen. Kabeldienste versorgten die Blätter mit internationalen Nachrichten, Bilddienste belieferten Magazine und Wochenschauen. Die eigenen Medien warben für Serien, Dokumentationen und Trickfilme aus der Produktion. Die Auflagen litten zwar unter dem einheitlichen Erscheinungsbild aller Hearst-Medien, finanziell zahlte sich das Konzept aber aus.

Seine Zeitungen kontrollierte er als Geschäftsführer, Chefredakteur und Autor von Leitartikeln in Personalunion. Alle Medien verfolgten dieselbe politische Linie, die entweder er selbst oder der zweite Mann des Unternehmens, Arthur Brisbane, bestimmte. Hearsts Versuch einer politischen Karriere ist ohne diese mediale Unterstützung nicht denkbar, und der Einfluss seiner Medien auf die Präsidentschaftswahlen der USA in den ersten Jahrzehnten des 20. Jahrhunderts führte zu Überlegungen, seine Meinungsmacht gesetzlich zu regulieren.

Hearst war sich seiner Möglichkeiten durchaus bewusst. Zwar weigerte er sich, 1901 die Schuld an der Ermordung des amerikanischen Präsidenten William McKinley zu übernehmen, die ihm weite Kreise gaben, weil seine Zeitungen die Bevölkerung gegen diesen aufgewiegelt hätten. Gleichwohl spricht für sein erhebliches Selbstbewusstsein, dass er Lord Northcliffe 1914 vorschlug, den beginnenden Weltkrieg mithilfe der »United Press« zu verhindern, und dass er 1940 den ehemaligen britischen Premier Lloyd George bat, mit ihm zusammen zu versuchen, den Zweiten Weltkrieg zu beenden.

Die Wahlen zum Bürgermeister von New York City 1905 und die zum Gouverneur des Staates New York 1906 verlor Hearst trotz seines Einflusses. Seine Macht reichte auch nicht aus, einen Außenseiter wie John N. Garner zum Präsidenten zu machen, den er 1932 zu seinem persönlichen Kandidaten kürte. Ohne Hearsts Unterstützung war es aber erst recht schwierig, eine Wahl zu gewinnen, was nicht nur Roosevelt zu spüren bekam.

Meinungsvielfalt gehörte nicht zu Hearsts Idealen. Der »Chef« hatte keine Skrupel, abweichende Meinungen in seinen Häusern zu unterbinden. Redaktionsmitglieder, die einer Pressegewerkschaft beitraten oder seine Vorgaben missachteten, wurden entlassen. Seine unmittelbare Umgebung konnte sich seiner Unterstützung gleichwohl sicher sein, und er nutzte jede Gelegenheit, die Standesehre von Journalisten gegen Angriffe von außen zu schützen.

Die ganze Macht des Unternehmers zeigte sich im Vorgehen gegen den Film »Citizen Kane« von Orson Welles. Hearst störte sich vermutlich nicht einmal an der Darstellung seiner eigenen Person, sondern insbesondere an der Karikatur seiner Geliebten Marion Davies. Als weder persönliche Verbindungen noch Geld und Ränke den Film verhindern konnten, griff er zum äußersten Mittel: Er wies seine Medien an, den Film zu verschweigen.

Literatur

David Nasaw: The Chief. The Life of William Randolph Hearst, Boston 2000.

W. A. Swanberg: Citizen Hearst. A Biography of William Randolph Hearst, New York 1961.

Edmond Coblentz: William Randolph Hearst. A Portrait in His Own Words, New York 1952.

William Randolph Hearst: Selections From the Writings and Speeches of W. R. Hearst, hg. von E. F. Tompkins, San Francisco 1948.

KURT KOSZYK

Hugenberg, Alfred

* Hannover, 19. Juni 1865, † Kükenbruch (bei Rinteln),
12. März 1951. Hugenberg war von 1928 bis 1933 Führer
der »Deutschnationalen Volkspartei«. Er begründete einen
medienübergreifenden publizistischen Konzern und war
1933 kurzzeitig Wirtschaftsminister unter Adolf Hitler.

Der konservative Industrievertreter, deutschnationale Parlamentarier und alldeutsche Medienpolitiker Alfred Hugenberg verschaffte Adolf Hitler für dessen erstes Kabinett 1933 die Mehrheiten und hoffte, durch diese Verbindung seine eigenen Ziele verwirklichen zu können. Zeitweilig mag er geglaubt haben, die parlamentarische Praxis erfolgreich publizistisch unterwandern zu können. Nachdem er sich von Hitler zum Wirtschaftsminister hatte ernennen lassen, begriff er schnell, dass er nicht den erhofften Einfluss ausüben konnte. Schließlich ging es ihm nur noch darum, seinen Medienbesitz zu retten.

Hugenberg beendete 1891 sein Studium der Rechtswissenschaft und der Nationalökonomie mit einer Dissertation zu dem Thema »Innere Colonisation im Nordwesten Deutschlands«. Im gleichen Jahr war er Mitbegründer des »Allgemeinen Deutschen Verbandes« (ab 1894 »Alldeutscher Verband«), der zum Sammelbecken nationaler Kreise wurde, wobei er selbst im Hintergrund agierte. Nach Stationen im Oberpräsidium Kassel, als Verbandsfunktionär und im Bankenwesen der Provinz Posen, wechselte er 1903 in das Preußische Finanzministerium. Von dort aus sammelte er Anhänger einer Germanisierungspolitik im Hugenbergschen »Freundeskreis«, dem auch bedeutende Industrielle wie Emil Kirdorf, Hugo Stinnes und Wilhelm Hirsch angehörten. Die persönlichen Verbindungen des Kreises brachten ihn bis ins Direktorium des Essener Krupp-Konzerns, dessen Vorsitz er von 1909 bis 1918 innehatte, und verschafften ihm erheblichen Einfluss auf die Arbeitgeberverbände.

Der 1902 entstandene »Posensche Raiffeisenbote« (mit einer täglichen Auflage von 12.000) war Hugenbergs erstes Zeitungsprojekt.

Das Ergebnis der Reichstagswahl von 1912 mit dem Anwachsen der SPD-Mandate veranlasste Hugenberg, für die preußischen Landtagswahlen einen Wahlfonds der Ruhrindustrie zu gründen. Das war die Keimzelle der Presse-Initiativen Hugenbergs. Mit siebzehn »Freunden« aus der Industrie gründete er im März 1914 die »Ausland GmbH« in Essen, die über Anzeigenaufträge die Presseberichterstattung beeinflussen sollte. Das Unternehmen hieß seit Juli 1917 »Allgemeine Anzeigen GmbH« (ALA). Hugenberg hatte schon zuvor bei Krupp einen Nachrichtendienst aufbauen lassen, der 1913 beim Korruptionsprozess gegen Krupp-Mitarbeiter seine Bewährungsprobe bestand.

Der größte Teil der deutschen Presse bestand damals aus kleinen, wirtschaftlich schwachen Blättern. Im Krieg stiegen wegen der Rohstoffpreise die Herstellungskosten um das Doppelte, wodurch viele Presseerzeugnisse in finanzielle Schwierigkeiten gerieten. Die Hugenberg-Unternehmen bildeten durch ständige Zukäufe aus diesen finanzschwachen Blättern ein Presse- und Verlagsimperium. Als außerordentlich wirksam erwiesen sich dabei die vierteljährlichen Beitragszahlungen der Schwerindustriellen. Hugenberg kaufte die »Telegraphen Union« (TU), den Berliner »Scherl-Verlag« und kleinere konservative Zeitungen. Die Übernahme der »Deutschen Zeitung« (Berlin) im Jahr 1917 sollte vor allem den Einfluss des liberalen Berliner Zeitungshauses Mosse beschränken. Die 292 an der ALA beteiligten Gesellschafter (1918), darunter 62 Verleger, waren keineswegs ausschließlich deutschnational orientiert. Über die Anzeigeneinnahmen und indirekt über die TU-Nachrichten gelangte Hugenberg gegenüber liberalen und Zentrums-Zeitungen in eine Schlüsselposition.

Während der Krise der Nachkriegsjahre gründete Hugenberg eine Hilfsgemeinschaft für vierzehn Regionalzeitungen, die von der 1922 gegründeten »Wirtschaftsstelle für die Provinzpresse« (Wipro) mit Matern beliefert wurden, während die TU für die Grundversorgung mit Nachrichten sorgte. (Matern sind vorgefertigte Nachrichten und Kommentare, die gesetzt geliefert und am Ort nur noch ausgegossen werden. Das teure Setzen entfällt, wovon die finanzschwache Provinzpresse profitiert.) Vertrieb und Anzeigengeschäft waren bereits im Oktober 1917 der »VERA Verlagsanstalt GmbH« übertragen worden.

Schließlich wandte sich Hugenberg auch dem neuen Medium Film zu. Dem von der Leipziger »Illustrierten Zeitung« kommenden Ludwig Klitzsch übertrug er 1920 die Leitung des »Scherl-Verlags« und 1927 die der »Universum-Film AG« (Ufa), die 1917 ein Jahr nach der »Deutschen Lichtspielgesellschaft e. V.« entstanden war. 1918 bei Krupp ausgeschieden, konzentrierte Hugenberg seine persönlichen Aktivitäten auf die parlamentarische Arbeit für die im gleichen Jahr gegründete »Deutschnationale Volkspartei« (DNVP), insbesondere aber auf den »Deutschen Verlagsverein«, aus dessen geschäftsführendem Ausschuss er Mitglieder, die ihm unangenehm waren, ausschließen ließ. Die Macht Hugenbergs wurde nun zunehmend kritisch gesehen. Die Öffentlichkeit war im Unklaren darüber, was der Verlagsverein mit den nicht unbeträchtlichen Gewinnen finanzierte und welche Konstruktionen Hugenberg zu politischen Zwecken benutzte. Er selbst argumentierte, es sei darum gegangen, in der Inflationskrise Medien nicht »an die einzigen großen Pressemächte« fallenzulassen, die es in Deutschland gebe: Ullstein, Mosse und die »Frankfurter Zeitung«. Die politischen Tendenzen dieser liberalen Blätter kamen freilich sehr viel zurückhaltender zum Ausdruck als die der Hugenberg-Presse. Mit seiner Informationsmacht gelang es ihm und der DNVP, Animositäten gegen die Weimarer Republik zu schüren, was am Ende der NSDAP zugutekam. Im Oktober 1931 bildete sich auf Initiative Hugenbergs aus DNVP, NSDAP, dem »Stahlhelm« und dem »Alldeutschen Verband« das gegen das Kabinett Brüning gerichtete Bündnis »Harzburger Front«. Es zerfiel schon 1932 wieder im Streit um die Kandidatur zur Wahl des Reichspräsidenten, die zu einem Kampf der Presseorgane wurde. Die Organisation der DNVP löste sich auf, nachdem Hugenberg von seinem Ministeramt am 26. Juni 1933 zurückgetreten war. Angeblich aber hatte der Vorsitzende der DNVP mit Hitler ein »Freundschaftsabkommen« abgeschlossen, sodass sein Konzern zunächst nicht angetastet wurde – der politischen Entmachtung Rechnung tragend, verkaufte Hugenberg ihn jedoch zwischen 1933 und 1935 sukzessive; 1937 gab er schließlich auch die Ufa-Aktien frei, er verkaufte sie an eine Holding-Gesellschaft des NS-Staates. Beim »Scherl-Verlag« blieb er nach der gesetzlichen Umbildung der GmbH in eine KG persönlich haftender Gesellschafter. Sein lukrativstes Objekt war ab 1939 die Luftwaffen-Zeitschrift »Der Adler« mit 1943 wöchentlich 2,3 Millionen Exemplaren. Um weiteren Pressionen auszuweichen, erklärte sich der 79-Jährige am 1. Juni 1944 bereit, »in Übereinstimmung mit meinen Freunden« über den Verkauf von Scherl zu verhandeln. Angesichts der drohenden Niederlage ließ sich Hugenberg den Deal unter anderem mit Aktien aus dem Besitz des emigrierten, ausgebürgerten, schließlich in Frankreich 1940 doch noch gefassten und ins KZ eingelieferten Fritz Thyssen finanzieren. In der Nachkriegszeit ergab sich daraus ein langandauernder Rechtsstreit, dessen Ende weder der am 8. Februar 1951 verstorbene Thyssen noch der am 12. März 1951 verstorbene Hugenberg erlebten; im April 1970 kam es vor der Zweiten Zivilkammer des Bundesgerichtshofs in Karlsruhe zu einem Vergleich. Der »vergessene Führer« Hugenberg (Wernecke/Heller) kam posthum noch einmal zu Ehren, als der damalige RTL-Chef Helmut Thoma in den 1990er Jahren die »Kirch-Gruppe« in medienpolitischer Hinsicht mit dem Hugenberg-Konzern verglich.

Literatur

Hermann Weiß und Paul Hoser (Hg.): Die Deutschnationalen und die Zerstörung der Weimarer Republik. Aus dem Tagebuch von Reinhold Quaatz 1928–1933, München 1989.

Klaus Wernecke und Peter Heller: Der vergessene Führer. Alfred Hugenberg. Pressemacht und Nationalsozialismus, Hamburg 1982.

Heidrun Holzbach: Das »System Hugenberg«. Die Organisation bürgerlicher Sammlungspolitik vor dem Aufstieg der NSDAP, Stuttgart 1981.

Dankwart Guratzsch: Macht durch Organisation. Die Grundlegung des hugenbergschen Presseimperiums, Düsseldorf 1974.

Kurt Koszyk: Deutsche Presse 1914–1945, Berlin 1972.

GANGOLF HÜBINGER

Intellektuelle

Lat. »intellegere« bedeutet: einsehen, verstehen. Der
Begriff Intellektueller hat seit ➤ Émile Zola, anders als etwa
die »Intelligenz«, die politische Bedeutung eines eingreifend
auftretenden Redners oder Publizisten.

Im weitesten Sinne bezeichnet der Begriff Intellektuelle alle Personen, die einen geistigen Habitus pflegen. Enger gefasst benennt
man mit ihm Personen, die künstlerischen, wissenschaftlichen
oder religiös-philosophischen Berufen nachgehen und als Kritiker ungerechter Sozialordnungen, Schöpfer politischer Utopien
oder Experten für die Rationalisierung von Weltbildern agieren.
Intellektuelle kämpfen für die Durchsetzung von Ideen und betreiben deren mediale Zirkulation. Sie forcieren die Streitkultur einer
Gesellschaft und gelten als Spezialisten in der Kommunikation
symbolischer Güter und Werte. Ihre öffentliche Wirkung entfalten
sie durch die Macht des Wortes in mündlicher oder schriftlicher
Form. Wesentliches Merkmal ist die »relative Autonomie« (Pierre
Bourdieu) gegenüber den herrschenden Eliten, mit der sich Intellektuelle in die Probleme ihrer Zeit einmischen. Sie übertragen
dabei die Autorität, die sie als Schriftsteller, Fachwissenschaftler
oder Journalisten erworben haben, auf das Feld der öffentlichen
Kontroversen um die Belange des Gemeinwesens.

In den positiven Selbstkennzeichnungen als Sprecher für »Wahrheit und Gerechtigkeit« wie in den negativen Zuschreibungen der
»zersetzenden Kritik« konnte der Begriff Intellektueller im Verlauf
der Geschichte in den verschiedenen Gesellschaften sehr unterschiedliche Bedeutungen erlangen. *Les intellectuels, intellectuels,*
Intelligenz, *intelligencija* stehen in spezifischen nationalkulturellen
Traditionen, aber im Laufe des 20. Jahrhunderts kommt es zu einem
immer stärkeren internationalen Transfer in der Verwendung
des Begriffs wie in der Ausprägung von sozialen Rollenmustern.

Intellektuelle als literarisch gebildete Weltdeuter sind ein uni-
versalgeschichtliches Phänomen. Sie erscheinen als konfuzia-

nischer Literatenstand, als altisraelitische Propheten, als antike Polis-Intellektuelle. Dem mittelalterlichen Intellektuellen hat Francesco Petrarca den Weg gewiesen, als sprachmächtiger Dichter, politischer Grenzgänger und Meister der Selbstvermarktung. Im konfessionalistischen Europa der frühen Neuzeit dominierte der Religionsintellektuelle vom Typus John Toland, der orthodoxes Denken in heterodoxes überführte. Am Vorabend der Französischen Revolution demonstrierten die Enzyklopädisten um Denis Diderot, wie sich Wissen und Kritik mit Gewinn verkaufen ließ. Im 19. Jahrhundert stiftete Johann Gottlieb Fichte den Zusammenhang von nationaler Selbstbehauptung und dem Gemeinschaftsideal des Staatssozialismus. ➤ Karl Marx avancierte zum folgenreichsten Analytiker kapitalistischer Wirtschaft und Ideengeber sozialrevolutionärer Utopien.

Viele dieser denkerischen Grundmuster kehrten in den weltweiten Intellektuellen-Kulturen des 20. Jahrhunderts wieder. Gleichwohl wird die Dreyfus-Krise (➤ Émile Zola) in Frankreich nicht zu Unrecht als symbolische Geburtsstunde der modernen Intellektuellen herausgehoben, und als Kernzeit intellektueller Wirkungsmacht gilt die Epoche zwischen 1890 und 1930. Als Antwort auf Émile Zolas berühmtes »J'accuse« in der Zeitschrift »L'Aurore« diskriminierte Maurice Barrès in »Le journal« die Dreyfusards als »Intellektuelle« und rief zu einer nationalistischen Sammlungsbewegung auf, der die Mehrzahl der Universitätsprofessoren folgte. Bereits im gleichen Jahr zeichnete Émile Durkheim in der »Revue bleue« eine positive Figur des Intellektuellen als Gesellschaftsanalytiker. Seitdem beherrscht die Diskussion über Links- und Rechts-Intellektuelle die französische Zeitgeschichte; Michel Winock teilt das 20. Jahrhundert auf in die »Ära Barrès«, die »Ära Gide« und die »Ära Sartre«.

In der neuen Klangfärbung des öffentlichen Sprechers für Wahrheit und Gerechtigkeit zirkuliert der Begriff Intellektuelle seit dem Ende des 19. Jahrhunderts fast gleichzeitig in allen europäischen Großstädten von Paris über London oder Berlin bis St. Petersburg. In Großbritannien fand der Begriff *intellectuals* ebenfalls um die Jahrhundertwende Eingang in die Medien über die sozialistische »Fabian Society« und die Zeitschrift »New Statesman«. Ein Gegengewicht bildete die »Bloomsbury Group« um Virginia und Leonard Woolf und die »Hogarth Press«. In Deutschland führte ➤ Max Weber zu Beginn des 20. Jahrhunderts den Idealtypus des Intellektuellen in die religionssoziologische Debatte ein; im deutschen Sprachraum konkurrierte »Intellektueller« oft als negativ besetztes Wort mit dem positiv konnotierten »Geistigen« oder dem »Gebildeten«. Bevorzugt wurde »Intelligenz« für die akademisch nobilitierten Bildungsschichten. Nicht nur als gehobene Bürgerlichkeit der Ärzte, Ingenieure, Schriftsteller und Dozenten, vielmehr als politisch hochmotivierte Gesinnungsgemeinschaft quer durch alle Stände verstand sich die russische *intelligencija*. Sie vereinte der Dienst am Volk mit dem Ziel, die autokratische Zarenherrschaft zu beseitigen. Nach der Revolution von 1905/1906 polarisierte sich die *intelligencija* in eine demokratisch-konstitutionelle Bewegung mit der selbstkritischen Bestandsaufnahme der »Vechi« (Wegzeichen, 1909) und eine Bewegung radikalisierter Kapitalismus- und Bürgertumskritik. Die Oktoberrevolution von 1917 hatte Exil, Diskriminierung und Instrumentalisierung zur Folge.

Das Selbstbewusstsein, die Avantgarde der europäischen Moderne zu verkörpern, konnte sich im politischen Gebrauch der Medien in ganz konträre Richtungen entwickeln. In den Kulturkämpfen der 1920er Jahre bildete sich ein dreipoliges Spannungsfeld intellektueller Streitkultur aus. Für eine liberale Verfassungskultur traten so unterschiedliche Republikaner ein wie der Naumann-Schüler Theodor Heuss, Walther Rathenau, Max Weber oder Ernst Troeltsch. Für deren sozialistische Überwindung kämpften unter systematischem Einsatz der Medien als Journalisten und Politiker Rudolf Hilferding und Willy Münzenberg, als Philosoph Karl Korsch oder als expressionistischer Dichter Bertolt Brecht. Den geistesaristokratischen Gegenpol bildeten die so bezeichneten »konservativen Revolutionäre«: der George-Kreis, der »Tat«-Kreis, Oswald Spengler, die Brüder Ernst und Friedrich Jünger oder ➤ Carl Schmitt, der 1933 die Bücherverbrennungen begrüßte und für sich selbst einen Freiraum als NS-Intellektueller beanspruchte. »Organische Intellektuelle« nannte Antonio Gramsci den Typus des geistigen Verstärkers eines politischen Systems – im Gegensatz zur Rolle des »Störungsfaktors«, die Joseph A. Schumpeter in einer kritischen Bilanz während des Zweiten Weltkriegs als soziologisches Hauptmerkmal des Intellektuellen ausmachte.

Nach 1945 korrespondierten mit der Welle neuer intellektueller Sammlungsbewegungen neue Zeitschriftengründungen. Um den »Monat« gruppierten sich ehemalige radikalsozialistische und jetzt antisowjetische Autoren wie Arthur Koestler. Um die von Eugen Kogon und Walter Dirks gegründeten »Frankfurter Hefte« organisierte sich das linkskatholische Milieu, um den »Ruf« die »Gruppe 47« mit Hans Werner Richter und dem jungen Günter Grass. Als späte »intellektuelle Gründung der Bundesrepublik« wurde die »Frankfurter Schule« der Sozialforschung um Theodor W. Adorno, Max Horkheimer und Herbert Marcuse nicht zuletzt deshalb bezeichnet, weil sie im Vorfeld der studentischen Revolutionswellen von 1968 durch Bücher-, Rundfunk- und Fernsehhoheit zu einer öffentlichen Macht aufsteigen konnte.

Die neuere Intellektuellen-Forschung, vornehmlich in Frankreich, konzentriert sich auf vier Aspekte:

1. *lieux et réseaux de sociabilité*, also Medien, Institutionen und gesellschaftliche Kommunikationsnetze, 2. *générations*, Alterskohorten mit ihren spezifischen Erfahrungen und Lebensformen, 3. *itinéraires*, Biografien und Karrierewege, 4. *moments*, die Anlässe und Wirkungen des öffentlichen Engagements.

Intellektuellen-Geschichte ist immer zugleich eine Geschichte des Strukturwandels medialer Öffentlichkeit (➤ Jürgen Habermas). Die »Leserevolution« um 1900 führte in allen Industrienationen zu Steigerung und Vielfalt der Presse- und Buchlandschaft. Der Siegeszug des TV eröffnete in der zweiten Hälfte des 20. Jahrhunderts eine neue Konkurrenz zwischen geschriebenem und gesprochenem Wort und kreierte Fernseh-Intellektuelle wie Bernard-Henry Lévy in Frankreich oder A. J. P. Taylor in Großbritannien. Aber auch im digitalen Zeitalter hält sich die ureigene Form der Intellektuellen-Kommunikation, das »Manifest«. Jürgen Habermas und Jacques Derrida, die beiden Repräsentanten der deutschen und französischen *philosophie engagée*, haben es anlässlich des Irak-Krieges 2003 in ihrem Aufruf zu Europas »Erneuerung« aus dem Geist der intellektuellen Selbstmobilisierung in der internationalen Presse demonstriert. Dem in den 1980er Jahren einmal ausgerufenen »Tod des Intellektuellen« durch die Unterhaltungsindustrie war zu diesem Zeitpunkt längst seine weltweite Wiederkehr als »kollektiver Intellektueller« (Pierre Bourdieu)

im Streit um religiöse Weltanschauungen, sozialstaatliche Ordnungen, Kriegsinterventionen und die Weltordnungspolitik des
21. Jahrhunderts gefolgt.

Literatur

Stefan Collini: Absent Minds. Intellectuals in Britain, Oxford 2006.

Gangolf Hübinger: Gelehrte, Politik und Öffentlichkeit. Eine Intellektuellengeschichte, Göttingen 2006.

Denis Sdvižkov: Das Zeitalter der Intelligenz. Zur vergleichenden
Geschichte der Gebildeten in Europa, Göttingen 2006.

Michel Leymarie und Jean-Francois Sirinelli (Hg.): L'histoire des intellectuels aujourd'hui, Paris 2003.

Jacques Juillard und Michel Winock (Hg.): Dictionnaire des intellectuels
français. Les persons, les lieux, les moments, 2. Aufl., Paris 2002.

HANS J. KLEINSTEUBER

Internationale Medienpolitik

Grundlage nationaler und europäischer Medienpolitik sind
durchsetzbare Rechtsstandards. Im Gegensatz dazu findet
in der globalen Medienpolitik das eher »weiche« Völkerrecht
Anwendung. Durch Regierungen gebildete Weltorganisationen wie die Vereinten Nationen (UN) stehen im Vordergrund.
Politische Entscheidungen kommen zumeist auf langwieri-
gen Verhandlungswegen zustande.

Bereits im 19. Jahrhundert wurden Weltorganisationen etabliert,
die für Fragen der Medien und Kommunikation zuständig waren.
Die älteste steht für die Kooperation nationaler Kommunikati-
onsunternehmen zur Schaffung eines globalen Netzes: der 1865
gegründete »Internationale Telegraphenverein«, heute bekannt
unter dem Namen »International Telecommunication Union«
(ITU). Unter der Ägide der ITU finden zum Beispiel regelmäßig
Wellenkonferenzen statt (zuletzt die »Regional Radiocommuni-
cations Conference 2006« – RRC 06), auf denen Sendefrequenzen
international koordiniert werden. Zum Schutz geistiger Rechte
ist heute die »World Intellectual Property Organization« (WIPO)
tätig, ihre Wurzeln führen zurück bis ins Jahr 1883. Der WIPO
gehören (2007) 184 Staaten an, noch einmal etwa dieselbe Zahl
von Nichtregierungsorganisationen (NGOs) ist dort akkreditiert.
Die lange Geschichte dieser »alten« Weltorganisationen verdeutlicht, dass die Fixierung auf die Vorstellung problematisch ist, Globalisierung sei ein Prozess der letzten Jahrzehnte.
 Nach 1945 wurde eine neue, dichtere Landschaft globaler Organisationen geschaffen. Im Umfeld der UN ist vor allem die »UN
Educational, Scientific and Cultural Organization« (UNESCO) von
zentraler Bedeutung. Ein erster Vorstoß für eine globale Medienpolitik fand dort in den 1970er Jahren statt: Nach massiver Kritik
an den bestehenden, von wenigen westlichen Nachrichtenagenturen beherrschten Kommunikationsströmen in der Welt forderte
eine Koalition von Staaten der Zweiten (also der realsozialisti-

schen, zum Einflussbereich der Sowjetunion gehörenden) und der Dritten Welt eine »New World Information and Communication Order« (NWICO), die in einer UNESCO-Deklaration von 1978 ihren Niederschlag fand. Darin wurde verlangt, Ungleichheiten im Informationsfluss zu berichtigen (Art. VI). Der Westen lehnte dies als Staatseingriff in die Medienfreiheit ab und vertrat dagegen das Prinzip eines von Regierungen ungehinderten globalen »Free Flow of Information«. Nachdem die westliche Position überstimmt worden war, verließen wesentliche Geldgeber wie die USA und Großbritannien die UNESCO, die sich nach dieser Krise lange Zeit vom medienpolitischen Terrain fernhielt. Stattdessen setzte sie auf nichtkontroverse internationale Medienhilfe, etwa mit dem Projekt »International Programme for the Development of Communication« (IPDC), das weltweit freie und plurale Medien fördert, einen Beitrag für die Stärkung demokratischer Prinzipien leisten will und auch *community media*, also regionale Mediennetzwerke, einbezieht.

Eine andere Organisation ist die Weltbank, die sich vor allem für die Überwindung des digitalen Rückstands (*digital divide*) der Entwicklungsländer einsetzt, etwa mit dem Programm »Information & Communications for Development« (IC4D).

In den 1990er Jahren stand die Welthandelspolitik mit dem für den ungehinderten grenzüberschreitenden Austausch von Medienprodukten und -dienstleistungen wichtigen multilateralen »General Agreement on Trade and Services« (GATS) von 1995 im Vordergrund. Damit wurden Medien auf handelbare Güter reduziert, kulturelle Faktoren spielten keine Rolle mehr. Vor wenigen Jahren trat die UNESCO erneut auf den Plan, als sie damit begann, ein »Übereinkommen zum Schutz und zur Förderung der Vielfalt kultureller Ausdrucksformen« zu initiieren. Dieses Vertragswerk ist bewusst als Kontrapunkt gegen die Dominanz des liberalen Welthandelsregimes von GATS angelegt und betont die Notwendigkeit aktiver regionaler Medienpolitik (zum Beispiel für Deutschland die Notwendigkeit öffentlicher Rundfunkanbieter oder einer Filmförderungspolitik). Das Übereinkommen wurde im Oktober 2005 verabschiedet (mit Gegenstimmen der USA und Israel) und trat am 18. März 2007 in Kraft. Seine normsetzende Geltung ist allerdings strittig.

Unabhängig von der internationalen Bühne bemühen sich Nationalstaaten wie Deutschland mit eigenen Beiträgen, die globale Medienlandschaft weiterzuentwickeln. Wichtige Begriffe sind hier auswärtige Kulturpolitik und *public diplomacy*, beruhend auf der Vorstellung, dass mit »weichen«, also kulturellen oder publizistischen Faktoren die Selbstdarstellung in der Welt besonders glaubwürdig ist. Zentrale Organisationen sind dabei Auslandssender wie die »Deutsche Welle« (DW), nach dem Vorbild des britischen »BBC World Service« (➤ BBC), umfängliche Entwicklungsprogramme der deutschen politischen Stiftungen oder das Angebot, Journalisten aus der Dritten Welt weiterzubilden, etwa von der »DW Akademie« oder dem »International Institute for Journalism« der staatlichen Entwicklungshilfeorganisation »InWent«.

Zu den sich seit nahezu einhundertfünfzig Jahren international vernetzenden Staaten kommen in den vergangenen Jahrzehnten die beiden neuen Akteure Wirtschaft und Zivilgesellschaft hinzu. Im Bereich der Wirtschaft sind dies global agierende ➤ Medienkonzerne, die prinzipiell Anhänger eines liberalen Welthandelsregimes sind, in dem sie sich möglichst ungehindert bewegen können. Zu ihnen zählen vor allem US-Unternehmen wie ➤ Time Warner Inc. (das größte unter ihnen mit dem Weltnachrichtenkanal ➤ CNN), »Viacom« mit MTV, »Disney« mit starker Familienorientierung und ➤ Rupert Murdochs »News Corporation«, die unter anderem auf neueste Technologien setzt. Der größte europäische Akteur in dieser Runde ist die ➤ Bertelsmann AG aus Gütersloh.

Die Tätigkeit dieser Unternehmen hat einerseits zu einer Homogenisierung des Weltmedienkonsums geführt, wird allerdings seit Jahren auch von Regionalisierungen begleitet (der sogenannte »Glokalisierungsprozess«). So gibt es den Musikkanal MTV inzwischen in Dutzenden verschiedenen Sprach- und Musikvariationen. Zugleich reagieren örtliche Anbieter, indem sie mit regionalen Formaten auf die Weltprogramme antworten, etwa auf CNN mit Nachrichtenkanälen im arabischen (➤ »Al Dschasira« und andere) oder lateinamerikanischen (*Telesur*) Sprachraum.

Seit Beginn der 1990er Jahre sind weltweit Organisationen auf den Plan getreten, die aus der Mitte der Zivilgesellschaft heraus gegründet wurden. Ihr globaler Aufstieg war eng mit den Weltkonferenzen der UN verbunden, etwa zu Umwelt- oder Frauenfragen.

In der Tradition dieser Konferenzen standen unter anderem die Weltgipfel zur Informationsgesellschaft (»World Summit on the Information Society«, WSIS) in Genf (2003) und Tunis (2005), bei denen viele NGOs ihre spezifischen ideellen Forderungen einbrachten. Tatsächlich hat sich die Szene der global tätigen NGOs stark ausgeweitet. So kümmert sich zum Beispiel die »Association Mondiale des Radiodiffuseurs Communitaires« (AMARC) mit Programmen wie »Voices without Frontiers« um die Förderung und weltweite Vernetzung von *community radios*. Andere Organisationen wie beispielsweise »Indymedia« – eine lose Vernetzung nationaler Informationsportale mit alternativen Inhalten aus der Szene der Globalisierungskritiker (»Attac« et cetera) – zielen auf die Weltnachrichtenversorgung ab. Organisationen wie die »International Federation of Journalists« (IFJ) oder »Reporter ohne Grenzen« mischen sich immer selbstbewusster in die internationale Medienpolitik ein, fordern zum Beispiel Medienfreiheit sowie ein offenes ➤ Internet und lehnen ➤ Zensur und staatliche Gängelung ab.

Da in der internationalen Politik einseitige Entscheidungen kaum durchsetzbar sind, ist eine Kultur der horizontalen Kooperation zwischen Akteuren aus Staat, Wirtschaft und Gesellschaft entstanden, die gemeinsam nach dem Prinzip des kleinsten gemeinsamen Nenners operieren. So berichtete 2005 eine vom damaligen UN-Generalsekretär Kofi Annan eingesetzte »Working Group on Internet Governance« über Perspektiven der weltweiten Computernetze. Ein Zielpunkt dabei war eine potentielle Reform der »Internet-Regierung« ICANN (»Internet Corporation for Assigned Names and Numbers«), die für die weltweite Verwaltung der IP-Adressen zuständig ist, dem US-Handelsministerium untersteht und insbesondere dafür immer wieder heftig kritisiert wird (➤ Internet).

Es zeigt sich, dass das Feld der internationalen ➤ Kommunikationspolitik eine dynamische Entwicklung genommen und in relativ kurzer Zeit enorm an Bedeutung gewonnen hat. Mit dem Aufkommen neuer Akteure (Unternehmen, NGOs) ist zudem das Monopol staatlicher Verantwortung geschwunden und neue Formen der Zusammenarbeit (*global governance*), bei der alle einbezogenen Akteure gemeinsam um tragfähige Lösungen ringen, werden zunehmend wichtiger.

Literatur

Kai Hafez: The Myth of Media Globalization. Cambridge 2007.

Thomas L. McPhail: Global Communication. Theories, Stakeholders and Trends, Malden (MA) 2006.

Andreas Hepp u. a. (Hg.): Globalisierung der Medienkommunikation. Eine Einführung, Wiesbaden 2005.

Hans J. Kleinsteuber und Barbara Thomaß: »Kommunikationspolitik international – Ein Vergleich nationaler Entwicklungen«, in: Hans-Bredow-Institut für Medienforschung (Hg.): Internationales Handbuch Medien 2004/05, Baden-Baden 2004, S. 88–109.

Miriam Meckel: Die globale @genda. Kommunikation und Globalisierung, Wiesbaden 2001.

GISELA SCHMALZ

Internet

Seit der Jahrtausendwende hat sich das Internet als Massenmedium durchgesetzt. Entscheidend dafür war die Entwicklung des Breitbandzugangs. Mitte der 1990er Jahre begann
die Gründerzeit der sogenannten »New Economy«, geprägt
von Computern und neuen Kommunikationsmedien. Ein
Regulierungsbedarf wird in Bereichen wie Qualitätssicherung,
Persönlichkeits- und Urheberschutz offenbar.

Der Begriff Internet, eine Kurzform für *interconnected networks*,
bezeichnet ein weltumspannendes Computernetz, das Rechner
und Teilnetze über ein gemeinsames Kommunikationsnetz verbindet. Das Internet hat weder einen lokalisierbaren Eigentümer
noch eine zentrale Leitung. Es gibt allerdings Institutionen zur
Überwachung von Standards und zur Koordination des Netz-
betriebes. Die globale Beobachtung des Internets übernimmt
zum Beispiel die »Internet Society« (ISOC). Als machtvollstes Gremium verwaltet die »Internet Corporation for Assigned Names
and Numbers« (ICANN) IP-Adressen und Domains. Diese ist über
Verträge eng mit dem US-Handelsministerium verbunden. Um
der US-Vormacht zu begegnen, riefen Regierungsvertreter aus 174
Staaten mit dem »Internet Governance Forum« (IGF) 2006 eine
Diskussionsgruppe unter Vorsitz von Kofi Annan ins Leben. Man
debattiert hier zwar, doch hat das Forum bislang keine konkreten
Eingriffsmöglichkeiten.

Ursprünglich als Kommunikationsnetz für wissenschaftliche
und militärische Institutionen entwickelt, mutierte das Internet
zum Medium der Massen und zum Motor weltweiten Wirtschafts-
wachstums. 1958 beauftragte das US-Verteidigungsministerium
die Agentur ARPA (»Advanced Research Projects Agency«) damit,
ein dezentrales Kommunikationsnetz zu schaffen, das auch nach
einem etwaigen Atomangriff noch funktioniert. Das ARPA-Net
operierte seit 1969 mittels *packet-switching*, der paketweisen
Datenübertragung. In den 1970er Jahren entwickelte man die frü-

hen Übertragungsprotokolle und Internetdienste weiter. Auf das »Host-Host-Protocol« des ARPA-Net folgten 1970 das »Network Control Protocol« (NCP), E-Mail (1971), »File Transfer Protocol« (FTP, 1973), »Transmission Control Protocol/Internet Protocol« (TCP/IP, 1978), das 1982 zum Standard wurde, sowie weitere Dienste, darunter das »Domain Name System« (DNS, 1984). Entscheidend für die Popularisierung des Internets war die Erfindung des »World Wide Web« (WWW) durch den Briten Tim Berners-Lee am Genfer Kernforschungszentrum CERN im Jahr 1989. Es wurde 1993 für die Öffentlichkeit freigegeben. Das WWW erlaubt über das Übertragungsprotokoll HTTP (»Hypertext Transfer Protocol«) mittels Hyperlinks verknüpfte Webressourcen zu verfolgen: das Surfen. Der erste Browser »Mosaic« machte Webserverdaten dann für jeden leicht am Bildschirm nutzbar.

Jahre nach dem Browserkrieg zwischen den Unternehmen »Netscape« und »Microsoft« dominiert »Microsoft« heute mit dem »Internet Explorer« den Browser-Markt und hat damit eine bedeutende *gatekeeper*-Funktion. Diese muss sich der Konzern zunehmend mit der *open source*-Gemeinschaft »Mozilla« (»Firefox«) teilen, deren Software gratis verfügbar ist und ständig weiterentwickelt wird.

Seit das Internet das ARPA-Net abgelöst hat und seitdem digitales Breitband erlaubt, größere Datenmengen zu übertragen, wachsen die Zahlen der Internet-Provider und -User sprunghaft. 1992 wurde der einmillionste Computer an das Internet angeschlossen. 1994 kam es zum ersten großen Konflikt durch Massen-Posting (Spam). Gab es 1995 noch knapp fünf Millionen Internet-Hosts, so Mitte 2006 bereits 440 Millionen. 1995 kam die erste Internet-Telefonie-Software und 1996 der »Microsoft Internet Explorer 2.0« auf den Markt. Allein im Mai 2007 sollen weltweit 772 Millionen Menschen online gewesen sein.

Nach dem Börsencrash, den vor allem der Niedergang junger Online-Unternehmen auslöste, bereinigte sich ab März 2000 der Internetmarkt. Der Crash bremste allerdings weder den technischen Fortschritt noch die Entwicklung neuer Nutzungsweisen von »I-Tunes« über Blogs bis zu »E-Government«. Während der technische Fortschritt voransprintet, schleppen sich jedoch die Debatten über soziologische, rechtliche und medienpolitische Aspekte des Internets mit offenem Ende dahin.

Web 2.0-Anwendungen wie der Austausch fremderstellter Inhalte werfen zum Beispiel urheberrechtliche Fragen auf. Das Web 2.0 ermöglicht eine auf der Basis offener Datenformate, nutzergenerierter Daten und gemeinsamer Intelligenzkreation (Beispiel: »Wikipedia«) funktionierende soziale Orientierung beim Internetgebrauch. Das »Mitmach-Web« mit Anwendungen wie Blogs (Online-Tagebücher), Kontaktbörsen, Verkaufsforen oder Gemeinschaftsarchiven wird insbesondere von jüngeren Surfern als Kommunikationsmittel geschätzt. User stellen eigene oder fremde Texte, Bilder oder Filme ins Web, und Dritte nutzen diese Inhalte, oft ohne Honorierung der Urheber.

Blogs können als Demokratiebeförderer dienen, wenn sie zum Sprachrohr kritischer Stimmen werden, Diskussionsaustausch ermöglichen und Jungjournalisten sowie neue Formen des Journalismus hervorbringen. Sie gefährden jedoch die Strukturen des klassischen Journalismus, wenn sie journalistische Qualität vernachlässigen und kommerziellen Anbietern zur Gratis-Werbefläche mit Zielgruppenzugang werden. Mitte 2006 wurden 50 bis 100 Millionen aktive Blogs weltweit angenommen, wobei Blogs in zunehmender Zahl von Wirtschaftsunternehmen geführt werden.

Doch nicht nur Unternehmer, auch Politiker und Parteien nutzen Blogs heute wie selbstverständlich zur Repräsentation. Web 2.0 ändert das Nutzerverhalten, es befördert die Aktivierung und Autonomisierung der Nutzer. User wirken aktiv und interaktiv auf Web-Inhalte und -Strukturen ein, wenn sie Inhalte generieren (»MySpace«, *blogging, podcasting, vodcasting, games*), weiterentwickeln (»Wikipedia«), bündeln (*mashups*), zensieren (»Amazon«, *blogging)* oder mit Konzernen zusammen Digitalanwendungen, also Software oder Games, über Open-Innovations-Systeme mit- und weiterentwickeln.

Weder die User-Aktivitäten noch das Anschwellen der Daten im Netz sind wiederum Zeichen oder Garant einer Demokratisierung durch das Internet. Die Qualität von Online-Produkten ist höchst unterschiedlich und für Sachfremde kaum einschätzbar. Auch lassen sich Eigentumsverhältnisse und Wissenshoheiten nur schwer etablieren oder feststellen. Werden Inhalte (»Wikipedia«) oder Technologien (*open source software*) von Usern geschaffen, so gehören sie diesen offenbar. Damit verwandeln sich der

Urheber- und der Eigentumsbegriff. Auch die Idee von Wissen ändert sich, wenn, wie bei »Wikipedia«, eine Definition nur so lange gilt, bis ein nächster Autor sie ändert, wobei Manipulationen jederzeit möglich sind. Auch die Basis des Inhaltetransports, die Software, wandelt sich permanent. Wenn mehr usergenerierte Inhalte und *open source software* auf den Markt schwappen, ergeben sich daraus dauerhafte Verschiebungen von Eigentums- und Machtverhältnissen. Die Erfinder der CC-Lizenz *(creative commons)* versuchen, der Tatsache des zunehmenden Gemeinguts Rechnung zu tragen.

Größte Macht im Internet haben derzeit wohl Suchmaschinenbetreiber, allen voran das Unternehmen ➤ »Google Inc.«, das dank immenser Speicherkapazitäten zum weltweit größten Datenbesitzer anwuchs.

Dass Suchmaschinen wie »Google« Daten ohne Urhebervergütung bereitstellen und in Sekundenschnelle jugendgefährdende oder demokratiefeindliche, links- und rechtsradikale Inhalte liefern können, ist hochproblematisch. Medienpolitisch fragwürdig sind Absprachen suchmaschinenbetreibender Konzerne mit antidemokratischen Regierungen. So wurde der freie Zugriff auf bestimmte »Google«-Inhalte von in China registrierten IP-Adressen im Jahr 2004 gesperrt (➤ Zensur). Dissidenten nutzten das Internet so lange als Medium freier Meinungsäußerung, bis chinesische Internet-Beauftragte, die das Netz routinemäßig nach regierungsfeindlichen Inhalten durchforsten, unerwünschte *postings* fanden und sperrten.

Heute liegt die Herausforderung des Internets nicht mehr darin, online Informationen zu recherchieren, sondern darin, die richtigen Informationen in kürzester Zeit zu finden. Hinter der Innovation *semantic web* verbirgt sich eine Technologie, die WWW-Inhalte in Begriffswelten aufteilt, sodass eine Suchanfrage ihrer Bedeutung gemäß eindeutig zugeordnet werden kann. Diese Technologie sortiert mittels künstlicher Intelligenz beispielsweise ein Wort wie »Bank« eindeutig in den Kontext des Geldtransfers statt in den von Möbeln, oder sie beantwortet Fragen wie »Wie viel wiegt der US-Präsident?« mit einer Zahl. Suchmaschinen könnten damit wenigere und exaktere Antworten liefern. Wer einst im semantischen Web 3.0 die Hoheit über Verschlagwortungen und

Kontextdefinitionen haben wird, wird Inhaltsbedeutungen mitbestimmen können.

Konvergenz bezeichnet die Nutzung mehrerer Dienste (Internet, Fernsehen, Telefonie) auf mehreren Endgeräten (PC, TV, Mobilgerät). Sie bringt Unternehmenskooperationen mit sich und wird durch diese noch beschleunigt. So schließen Infrastrukturanbieter (z. B. »Telekom«) Verträge mit Inhaltelieferanten (z. B. Musikproduzenten). Beispielhaft sind der Kauf der Web 2.0-Plattform »YouTube« für circa 1,6 Milliarden Dollar im Jahr 2006 durch »Google« oder die Kollaboration des Teilmonopolisten »Microsoft« mit seinem Konkurrenten »Novell« bei der Softwareentwicklung seit 2007. Trennungen zwischen Plattformbetreibern und Inhalteanbietern weichen auf, sobald Inhalteanbieter wie Verlage oder Rundfunkveranstalter selbst als Netzanbieter auftreten oder Netzbetreiber Inhalte produzieren. Wegen der Mehrfachverwertung von Inhalten auf diversen Plattformen (PC, TV, Handy) werden die Regulierungsmethoden sich ändern müssen (➤ Regulierung). Medienpolitiker können für neue Regulierungen oder Förderungen nicht mehr bei Plattformen, sondern müssen bei Inhalten ansetzen.

Das Internet mit seinen wachsenden Übertragungsgeschwindigkeiten, einfachen Anwendungen, geringen Preisen und der internationalen Verbreitung revolutioniert den Mediensektor. Trotz und wegen der Komplexität und Dynamik dieser fortdauernden Revolution gilt es, verlässliche internationale Standards und Regeln zur Qualitätssicherung, zum Schutz und zur Freiheitssicherung von Individuen zu finden, ob diese nun online oder offline sind. Wichtigste medienpolitische Herausforderungen sind die Einführung von Qualitätskriterien und die Sicherung demokratischer Verfahren, der Menschenwürde, der Privatsphäre und des Jugendschutzes. Datenschutz- und Urheberrechtsregelungen müssen gefunden werden, um die Ausbeutung von Inhalteproduzenten einzudämmen und Kreativität zu honorieren. Zu klären ist, wer Regeln festsetzen darf, eine Organisation wie ICANN oder Staatsregierungen, und ob man in Zukunft auf Technologien wie zum Beispiel das »Digital Rights Management« (DRM, ein Verfahren zur kontrollierten Verbreitung digitaler Medien) setzt, um medienpoltitische Ziele einzulösen.

Literatur

Mercedes Bunz: Vom Speicher zum Verteiler. Die Geschichte des Internets, Berlin 2007.

Lawrence Lessig: Free Culture. How Big Media Uses Technology and the Law to Lock Down Culture and Control Creativity, New York 2004.

Christoph Meinel und Harald Sack: WWW-Kommunikation, Internetworking, Web-Technologien, Berlin u. a. 2004.

Douglas Rushkoff: Open Source Democracy. How Online Communication is Changing Offline Politics, London 2003.

Tim Jordan: Cyberpower. The Culture and Politics of Cyberspace and the Internet, London, New York 1999.

RALF SIEPMANN

Japan

Japan hat 127,5 Millionen Einwohner. In dem Land erscheinen
die fünf größten Zeitungen der Welt; allein die klassischen
Tageszeitungen (»shimbun«) erreichen eine Gesamtauflage
von fast 70 Millionen Exemplaren täglich. Ferner gibt es
126 kommerzielle terrestrische Rundfunkstationen sowie
den nicht-kommerziellen, über Gebühren finanzierten Rundfunkanbieter »Nippon Hoso Kyokai«. 87,5 Millionen Japaner
nutzen das Internet, 70,9 Millionen Mobiltelefone (»ketais«)
oder andere mobile Geräte mit Internetzugang (2006).

Innerhalb Asiens ist der Medienmarkt Japan die Nummer eins. Es
folgen die Länder des chinesischsprachigen Raumes sowie Korea.
Einige Medienbranchen Japans nehmen auch weltweit eine Spit-
zenstellung ein – etwa die Buch- und die Musikindustrie (Rang
zwei) sowie die TV-Industrie (Rang drei). »Sony« und die Sen-
deanstalt »Nippon Hoso Kyokai« (NHK) gehören mit über zwölf
Milliarden Euro beziehungsweise über viereinhalb Milliarden
Euro Umsatz zu den 25 größten ➤ Medienkonzernen der Welt
(Stand 2007). Traditionelle Elemente wie die 1953 für alle Medien
eingeführte Preisbindung, die Dynamik, mit der sich im Sog der
Digitalisierung und der Medienkonvergenz die Individualisierung
der klassischen Massenkommunikation vollzieht, und – im Welt-
maßstab – signifikant höhere Barrieren gegenüber Investoren aus
dem Ausland sind weitere Charakteristika des Medienlandes Japan.
NHK, 1926 gegründet, ist Japans einzige nichtkommerzielle
Rundfunkanstalt. Sie sendet landesweit via Antenne zwei Fernsehprogramme und via Satellit drei weitere TV-Vollprogramme analog und digital. Die Programme sind laut Rundfunkgesetz frei von
Werbung; die Anstalt finanziert sich aus Gebühren. Die Gebühr ist
mit 1395 Yen (rund zehn Euro) ausschließlich für terrestrisches
Farbfernsehen und 2340 Yen (ungefähr 17 Euro) inklusive Satellitenfernsehen seit 1997 konstant. Die Anstalt erstellt jährlich für das
kommende Haushaltsjahr Finanz- und Aufgabenpläne, die – wie

eine etwaige Erhöhung der Gebühr – vom Parlament genehmigt werden müssen. Kommerzielle Aktivitäten sind der NHK-Tochter MICO (»Media International Corporation«) erlaubt.

Private werbefinanzierte Rundfunkstationen wurden bereits 1951 zugelassen. In den einzelnen Präfekturen existieren bis zu fünf terrestrische Anbieter. Insgesamt sind 126 kommerzielle terrestrische Stationen am Markt. Landesweit präsent sind fünf Netzwerke, die sich jeweils um einen Hauptsender gruppieren. Unter diesen ist »Fuji TV« der derzeit reichweitenstärkste Sender und zugleich Marktführer bei den sieben landesweit agierenden Vollprogrammen. Mit Satellitenanbietern wie dem analogen Pay TV-Kanal »WOWOW« (seit 1991) und einer Vielzahl neuer digitaler Angebote, darunter einige in hochauflösendem HDTV, wurde das Standardangebot um ein Vielfaches multipliziert. In dieser Expansion hat sich Pay TV als zweites Marktsegment neben Free TV etabliert.

Tokio, Osaka und Nagoya erlebten 2003 den Einstieg in das digitale Antennenfernsehen. Es wurde 2006 auf weitere Regionen ausgeweitet. Terrestrische und Satellitenprogramme werden seitdem auch in Kabelnetze eingespeist. Der Verkabelungsgrad Japans liegt bei einem Drittel der Haushalte; über sechshundert Anbieter operieren in Kabelnetzen mit eigenen Angeboten. TV-Programme werden ferner mobil und digital über das *keitai*, das Mobiltelefon, verbreitet. Der TV-Dienst für Mobilfunkgeräte »One-Seg« hat 2006 im Großraum Tokio seinen Betrieb aufgenommen. Eines von dreizehn Segmenten eines Sendekanals ist für mobile Nutzung reserviert.

NHK verbreitet im Radio ein UKW- und zwei MW-Programme sowie Programme über Kurzwelle für Hörer im Ausland, darunter in Deutsch. Kommerzielle Anbieter betreiben 53 UKW- und 47 MW-Stationen sowie eine KW-Station. Im UKW-Bereich haben sich drei Netzwerke gebildet, »Japan Radio Network« (JRN), »Japan FM Network« (JFN) und »Megalopolis Radio Network« (Meganet); am Markt sind ferner sieben unabhängige Anbieter. Die Zahl der lokalen UKW-Sender wächst.

Japan ist ein Land der Zeitungen mit exorbitanten Dimensionen und hoher wirtschaftlicher Stabilität. Die *shimbun* (Jap. = Neues hören) erscheinen traditionell im Set-System, also mit einer Morgen- und einer Abendausgabe. Die Gesamtauflage der 120 verschiedenen *shimbun* übertrifft mit rund 70 Millionen Exemplaren täglich die der deutschen Zeitungen um das Dreifache. Auf Platz eins: »Yomiuri Shimbun« mit rund zehn Millionen Exemplaren morgens, vier Millionen am Nachmittag, 29 Millionen Lesern und einer Haushalts-Quote von 22 Prozent. Der Markt wird von fünf landesweiten sowie weiteren reichweitenstarken Block- und Präfekturzeitungen geprägt, die Auflagen der Lokal-, Wochen- und Sonntagszeitungen sind eher unbedeutend.

Charakteristisch für die Presse des Landes ist das kosten- und personalintensivste Vertriebssystem der Welt mit einem lückenlosen Zustellservice. 21.400 Agenturen mit insgesamt über 450.000 Mitarbeitern, davon zehn Prozent festangestellt, arbeiten zumeist für ein einziges Zeitungshaus.

Als Besonderheit gelten die hohen handwerklichen Qualitätsstandards (➤ Qualität) in einigen japanischen Zeitungsredaktionen. Die »Yomiuri Shimbun« leistet sich zum Beispiel ein 30-köpfiges »Newspaper Audit Committee«, das die eigene Berichterstattung auf Fehler und Verständlichkeit hin überprüft, und seine Bewertung täglich an die Redaktion übermittelt. Diese Auditoren sitzen in der Redaktionszentrale der »Yomiuri Shimbun« in Tokio, 25 von ihnen waren ursprünglich Redakteure, fünf weitere sind hauptberuflich Journalistik-Dozenten und Medienkritiker.

Singulär ist die besondere Konstellation der Erlöse, die Japans Zeitungen gegen wirtschaftliche Rückschläge auf dem Anzeigen- und Werbemarkt (➤ Werbung) weniger anfällig macht. 52,9 Prozent der Erträge werden im Lesermarkt erwirtschaftet, 31,7 Prozent im Anzeigenmarkt, 15,4 Prozent mit Zusatzgeschäften. Im letzten Jahrfünft ist aufgrund der wirtschaftlichen Stagnation das Werbeaufkommen um 13 Prozent zurückgegangen. Die Gesamtauflage der Tageszeitungen reduzierte sich in demselben Zeitraum um 1,4 Prozent, allein in 2005 um 0,9 Prozent. Da die Rückgänge im Werbemarkt unterdurchschnittlich zum Gesamtergebnis beitragen, erreicht das Minus bei der Summe aller Erträge zwischen 2001 und 2005 gerade einmal rund drei Prozent.

Nach dem »White Paper« des Kommunikationsministeriums von 2007 erreichte die Informations- und Kommunikationsbranche 2006 einen Anteil von knapp zehn Prozent der gesamten

Industrieproduktion und 42 Prozent des Wachstums beim Brutto-inlandsprodukt. 61 Millionen Japaner greifen sowohl über den PC als auch über das Mobiltelefon auf das Internet zu. Praktisch jedes neue *keitai* im Handel ist UMTS-fähig. Das Internet in Japan ist frei zugänglich. Somit benötigen Veranstalter von Web-TV oder Web-Radio keine Lizenz.

Mit knapp dreizehn Milliarden Euro Umsatz ist die Tokioter Werbeagentur »Dentsu Incorporated« eine der größten der Welt. Zur »Dentsu-Gruppe« gehören rund ein Dutzend Tochtergesell-schaften, vor allem im Marketing- und PR-Segment, sowie Betei-ligungen an diversen asiatischen und europäischen Fernsehsen-dern, etwa eine 37,5-Prozent-Beteiligung an der unabhängigen deutschen TV-Plattform DCTP (»Development Company for Television Program«), die der Filmemacher und TV-Produzent ➤ Alexander Kluge 1987 gründete.

Eine Medienpolitik, wie sie in ➤ Deutschland als Zusammenspiel von medienrechtlichen Rahmenbedingungen und öffentlichen Diskursen zwischen Akteuren, Verbänden und Institutionen aus Politik und Gesellschaft existiert, gibt es in dieser Form in Japan nicht. Insbesondere werden elementare Leitvorstellungen nicht unbedingt direkt kommuniziert. Soziale Grundmuster und poli-tische Ziele müssen vor dem Hintergrund der japanischen Kultur gedeutet werden. Vereinfacht sind hier zu nennen: das Mit- und Nebeneinander von Tradition und Moderne, archaischen Prinzi-pien und universalen Standards, ferner die Dominanz der Gruppe, das Vorherrschen elitärer Strukturen, das überragende Streben nach Harmonie und der Primat der Höflichkeit.

Jedermann kann laut Verfassung eine Zeitung oder eine Zeit-schrift herausgeben. Auch für ausländische Investoren existieren keine rechtlichen Hindernisse, sich auf dem Zeitungsmarkt zu engagieren. Faktisch aber wirkt die Privilegierung der Zeitungen im Aktienrecht wie eine Barriere gegen Nicht-Japaner, die bei den *shimbun* durch Aktienkäufe Boden gewinnen wollen. Stärker noch hat das Interesse der Japaner, unter sich zu bleiben, im Sektor der elektronischen Medien zu einem restriktiven Regelwerk geführt. So schließen die Normen Ausländer von der Veranstaltung von Rundfunk gänzlich aus. Und der Besitz an einem Rundfunk-unternehmen ist für sie auf höchstens zwanzig Prozent der Gesellschafteranteile beschränkt. Die Exklusion von Ausländern ist damit beträchtlich stärker als in anderen Ländern, zum Beispiel in ➤Frankreich oder den ➤USA (beide 49 Prozent).

Die Big Player auf Japans Medienmarkt, die großen landesweiten Zeitungen und privaten TV-Networks, sind durch horizontale Verflechtungen stark miteinander verzahnt. Medienkonzentration zu verhindern ist zwar ein Hauptziel der Regulierung. Das Medienrecht unterbindet den Besitz von mehreren Stationen im selben Rundfunkmedium, außerdem den gleichzeitigen Besitz von Fernseh- und Radiosendern sowie von Zeitungen im selben Verbreitungsgebiet. Beispielsweise dürfen die Eigentümer der Big Five nur maximal zehn Prozent der Anteile an TV-Sendern im benachbarten Verbreitungsgebiet erwerben, bis zu zwanzig Prozent bei nichtbenachbarten Gebieten. Faktisch unterlaufen jedoch die Unternehmen über Beteiligungskonstruktionen mit ihren Tochtergesellschaften die Schranken, die publizistische Monopole verhindern sollen, und kontrollieren auf diese Weise die privaten TV-Networks.

Ungeachtet der Dimension seines Medienmarkts und des digitalen Fortschritts wird Japan als Medienland in der deutschen Fachöffentlichkeit und Wissenschaft nur marginal wahrgenommen. Kulturelle Unterschiede und Sprachbarrieren wirken vielfach als Hemmschuh. Deutsche Japanologen bevorzugen spezifische, oft historisch gebundene Fragestellungen und wenden sich selten dem medialen Trendsetting Japans zu. Die offizielle Imagekampagne »Deutschland-Jahr in Japan 2005/6« hat zwar den Fokus japanischer Medien auf *doitsu* (jap. = Deutschland) neu belebt. Doch hat Deutschland umgekehrt die Chance verpasst, die Aufmerksamkeit für Japans Medienmärkte zu erhöhen. Wiederholt hat sich die EU mit Japans *kisha-kurabu*, den Journalisten-Clubs, befasst: Diese Netzwerke des Medien-Establishments bleiben freien Journalisten, Vertretern kleinerer Zeitungen und der häufig kritischen Zeitschriftenpresse sowie ausländischen Korrespondenten verschlossen. Brüssel attackiert sie als Wettbewerbsbarriere – bis dato erfolglos. So entscheiden weiterhin wenige Auserwählte in rund eintausend hermetisch abgeschlossenen Zirkeln, welche Themen in welcher Dosierung Japans Öffentlichkeit erreichen.

Literatur

Foreign Press Center (Hg.): Japan's Mass Media, Tokio 2004.

Marc Löhr: »Das Mediensystem Japans«, in: Hans-Bredow-Institut für Medienforschung (Hg.): Internationales Handbuch Medien 2004/2005, Hamburg 2004.

Ralf Siepmann: »Zeitungsland Japan«, in: BDZV-Intern/Sonderausgabe, 8. März 2004, S. 1–16.

Hilaria Gössmann und Franz Waldenberger (Hg.): Medien in Japan. Gesellschafts- und kulturwissenschaftliche Perspektiven, Hamburg 2003.

Michael Muzik: Presse und Journalismus in Japan. Yomiuri Shimbun – die auflagenstärkste Zeitung der Welt, Wien 1996.

STEPHAN WEICHERT

Journalismus

Der Begriff wurde im 19. Jahrhundert dem gleichbedeuten-
den franz. Wort »journalisme« nachgebildet. Jener wiederum
bezieht sich auf »le journal« als Bezeichnung für periodische
Publikationen, die im 15. Jahrhundert aus dem lateinischen
Begriff »diurnus« (täglich) hervorging. Unter Journalismus wird die publizistische Arbeit in Presse, Nachrichtenagenturen und audiovisuellen Medien verstanden. Sie
umfasst neben der professionellen Recherche und aktuellen
Präsentation von Informationen auch deren Interpretation
und Analyse. Anfang des 21. Jahrhunderts steht der traditionelle Journalismus durch die Internet-Kommunikation,
Gratisangebote und ökonomische Rationalisierungen vor
gravierenden Herausforderungen.

Der Journalismus erscheint nach außen häufig als homogener
Beruf. Redaktionsgemeinschaften in der Presse oder bei Fernsehsendern geben sich gerne einen egalitären Status. Dennoch weist
das Berufsfeld eine enorme Bandbreite von Rollenmustern und
persönlichen sowie institutionellen Einflussmöglichkeiten auf. Die
Abhängigkeiten der Journalisten von Verlegern oder ➤ Medienkonzernen und das Phänomen der *gatekeeper* (Schleusenwärter)
bei der journalistischen Aussageproduktion sind bereits häufig
thematisiert und empirisch untersucht worden. Über die konkreten Kommunikationen und Hierarchien im journalistischen Feld
liegen hingegen nur unzureichende Studien vor. Im Journalismus
finden sich auf der einen Seite wirkungsmächtige Wortführer und
»Manager der Kommunikation« (Wolfgang R. Langenbucher) auf
Chefredakteurs- und Ressortleiter-Ebene, auf der anderen Seite
fragile Existenzen wie freie, nach Zeilengeld bezahlte Journalisten oder »Stringer« bei Rundfunksendern. Verflechtungen mit
Eliten aus Politik, Wirtschaft und Kultur stehen dem Idealbild
einer unabhängigen, distanzierten und fairen Berichterstattung
gegenüber.

Während heute zumindest das obere Drittel der Journalisten ein hohes Sozialprestige genießt, stellte Max Weber noch 1919 in seinem Vortrag »Politik als Beruf« vor Studenten der Universität München ernüchternd fest, der Journalist gehöre »zu einer Art Pariakaste, die in der ‚Gesellschaft’ stets nach ihren ethisch tiefstehenden Repräsentanten sozial eingeschätzt wird«. Kaiser Wilhelm II. hatte 1890, angesichts feindseliger »veröffentlichter Meinung«, die Journalisten als »Hungerkandidaten« und »vielfach verkommene Gymnasiasten« tituliert. Obwohl – oder vielleicht gerade weil – die meisten Journalisten in der Ausübung ihres Handwerks eine unersetzliche Wachhund-Funktion gegenüber den Mächtigen der Republik (Stichwort »Vierte Gewalt«) sehen oder doch zumindest eine zentrale Mittlerrolle zwischen Bürgern und Staat, klafft weiterhin eine Lücke zwischen Selbstbild und Wertschätzung seitens der Politik: Zumal von Spitzenpolitikern müssen sich Journalisten bisweilen heftige Attacken gefallen lassen bis hin zu verbalen Entgleisungen – meist im Zusammenhang mit der Aufdeckung politischer ➤ Affären und Skandale – wie »Ratten und Schmeißfliegen« (Franz Josef Strauß), »5-Mark-Nutten« (Joschka Fischer) und »Schweinejournalismus« (Oskar Lafontaine).

Wer Journalist sein möchte, kann sich auch so nennen: Der Beruf steht in den meisten westlichen Ländern nach wie vor jedermann offen, das heißt, es gibt – anders als in klassischen Professionen wie Arzt oder Jurist – keinerlei Eintrittsbeschränkungen, etwa Bildungsabschlüsse, Staatsexamina oder Berufsschulen. Dies resultiert in Deutschland daraus, dass die Berufsbezeichnung »Journalist« aufgrund der in Artikel 5 des Grundgesetzes verankerten Presse- und Meinungsfreiheit rechtlich nicht geschützt ist. Der Definition des »Deutschen Journalisten-Verbands« DJV (➤ Verbände) zufolge ist ein Journalist, »wer hauptberuflich an der Verbreitung von Information, Meinungen und Unterhaltung durch Massenmedien beteiligt ist«. Hier offenbart sich jedoch ein zentrales Problem des Journalismus: die zunehmende Verwischung des Berufsfeldes mit verwandten Branchen wie ➤ Werbung und ➤ Public Relations, deren vorrangiges Ziel die Vertretung von Partikularinteressen ist, zum Beispiel von globalen ➤ Medienkonzernen, Lobbygruppen oder Parteien im ➤ Wahlkampf.

In der ➤ Kommunikationswissenschaft finden sich Definitionen und Theorien, die Journalismus in einem sozialen Bedeutungs- und Orientierungszusammenhang eingrenzen, der sich durch notwendige Kriterien wie Aktualität, Faktizität und Kritikfunktion klar von anderen publizistischen Feldern wie Literatur oder Öffentlichkeitsarbeit unterscheidet. In der Perspektive der konstruktivistischen Systemtheorie (➤ Niklas Luhmann) gilt der Journalismus etwa als strukturiertes Sozialsystem, das im Unterschied zu Systemen wie Wirtschaft, Religion oder Politik folgende Primärfunktion wahrnimmt: »Die besonderen Leistungen und die besonderen Wirkungen des Journalismus, durch die sich sein Handeln von anderen, an der Öffentlichkeit orientierten Sozialsystemen unterscheidet, bestehen in der Ausrichtung auf die Herstellung und Bereitstellung von Themen der öffentlichen Kommunikation«, so Manfred Rühl, ein Pionier der deutschen Journalismus-Forschung.

Ein weniger blasses und konstruiert wirkendes Verständnis liefern kulturorientierte Ansätze wie die *cultural studies*, die Journalismus als Phänomen der Populärkultur und des Entertainments verorten. Anders als die in der Journalistik verbreiteten systemischen, normativen und empirisch-analytischen Herangehensweisen erforschen die in der Tradition von Literaturwissenschaft und Kulturanthropologie stehenden Medientheorien die Bedeutungen diskursiver Praktiken (»Texte«) des Journalismus, unter anderem in Bezug auf Macht- und Identitätsfragen. Diesen Ansätzen ist es zu verdanken, dass der Kulturbegriff in der Journalismustheorie wieder relevanter wird.

Das Rechtsgefüge des Journalismus in Deutschland bilden neben Art. 5 GG die Landespressegesetze, die zum Beispiel das Zeugnisverweigerungsrecht und die journalistische Sorgfaltspflicht regeln, sowie der Pressekodex, der erstmals 1973 vom Deutschen Presserat verabschiedet wurde. Obwohl die darin formulierten publizistischen Grundsätze und Empfehlungen den Massenmedien eine Verantwortung gegenüber der ➤ Öffentlichkeit und die Einhaltung berufsethischer Normen zuweisen, handelt es sich bei diesem Regelwerk um eine Selbstverpflichtung, die zwar auf einem allgemeinen Konsens beruht, allerdings bei handwerklichen Regelverstößen – beispielsweise bei Missachtung des Persönlichkeitsrechts von Prominenten – kaum Sanktionen zulässt.

Der Berufsgeschichte des Journalismus wurde von zahlreichen sozialen, technologischen und ökonomischen Neuerungen dynamisiert, vor allem ist die Entwicklung zunächst eng verknüpft mit der Entstehung eines freiheitlichen Pressewesens (➤Presse). Bereits im mittelalterlichen Venedig, also noch vor Erfindung des mechanischen Buchdruckverfahrens um 1450 durch Johannes Gutenberg, sammelten sogenannte *scrittori d'avvisi* wirtschaftliche Informationen an Handelsplätzen, die sie auf Flugblättern veröffentlichten. Die Frühe Neuzeit markiert ab dem 16. Jahrhundert die Periode des »korrespondierenden Journalismus«, in der zunächst »Stadtschreiber« und Diplomaten eingehende Nachrichten unregelmäßig an Drucker zur Publikation weitergaben. Später schickten Korrespondenten sogenannte »Avisenblätter«, eine Frühform der Zeitung, auf den zentralen Postrouten zu interessierten Kaufleuten. Auf das 18. Jahrhundert lässt sich die Phase des »schriftstellerischen Journalismus« datieren, in der die Herausgabe von Flugblättern und Journalen zum wichtigsten Referenzpunkt einer Meinungspublizistik wurde. Bis zum Vormärz entwickelte sich neben der schriftstellerisch orientierten Herausgeberpresse allmählich die Verlegerpresse, deren publizistisches Profil nicht allein auf politischen Meinungsäußerungen, sondern auf Auflagenerfolgen beruhte und aus der Ende des 19. Jahrhunderts die Generalanzeiger-Presse hervorgehen sollte, die den Strukturwandel im Pressemarkt beschleunigte.

Die zunehmende Kommerzialisierung kennzeichnet auch den Übergang zum »redaktionellen Journalismus«, der mit der deutschen Revolution von 1848/1849 und den Forderungen nach demokratischen Freiheiten zusammenfällt. Während in England (➤Großbritannien) bereits im Jahr 1695 Gesetze zur Abschaffung der Zensur verabschiedet und in den ➤USA und in ➤Frankreich im ausgehenden 18. Jahrhundert im Zuge der Amerikanischen Unabhängigkeitserklärung (»Bill of Rights«) sowie der Französischen Revolution die Meinungs- und Informationsfreiheit zusammen mit anderen Freiheitsrechten erkämpft worden waren, verzögerte sich in ➤Deutschland die Entwicklung der periodischen Presse. Trotz technischer Innovationsschübe (Rotationspresse, Fotografie, Telegrafiewesen), Neugründungen von Zeitungen und Nachrichtenagenturen sowie der Herausbildung redaktioneller Strukturen in der Zeit zwischen 1850 und 1900, die für die Entwicklung des modernen Journalismus wegbereitend waren, wurde die Unabhängigkeit der Presse nach der gescheiterten Revolution durch politische Imperative und historische Umwälzungen stets aufs Neue erschüttert. Zwar bildete sich ein journalistisches Berufsverständnis aus dem philosophisch-politischen Geist der Aufklärung heraus, jedoch war die Staats- und Parteinähe (Gesinnungs- und Parteipresse), die sich in den eng verwachsenen Berufsrollen von Politikern und Publizisten (➤ Medien und Politik) widerspiegelte, weiterhin sehr stark.

Durch das Reichspressegesetz von 1874 wurde die obrigkeitsstaatliche Einflussnahme zwar formalrechtlich eingeschränkt, doch mehrten sich unter Bismarck, während der Regentschaft Wilhelms II. und später in der Weimarer Republik die Versuche von Politikern und Staatsmännern, die Presse staatlich oder durch mächtige Interessenverbände (➤ Alfred Hugenberg-Konzern) unter Kontrolle zu bekommen. Auch seitens der deutschen Zeitungskunde bzw. Publizistikwissenschaft wurde daher der Gegensatz von »Geschäfts-« und »Gesinnungspresse« (Emil Dovifat) besonders hervorgehoben. Im NS-Staat verfielen Selbstreflexion und Berufskultur des Journalismus so rapide, dass selbst Propagandaminister ➤ Joseph Goebbels zynisch in seinem Tagebuch festhielt, er möge in Deutschland lieber kein Journalist sein. Nach dem Zweiten Weltkrieg mischten sich in Deutschland bisherige Traditionslinien im Journalismus mit den Interessen der jeweiligen Besatzungsmächte: In der DDR galten die Doktrinen der parteihörigen »sozialistischen Journalisik«, in der westdeutschen Nachkriegs-Publizistik – von »Frankfurter Allgemeine Zeitung« über »Spiegel« bis »Die Zeit« – trafen literarische Stilformen teils neo-nationalistischer, teils bürgerlicher Prägung mit dem angelsächsischen Anspruch des Informationsjournalismus, dessen Hauptkennzeichen die Trennung von Meinung und Nachricht ist, zusammen.

Die Geschichte der Journalistenschulen beginnt Anfang des 20. Jahrhunderts in den USA. Aus dem Ansinnen heraus, die Journalistenausbildung müsse professionalisiert und zudem an Universitäten angeboten werden, gründete der Amerikaner Walter Williams (1864–1935) mit finanzieller Unterstützung der »Missouri Press Association« im September 1908 die erste Journalistenschule der Welt, die »Missouri School of Journalism«, bekannt unter dem Kürzel »Mizzou«. 1912 kam mit der »Graduate School of Journalism« an der Columbia University in New York eine weitere Ausbildungsstätte von internationalem Rang hinzu, die durch eine großzügige Spende des Zeitungsmagnaten ➤ Joseph Pulitzer finanziert wurde und die seit 1917 den Pulitzer-Preis verleiht. Auch außerhalb der USA bauten Universitäten und Verlagshäuser eigene Journalistenschulen und Journalistik-Studiengänge auf. Nach dem Modell der »Graduate School« gründete der damalige Chefredakteur der »Süddeutschen Zeitung«, Werner Friedmann, am 29. April 1949 in München die erste Lehrredaktion der Bundesrepublik: das »Werner-Friedmann-Institut«, aus dem 1959 die »Deutsche Journalistenschule« (DJS) hervorging. Weitere (verlagseigene) Schulen wie die »Hamburger Journalistenschule« (gegründet 1979, seit 1983 »Henri-Nannen-Schule«) und die 1986 ins Leben gerufene »Springer-Journalistenschule« (seit 2007 »Axel-Springer-Akademie«) entstanden. Eine hochschulgebundene Journalistenausbildung (»Journalistik« als praktische Teildisziplin der Kommunikationswissenschaft) setzte sich in Deutschland ebenfalls in den 1970er Jahren durch.

Obwohl sich Ausbildung und Image des deutschen Journalismus nach 1945 an US-Vorbildern orientierten, blieb das journalistische Selbstverständnis lange Zeit auf die Vermittlerrolle (Informationsjournalismus) und die Kommentatorenfunktion (Meinungsjournalismus) reduziert. Andere, im amerikanischen Journalismus in den 1950er Jahren und später entstandene Stilformen wie der investigative Journalismus, der interpretative Journalismus oder der von Journalistenlegenden wie Tom Wolfe, Hunter S. Thompson, Truman Capote und Gay Talese Mitte der 1960er Jahre begründete Reportagestil des *new journalism*, der subjektiv gefärbt und von den literarischen Impulsen der Beat-Generation beeinflusst war, entwickelten sich in Deutschland erst sehr spät (unter dem Rubrum »Zeitgeist-« bzw. »Popjournalismus«) oder gar nicht. Zudem fehlen in Deutschland, vom »Spiegel« und wenigen anderen Blättern abgesehen, stilprägende Publikationsinstanzen, wie die US-Magazine »The New Republic«, »Harpers«, »Atlantic«, »Esquire«, »Rolling Stone« oder »Vanity Fair«, Letzteres nicht mit seinem deutschen Ableger zu verwechseln.

Es ist medienpolitisch unstrittig, dass Journalismus in ➤ Demokratien die Aufgabe hat, Öffentlichkeit herzustellen und Meinungen abzubilden, um den politischen Willensbildungsprozess der Bevölkerung in Gang zu halten. Strittig ist allerdings, in welchem Maße Journalisten als Kritik- und Kontrollagenturen der politischen Verhältnisse wirken müssen und ob sie, einem geflügelten Wort von ➤ Karl Marx folgend, auch die Welt verändern sollen statt sie nur zu interpretieren. Die »Mainzer Schule« der Publizistikwissenschaft (➤ Elisabeth Noelle-Neumann, Hans Mathias Kepplinger) warf in den 1970er Jahren vor allem den linksliberalen Journalisten im öffentlich-rechtlichen Fernsehen vor, den politischen Willen der »schweigenden Mehrheit« zu missachten. Ähnliche Vorhaltungen gegen die *liberal media elite* der Ostküste hatte es zuvor in den USA gegeben. In Deutschland erscheint der politische Journalismus nach 1989 eher zentristisch und stimmungsorientiert, obwohl die überwiegende Mehrheit der Redakteure und Autoren bei Befragungen angibt, SPD oder Grüne zu wählen.

Im Gefolge der 1968er-Bewegung und der Diskussionen um die publizistische Macht des ➤ Springer Verlages entwickelte sich in den 1970er Jahren in Deutschland eine Kultur der Medienkritik. »Medienseiten« in der Tagespresse, als Instanzen permanenter Selbstbeobachtung, kamen erst Ende der 1980er Jahre auf, als sich die Marktkonkurrenz mit dem Zutritt kommerzieller Hörfunk- und Fernsehsender verschärfte. Dennoch ist der Journalismus in Deutschland, verglichen beispielsweise mit den angelsächsischen Ländern, sein eigener blinder Fleck geblieben, und trotz einiger Initiativen wie dem »Netzwerk Recherche e.V.« trägt die ökonomische Rationalisierung und Verunsicherung im journalistischen Berufsfeld nicht gerade zu einer Verstetigung produktiver Selbstreflexion bei.

Aktuell arbeiten in Deutschland rund 50.000 hauptberufliche Journalisten, davon mehr als die Hälfte bei Printmedien. Zu den medienpolitischen Herausforderungen für Journalisten gehören die Anfechtungen durch (politische und ökonomische) ➤ Public Relations und die Konkurrenzen durch den neuen Laienjournalismus im ➤ Internet (Blogs, Wikis, Online-Networks, Video-Portale), vor allem aber die Krise des Qualitätsjournalismus, da Verlage einstweilen mehr in die Internet-Distribution als in die journalistische Produktion beziehungsweise die Entwicklung neuer publizistischer Produkte investieren. Dazu kommt die Abwendung jüngerer Publikumsschichten von traditionellen journalistischen Medien wie Zeitung und (Programm-)Fernsehen. Schon wird in Journalisten-Blogs ernsthaft über »the end of journalism« diskutiert. Medienpolitik ist hier nicht nur Gegenstand des Journalismus, sein ökonomisches und institutionelles Fundament wird auch selbst zum medienpolitischen Problem.

Literatur

Siegfried Weischenberg, Maja Malik und Armin Scholl: Die Souffleure der Mediengesellschaft – Report über die Journalisten in Deutschland. Konstanz 2006.

Bill Kovach und Tom Rosenstiel: The Elements of Journalism, London 2003.

Jörg Requate: Journalismus als Beruf, Göttingen 1995.

Hannes Haas: Empirischer Journalismus. Erkundungen zur Herstellung gesellschaftlicher Wirklichkeit, Graz 1999.

Manfred Rühl: Journalismus und Gesellschaft. Bestandsaufnahme und Theorieentwurf, Mainz 1980.

Hans Mathias Kepplinger (Hg.): Angepasste Außenseiter. Wie Journalisten denken und wie sie arbeiten, Freiburg i. B. 1979.

Frank Luther Mott und Ralph D. Casey (Hg.): Interpretations of Journalism. A Book of Readings, New York 1937.

KLAUS KREIMEIER

Kino

Der Begriff ist eine Abkürzung von Kinematograf, einer Wort-
schöpfung, die sich aus zwei dem Griechischen entlehnten
Wörtern ableitet: Kinematik (Bewegungslehre) und Grafik
(Zeichen- und Schreibkunst). Die Begriffe Lichtspieltheater
oder Filmtheater sind kaum noch gebräuchlich. 1868 erfand
J. B. Linnet den Taschenkinematografen, ein Daumenkino.
Entwicklungen in der Reihenfotografie, bei den Aufnahme-
und Wiedergabegeräten ermöglichten schließlich 1895 die
ersten Filmvorführungen in Berlin, Paris und New York.

Schon vor der Existenz ortsfester Kinos hat der Film Karriere
gemacht, auch wenn erst das »Lichtspielhaus« den flimmernden
Bildern zur architektonisch angemessenen Umgebung verhalf. Der
Film steht am Beginn der kulturellen Moderne, doch sein Wesen
greift schon der Postmoderne voraus. Die Bilder lernten zu laufen,
wechselten die Gestalt und waren nicht mehr zu »fassen«.

Der Siegeszug des Films begründete das Phänomen moderner,
technisch gestützter Massenkommunikation, und mit seinem
globalen Erfolg trat auch, *avant la lettre*, erstmals Medienpolitik auf den Plan. Die Doppelnatur des Films – Handelsgut und
Kulturprodukt, Kunstwerk und politische Ware – stellte bald jede
demokratische Regierung vor ein Problem. Die Amerikaner lösten
es durch Gesetze, die der Kapitalisierung der Ware Film freien
Lauf lassen; die Franzosen erfanden die »Kontingentierung« des
Filmimports, um die eigene Produktion zu schützen; die Bundesrepublik Deutschland etablierte eine umstrittene Filmförderung
überwiegend auf Länderebene.

Von den ersten ortsfesten Kinos um 1905 über die Durchsetzung des langen Spielfilms seit 1908 bis zur Einführung des Ton-
films 1929 »hat die Filmwirtschaft fast alle vor ihrer Entstehung
entwickelten kapitalistischen Unternehmungsformen von der
privaten Einzelunternehmung bis zum modernen, trustmäßig
organisierten Konzern durchlaufen« (Peter Baechlin). Mit Zen-

surmaßnahmen, Kartellgesetzen und Formen direkter politischer Reglementierung haben in dieser Phase Staaten und gesellschaftliche Systeme das Medium nach ihrem Bild zu formen versucht. Die Periode von der Neuordnung der Märkte durch den Tonfilm bis zur Etablierung des neuen Leitmediums ➤ Fernsehen nach 1950 repräsentiert das Reifestadium der Kinematografie: Sie hat sich in dieser Zeit weltweit als Massen-Unterhaltungsmedium durchgesetzt, dominiert von der vertikalen Unternehmensform der großen amerikanischen Studios, aber auch gekennzeichnet von einer Vielzahl kleinerer Betriebsformen: ein hochkomplexer, globaler Markt mit einer anarchischen Grundstruktur – auf den Regulierungs- und Förderungsinstanzen bis heute Einfluss zu nehmen suchen.

Standardisierung der Produkte und globales Marketing brachten in Hollywood ein Surplus hervor, das keine andere nationale Filmproduktion erreicht hat. Mit dem Starsystem und der Etablierung populärer Filmgenres setzten die »Majors« seit den 1920er Jahren ökonomische Prinzipien und kulturelle Konstanten auf internationalen Märkten durch. Wirtschaft und Politik traten in ein Spannungsfeld: Rechte und linke Kulturkritiker bekämpften schon damals die »kulturimperialistische« Dominanz des US-amerikanischen Kinos – in Deutschland mit der fatalen Auswirkung, dass der deutschnationale Pressemagnat ➤ Alfred Hugenberg mit der Übernahme der Ufa 1927 die Filmproduktion in ein nationalistisches Fahrwasser steuerte.

Schon früh beschäftigte das Kino Philosophen, Künstler, Schriftsteller, aber auch die Justiz; 1931 focht Bertolt Brecht anlässlich der Verfilmung seiner »Dreigroschenoper« durch G. W. Pabst vor Gericht die Frage nach der Unantastbarkeit des geistigen Eigentums aus. In der Kino-Debatte vor dem Ersten Weltkrieg gaben in Deutschland volkspädagogisch beseelte Reformer und Ideologen des konservativen Bildungsbürgertums den Ton an. Pamphlete gegen die »Kinopest«, dieses »moderne Sodom und Gomorrha einer verruchten Zeit« (so beispielsweise der Bühnenverleger Erich Oesterheld), verfehlten nicht ihre Wirkung. Medienpolitik im Wilhelminischen Deutschland war kulturpolitischer Meinungsstreit, bis das junge Gewerbe um 1910 unter die Zensurwillkür lokaler Polizeiorgane fiel.

Schon die Einführung von Musterkinos im ersten Jahrzehnt des 20. Jahrhunderts geht einher mit einem gegen den »Schundfilm« gerichteten pädagogischen Programm-Konzept, das sich auch die 1917 gegründete Kulturabteilung der Ufa zu eigen machte – mit dem sogenannten Kulturfilm begründete sie ein Genre, das sich vor allem in Deutschland unter sehr unterschiedlichen politischen Vorzeichen bewähren sollte. Kulturwächter und Kirchenleute haben sich immer wieder in die Entwicklung des Mediums eingemischt. Aus dem Kontrollbedürfnis der Gesellschaft gingen mehr oder weniger segensreiche Einrichtungen hervor: in der Bundesrepublik der 1950er Jahre zum Beispiel die FSK (Freiwillige Selbstkontrolle der Filmwirtschaft) und die FBW (Filmbewertungsstelle der Länder), aber auch eine seriöse Filmpublizistik.

Kino und politische ➤ Propaganda sind auf das engste liiert. Der erste deutsche Filmstar war Kaiser Wilhelm II.; bei seinen Ausritten und Militärparaden und vor allem bei seinen Flottenbesuchen ließ er sich von seinem Hofdokumentaristen Oskar Meßter nur allzu gerne auf Zelluloid bannen. 1914 brachte dieser mit »Meßters Woche« eine eigene deutsche Wochenschau in die Kinos und griff dabei ausführlich auf sein eigenes Material zurück. Die erste politisch motivierte Filmförderung vor 1914 organisierte der »Deutsche Flottenverein«. Die Ufa-Gründung 1917 kam auf Initiative der Obersten Heeresleitung in Gang; hinter Strohmännern versteckt beteiligte sich auch die Reichsregierung am Startkapital. Die moderne Wochenschau erblickte mit Kriegsbeginn im August 1914 das Licht der Welt; als Medium der politischen Massenbeeinflussung diente sie vor allem im Zweiten Weltkrieg den Diktaturen, aber auch der Sache der Demokratie, und war noch bis in die 1960er Jahre, bis zum Siegeszug des Fernsehens, in den Kinos präsent. ➤ Lenins Diktum vom Film als der wichtigsten aller Künste stimulierte im 20. Jahrhundert linke und rechte Propaganda – am nachhaltigsten die nationalsozialistische Massenpsychologie im Krieg: Die Zahl der Kinobesuche in den Jahren 1941/1942 wurde in Deutschland nie wieder erreicht.

In ➤ Russland setzten, der Verstaatlichung der Filmindustrie (1919) zum Trotz, Filme von Eisenstein, Pudowkin und Wertow ein herausragendes avantgardistisches Potential frei. Das frühsowjetische Kino war ein filmkünstlerisches und medienpolitisches Versuchslabor, das erst mit der Vollendung der Parteidiktatur und den politischen Verfolgungen unter Stalin zerschlagen wurde. Von nun an galten die Prinzipien des »sozialistischen Realismus« als kunst- und medienpolitische Doktrin, welche die Filmproduktion der Sowjetunion ebenso wie die der sozialistischen »Volksdemokratien« bis zum Systemzusammenbruch Ende der 1980er Jahre beherrschten. Einen ganz anderen Stellenwert hatten jene linken filmpolitischen Offensiven »von unten«, die in den reichen kapitalistischen Industrieländern im Zeichen des kulturrevolutionären Aufbruchs von 1968 zu den Reformen des Überbaus und des gesellschaftlichen Alltags beigetragen haben. Die »Generalstände« der französischen Filmemacher formulierten im Kontext der Massenstreiks nach dem Pariser Mai 1968 darüber hinaus eine grandiose medienpolitische Utopie, die den Film in den Dienst der Revolte stellen wollte.

Als unmittelbares, meist staatliches Überwachungs- und Steuerungsinstrument hat sich die Filmzensur bewährt – kaum ein bedeutendes Filmland, das sich ihrer nicht in der einen oder anderen Form bedient hätte und heute noch bedienen würde. Selbst in England, wo die staatlichen Behörden sich grundsätzlich weigerten, eine zentrale Filmzensur einzuführen, wurde 1912 auf Betreiben von Produzenten und Kinobesitzern das »British Board of Film Censors« (BBFC) eingerichtet. Erst 1952 stellte ein »Cinematograph Act« die kommerziellen Kinovorführungen unter die Kontrolle der örtlichen Behörden. In Deutschland wurden mit dem Lichtspielgesetz von 1920 zwei Reichsprüfstellen in Berlin und München geschaffen, die von den Nationalsozialisten übernommen und wesentlich erweitert wurden. Die Reichsfilmkammer, die Reichsfilmdramaturgie und allen voran das Ministerium für Volksaufklärung und Propaganda behinderten ab 1933 mittels Vor- und Nachzensur die gesamte Filmproduktion. Mit der brutal durchgeführten »Arisierung« des gesamten Kulturbetriebs, die jüdische Künstler der politischen Verfolgung aussetzte oder ins Ausland trieb, verlor die deutsche Filmproduktion einen großen Teil ihres kreativen Potentials.

Nach 1945 betrieben die westlichen Alliierten mit der Zerschlagung des Ufa-Konzerns und der Lizenzvergabe an politisch unbelastete Produzenten aktive Medienpolitik im Zeichen der »Entnazifizierung«. Das Zensurverbot in der Verfassung der jungen Bundesrepublik hat den obrigkeitlichen Eingriffen in die Filmproduktion keineswegs ein Ende gesetzt, sie aber im Wesentlichen auf die Belange des Jugendschutzes beschränkt. Steuerungsinstrumente wie der »Interministerielle Ausschuss« (zur Abwehr von Filmen aus den Ostblockstaaten) oder die Bundesbürgschaften (für Filme, die explizit der Staatsräson entsprachen) blieben Episoden der frühen Adenauer-Ära. In der DDR schuf das Politbüro der SED mit dem nahezu kompletten Verbot der Spielfilmproduktion 1965 ein spektakuläres Exempel für Medienpolitik im kommunistischen Ein-Parteien-Staat.

Der Marktliberalismus der Vereinigten Staaten verlieh der amerikanischen Filmproduktion eine freiheitliche Fassade. Doch mit der Einrichtung der »Motion Picture Producers and Distributors of America« unter Will Hays (»Hays Office«) 1926 und den Verschärfungen des »Production Code« von 1930 eilte Hollywood den Forderungen konservativer Kreise nach einer allgemeinen Filmzensur gehorsam voraus. Der Code untersagte die drastische Darstellung krimineller und sexueller Gewalt, die Ausstellung des nackten Körpers, die Verletzung religiöser und nationaler Gefühle und enthielt die Forderung, das Familienleben als Hort positiver Werte darzustellen. Die »Production Code Administration« umfasste alle Formen der Vor- und Nachzensur. Erst deren Gütesiegel bedeutete die Freigabe des Films. Die alten moralischen Standards scheinen noch heute in zahllosen Hollywood-Filmen durch. In den 1940er Jahren gerieten die Hollywood-Studios in den Fokus des antikommunistischen »House of Unamerican Activities Committee« (HUAC, häufig fälschlich mit den »McCarthy-Hearings« verwechselt), die Studiobosse reagierten zumeist mit Anpassung. In den 1970er Jahren repräsentierte wiederum das »New Hollywood«-Kino das liberale Amerika.

Als Propagandainstitution hat das Kino seit dem Triumph des Fernsehens an Einfluss eingebüßt, und mit der Videokassette, der DVD und demnächst mit der Möglichkeit direkter Downloads aus dem Internet hat der Film seine Produktgestalt verändert. Die Kinoaufführung ist noch immer ein wichtiger Faktor in der Verwertungskette, doch seitdem wir Spielfilme auf unseren Computer herunterladen und bewegte Bilder auf dem Display unserer Mobiltelefone betrachten können, nutzen wir das Medium unabhängig von Ort und Zeit. Zu Beginn des 21. Jahrhunderts ist die Filmproduktion Hollywoods nur eine Unterabteilung der expandierenden Multimedia-Industrie. Auf diesem Feld verliert die Politik immer mehr ihre Gestaltungskraft.

Literatur

Helmut Schanze (Hg.): Handbuch der Mediengeschichte, Stuttgart 2001.
James Monaco: Film verstehen. Kunst, Technik, Sprache, Geschichte und Theorie des Films in den Medien, Reinbek 1995.
Siegfried Zielinski: Audiovisionen. Kino und Fernsehen als Zwischenspiele in der Geschichte, Reinbek 1989.
Jerzy Toeplitz: Geschichte des Films, 2 Bde., München 1987.
Peter Baechlin: Der Film als Ware. Frankfurt a. M. 1975.

MARCEL ROSENBACH

Kirch, Leo

* Würzburg, 21. Oktober 1926; deutscher Medienunternehmer. Die Kirch-Gruppe gehörte zwanzig Jahre lang zu den
drei Senderfamilien (neben dem öffentlich-rechtlichen Rundfunk und der ➤ Bertelsmann-Gruppe), die den deutschen
Fernsehmarkt unter sich aufteilten.

Leo Kirch kontrollierte auf dem Höhepunkt seiner Medienmacht
um die Jahrtausendwende in seiner KirchMedia-Zentrale in München ein Geflecht aus mehr als fünfzig Unternehmen fast aller
Mediensparten. Er besaß die größte Filmbibliothek Europas mit
Rechten an 13.162 Spielfilmen und 3103 Serien. Mit der Senderfamilie »ProSiebenSat.1 Media AG«, zu der neben den namens-
gebenden Kanälen auch N24 und »Kabel 1« gehörten, kontrollierte
er mehr als die Hälfte des deutschen Privatfernsehmarktes.

Im Bezahlfernsehen hatte er sich mit »Premiere« und seiner
»d-box«-Dekodertechnologie ein faktisches Monopol erkämpft.
Mit den Senderechten an der Fußball-Bundesliga (Sat.1, »ran«),
den Fußball-Weltmeisterschaften 2002 und 2006 sowie einer direkten Beteiligung an der Formel 1 verfügte er über den Zugriff auf
die lukrativsten und quotenträchtigsten TV-Inhalte. Auch dem
Ziel, seine Machtbasis jenseits der elektronischen Medien auszubauen, war Kirch immer näher gekommen: Zuletzt kontrollierte
er rund vierzig Prozent am ➤ Axel Springer Verlag.

Der Aufstieg des zutiefst konservativ geprägten Franken ist ohne
die mannigfaltigen politischen Verbindungen ebenso wenig zu
erklären wie die Umstände seiner Insolvenz. Schon zu Zeiten des
öffentlich-rechtlichen Monopols verfügte er über ein gutfunktio-
nierendes Netzwerk. Dem Zweiten Deutschen Fernsehen (ZDF)
verkaufte Kirch über Jahrzehnte Film- und Serienpakete im Wert
von dreistelligen Millionen-Beträgen – auch noch nachdem die
Anstalt sich wegen der wachsenden Kritik an ihrer einseitigen und
teuren Beschaffungspolitik die Selbstbeschränkung auferlegte,
nicht mehr als vierzig Prozent ihres Programms bei Kirch zu kaufen.

Damals wie heute spielten Parteipolitiker in den Aufsichtsgremien der öffentlich-rechtlichen Anstalten die dominierende Rolle. Mit den CSU-Granden Friedrich Zimmermann, Wolfgang Bötsch und Wilfried Scharnagl saßen gute Bekannte und enge Vertraute von Kirch im Fernsehrat des ZDFs. Den aufstrebenden CDU-Mann Helmut Kohl lernte Kirch kennen, als dieser Ministerpräsident von Rheinland-Pfalz und Vorsitzender des einflussreichen ZDF-Verwaltungsrates war.

Damals galt Kirchs Loyalität in erster Linie noch den Christ-Sozialen und deren Chef Franz Josef Strauß. Als dessen Sohn Franz Georg 1985 mit dem Münchner Ballungsraumsender »tv weiß blau« den Sprung ins Mediengeschäft wagte, unterstützte Kirch das nach Kräften – um den Kanal später selbst zu übernehmen. Näher zur CDU und Helmut Kohl rückte Kirch vor allem über Strauß' umstrittenes Vorhaben, die CSU von einer Regionalpartei zu einer bundesweiten Organisation auszubauen. Diesen Plan lehnte der Medienunternehmer ebenso scharf ab wie der damalige CDU-Vorsitzende Kohl.

Die schwarz-gelbe Regierung unter Helmut Kohl begann unmittelbar nach ihrem Wahlerfolg damit, das Kabelfernsehen in der Bundesrepublik zu etablieren. Hinter dem neuen kommerziellen Zweig des fortan bestehenden »dualen Systems« steckte, wie der damalige Bundespostminister Christian Schwarz-Schilling einräumte, nicht zuletzt die politische Motivation, dem vermeintlichen »Rotfunk« der Öffentlich-Rechtlichen entgegenzuwirken. Die Freundschaft zwischen Kirch und dem von 1982 an amtierenden Bundeskanzler war dabei ein entscheidender Motor.

Für Leo Kirch erfüllte sich der langersehnte Traum, seine Filme und Serien via Werbung und später Pay-TV direkt an die Zuschauer zu verkaufen. Es gelang ihm, durch kreative Treuhänder-Konstruktionen seine Unternehmungen ungehindert auszubauen – und vom Filmhändler zum Medienunternehmer aufzusteigen. Besonders bei Sat.1, wo Kirch praktisch vom Sendestart weg über maßgeblichen Einfluss verfügte, entwickelte sich die Politikberichterstattung im Sinne der Konservativen. Bald war spöttisch vom »Kanzlersender« die Rede. Einen Höhepunkt bildete der Bundestagswahlkampf 1994, als Kohl in der Sendung »Zur Sache, Kanzler« reichlich Raum zur ungestörten Selbstdarstellung erhielt.

Als die Telekom 1995 kurz davor war, in ihrem TV-Kabel-netz französische Dekoderboxen einzusetzen, sprach Kohl sich in einem Brief an den Aufsichtsrat für eine deutsche Lösung aus – welche damit gemeint war, das war den Beteiligten offenbar klar. Man entschied sich für den Kirch-Dekoder »d-box«. Als die EU sich anschickte, die geplante Fusion von Kirchs Pay-TV-Kanal DF1 mit »Premiere« zu verbieten, intervenierte der Kanzler bei Wettbewerbskommissar Karel van Miert und drohte dem damaligen Kommissionspräsidenten Jacques Santer gar mit einem »Krieg gegen die Kommission«.

Zeit seiner Karriere halfen Kirch Bürgschaften und Kredite (halb-)staatlicher Institute über prekäre Situationen hinweg. Ein Jahr vor seiner Pleite genehmigte die halbstaatliche Bayerische Landesbank dem Unternehmen mehr als eine Milliarde Euro zum Erwerb weiterer Anteile an der Formel 1. Der HypoVereinsbank war das Risiko zu hoch erschienen – obwohl sich der für Medien zuständige bayerische Staatsminister Erwin Huber stark für Kirch eingesetzt hatte.

Tiefere Einblicke in die Qualität der Beziehungen zwischen dem Medienunternehmer und den politisch Tonangebenden seiner Epoche bekam die Öffentlichkeit nach seiner Insolvenz 2002. Da kam heraus, dass der Medienzar nach dem Machtwechsel zu Rot-Grün 1998 eine größere Zahl ehemaliger Minister aus den diversen Kohl-Kabinetten nach ihrem Ausscheiden mit lukrativen Berater-Verträgen ausgestattet hatte – darunter die Ex-Postminister Christian Schwarz-Schilling (CDU) und Wolfgang Bötsch (CSU), Ex-Finanzminister Theo Waigel (CSU), Ex-Verteidigungsminister Rupert Scholz und den ehemaligen Wirtschaftsminister Jürgen Möllemann (FDP).

Auch der Altkanzler selbst ging nicht leer aus. Über seine Beratungsfirma »P&S GmbH« schloss auch er kurz nach seinem Ausscheiden aus dem Amt im Frühjahr 1999 mit Kirch einen auf jährlich 600.000 Mark dotierten Beratervertrag. Vor dem Berliner Spenden-Untersuchungsausschuss, der die ungeklärten Millionenspenden an die CDU aufklären sollte, bestritt der Medienunternehmer 2001, einer der anonymen Spender zu sein. Dafür gab Kirch dann ganz offiziell eine Million Mark für Kohls »Aktion Klingelbeutel«, mit der dieser zumindest den finanziellen

Schaden an seiner Partei wiedergutmachen wollte. Kohl sprach in diesem Zusammenhang von der Unterstützung von Freunden, deren Wunsch es gewesen sei, sein »politisches Wirken zu würdigen«.

Obwohl sicher wenige Unternehmer derart hochkarätig beraten wurden, war die KirchMedia 2002 nicht mehr zu retten. Als die Insolvenzverwalter in das Unternehmen einmarschierten, beliefen sich Kirchs Außenstände auf etwa 7,2 Milliarden Euro. Tatsächlich lässt sich die spektakulärste Insolvenz der deutschen Wirtschaftsgeschichte neben gravierenden ökonomischen Fehleinschätzungen durch Kirch selbst und sein Management auch damit erklären, dass des Unternehmers Netzwerk in Wirtschaft und Politik, das maßgeblich aus Vertretern seiner Generation bestand, zu diesem Zeitpunkt massiv an Einfluss verloren hatten.

Kirch selbst indes sieht sich von den Nachfolge-Netzwerken um sein Lebenswerk gebracht, auch aus medienpolitischen Gründen. Tatsächlich hatte es im Vorfeld seiner Insolvenz ein Treffen in einem Hannoveraner Gasthaus gegeben, bei dem der neue Bundeskanzler Gerhard Schröder unter anderem mit dem damaligen Bertelsmann-Vorstandschef Thomas Middelhoff und dem damaligen Vorstandssprecher der Deutschen Bank Rolf Breuer über die prekäre Situation der KirchMedia beriet. Wenig später gab Breuer ein Interview, in dem er die Kreditwürdigkeit des Deutsche-Bank-Kunden Kirch anzweifelte. In der Lesart des Medienunternehmers war dies der eigentliche Todesstoß für sein Unternehmen: »Erschossen hat mich der Rolf«, sagte er dem »Spiegel«. Kirch strengte nach der Insolvenz deshalb mehrere Klagen gegen die Deutsche Bank, Rolf Breuer und Josef Ackermann an.

Der Kollaps des Kirch-Konzerns 2002 hat die Koordinaten des Mediensystems der Republik nachhaltig verändert. Viele ehemalige Kirch-Manager nutzten die Chance, sich mit Teilen seiner Unternehmungen, wie Produktionsfirmen und Lizenzhandelsgeschäften, selbständig zu machen. Auch auf oberster Ebene war Kirchs Insolvenz Initialzündung für einen grundlegenden Wandel in der Eigentümerstruktur hiesiger Massenmedien: Erstmals erwarben auf kurzfristige Renditemaximierung orientierte Finanzinvestoren wie »Permira« (»Premiere«) und die »German Media Partners« um Haim Saban (»ProSiebenSat.1 Media AG«) die Mehrheit an

Medienunternehmen – was die Medienpolitik vor völlig neue Herausforderungen stellte.

Kirch selbst befindet sich im Un-Ruhestand, auch mit über achtzig Jahren sucht er Rehabilitation – und sinnt als einer, der gern in biblischen Dimensionen denkt und redet (»Der Herr hat's gegeben, der Herr hat's genommen«), wohl auch auf ein bisschen Rache. Öffentlich tat er das mit seinen aufsehenerregenden Klagen, im Stillen baute er derweil an einem neuen kleinen Medienreich. Im Herbst 2007 ließ er die Maske fallen: Mittels einer typischen Kirchschen Treuhand-Konstruktion hat er sich in zentrale Geschäftsfelder zurückgekauft: Die Holding »KF15« umfasst Beteiligungen an Film- und Fernsehproduktionen (»Constantin«, »Plazamedia«), an TV-Sendern und Sportrechteagenturen (DSF, »EM Sport Media«, »Team«) und am DVD-Geschäft (»Highlight«). Mit der »KF 15«-Firma »Sirius« darf ein Kirch-Unternehmen künftig sogar wieder die TV-Rechte an der Bundesliga vermarkten. Eine Keimzelle für mehr, möglicherweise, und ein Signal, dass noch mit ihm zu rechnen ist. Offenbar träumt der alte Medien-Mann in seinem »Sekretariat« in der Münchner Innenstadt den Traum von einer KirchMedia 2.0.

Literatur

Thomas Clark: Der Filmpate. Der Fall des Leo Kirch, Hamburg 2002.
Michael Radtke: Außer Kontrolle. Die Medienmacht des Leo Kirch, Zürich 1996.
Gerhard Naeher: Der Medienhändler. Der Fall Leo Kirch, München 1989.

CHRISTIAN SCHULTE

Kluge, Alexander

* Halberstadt, 14. Februar 1932; Schriftsteller und Filmemacher. Kluges medientheoretisches Hauptwerk »Öffentlichkeit und Erfahrung« (1972, zusammen mit Oskar Negt)
befasste sich mit der Strategie der Gegenöffentlichkeit.
Als Produzent und Unternehmer beteiligte er sich mit
seiner Firma DCTP am Privatfernsehen. Er gilt als einer
der einflussreichsten Filmpolitiker nach 1945.

»Der alte Film ist tot – wir glauben an den neuen« – mit diesen Worten schloss das sogenannte Oberhausener Manifest, das im Februar
1962 auf dem Höhepunkt der Kinokrise (angesichts des aufstrebenden Massenmediums Fernsehen) von 26 jungen Regisseuren auf
den Oberhausener Kurzfilmtagen vorgetragen wurde. Wortführer
der Gruppe war der Jurist und Adorno-Schüler Alexander Kluge.
    Bis die proklamierte Erneuerung des deutschen Films in die Tat
umgesetzt werden konnte, sollten noch einige Jahre vergehen, in
denen Kluge sich als Lobbyist für die Interessen eines deutschen
Autorenfilms einsetzte. Zu seinen Initiativen zählte die Gründung des
Ulmer Instituts für Filmgestaltung (1963), der ersten Ausbildungsstätte für Film in Deutschland, dessen Leitung er zusammen mit
dem Autor und Regisseur Edgar Reitz übernahm. Eine andere Forderung der Oberhausener betraf die Einrichtung einer Nachwuchs-
förderung, die sich in der Novellierung des Filmförderungsgesetzes
niederschlug. So ermöglichte die Gründung des »Kuratoriums Junger Deutscher Film« 1965 auch jungen Regisseuren die Produktion
eines Erstlingswerks. Die damalige Bundesregierung stellte einen
Etat für zehn Spielfilme zur Verfügung, zu denen auch Kluges erster
Langfilm »Abschied von gestern« (1966) gehörte. Auch am Zustandekommen des Film-/Fernseh-Rahmenabkommens 1974 war Kluge
beteiligt; es sicherte den Filmemachern die Ausstrahlung ihrer Werke
im öffentlich-rechtlichen Fernsehen und eine Co-Finanzierung.
    Seine theoretische Fundierung erfuhr Kluges medienpolitisches
Engagement 1972 in dem gemeinsam mit Oskar Negt verfassten

Buch »Öffentlichkeit und Erfahrung. Zur Organisationsanalyse proletarischer Öffentlichkeit«. Mit dem Begriff der »Erfahrung« stellten Negt/Kluge das Konstrukt einer universalen, von kritischem Räsonnement getragenen bürgerlichen ➤ Öffentlichkeit, das ➤ Jürgen Habermas 1962 formuliert hatte, vom Kopf auf die Füße. Dem Ziel, den subkutanen Ausdrucksbedürfnissen von Menschen Räume zu verschaffen, ist Kluges sich in verschiedenen Medien und Formen (Literatur, Film, Fernsehen, Theorie, Interview) artikulierendes *work in progress* verpflichtet.

Zielten seine Interventionen zunächst darauf, dem Autorenfilm in wirtschaftlicher und qualitativer Hinsicht eine Autonomie zu sichern, so erfolgte Kluges Wechsel zum Fernsehen in den 1980er Jahren unter dem Druck der restriktiven Filmpolitik, die der damalige CDU-Innenminister Zimmermann betrieb.

Das öffentlich-rechtliche Fernsehen musste angesichts der sich abzeichnenden Etablierung privater Anbieter und der Umverteilung von Marktsegmenten starke Verluste befürchten. In dieser Gemengelage sah Kluge die Chance, die Interessen der Autorenfilmer und die des öffentlich-rechtlichen Fernsehens in neuen kooperativen Formen zusammenzuführen. Wie er sich diese über das Rahmenabkommen von 1974 hinausgehende Zusammenarbeit vorstellte, trug er auf den »Mainzer Tagen der Fernsehkritik« 1983 vor. Die Fernsehanstalten könnten die Programmkinos als »Schaufenster« ihrer Produktionen nutzen und so in die Öffentlichkeit vordringen. Im Fernsehen könnten Fenster geschaffen werden, in denen die Filmemacher sich ausprobierten. »Dazu brauchen wir feste Sendezeiten.« In einer gemeinsam verfassten »Erklärung« wurde die Idee der Kooperation mit dem Ziel bekräftigt, »die öffentlichen Räume dem Zugriff neuer privatwirtschaftlicher Unternehmen streitig [zu] machen«. Umgesetzt wurde die Idee nicht. Dennoch ist die Mainzer Debatte für das Verständnis der weiteren Entwicklung insofern aufschlussreich, als hier erstmals das Konzept eines um das Autorenprinzip erweiterten Fernsehens an die Programmverantwortlichen herangetragen wurde.

Die Gründerzeit des dualen Systems dauerte bis 1987, als das Nebeneinander von öffentlich-rechtlichen Anstalten und kommerziellen Anbietern in einem Medienstaatsvertrag besiegelt wurde. Dieser Prozess war von einer kontroversen Debatte begleitet worden. Privates Fernsehen könne politischer Einflussnahme Tür und Tor öffnen. Auch werde die Abhängigkeit von kommerziellen Sponsoren zu einer Verflachung der Programmqualität führen.

Dieses Bedrohungsszenario war Gegenstand von Kluges 1987 erschienenem Essay »Die Macht der Bewußtseinsindustrie und das Schicksal unserer Öffentlichkeit«. Ohne von seiner Kritik an der anstaltsförmigen Organisationsweise und dem Programmschematismus des öffentlich-rechtlichen Fernsehens abzurücken, erkannte er in den neuen Technologien und der Form, in der diese politisch durchgesetzt werden sollten, ein Zerstörungspotential, das er mit der Kolonialisierung Afrikas im 19. Jahrhundert verglich. Die Folgen wären homogenisierte, ausschließlich am Publikumsgeschmack orientierte Programmangebote, die noch vorhandene Qualitätsstandards vollends aushebeln würden, eine Störung der gesellschaftlichen Kommunikation und »Persönlichkeitsverlust auf Zeit als Genussform«.

Kluges Projekt, das sich die Arbeit an lebendigen Kommunikationsstrukturen auf die Fahne schrieb, zog später die Einrichtung Offener Kanäle nach sich. Kluge, Lobbyist der in der AKS (»Arbeitsgemeinschaft für Kabel- und Satellitenprogramme«) organisierten Buchverlage, Regisseure und Theaterintendanten, gelang es schließlich – mithilfe der SPD-Landespolitiker Paul Leo Giani und Jürgen Büssow –, in der nordrhein-westfälischen SPD/FDP-Landesregierung einen Partner für sein Projekt zu gewinnen. Ergebnis der Kooperation war, dass das Landesmediengesetz jedem kommerziellen Vollprogramm zur Auflage machte, Kultur und investigativen Journalismus, produziert von unabhängigen Dritten, in sein Programmangebot aufzunehmen.

Für Kluge bedeutete dies, dass er seine Vorstellungen von Programmqualität nun würde umsetzen können, nur eben nicht, wie angestrebt, mit den öffentlich-rechtlichen Anstalten, sondern paradoxerweiser inmitten privater Programmformationen, deren Etablierung er bekämpft hatte. Im Februar 1987 gründete Kluge mit dem japanischen Werbekonzern Dentsu die DCTP (»Development Company for Television Program«), die in kurzer Frist die Programmformate entwickelte, die die neuen Anbieter RTL(plus) und Sat.1 benötigten, um eine Lizenz für die Nutzung der begehrten terrestrischen Frequenzen zu erhalten. Die Besonderheit dieser Konstruktion bestand darin, dass die Lizenzen der Sender untrennbar mit eigenen Lizenzen der DCTP verbunden waren. Sie garantierten Kluge und seinen Kooperationspartnern Immunität gegenüber denkbaren Eingriffen seitens der Sender. An Versuchen, Kluges Produktionen aus dem Programm zu kippen, hat es seither nicht gefehlt. Vor allem der langjährige RTL-Chef Helmut Thoma machte keinen Hehl aus seiner Abneigung gegenüber den eigenwilligen Kulturmagazinen »10 vor 11« (RTL), »News & Stories« (Sat.1) und »Prime Time/Spätausgabe« (RTL), die Kluge seit Mai 1988 herstellt und bis heute wöchentlich zur Ausstrahlung bringt.

Dabei bilden Kluges eigene Sendungen nur einen kleinen Teil der DCTP-Programme. Daneben existieren vor allem journalistische Formate des »Spiegel«-Verlags, der sich 1991 als Mitgesellschafter der DCTP anschloss (»Spiegel TV«), aber auch des »Stern« (»Stern TV«) sowie die bei Vox gesendeten Magazine der »Süddeutschen Zeitung« (»Süddeutsche TV«), der »Neuen Zürcher Zeitung« (»Format NZZ«) und der BBC (»BBC Exclusiv«). Mit seiner beharrlich verfolgten medienpolitischen Strategie hat Kluge nicht nur eine breite Vielfalt an Themen in einem von Profitinteressen bestimmten Programmumfeld ermöglicht. Seine Produzenten- und Herausgebertätigkeit hat auch das Profil der Sender tatsächlich verändert und aufgewertet. Auf der anderen Seite erlangte er ein umstrittenes Monopol für alternatives Fernsehen, da ihm niemand auf seinem Weg folgte und die deutsche Medienpolitik bald das Interesse an seinem Modell verlor.

Literatur

Roger Schawinski: Die TV-Falle. Vom Sendungsbewusstsein zum Fernsehgeschäft, Zürich 2007.

Christian Schulte und Winfried Siebers (Hg.): Kluges Fernsehen. Alexander Kluges Kulturmagazine, Frankfurt a. M. 2002.

Matthias Uecker: Anti-Fernsehen? Alexander Kluges Fernsehproduktionen, Marburg 2000.

Alexander Kluge: In Gefahr und größter Not bringt der Mittelweg den Tod. Texte zu Kino, Film, Politik, hg. von Christian Schulte, Berlin 1999.

Oskar Negt und Alexander Kluge: Öffentlichkeit und Erfahrung. Zur Organisationsanalyse von bürgerlicher und proletarischer Öffentlichkeit, Frankfurt a. M. 1972.

Kommunikation

Der Begriff leitet sich vom lat. Wort »communicare« her und wird pragmatisch als »Mitteilung«, »Verständigung« oder »Austausch« verstanden. Sprache und Rede als Besonderheiten menschlicher Kommunikation sind seit der Antike ausführlich untersucht worden, bis hin zu komplexen linguistischen und sprachphilosophischen Modellen. Ursprünglich ein theologisch-philosophischer Spezialbegriff, entsteht Ende des 19. Jahrhunderts in Nordamerika im Zusammenhang mit sozialökologischen Untersuchungen eine moderne soziologische Theorie der Kommunikation. Seit Mitte des 20. Jahrhunderts wirken Kommunikationsmodelle strukturierend und begründend in fast allen Verhaltens- und Humanwissenschaften.

Kommunikation ist ein epidemischer Begriff der Sozial- und Kulturwissenschaften. Mit dem Kommunikationsbegriff werden die nicht-naturwissenschaftlichen Fächer anschlussfähig an Mathematik und Physik, vor allem an moderne Disziplinen wie Neurobiologie und Computerwissenschaften. Eine allgemeine Kommunikationswissenschaft zeichnet sich ab. Schon die Kybernetik hatte sich – entsprechend der Erkenntnis von Norbert Wiener (1894–1964): »Das Gehirn ist ein Computer« – als Meta-Disziplin der Regelungs- und Rückkopplungsvorgänge begriffen (Wieners zentrale Schrift »Cybernetics or Control and Communication in the Animal and the Machine« erschien 1948). Die Entfaltung der technischen Kommunikationssysteme mit ihrer quantitativen Beschleunigung von Signalen und Mitteilungen (bis hin zum ständig präsenten »World Wide Web«) hat das Leitmotiv einer »Kommunikationsgesellschaft« hervorgebracht. Politische Kommunikation wird heute häufig mit Politik überhaupt gleichgesetzt. Es entsteht ein Unbehagen an der entgrenzten und beschleunigten Kommunikation: Wenn alles Kommunikation ist, ist nichts mehr Kommunikation.

Wenn man sieht und hört, wie allgegenwärtig, umfassend und doch unterschiedlich der Kommunikationsbegriff die Gesellschaftstheorien durchdrungen und fundiert hat, erstaunt es, dass der Begriff im deutschsprachigen Raum erst seit gut fünfzig Jahren im Gebrauch ist und zu komplexeren modelltheoretischen und strategischen Überlegungen geführt hat. Von 1850 bis 1954, also über einen Zeitraum von mehr als hundert Jahren, erscheinen nur elf deutschsprachige Bücher, die den Begriff »Kommunikation« im Titel tragen, zumeist medizinische Dissertationen (zum Beispiel »Über einen Fall von Kommunikation zwischen Ösophagus und Lunge«, 1912). Den Artikel »Communication« (1931) des Ethnologen und Linguisten Edward Sapir in der »Encyclopaedia of Social Sciences« las damals wahrscheinlich kaum ein deutscher Geisteswissenschaftler, so wie auch die Entwicklung der empirisch-quantitativen Kommunikations- und Medienforschung am Deutschland der NS-Zeit vorbeilief (➤ Kommunikationswissenschaft).

1955 kommt »Die Macht des Wortes. Das Buch von der Kommunikation« des Semantikers Stuart Chase (im Original: »The Tyranny of Words«, 1938) auf Deutsch heraus, zwei Jahre später »Nein und Ja. Die Ursprünge der menschlichen Kommunikation«, ein Werk des berühmten Psychoanalytikers René A. Spitz. Diese beiden Buchtitel repräsentieren auch zwei der dominierenden Zugänge zum Kommunikationsphänomen: zum einen linguistische und zeichentheoretische Forschungen, zum anderen entwicklungspsychologische und psychoanalytische Studien (zur Mutter-Kind-Interaktion, zum Begehren, zur libidinösen Kommunikation etc.). Im Jahr 1968 thematisieren dann schon vierzig deutschsprachige Bücher explizit »Kommunikation«, zwanzig Jahre später sind es 159. Der Höhepunkt wird 1999 mit 304 Titeln erreicht.

Die rasante Karriere der Theoretisierung von »Kommunikation« nach dem Zweiten Weltkrieg hat nicht nur mit der militärischen Nachrichtentechnik (Codierung/Decodierung) und mit den populären und auf das Alltags- und Welterleben stark einwirkenden »Massenmedien« zu tun, sondern vor allem mit den Verwendungsmöglichkeiten eines abstrakt-konkreten Zentralbegriffs, der sowohl zu technisch-systemischen Modellbildungen taugt, als auch immer normative Vorstellungen von »gelungener«, »symmetrischer« oder »herrschaftsfreier« Verständigung in sich birgt. Da mit Kommunikation immer in irgendeiner Form Mitteilung, Austausch und Verständigung verbunden, der Begriff aber auch in strategischer Weise zur modelltheoretischen Abgrenzung benutzt wird, ist es sinnvoll, ihn historisch-empirisch zu begründen und nach den Vorstellungen und Konzepten von Kommunikation zu fragen.

Der Begriff hat seine Wurzeln in der antiken Rhetorik (beispielsweise in der Redefigur der »communicatio« bei Cicero). Das Verhältnis zwischen Überredung (Persuasion), Gespräch und Erkenntnis wird schon in Platons Dialog »Sophistes« thematisiert. Die Ursprungsvorstellung von Kommunikation ist also philosophisch-theologischer Natur. Mit Bezug auf Auguste Comtes Dreistadiengesetz kann man auch von der Abfolge magischer, religiöser und rationaler Kommunikationen sprechen (die sich allerdings immer wieder mischen). »Communicieren« wird in der theologischen Literatur des 16. Jahrhunderts synonym mit dem Empfang des Abendmahls benutzt (zum Beispiel in Philipp Dobeneiner: »Christliche Underrichtung, warumb es gut sey offt zu Beichten und zu Communicieren«, Dillingen 1584). Die »communicatio idiomatum« ist eine zentrale Denkfigur der Christologie und gewinnt in den scholastischen Streitereien der Kirchenväter eine enorme Brisanz: Hier geht es um die Frage, wie Jesus Christus gleichzeitig Gott und Mensch sein kann beziehungsweise in welchem Verhältnis der Heiland göttlich und menschlich zugleich sein kann. Die »communicatio idiomatum« (der Austausch oder vielmehr die Vermittlung der Eigenschaften Jesu Christi) ist damit Element der Trinitätslehre, die wiederum grundlegend für die bis heute wirkende kommunikative Magie der katholischen Kirche samt ihrer Bildmächtigkeit ist. 1690 spricht John Locke in seinem »Essay Concerning Human Understanding« von der gesellschaftsbegründenden »communication of ideas«. In ähnlicher, fast schon technisch-prozeduraler Weise, findet sich das Verb »communizieren« in den Briefen Friedrich Schillers. Unabhängig von der kommunikationsphilosophischen Grundfrage, ob, warum und wie Mitteilung (als auf gemeinsame Realitäten bezogene, intersubjektive Verständigung) »überhaupt möglich sei« (Friedrich Schlegel), führt das Paradigma einer Kommunikabilität der Ideen geradewegs zu den anti-klerikalen, anti-feudalistischen Forderungen nach Kommunikations- und Meinungsfreiheit in den Philosophien der Aufklärung. Damit wird der Kommunikationsbegriff politisch, ohne dass er sich jemals von spirituell-theologischen Wurzeln ablösen lässt. Das Johannes-Evangelium mit seinem programmatischen Anfang: »Im Anfang war das Wort, und das Wort war bei Gott, und Gott war das Wort« ist wohl einer der zentralen kommunikationstheoretischen Texte der christlich-abendländischen Kultur. Dabei ist zu berücksichtigen, dass die Reduktion des Logos-Begriffs (der auch die göttliche »Weltvernunft« und deren Übertragung auf den Menschen, »nach seinem Bilde« kennzeichnet) auf das »Wort« zugleich eine logozentrische Überschätzung verbaler Interaktionen einleitet, die bis heute in der modernen Kommunikationsforschung fortwirkt – bis hin zur Bilderfurcht der Intellektuellen als »Worthalter« und zur unterrepräsentierten Erforschung der nonverbalen und synästhetischen Kommunikation (abgesehen von der Kunstgeschichte, besonders in der Tradition von Erwin Panowsky).

Kommunikation ist eine wesentliche Kategorie jeder Existenzphilosophie; bei Karl Jaspers wird sie sogar zum Grundbegriff seines philosophischen Denkens, weil der Mensch durch Kommunikation (und das Bewusstsein über Kommunikation) erst »entsteht« und sich in kommunikativen »Grenzsituationen« (Liebe, Gefahr) erfährt. In ihrem ersten erhaltengebliebenen Brief an ihren Lehrer Karl Jaspers schreibt die Heidelberger Studentin Hannah Arendt am 15. Juli 1926 über die »Deutung der Geschichte«: »Ich verstehe die Geschichte nur von dem Boden aus, auf dem ich selbst stehe. Mein absolutes Bewusstsein versucht in Kommunikation zu treten mit dem absoluten Bewusstsein, das gewissermaßen hinter den überlieferten Werken steht … Wie ist es von dieser Auffassung einer Geschichtsinterpretation her möglich, *etwas Neues aus der Geschichte zu erfahren*?« Damit verweist sie auf ein Paradox der Kommunikationstheorie: Wie kommt bei aller unbedingten Individualität der Kommunikation (alle Kommunikation ist individuell, weil wir in unserem Körper, unserem Sensorium, unserem zerebralen System gefangen sind) und bei aller selektiven Wahrnehmung das Neue als »aliud« in die Kommunikation? Anders als Jaspers vermeidet Heidegger den Kommunikationsbegriff und äußert sich herablassend über das »man« und das »Gerede«. Von Heidegger aus führt eine Linie sowohl zu Sartres »Die Hölle, das sind die anderen« als auch zum kulturkritisch betrachteten Konnex von individueller Kommunikation und jeder Form mehr oder weniger lärmender Öffentlichkeit (Carl Schmitt empfahl: »Hüte Dich vor den Lautsprechern«, ähnlich klingt die Öffentlichkeitskritik des Schriftstellers Botho Strauß oder des Philosophen Jean Baudrillard).

Kommunikation transformiert Zeiträume in neue Raumzeiten (Erinnerungen können stimuliert und re-aktualisiert werden, über Science-Fiction werden Vorstellungen von der Zukunft in der Gegenwart kommuniziert), sie ist jedoch nur im Zusammenhang mit konkreten Situationen (Rahmenbedingungen) und Folge-Kommunikationen zu denken und empirisch zu untersuchen. Die Empfindungen der zwischenmenschlichen Kommunikation, der Austausch mit der kommunikativen Umwelt oder das Kommunikationsbewusstsein lassen sich durch ihre Extreme kennzeichnen: durch die radikale Reduktion des sinnlichen Austauschs (sensorische Deprivation) oder bewusste Gesprächsverweigerung auf der einen, durch endloses Geschwätz, redundantes »Zutexten« und betäubenden Lärm auf der anderen Seite.

»Noise« war der zentrale Störfaktor in der einflussreichen mathematischen Kommunikationstheorie von Claude E. Shannon und Warren Weaver (1947), die gewöhnlich mit den sechs Elementen »Informationsquelle« (Sender), »Verschlüsselung« (Codierung), »Nachricht« (Signal), »Kanal« (Medium), »Entschlüsselung« (Decodierung) und »Empfänger« (Rezipient) dargestellt wird. Für den Luhmann-Schüler Dirk Baecker, der 2004 eine der interessantesten philosophischen Einführungen zur »Kommunikation« vorlegte, hat dieses Modell fatalerweise »jede Form von Sprach- und Kommunikationswissenschaft mit der irreführenden Annahme belastet, bei der Kommunikation ginge es darum, etwas Identisches, eine Nachricht, von einem Sender so zu einem Empfänger zu transportieren, dass sie dort reproduziert werden kann. Die einfache Rückfrage, wer denn diese Identität feststellt, wurde nicht gestellt.«

Gegen ein seiner Ansicht nach naives Verständnis von Kommunikation als Informations- oder Zeichentransfer hatte sich mit steigender Rigidität schon ➤ Niklas Luhmann selbst gestellt: »Nichts wird übertragen.« Kommunikation ist für ihn die (a priori unwahrscheinliche, sich aber dennoch vollziehende) Kopplung von Mitteilungen beziehungsweise Informationen und deren Verstehen. Luhmann schrieb in dem Text »Was ist Kommunikation?« von 1990: »Im Unterschied zu psychischen Systemen ist die Gesellschaft ein soziales System, das aus Kommunikationen und nur aus Kommunikationen besteht. Selbstverständlich kommt Kommunikation nur dank einer ständigen Kopplung mit Bewusstseinssystemen zustande, aber die laufende Reproduktion von Kommunikation durch Kommunikation (Autopoiesis) spezifiziert sich selbst und wird im eigenen Netzwerk konditioniert, was immer psychischen Systemen dabei durch den Sinn geht.« Luhmanns Theorie sozialer Systeme enthält zahlreiche originelle Einsichten (etwa über Kommunikation als »Beobachten von Beobachtern« über die »Anschlussfähigkeit« als zentrales Kriterium für Kommunikation bis zu Selektions- und Selbstreferenzmechanismen). Aber die manische Abgrenzung des Kommunikationsbegriffs von individuellen Handlungsrollen (und damit auch von der Begriffstradition), um ihn als »Beutegut« einer soziologischen Supra-Theorie verwenden zu können, führte zu zahlreichen definitorischen Unschärfen – so bei der Grenzbestimmung zwischen »Systemen« und »Umwelten« – und damit letztlich selbst zu redundantem Begriffsgerassel. Wahrscheinlich ist kein Wissenschaftler des 20. Jahrhunderts so sehr zum Gefangenen des Kommunikationsbegriffs geworden wie Niklas Luhmann.

In abgeschwächter Form gilt dies auch für Luhmanns großen Konkurrenten ➤ Jürgen Habermas, der sich in seiner zweibändigen »Theorie des kommunikativen Handelns« über weite Strecken als Korreferent von Max Weber, George Herbert Mead und Émile Durkheim auf die Suche danach machte, wie die entzauberten, durch Technik und Verrechtlichung in ihren Lebenswelten kolonisierten Bürger postindustrieller Gesellschaften vernünftig, diskursiv und gleichberechtigt miteinander reden können. Habermas ging es um eine Theorie, »die sprachliche Verständigung als Mechanismus der Handlungskoordinierung in den Mittelpunkt des Interesses rückt«. Dabei bezog er sich, neben Arbeiten aus der Linguistik und der analytischen Sprachphilosophie (Carnap,

Wittgenstein und andere) auch auf den österreichischen Sprachtheoretiker Karl Bühler (1879–1963) und dessen »Organonmodell«, das drei Funktionen der Zeichenverwendung unterscheidet: die kognitive, expressive und appellative Funktion. Das Sprachzeichen ist damit zugleich Symbol, Symptom und Signal.

Im Kern repräsentieren die überbordend rezipierten soziologischen Großtheorien von Luhmann und Habermas die Differenz zwischen einem systemisch-technokratischen und einem normativ-diskursiven Verständnis des Kommunikationsbegriffs. Beide Theorieansätze bleiben eher blass, wenn es um die empirische Beschreibung konkreter Kommunikationsverhältnisse geht. Auch die Analyse der Beziehung zwischen *face-to-face*-Interaktionen und der Rezeption massenmedialer Inhalte greift sowohl bei Habermas als auch bei Luhmann nicht besonders tief.

Den Konzepten und Vorstellungen von Kommunikation kommt man mit einem semantischen Differential beziehungsweise einem Polaritätenprofil nahe; Kommunikation kann demnach begriffen werden als:

normativ (oder)	technisch
ökologisch (oder)	prozessual
spontan (oder)	organisiert
intentional (oder)	unbewusst
symmetrisch (oder)	asymmetrisch
rituell (oder)	existentiell
gelungen (oder)	misslungen
nonverbal (oder)	verbal
privat (oder)	öffentlich
funktional (oder)	spielerisch.

In ihrem Standardwerk »Menschliche Kommunikation. Formen, Störungen, Paradoxien« (1967) haben der amerikanische Kommunikationswissenschaftler und Psychologe Paul Watzlawick (1921–2007) und seine Co-Autoren Janet H. Beavin und Don D. Jackson zudem auf die Unterscheidung zwischen analoger und digitaler Kommunikation hingewiesen – so kann man (analog) eine Katze zeichnen oder (digital) diese als K-a-t-z-e benennen. Das Werk von Watzlawick, Beavin und Jackson, das unter anderem durch schöne Verweise auf Lewis Carolls »Alice Through the Looking

Glass and What Alice Found There« (1871) und die »Humpty-Dumpty«-Rhetorik auffällt, ist eine Beziehungslehre der zwischenmenschlichen, im Kern partnerschaftlichen Kommunikation, und es ist vor allem durch die Gleichsetzung von Kommunikation und Verhalten berühmt geworden (»Man kann nicht *nicht* kommunizieren«). Zudem liefert es zentrale Axiome der pragmatischen Kommunikation wie: »Jede Kommunikation hat einen Inhalts- und einen Beziehungsaspekt, derart, dass Letzterer den Ersteren bestimmt und daher eine Metakommunikation ist.« Watzlawick und sein »Mental-Research-Institut« in Palo Alto stehen für eine Richtung der therapeutischen (Meta-)Kommunikation (zum Teil in Anlehung an die Arbeiten des amerikanischen Anthropologen und Sozialwissenschaftlers Gregory Bateson), die sich dann in zahllosen populären Ratgebern etwa zum unterschiedlichen Kommunikationsverhalten von Männern und Frauen fortgesetzt hat.

Der erste Wissenschaftler, der sich bewusst als Kommunikationstheoretiker begriff, war wohl der amerikanische Soziologe Charles Horton Cooley (1864–1929). Cooley hatte 1894 über die »Theorie des Transports« promoviert und schrieb 1909 in seinem Hauptwerk »Social Organization«, Kommunikation beinhalte »the expression of the face, attitude and gesture, the tones of the voice, words, printing, railways, telegraphs, telephones, or whatever else may be the latest achievement in the conquest of space and time«. Die kanadische Medientheorie (Harold Adams Innis, ➤ Marshall McLuhan) radikalisierte diese Beobachtung einer Vielzahl von Medien, die Raum und Zeit und damit Weltsicht und Weltgefühl veränderten – die Abläufe und Paradoxien zwischenmenschlicher Kommunikation erscheinen somit eher statisch, während die technischen Medien (als Extensionen des Körpers, des Nervensystems und des Gehirns) für die historische Dynamik der Mitteilungsformen sorgen. Damit überlagert die Medientheorie die ursprüngliche Kommunikationsforschung. Die Verbindung dieser beiden Sphären, die sich in der alltäglichen kommunikativen Umwelt ohnehin durchdringen, stellt noch immer eine große Herausforderung für die Kommunikationstheorie dar, ebenso die Herausbildung einer »konkreten Kommunikationsforschung«, die unter Verwendung von Netzwerkanalyse, Soziografie und »dichter Beschreibung« wieder reale Akteure in die Kommunikationstheorie einführt, und schließlich auch die »kulturvergleichende Mediengeschichte« (Michael Giesecke) über die westliche Welt hinaus.

Literatur

Michael Giesecke: Die Entdeckung der kommunikativen Welt. Studien zur kulturvergleichenden Mediengeschichte, Frankfurt a. M. 2007.

Dirk Baecker: Kommunikation, Leipzig 2005.

Niklas Luhmann: »Was ist Kommunikation?«, in: Fritz B. Simon (Hg.): Lebende Systeme. Wirklichkeitskonstruktionen in der Therapie, 3. Aufl., Frankfurt a. M. 2002.

Jean Baudrillard: Paradoxe Kommunikation, Bern 1989.

Jürgen Habermas: Theorie des kommunikativen Handelns, 2 Bde., Frankfurt a. M. 1981.

Klaus Merten: Kommunikation. Eine Begriffs- und Prozessanalyse, Opladen 1977.

Paul Watzlawick, Janet H. Beavin und Don D. Jackson: Menschliche Kommunikation. Formen, Störungen, Paradoxien, zuerst 1967, 10. Aufl., Bern 2003.

Norbert Wiener: Cybernetics or Control and Communication in the Animal and the Machine, New York 1948.

JAN TONNEMACHER, KAI BURKHARDT

Kommunikationspolitik

Kommunikationspolitik umfasst alle Versuche, die kommunikativen Prozesse einer Gesellschaft zu lenken. Sie enthält
neben repressiven Elementen immer auch werbende und
fördernde. Kommunikationspolitik geht weit über das Gebiet
der Medienpolitik hinaus (➤ Medien und Politik), weil sie sich
auf sämtliche Mittel und Methoden kommunikativer Prozesse
bezieht und nicht nur auf Massenmedien. Im Marketing-
bereich bezeichnet der Begriff den systematischen Einsatz
von Kommunikation durch Unternehmen.

Die Konkurrenz zwischen Staat und gesellschaftlicher Öffentlichkeit um Aufmerksamkeit wird nicht nur allein über den Zugriff
auf Massenmedien entschieden, sondern oft durch den kreativeren
Umgang mit psychologischen und anthropologischen Erkenntnissen. Die psychologische Kriegsführung im Ersten Weltkrieg, die
Symbolpolitik des Kalten Krieges oder das gezielte Verbreiten von
Gerüchten und Werbebotschaften im Wettkampf der BRD mit
der DDR sind Beispiele dafür, wie an den Massenmedien vorbei
Kulturbilder im Ausland zum eigenen Vorteil beeinflusst werden
können.

Im angelsächsischen Raum wird kaum von *communication
policy* gesprochen, sondern im umfassenden Sinne von *political
communication*. Erklärungsbedürftig scheint, weshalb in Deutschland, entsprechend zu den Begriffen Wirtschafts- oder Bildungs-
politik, viel häufiger von Kommunikationspolitik die Rede ist.
Der Begriff *political communication* bezieht sich auf Absicht und
Inhalt, indem er von aller Kommunikation die politische unterscheidet. Kommunikationspolitik legt hingegen semantisch eine
Ordnungsvorstellung nahe, die gesellschaftliche Kommunikation
als eine politisch lenkbare Größe denkt.

Der Wissenschaftler und Publizist Otto B. Roegele veröffentlichte 1965 ein Buch, das »Texte zur Kommunikationspolitik«
enthielt, nicht zuletzt, um die Fachbezeichnung ➤ Kommunika-

tionswissenschaft gegen das Wort ➤ Publizistik durchzusetzen. Ein Jahr zuvor hatte Franz Ronneberger sein Institut an der Universität Nürnberg-Erlangen aus dem gleichen Grund »Institut für Politik und Kommunikationswissenschaft« genannt. Der Forschungsschwerpunkt sollte Kommunikationspolitik sein. Ronneberger hatte als SS-Experte für Südosteuropa zu einer jungen nationalsozialistischen Elite gehört, die ihre Vorstellungen von politischer Kommunikation an geopolitischen Fragen entwickelten.

Seiner Definition lag das Verständnis zugrunde, dass – wie er in seinem dreibändigen Werk über Kommunikationspolitik schrieb – »alle wissenschaftlich-theoretischen und -praktischen Bemühungen um das Zustandekommen und die Verbesserung von Kommunikation zwischen Menschen (öffentlich und privat, kollektiv und individuell) politische Bedeutung gewinnen, politischen Charakter annehmen können. Dies gilt erst recht für den negativen Fall der Verhinderung von Kommunikation.« Der Hinweis auf die Bedeutung kommunikativer Prozesse traf Mitte der 1960er Jahre auf einen Zeitgeist, der das Konzept rasch von diesem Ursprung löste. Verschiedene Strömungen von Pop-Art bis zur Frauenbewegung hatten den Begriff Kommunikation zu einem Modeschlagwort des links-liberalen Spektrums werden lassen, das keine Regierung mehr ignorieren konnte.

Politische Kommunikation hat es immer gegeben. Es ist allerdings kaum sinnvoll, für das Mittelalter von Kommunikationspolitik zu sprechen, da der moderne Begriff den staatlichen, politischen und kulturellen Gegebenheiten dieser Zeit kaum gerecht wird. Eine politische ➤ Öffentlichkeit, die ständig nach der Legitimität von Herrschaft fragt und unablässig überzeugt werden muss, gab es nicht. Die entscheidende Kommunikation fand innerhalb eines fast namentlich bekannten Kreises statt.

Der Begriff Kommunikationspolitik trifft im Grunde erst, wenn drei Bedingungen erfüllt sind: Erstens muss die politische Kommunikation über Rhetorik und Symbolik hinausgehen, also die Anzahl der kommunikativen Machtmittel so groß werden, dass ein zusammenfassender Begriff notwendig wird. Zweitens muss eine anonyme Öffentlichkeit bestehen, die über so viel politische Macht verfügt, dass sie eine Herrschaft stürzen kann; die öffentliche Meinung muss also herrschaftsrelevant sein. Und drittens

müssen ausreichende Mittel zur Verfügung stehen, um kommunikationspolitische Ziele umsetzen zu können. Neben einem mit-
telbaren oder unmittelbaren Zugriff auf Massenmedien gehört
dazu eine indirekte Einflussnahme auf Personalentscheidungen
und Themensetzungen.

Die erste Bedingung ist eng mit der Erfindung des Buchdrucks
verbunden und vor allem mit dem Aufkommen der periodischen
➤Presse. Die zweite Bedingung ist nicht ohne den Erfolg einer
demokratischen Kultur (➤Demokratie) zu denken, wenn man
darunter die zunehmende Teilhabe immer größerer Bevölkerungs-
gruppen an der politischen Herrschaft versteht. Demokratie hat
Öffentlichkeit zur Voraussetzung. Dass aber die Öffentlichkeit
stark genug ist, um traditionelle Herrschaft zu gefährden, und die
Herrschaft gleichzeitig über ein Maß an Staatlichkeit verfügt, mit
der sie dieser Gefahr begegnen kann, das gilt im Grunde erst seit
der Französischen Revolution.

Es spricht deshalb einiges dafür, in Napoleon den ersten Staats-
führer zu sehen, der eine Kommunikationspolitik im modernen
Sinne betrieb. Als Bürgerlichem fehlte ihm eine traditionelle Herr-
schaftslegitimation, was eine neue Form von Kommunikation zwischen Herrschaft und Volk erforderte. Er reduzierte die Anzahl
der Zeitungen in Frankreich radikal und schuf mit dem Journal
»Moniteur Universel« ein offizielles Medium seiner Politik. Ein
Propagandainstrument ersten Ranges war die über ganz Europa
verbreitete Feldzeitung »Bulletin de la Grande Armée«, die in der
Geschichte des kriegsbegleitenden Journalismus eine neue Ära
der psychologischen Kriegsführung einleitete. Im Zentrum seiner Kommunikationspolitik stand eine Machtrepräsentation aus
antiker Staatssymbolik und zeitgenössischer Kunst, die auf spätere
Zeiten beispielgebend wirkte.

Nach 1789 galt die politische Loyalität auch im restlichen Europa
immer weniger dem Souverän und immer mehr abstrakteren Einheiten wie Volk oder Nation. Die Macht musste den kritischen
Reflexionen einer neuen Oberschicht aus Journalisten und ➤Intel-
lektuellen standhalten. Entscheidend waren dabei das Aufkommen
privater Medienunternehmen und technische Neuerungen wie
die Telegrafie, die kommunikationspolitische Ordnungsvorstel-
lungen und neue staatliche Kommunikationsformen herausfor-

derten. In den USA des 19. Jahrhunderts investierten Industrielle wie die »Robber Barons« John Jacob Astor, Jay Gould oder John D. Rockefeller ins Transport- und Telegrafenwesen und entwickelten publizistische Aktivitäten, denen der Staat nichts Gleichwertiges entgegensetzen konnte. Auch die britischen Kabel waren zum großen Teil in Privatbesitz. Für Regierungsnachrichten musste der Privatverkehr allerdings sofort eingestellt werden.

In Deutschland griff die Preußische Regierung ein, als das Wolffsche Telegrafenbüro 1864 an den in London ansässigen Konkurrenten Paul J. Reuter verkauft werden sollte, und nutzte die Gelegenheit, das Büro unter staatliche Kontrolle zu bringen. Die Regierung verbot Filialen von Reuter in Deutschland und profitierte anschließend vom Kartellvertrag zwischen dem Wolffschen Büro, der französischen »Agence Havas« und der US-amerikanischen »Associated Press«, in dessen Folge das Nachrichtenwesen der Welt in verschiedene Einflusszonen aufgeteilt wurde. Staatliche Pressestellen kauften oder verboten Zeitungen und zahlten teils hohe Geldbeträge an einzelne Blätter und Journalisten.

Erst die Diktaturen des 20. Jahrhunderts haben aber die verschiedenen Mittel der Kommunikation durch weitgehende Enteignung privater Medienmacht zu einem konsistenten System zusammengefasst. In der Sowjetunion und Italien herrschten mit ➤Lenin und ➤Mussolini zwei ausgebildete Journalisten, der Propagandaminister des NS-Regimes, ➤Joseph Goebbels, war Germanist. Sie konnten sich bei dem Versuch, die Kommunikation der Massen zu lenken, nicht nur auf ihre beruflichen Kenntnisse und auf die ersten Ergebnisse der Propagandaforschung stützen, sondern auch auf neue Medien wie Fotografie, Radio und Film. Goebbels verstand sich als Regisseur des öffentlichen Lebens, der jenseits dieser Medien Freizeit und Berufsalltag breiter Bevölkerungsschichten organisierte. Der chinesische Revolutionsführer Mao kommunizierte seine Ideologie unter anderem über einen einheitlichen Kleidungsstil.

Moderne demokratische Regierungen haben im Gegensatz zu Diktaturen sehr viel größere Schwierigkeiten, Macht durch Kommunikation zu sichern. Die Vielzahl der medialen Verbreitungswege und die journalistische Fähigkeit, propagandistische Absichten schnell zu dechiffrieren, beschränken die Mittel auf subtile und indirekte Formen der Einflussnahme: Demokratische Regierungen können Rahmenbedingungen setzen oder versuchen, durch bestimmte Techniken Inhalte in den Medien zu platzieren.

Die Rahmenbedingungen werden heute durch das ➤Medienrecht und vor allem durch Lizenzierungsverfahren bestimmt. Die politische Klasse sichert sich zum Beispiel Aufmerksamkeit, indem sie durch ➤Regulierung auch private Sender verpflichtet, einen bestimmten Anteil an Nachrichten und Informationen ins Programm zu nehmen. ➤Förderung und Subvention von Medienunternehmen oder Produkten gehören ebenso in diesen Zusammenhang wie das Zerschlagen von Meinungskartellen. Um politische Inhalte in die Öffentlichkeit zu bringen, bleiben neben allen Spielarten des ➤Agenda-Settings vor allem die persönlichen Beziehungen zwischen Politikern und Journalisten.

Seit 1949 lief in den USA die Operation »Mockingbird« des CIA. Der Geheimdienst warb Journalisten bei führenden Medien an, um bestimmte Regierungsinformationen zu verbreiten und über die Kenntnisse der Presse im Bilde zu sein. In Deutschland hatte die »Organisation Gehlen« (der Vorläufer des BND) in den 1950er Jahren beispielsweise Gewährsmänner beim Wochenblatt »Der Spiegel« untergebracht. Bekannt sind auch Absprachen zwischen dem US-Präsidenten Kennedy und dem Verleger der »New York Times«, Informationen während der Invasion der Schweinebucht und der »Cuban Missile Crisis« nicht zu veröffentlichen.

Die Vorstellung von Kommunikationspolitik als Ordnungspolitik hat an Bedeutung verloren, seit mit dem Zusammenbruch der bipolaren Weltordnung die großen politischen Ideologien weggefallen sind. Gegenbeispiele sind ➤China und ➤Russland, die zwar die egalisierenden Tendenzen des ➤Internets nicht gänzlich unterdrücken können, durch repressive Maßnahmen aber eine gleichförmige, unkritische Berichterstattung erzwingen. Demokratien sichern das politische System heute hinreichend durch die Gewährleistung von Meinungsvielfalt, wenn auch der Krieg der USA im Irak gezeigt hat, mit welcher Souveränität und welchem antiliberalen Potential demokratische Staaten trotz ➤CNN, ➤»Al Dschasira« oder ➤BBC den Informationsfluss in Krisengebieten kanalisieren können. In Ansätzen ist dies auch ➤Berlusconi in Italien gelungen.

In Deutschland ist der Begriff Kommunikationspolitik von Marketingexperten adaptiert worden und fand von dort zurück in die Politik. Kommunikationspolitik wird hier häufig auf ➤ Public Relations oder politische ➤ Werbung reduziert. Dass Kommunikationspolitik eigentlich eine umfassende Ordnungsvorstellung von raumgreifender innen- und außenpolitischer Bedeutung ist, findet sich in politischen und wissenschaftlichen Konzepten kaum noch wieder.

Es liegt eine gewisse Ironie darin, dass ausgerechnet die EU den Begriff wiederbelebt. Ein »Weißbuch über eine europäische Kommunikationspolitik« vom Februar 2007 sollte dem »zunehmenden Verlust des Vertrauens der europäischen Öffentlichkeit in das EU-Projekt« entgegenwirken. Die Kulturhoheit der Mitgliedstaaten, die Sprachbarrieren und der zersplitterte europäische Medienmarkt setzten der EU-Kommission freilich enge Grenzen. Über ganz Europa verbreitete Medien oder politische Parteien gibt es bisher nicht. Die Kommission reagierte darauf mit dem eigenen Satellitenkanal »Europe by Satellite«, der Finanzierung von »Euronews«, vor allem aber als Geldgeber für einzelne Radio- und Fernsehsendungen, die positiv über die EU berichten.

Die Europäische »Generaldirektion Kommunikation« für Institutionelle Beziehungen und Kommunikationsstrategien plant ferner eine eigene Nachrichtenagentur, die allen europäischen Sendern eigens angefertigte Beiträge anbieten soll. Ob die EU durch diese Mittel aus ihrer Selbstgesprächsschleife herauskommt, bleibt abzuwarten.

Literatur

Paula Chakravartty und Katharine Sarikakis: Media Policy and Globalization, Edinburgh 2006.

Hannes Haas und Wolfgang R. Langenbucher (Hg.): Medien- und Kommunikationspolitik. Ein Textbuch zur Einführung. Studienbücher zur Publizistik- und Kommunikationswissenschaft, Bd. 12, 2. aktualisierte und überarbeitete Auflage, Wien 2005.

Robert W. McChesney: The Problem of the Media. U.S. Communication Politics in the 21st Century, New York 2004.

Jan Tonnemacher: Kommunikationspolitik in Deutschland. Eine Einführung, Konstanz 2003.

LUTZ HACHMEISTER, MICHAEL MEYEN

Kommunikationswissenschaft

Kommunikationswissenschaft ist eine aus den angloamerikanischen Wurzeln der Sozialforschung entstandene Nachbardisziplin der Soziologie, Psychologie und Politikwissenschaft. Erforscht werden die Strukturen und Regeln der gesellschaftlichen, vor allem der technisch vermittelten Kommunikation. In Deutschland entwickelte sich das Fach zunächst über die Zeitungs- und Publizistikwissenschaft. Seit den 1960er Jahren ist eine zunehmende Internationalisierung der Kommunikationsforschung zu verzeichnen. In den 1970er Jahren kommt eine philologisch und kunsthistorisch inspirierte »Medienwissenschaft« hinzu, die sich vor allem mit Gestalt und Geschichte der technischen Medien selbst beschäftigt.

Die Kommunikationswissenschaft ist als akademisches Fach, das sich mit den Prozessen gesellschaftlicher Kommunikation beschäftigt, im ersten Drittel des 20. Jahrhunderts in den USA entstanden. Sie hat ihre Wurzeln in der pragmatischen Sozialphilosophie (John Dewey), der empirischen Soziologie und Sozialpsychologie, aber auch in der Werbung, in Public Relations und psychologischer Kriegsführung. Wilbur Schramm, einer der großen Systematiker der US-Kommunikationswissenschaft, nennt in seiner Studie »The Beginnings of Communication Study in America« beispielhaft die Soziologen Charles Horton Cooley und Robert Ezra Park sowie den Ethnologen und Linguisten Edward Sapir als wegweisende moderne Kommunikationsforscher. Als eigentliche Gründerväter der empirischen Kommunikationswissenschaft (mit Umfragen, Laborexperimenten, Inhaltsanalysen et cetera) gelten ihm der Politologe Harold Dwight Lasswell, der Soziologe Paul Felix Lazarsfeld und die Psychologen Kurt Lewin und Carl Hovland. Eine ähnliche Einteilung nahm Daniel J. Czitrom (»Mass Media and the American Mind. From Morse to McLuhan«) 1982 vor. Als maßgeblich für die Theorien der modernen Kommunikation bezeichnete er Cooley, Dewey und Robert E. Park (und damit die »Chicago

School« der Sozialökologie), dann den »Aufstieg der empirischen Medienforschung 1930–1960«, schließlich noch die kanadische Medientheorie von Harold Adams Innis und Marshall McLuhan, die sich mit den Veränderungen raumzeitlicher Zusammenhänge durch jeweils neue technische Medien und Transportmittel beschäftigte. In den USA wurde die Etablierung der Kommunikationswissenschaft (»Communication Research«) an Universitäten durch Aufträge der kommerziellen Radio- und Fernsehindustrie, der großen Stiftungen sowie durch die frühe Institutionalisierung der akademischen Journalistenausbildung begünstigt. Dennoch war auch in den USA lange strittig, ob es sich bei der Kommunikationswissenschaft um ein eigenes Fach oder ein Forschungsfeld verschiedener Disziplinen (etwa der Lingustik, der Pychologie, der Kunstgeschichte und der Neurobiologie) handelt.

In Deutschland vollzieht sich die Entwicklung zur Kommunikationswissenschaft in mehreren Brüchen und Schüben von der Zeitungskunde, der Zeitungswissenschaft und der ➤ Publizistik (-wissenschaft) hin zu einer empirisch-historischen Disziplin, die Anfang der 1960er Jahre die »Ansätze« und Ergebnisse der US-Kommunikationsforschung systematisch aufnimmt. Dafür stehen vor allem die Meinungsforscherin ➤ Elisabeth Noelle-Neumann (seit 1964 in Mainz lehrend) und die »Münsteraner Schule« der funktionalen Publizistikwissenschaft um deren Gründer und Leiter, den Niederländer Henk Prakke. 1965 publizieren Franz Dröge und Winfried B. Lerg unter der Überschrift »Kritik der Kommunikationswissenschaft« in der Fachzeitschrift »Publizistik« einen einflussreichen Text, in dem sie die Ergebnisse der US-Kommunikationsforschung systematisierten (Kommunikator-, Publikums- und Wirkungsforschung) und versuchten, diese mit den Traditionen der älteren deutschen Publizistikwissenschaft zu verzahnen. Einflussreich für die Entstehung eines Forschungsfeldes rund um die Zentralbegriffe »Kommunikation« und »Massenmedien« in den 1960er Jahren waren aber auch Psychologen wie Gerhard Maletzke, Pädagogen wie Erich Feldmann und Soziologen wie Alphons Silbermann und Horst Reimann. 1964 wurde an der Universität Nürnberg-Erlangen ein Lehrstuhl für »Politik- und Kommunikationswissenschaften« ausgewiesen und mit dem Staats- und Politikwissenschaftler Franz Ronneberger besetzt.

Obwohl die Kommunikationswissenschaft in Deutschland (nimmt man noch die aus einer Krisensituation der Germanistik in den 1970er Jahren entstandene »Medienwissenschaft« hinzu, s. u.) in jüngster Zeit prosperiert, kann man sie aus historischer Perspektive als »verspätetes Fach« kennzeichnen. Nachdem der Nationalökonom ➤ Karl Bücher 1916 in Leipzig das erste Institut für Zeitungskunde gegründet hatte, war das Fach länger als ein halbes Jahrhundert nur an wenigen deutschen Universitäten vertreten. 1970 gab es in der Bundesrepublik sieben Standorte mit jeweils einer Professur. Erst die wachsende Bedeutung öffentlicher Kommunikation und der dadurch ausgelöste Drang der Studierenden in Medienberufe haben dem Fach einen Boom beschert. In den 1970er und 1980er Jahren wurden an einer ganzen Reihe von Hochschulen Studiengänge für die Vorbereitung auf den ➤ Journalismus eingerichtet (so in Dortmund, Eichstätt, Hohenheim, Bamberg, Hamburg und Hannover). Parallel wurden die bereits bestehenden Einrichtungen personell ausgebaut (vor allem die Kerninstitute in München, Münster, Berlin und Mainz). Der Eindruck, dass es sich bei der Kommunikationswissenschaft um ein expandierendes Fach handelt, ist nach 1990 durch zahlreiche Studiengangsgründungen in den neuen Bundesländern noch verstärkt worden (so in Leipzig, Dresden, Erfurt, Ilmenau, Jena und Greifswald). Gab es 1990 in Deutschland 54 Professoren für Kommunikationswissenschaft und Journalistik, lag diese Zahl 2002 bereits bei 85. Zum Vergleich: Die sozialwissenschaftlichen Nachbardisziplinen Soziologie und Politikwissenschaft haben jeweils mehr als dreimal so viele Hochschullehrer-Stellen und sind in der Regel auch finanziell deutlich besser ausgestattet. Dabei ist die Kommunikationswissenschaft für Studienanfänger nach wie vor äußerst attraktiv. In München gibt es beispielsweise jedes Jahr rund 1500 Bewerbungen für die 140 Plätze im Bachelorstudiengang.

Der institutionelle Ausbau der Kommunikationswissenschaft ist durch einen Paradigmenwechsel und durch einen Austausch des Personals vorbereitet worden. Nach 1945 stand die Publizistik- bzw. Zeitungswissenschaft in der Bundesrepublik zunächst vor dem Aus. Noch 1960 empfahl der Wissenschaftsrat, dieses »Sondergebiet« lediglich an den Universitäten Berlin und München zu pflegen. Das junge Fach und seine Vertreter hatten sich durch Hilfsdienste für die NS-Propaganda kompromittiert. Die Vertreter der etablierten Fächer, häufig selbst durch intellektuelle Kollaboration mit den NS-Machthabern belastet, nutzten die Situation, um das ungeliebte »Modefach« an den Universitäten wieder loszuwerden. Nach 1945 wurden die meisten Institute abgewickelt. Zudem gab es kaum unbelasteten Nachwuchs. Wie schwach die Position der verbliebenen Professoren war, kann man vielleicht daran ermessen, dass erst 1968 wieder ein Habilitationsverfahren gelang (mit Kurt Koszyk in Berlin). Das Fach spielte in den großen kommunikationspolitischen Debatten jener Zeit keine Rolle, war weder in der Michel- noch in der Günther-Kommission (➤Deutschland) vertreten und wurde bei den Hochschulneugründungen der 1960er Jahre nur in Bochum berücksichtigt.

Berufen wurden in dieser Situation Fach- und Universitätsfremde, die wie Henk Prakke (Münster), Fritz Eberhard (Berlin) oder Otto B. Roegele (München) häufig aus der praktischen Publizistik kamen. Diese Namen stehen nicht nur stellvertretend für die Überwindung der Krise, sondern auch für den Wandel von der historisch-philologisch arbeitenden Zeitungs- bzw. Publizistikwissenschaft zur sozialwissenschaftlich orientierten Kommunikationswissenschaft. Während die Vorläufer auf geisteswissenschaftliche Wurzeln rekurrierten, teilweise normative Vorstellungen von massenmedial vermittelter Kommunikation entwickelten und wertfreie Forschung ablehnten (wie etwa Emil Dovifat in Berlin), orientierte sich das Fach nun an der quantitativ-empirisch arbeitenden Medienwirkungsforschung, die sich seit den 1930er Jahren in den USA entwickelt hatte.

Die sozialwissenschaftliche Wende, die mit einer »Wendung zur Auftragsforschung« (Hanno Hardt) verbunden war, wird in der Literatur mit dem Aufkommen des Fernsehens, mit den theoretischen und methodischen Entwicklungen in den Nachbardisziplinen sowie mit dem Wunsch nach politischer Rehabilitierung erklärt. Mindestens genauso wichtig war aber, dass Medienbetriebe und Medienpolitik solides Wissen über den Ablauf und die Auswirkungen öffentlicher Kommunikationsprozesse sowie über die Strukturen der Medienlandschaft und des Journalismus verlangten. Dass die entsprechenden Kenntnisse fehlten, war spätestens in den Debatten um den Wettbewerb zwischen ➤Presse und ➤Fernsehen sowie um die Folgen der Medienkonzentration deutlich geworden. In den 1970er und 1980er Jahren vergab das Bonner Bundespresse- und Informationsamt unter dem Einfluss von Walter J. Schütz, Leiter des Referats »Pressedokumentation, Archiv und Bibliothek«, gezielt Aufträge an empirisch arbeitende Kommunikationswissen- schaftler, vor allem an die Münchener »Arbeitsgemeinschaft für Kommunikationsforschung« (AfK). In diesem Zusammenhang gehören auch die Begleitforschung zu den Kabelpilotprojekten sowie die Einrichtung eines DFG-Schwerpunktprogramms zum Thema »Publizistische Medienwirkungen«. Der parteipolitische Streit um die Einführung neuer Medien spülte das Thema Medien- wirkungsforschung auf der politischen Agenda weit nach oben und beförderte den institutionellen Ausbau der Kommunikati- onswissenschaft genauso wie das (vorübergehende) Interesse der Politik an der akademischen Journalistenausbildung.

Die Nachfrage der Studierenden nach attraktiven Berufen im Medienbereich, der schrumpfende Markt für die Lehrerausbildung und die schrittweise Delegitimierung der Literatur als Leitmedium des Bildungsbürgertums führten dazu, dass die Germanistik ab Ende der 1970er Jahre ihren Gegenstandsbereich erweiterte und sich zumindest in Teilen als »Medienwissenschaft« neu erfand. Institutionell gefördert wurde diese Entwicklung durch den Sonderforschungsbereich »Bildschirmmedien« in Siegen, den die Deutsche Forschungsgemeinschaft 1985 einrichtete. Dieser Sonderforschungsbereich hatte ausdrücklich das Ziel, zur »Etab- lierung einer historisch, ästhetisch und pragmatisch orientierten Medienforschung beizutragen«. Die Medienwissenschaft hat mit Vertretern wie Friedrich Kittler, Jochen Hörisch, Hans Ulrich Gumbrecht, Karl Ludwig Pfeiffer oder Florian Rötzer, zum Teil in der Tradition der kanadischen Medientheorie, zu eigenen Schulenbildungen angesetzt. Dass außerhalb der Strukturen der sozialwissenschaftlich orientierten Kommunikationswissenschaft ein kulturwissenschaftlicher Konkurrent entstanden ist, hat die Selbstverständnisdebatte im Fach angeheizt und erschwert die Außendarstellung schon deshalb, weil die Disziplin unter verschie- denen Bezeichnungen auftritt (Publizistik, Journalistik, Medien- wissenschaft, Medienforschung, Medientheorie – auch in vielen Bindestrichkombinationen).

Die »Deutsche Gesellschaft für Publizistik- und Kommunikationswissenschaft« (DGPuK) hat die Kommunikationswissenschaft 2001 als »theoretisch und empirisch arbeitende Sozialwissenschaft mit interdisziplinären Bezügen« verstanden und »die indirekte, durch Massenmedien vermittelte öffentliche Kommunikation« in das Zentrum des Fachs gerückt. Diese Beschreibung des Gegenstands, die sich von der klassischen Publizistikwissenschaft nur graduell unterscheidet, dürfte inzwischen überholt sein. Für die These, dass sich die Kommunikationswissenschaft weiter »entgrenzen« und ihr Erkenntnisinteresse in Zukunft tatsächlich auf alle Kommunikationsprozesse richten wird (und nicht mehr fast ausschließlich auf die Sphäre der Massenmedien), gibt es mehrere Argumente. Zum einen verschwimmen die Grenzen zwischen Massen-, Gruppen- und Individualkommunikation (➤ Internet, Handy). Die Ausschreibung von Lehrstühlen für Computerspiele zollt der Tatsache Rechnung, dass vor allem im Bereich der computervermittelten Kommunikation ein gesellschaftlicher Bedarf existiert. Zum anderen gewinnen nichtöffentliche Kommunikationsprozesse an Bedeutung (Organisationskommunikation, ➤ Public Relations, ➤ Werbung). Gerade auf diese konzentrieren sich außerdem die Interessen der Studierenden. Dies ist vor allem deshalb nicht zu unterschätzen, weil sich die Kommunikationswissenschaft immer noch vor allem dadurch legitimiert, dass ihr eine Ausbildungskompetenz für Medienberufe zugeschrieben wird. 2007 bescheinigte eine Expertengruppe des Wissenschaftsrates den »Kommunikations- und Medienwissenschaften«, sie gäben »wesentliche Impulse für kulturelle, ökonomische und technische Entwicklungen unserer Gesellschaft«. Der Wissenschaftsrat unterschied drei »Ausrichtungen« im Forschungsfeld: »die sozialwissenschaftlich orientierte Kommunikationswissenschaft, die kulturwissenschaftliche Medialitätsforschung und die an der Informatik orientierte Medientechnologie«. Das Gremium schrieb damit eher den Status quo fest, forderte aber auch, »dass in der Forschung deutlich stärker über die Grenzen dieser drei fachlichen Ausrichtungen hinweg kooperiert werden muss, wie dies etwa in den USA der Fall« sei.

Literatur

Wolfgang Donsbach (Hg.): The Blackwell International Encyclopedia of Communication, Oxford 2007.

Michael Meyen und Maria Löblich: Klassiker der Kommunikationswissenschaft. Fach- und Theoriegeschichte in Deutschland, Konstanz 2006.

Günter Bentele, Hans-Bernd Brosius und Otfried Jarren (Hg.): Öffentliche Kommunikation. Handbuch Kommunikations- und Medienwissenschaft, Wiesbaden 2003.

Elisabeth Noelle-Neumann, Winfried Schulz und Jürgen Wilke (Hg.): Das Fischer Lexikon Publizistik/Massenkommunikation, 4. Aufl., Frankfurt a. M. 2003.

Wilbur Schramm: The Beginnings of Communication Study in America. A Personal Memoir, hg. von Steven H. Chaffee und Everett M. Rogers, Thousand Oaks/Cal. u. a. 1997.

Hans Ulrich Gumbrecht und Karl Ludwig Pfeiffer (Hg.): Materialität der Kommunikation, Frankfurt a. M. 1988.

Krieg

Für die technische Entwicklung und die Verbreitung von Medien hat Krieg als extreme Form der Krise eine herausragende medienpolitische Bedeutung. Die Kriegsberichterstattung gehört zu den sensibelsten Bereichen der Kommunikationspolitik.

Definiert man Krieg im Anschluss an Clausewitz als ein Messen der moralischen und physischen Kräfte mithilfe der Letzteren, so ist die Bedeutung der Medien für das Kriegsgeschehen in der Verbindung physischer und moralischer Kräfte zu suchen. Hier setzen Zensur wie Propaganda an, um die Auswirkungen des physischen Ringens auf die moralischen Kräfte zu verstärken oder abzuschwächen. Wo die physischen Kräfte (professionelles Militär) von den moralischen Kräften (zum Beispiel Kriegswille einer Bevölkerung) abgespalten sind, etwa bei mit Söldnern geführten Kriegen oder in den Kabinettskriegen des 18. Jahrhunderts, haben die Medien nur geringen Einfluss auf das Kriegsgeschehen: Sie berichten über Ereignisse, die bereits stattgefunden haben und bleiben ohne Einfluss auf das weitere Geschehen. Damit sind die Voraussetzungen für eine objektive Berichterstattung gut; aber das Interesse des Publikums an den Berichten über die Kriegsereignisse ist beschränkt; die eigentliche Aufmerksamkeit gilt dem Friedensschluss.

Das ändert sich mit der Französischen Revolution. In der anschließenden Epoche des Nationalismus wird der Krieg aus einer Sache des Heeres zu einer Angelegenheit des ganzen Volkes (allgemeine Wehrpflicht, Massenheere), und dementsprechend wächst das Interesse eines zunächst bürgerlichen und dann allgemeinen Publikums am Fortgang der Kriegsereignisse. Das zeigt sich in den Aufschwüngen, die das Zeitungswesen gerade in Kriegszeiten nimmt, aber auch in der dramatischen Verkürzung des Zeitabstands, in dem Bilder über die entscheidenden Schlachten eines Feldzugs angefertigt und dem Publikum gezeigt werden. Napoleon Bonaparte führte in seinem Stab Maler mit, die das Schlachtgeschehen festhielten und es zu Monumentalgemälden ausarbeiteten, in deren Mittelpunkt zumeist Napoleon selbst stand. Berichterstattung und ➤ Propaganda begannen sich zu vermischen, und die Verherrlichung großer Siege in Gemälden, wie sie seit der Renaissance in Europa zu beobachten ist, verwandelte sich aus einer im Nachhinein erfolgenden Glorifizierung in eine mediale Einflussnahme auf den Fortgang des Kriegsgeschehens.

Die Intensivierung der medialen Aufmerksamkeit für den Krieg seit dem 19. Jahrhundert ist also nicht nur das Ergebnis einer technologischen Entwicklung von der Telegrafie zur Satellitenkommunikation, sondern auch einer Veränderung der politischen Rahmenbedingungen, in deren Gefolge die Schnitt- und Gelenkstellen der physischen und moralischen Kräfte immer mehr an Bedeutung gewonnen haben. Dieser Bedeutungszuwachs hat die technologische Entwicklung im Medienbereich beeinflusst, insofern er die Anreize für eine Beschleunigung der Nachrichtenübermittlung und die Suggestionen eines Authentizitätsgewinns durch Bilder des Geschehens intensiviert hat. Im Gefolge dessen wurden Journalisten immer stärker aus Berichterstattern über den Krieg in Bestandteile der Kriegführung verwandelt. Das Ausmaß dieser Verwandlung und die Chancen, sich ihr zu entziehen oder zu verweigern, sind sicherlich von den politischen Rahmenbedingungen des Entsendelandes wie des Einsatzgebiets abhängig, aber grundsätzlich kann sich kein Journalist dieser Transformation entziehen.

Zentrale Etappen der Verwandlung sind der Krimkrieg und der amerikanische Bürgerkrieg gewesen, als erstmals Telegrafie und Fotografie Anwendung fanden; sodann die beiden Weltkriege, in denen der Propaganda ein ausschlaggebender Einfluss auf das Kriegsgeschehen zugeschrieben wurde und die Akteure dementsprechend bemüht waren, den Gegner zu dämonisieren sowie die Gerechtigkeit der eigenen Sache herauszustreichen; und schließlich der Vietnamkrieg und die beiden Golfkriege: Hatte man in den USA unter dem Eindruck des Vietnamkriegs und der vor allem in der Generalität verbreiteten Auffassung, den Krieg durch den Einfluss der Medien verloren zu haben, zunächst noch dazu tendiert, Journalisten so weit wie möglich vom Kampfgeschehen fernzuhalten, so wurde im Golfkrieg von 2003 mit der Strategie des *embedding* die genau entgegengesetzte Informationspolitik betrieben.

Die Ursache dafür ist neben dem technologischen Equipment der Journalisten darin zu suchen, dass diese selber Bestandteil der strategischen Konfrontation geworden sind: Während die eine Seite Videos von ihrer technologischen Überlegenheit verbreitet, zeigt die andere vorzugsweise zivile Opfer, um die Weltöffentlichkeit, aber auch die Bevölkerung der gegnerischen Staaten gegen die Politik ihrer Regierungen aufzubringen. Hier treten Opferbilder an die Stelle einer nicht (mehr) vorhandenen Luftabwehr. Da für die postheroischen Gesellschaften des Westens Opferbilder eine generell höhere Authentizität besitzen als Videos über die Präzision von Hightechwaffen, wird in vielen der jüngeren Kriege der Kampf der Waffen durch den der Bilder komplementiert.

Während herkömmliche Waffen auf die physischen Fähigkeiten der Gegenseite gerichtet sind, um so die moralischen Kräfte zu zermürben, zielen Bilder unmittelbar auf die moralischen Kräfte. Sie stellen eine in der Gesamtbilanz überaus billige Form der Kriegführung dar und sind insofern eine von schwachen Akteuren bevorzugte Waffe. Man kann in ihnen einen Faktor sehen, der die Handlungs- und Selbstbehauptungsfähigkeit der Schwachen in Kriegen erhöht, und die neuartige Rolle der Medien im Kriegsgeschehen begrüßen; man kann darin aber auch eine Vermehrung effektiv kriegführungsfähiger Akteure sehen und das als Ursache einer absehbaren Ausweitung des Kriegsgeschehens bedauern.

Für das Verhältnis von Medien und Krieg ist desweiteren die Unterscheidung zwischen Staaten- und Bürgerkriegen wichtig. Diese Unterscheidung hat mit dem Westfälischen Frieden (1648) völkerrechtliche Relevanz erlangt und bildete die zentrale Ordnungsleistung des sogenannten Westfälischen Systems, das die internationalen Beziehungen Europas vom Ende des Dreißigjährigen Krieges bis zum Ersten Weltkrieg bestimmt hat. Dabei konzentrierten sich die Bemühungen zur rechtlichen Regulierung der Kriegsgewalt, die in der Haager Landkriegsordnung (1899/1907) und den Genfer Konventionen (1949) ihren Höhepunkt fanden, auf die Staatenkriege, während Bürgerkrieg zur Sammelbezeichnung für sezessionistische, klassenkämpferische, ethnische, religiös-konfessionelle und andere Formen der Gewalt wurde. Dementsprechend unterschiedlich war und ist die Rolle der Medien in diesen Kriegen: Eine neutrale und objektive Beobachterposition, die gegen mögliche Übergriffe der Kriegsparteien schützt, besitzen Journalisten nur im Staatenkrieg, während sie in Bürgerkriegen sehr schnell zur Partei werden oder bewusst Partei ergreifen und damit zu Zielen gesteigerter Aggressivität für die Gegenseite werden.

Die jüngere Kriegsgeschichte ist jedoch durch die Diffusion von Staaten- und Bürgerkrieg gekennzeichnet. Während der Westfälische Frieden und der Wiener Kongress (1815) auf die Trennung von Staaten- und Bürgerkrieg Wert legten und die anschließende Entwicklung des Kriegsrechts sich auf die Unterscheidung von Kombattanten und Nonkombattanten konzentrierte, war man unter dem Eindruck des Ersten Weltkriegs stärker darauf bedacht, den Krieg als Mittel der Politik auszuschalten, was dann schließlich auch in der Charta der Vereinten Nationen 1945 seinen Niederschlag fand. Tatsächlich stellt der klassische zwischenstaatliche Krieg heute ein historisches Auslaufmodell dar. Das heißt aber nicht, dass der Krieg verschwunden wäre. Die Staaten haben das Monopol der Kriegführungsfähigkeit verloren, und sub- und suprastaatliche Akteure, von lokalen Warlords bis zu global operierenden Netzwerken, sind kriegführungsfähig geworden. An die Stelle der symmetrischen Konfrontation der Staaten ist die asymmetrische Konfrontation von Akteuren getreten, die sich hinsichtlich strategischer Kreativität, politischer Rationalität und völkerrechtlicher Legitimität radikal unterscheiden. Dementsprechend kompliziert ist eine angemessene Darstellung dieser Kriege durch die Medien. Die Dominanz der Bilder und die Schnelligkeit der Nachrichtenübermittlung haben zur Folge, dass diese komplexen Konstellationen nur selten angemessen ausgeleuchtet werden. Das kommt dem gewachsenen Interesse der Kriegsakteure entgegen, die Medien als Instrumente der Kriegführung zu nutzen.

Literatur

Herfried Münkler: Der Wandel des Krieges. Von der Symmetrie zur Asymmetrie, Weilerswist 2006.

Gerhard Paul: Bilder des Krieges – Krieg der Bilder. Die Visualisierung des modernen Krieges, Paderborn 2004.

Christian Büttner u. a. (Hg.): Der Krieg in den Medien, Frankfurt a. M., New York 2004.

Kurt Imhof und Peter Schulz (Hg.): Medien und Krieg – Krieg der Medien, Zürich 1985.

THYMIAN BUSSEMER

Lasswell, Harold D.

* Illinois, 13. Februar 1902, † New York, 18. Dezember 1978;
US-amerikanischer Politikwissenschaftler. Er verfasste
1927 die erste sozialwissenschaftliche Abhandlung über
Propaganda. Die »Lasswell-Formel« strukturierte jahrzehntelang die Kommunikationswissenschaft.

Harold D. Lasswell war einer der einflussreichsten amerikanischen
Politikwissenschaftler des 20. Jahrhunderts. Im medienpolitischen
Kontext ist er bedeutend, da ihm die sogenannte Lasswell-Formel (»Who says what, in which channel, to whom, with what
effect?«) zugeschrieben wird, welche die frühe Kommunikationsforschung und ihre Erkenntnisinteressen strukturierte. Zudem gilt
Lasswell als Gründungsvater der wissenschaftlichen Propagandaforschung.

Nach einem ersten Abschluss an der University of Chicago studierte Lasswell in den 1920er Jahren an der London School of
Economics und den Universitäten von Paris, Genf und Berlin. Ab
1927 war er Assistant Professor und seit 1936 Associate Professor an der University of Chicago, schied dort aber 1938 aus und
zog nach New York. Von 1940 bis 1945 war er Direktor des »War
Time Communications Project« an der »Library of Congress« in
Washington, von 1946 bis 1970 Professor an der Yale Law School.
Zwischen 1970 und 1972 war er Professor an der City University of
New York, von 1972 bis 1976 an der Columbia University. Zudem
hatte er zahlreiche Beraterposten inne und galt als einer der einflussreichsten Wissenschaftsmanager der USA.

Lasswells akademische Sozialisation erfolgte in der Chicago
School, welche empirische Sozialforschung mit der Ausarbeitung
von praktischen Reformvorhaben verband. Lasswell beschäftigte
sich vor allem mit dem Zusammenhang von gesellschaftlicher Stabilität und individueller Verhaltenssteuerung, wobei er politikwissenschaftliche Theorien und die Erkenntnisse von Sigmund Freud
oder George Herbert Mead kombinierte und so zum Erfinder der

politischen Psychologie wurde. Zentral war für ihn die Frage, wie in modernen Gesellschaften Vertrauen, aber auch Unsicherheit oder kollektive Hysterie entstehen konnten. Insofern war es nur naheliegend, dass die Massenmedien in Lasswells Blickfeld gerieten, zu deren Theoretisierung er grundlegende Beiträge leistete. Die ihm zugeschriebene und auf 1948 datierte Lasswell-Formel hat allerdings die sogenannte »Communications Group« der Rockefeller Foundation schon im Juli 1940 in ihrem Memorandum »Research in Mass Communications« entwickelt. Dort heißt es:»In brief then, the job of research in mass communications is to determine who, and with what intentions, said what, to whom, and with what effects.«

Tatsächlich Pioniercharakter haben dagegen Lasswells Arbeiten über Propaganda. Bereits in seiner 1927 erschienenen Dissertation über die Propaganda des Ersten Weltkriegs (»Propaganda Technique in the World War«, London) hatte er nach Methoden gesucht, um den immer größeren Einfluss von Propaganda in der modernen Gesellschaft wissenschaftlich untersuchen zu können.Lasswell schwebte vor, aus der Propagandaforschung einen Forschungszweig nach naturwissenschaftlichem Vorbild zu machen.

In späteren Arbeiten löste Lasswell Propaganda, die er grundlegend als »Management kollektiver Einstellungen durch die Manipulation signifikanter Symbole« definierte, aus ihrer engen Assoziation mit Krieg und Krise heraus und erklärte sie zum Normalphänomen der modernen Gesellschaft. Ihm zufolge war der gesellschaftliche Bedeutungszugewinn von Propaganda ein Reflex auf drei Faktoren: erstens auf die Tatsache, dass moderne Gesellschaften zu komplex seien, um auf persönlicher Interaktion zu beruhen, zweitens darauf, dass die Medien die zentrale Rolle bei der Informationsvermittlung übernommen hätten, und dass, drittens, heutzutage individuelle Vorteile und die Geltendmachung von Interessen wichtiger seien als traditionelle Loyalitäten. Insofern müsse man sich dauerhaft auf den Fortbestand von Propaganda einstellen und sich mit ihr arrangieren. Lasswell konnte ihr sogar positive Seiten abgewinnen. Denn eine seiner zentralen Beobachtungen war, dass in der Gegenwartsgesellschaft ein Defizit an Vertrauen, Sicherheit und stabilen Werten herrsche, das durch Propaganda gefüllt werden konnte. Mit dem Bedeutungsverlust der traditionellen Sozialisationsagenturen, die bislang für die Vermittlung von Werten und damit für die Erhaltung der bestehenden Gesellschaftsordnung verantwortlich gewesen waren, nahm die gesellschaftliche Unsicherheit auch für das Individuum zu. Durch die vielen konkurrierenden Versionen von Realität, die nunmehr primär durch die Medien vermittelt wurden, komme es beim Individuum zu einer Verwirrung darüber, welche dargebotene Lesart nun eigentlich korrekt sei. Die Folgen dieser Unsicherheit bestünden in Angst- und Frustrationszuständen und letztlich in gesellschaftlicher Anomie. Eine vom Staat systematisch betriebene Integrationspropaganda könne dem abhelfen, indem sie verbindliche Vorgaben für die Interpretation der Welt liefert und so die Menschen in ihrer Selbst- und Fremdwahrnehmung stabilisiert. Hier zeigte sich das Menschenbild Lasswells, der den Einzelnen als von der Moderne überfordert betrachtete, sodass dieser der Sinn-Verordnung von außen bedürfe. Die Funktion von Propaganda bestand Lasswells Meinung nach vor allem darin, dem Einzelnen kommunikative Angebote zu machen und symbolische Gratifikationen zu bieten, die gleichzeitig eine Einstellungs- oder Verhaltensänderung bewirken konnten. Zudem sah er in der Propaganda ein geeignetes Instrument, um in der überkomplexen modernen Gesellschaft Reformvorhaben von oben durchzusetzen und abzusichern. Hier wird ein elitistischer Zugang zu sozialen Problemen sichtbar, den Lasswell mit vielen anderen Sozialwissenschaftlern seiner Zeit teilte.

Während des Zweiten Weltkriegs leitete Lasswell an der Library of Congress ein großes Forschungsprojekt zur Propagandaanalyse feindlicher Staaten. Die dort entwickelten Methoden zur Ableitung politischer oder militärischer Pläne etwa Deutschlands und Japans aus deren Propaganda erwiesen sich in der Praxis allerdings als nur wenig effektiv und gemessen am ungeheuren Aufwand als nicht sehr sinnvoll. Immerhin wurden dort zahlreiche methodische Neuerungen entwickelt, die nach dem Krieg in der Kommunikationswissenschaft breit eingesetzt wurden. Zu nennen ist hier an erster Stelle die Weiterentwicklung der Inhaltsanalyse.

In den 1950er und 1960er Jahren entwickelte Lasswell ein zunehmend kritisches Verhältnis zur Propaganda, da er glaubte, dass diese systematisch die amerikanische Demokratie zersetze. Auch sein Verhältnis zum politischen System der USA wurde schwieriger und weniger affirmativ. Spätestens als Lasswell als kritischer Sozialwissenschaftler in das Visier McCarthys geriet und kommunistischer Sympathien verdächtigt wurde, hatte er seinen Glauben daran, dass Expertenherrschaft nicht nur effizient, sondern auch normativ gut sein könne, gründlich verloren.

Literatur

Everett M. Rogers: A History of Communication Study. A Biographical Approach, New York 1994, S. 203–237.

Arnold A. Rogow (Hg.): Politics, Personality, and Social Science in the Twentieth Century. Essays in Honor of Harold D. Lasswell, Chicago 1969.

Harold D. Lasswell, Ralph D. Casey und Bruce L. Smith: Propaganda and Promotional Activities. An Annotated Bibliography, zuerst 1935, Nachdruck: Chicago 1969.

Harold D. Lasswell: Propaganda Technique in the World War, zuerst London u. a. 1927, Nachdruck: London 1971.

Harold D. Lasswell: »The Theory of Political Propaganda«, in: The American Political Science Review 4 (1927), S. 627–631.

BENNO ENNKER

Lenin, Wladimir Iljitsch Ul'janov

* Simbirsk, 22. April 1870, † Gorki bei Moskau, 21. Januar 1924; Begründer des Bolschewismus, 1917 bis 1924 Führer des Sowjetstaates. Lenin entwickelte die kommunistische Medienpolitik als staatliche Machtpolitik und steht für eine vollständig in die Machtstrategie integrierte Massenmedialisierung der Öffentlichkeit in der Sowjetunion.

Wladimir Iljitsch Ul'janov-Lenin schrieb 1920 in den Fragebogen seiner Partei, er sei von Beruf »Publizist« (*literator*). Geboren und aufgewachsen im Provinzstädtchen Simbirsk, begann er nach Abschluss seines Rechtsstudiums und dem Umzug nach St. Petersburg seine revolutionäre Praxis im »Kampfbund für die Befreiung der Arbeiterklasse« Mitte der 1890er Jahre. Unter anderem verteilte er Agitationsflugblätter unter Fabrikarbeitern. 1895 wurde er verhaftet und von 1897 bis 1900 nach Sibirien verbannt. Nach Ende der Verbannungszeit begab er sich in die Emigration nach Westeuropa, um von dort aus in Zusammenarbeit mit Georgi Plechanow, dem Gründer der russischen Sozialdemokratie, eine »Allgemeine politische Zeitung«, die »Iskra« (»Der Funke«), herauszubringen. In diesem Projekt kristallisierte sich Lenins Konzept für eine revolutionäre Medienpolitik: Die »Allgemeine Zeitung« sollte als »kollektiver Organisator« der Revolutionäre in der Partei wirken. Solange für diese kein öffentliches Wirken möglich sei, müsse »als Ersatz dessen eine revolutionäre Zeitung dienen« (so Lenin in seinem 1902 erschienenen Hauptwerk »Was tun?«). Wie in einem Simulationsmodell wollte Lenin im Medium der Zeitung die im Westen beobachtete ➤ Öffentlichkeit reproduzieren und im Mikrokosmos der »Iskra« Gesellschaft und Klassenkampf abbilden.

Grundlegend für die Leninsche Medienpolitik war die Differenzierung zwischen den Begriffen der Agitation und der ➤ Propaganda. Propaganda sollte über die kapitalistischen Ursachen sozialer Krisen und über die Notwendigkeit des gewaltsamen Umsturzes aufklären. Agitation dagegen zielte darauf ab, der »Masse« eine Idee zu vermitteln und in ihr »Unzufriedenheit und Empörung« zu wecken.

Die Praxis der bolschewistischen Medienpolitik konzentrierte sich in vorrevolutionären Zeiten auf Flugblätter, Zeitungen und Broschüren. Die »Iskra« konnte 1901 monatlich und ab 1902 alle zwei Wochen mit einer Auflage zwischen 8000 und 10.000 Exemplaren erscheinen. Von 1912 bis zum Verbot durch die zaristische Regierung 1914 erschien die »Prawda« (»Die Wahrheit«) als legale bolschewistische Tageszeitung mit rund 40.000 Exemplaren Auflage. Nachdem sie im Gefolge der Februarrevolution 1917 wieder zugelassen wurde und Lenin mit deutscher Hilfe im April aus der Emigration nach Petrograd zurückgekehrt war, schrieb er bis zum bolschewistischen Oktoberumsturz über 280 Artikel und andere Texte für diese Zeitung. Es gelang ihm darüber, bei seinen Anhängern eine Mehrheit für seine Umsturz-Pläne zu finden.

Die Bolschewiki übernahmen unter Lenins Führung die Regierung und riefen die Sowjetrepublik aus: Sofort wurde Medienpolitik in ihren Händen zu staatlicher Machtpolitik. Sie verboten die zehn größten bürgerlichen und bald auch die gemäßigten sozialistischen Zeitungen. Schließlich wurde am 6. Juni 1922 die Zensurbehörde (»Glavlit«) geschaffen, die Vorzensur ausüben und die Herausgabe von Massenmedien genehmigen oder verbieten sollte (➤ Zensur). Letzteres geschah, wenn »Agitation gegen die sowjetischen Staatsorgane« vorlag.

Über die Repression hinaus verfolgte Lenin mit seiner Medienpolitik vor allem das Ziel, die Massen zu erziehen. Sie waren ihm politisches Kampfmittel, das er nun als »Werkzeug der Diktatur einer Klasse« nutzen wollte (➤ Diktatur). Grundsätzliche Auseinandersetzungen, welche die Politik der Parteiführung infrage stellen könnten, wurden aus den Medien verbannt.

Die Staatspartei knüpfte ein engmaschiges Presse-Netz. Es reichte von speziellen Zeitungen und Zeitschriften für die arme Bauernschaft oder solchen für die Soldaten sowie für die Arbeiter bis hin zu Presseorganen für die Frauen verschiedener sozialer Bereiche und zu Zeitungen für die unterschiedlichen im Sowjet-Reich vereinten Nationalitäten. Daneben existierten natürlich die zentralen Presseorgane, die »Prawda« und die »Iswestija«, die vom

ZK der Bolschewistischen Partei beziehungsweise von der Sowjet-
regierung herausgegeben wurden.

Trotz dieser Anstrengungen gelang es der bolschewistischen
Presse in den 1920er Jahren nicht, die Bevölkerung dauerhaft zu
binden. Zeitungen und Zeitschriften wurden im Kern nur von
jenen gelesen, die bereit waren, sich der Partei anzuschließen und
sich zu diesem Zweck mit deren Parolen und Sprache vertraut zu
machen.

Für die »Erziehung der Massen« wurden neben der Presse auch
alle anderen modernen Medien systematisch eingesetzt, zu denen
einerseits das Bild-Plakat und andererseits das Radio sowie bald
auch der Film gehörten, was besonders wichtig in einem Land mit
einem erheblichen Anteil von Analphabeten war. Bevor Lenin am
21. Januar 1924 starb, hatte er die Grundlagen der bolschewistischen Medienpolitik gelegt.

Diese wurden durch andere Strukturen unter der Herrschaft
des Generalsekretärs Josef Stalin (1879–1953) und angetrieben
durch dessen Zwangsprojekt des Ersten Fünfjahresplanes (1928–
1932) forciert. Stalins Konzept zielte – unter dem Schlagwort des
»Transmissionsriemens« – auf die totale Kontrolle des Netzes der
sich ausweitenden sowjetischen Medien. Über die Massenmedien
hinaus wurde der Gesamtkomplex der sowjetischen Kultur – vom
wissenschaftlichen Buch und der Belletristik bis zur gesamten
Sphäre des künstlerischen Wirkens – zum Objekt bolschewistischer Medienpolitik. Unter besondere Kontrolle fiel dann seit den
1960er Jahren als eines der wichtigsten Massenmedien auch das
➤ Fernsehen.

Gorbatschow glaubte, dass die von ihm 1985 eingeführte »Glasnost«-Politik der Offenheit und Transparenz vereinbar mit den
Zielen kommunistischer Medienpolitik sei. Am 12. Juni 1990
jedoch wurde das erste Pressegesetz der Sowjetunion verabschiedet, das in seinem ersten Artikel die Pressefreiheit garantierte und
die Zensur verbot. Dies bedeutete das Ende der kommunistischen
Medienpolitik.

Der Kommunismus trug der Massenmedialisierung der Öffentlichkeit im 20. Jahrhundert in seiner Machtstrategie Rechnung.
Dies war die Bedingung für seinen Erfolg bei der totalitären Durchdringung aller gesellschaftlichen Sphären, aber bildete schließlich

auch einen elementaren Faktor für sein historisches Scheitern. Jener »Erfolg« bolschewistischer Medienpolitik bewirkte nämlich eine extreme Verselbständigung der massenmedialen Öffentlichkeit als »zweite Realität«. Diese verzerrte in vielfacher Hinsicht die Wahrnehmung der Wirklichkeit auch durch die politischen Akteure selbst zum Schaden ihres eigenen Systems. Die zentrale staatliche Steuerung der kommunistischen Medienpolitik entsprach nicht mehr den Erfordernissen der Zeit: eines Übergangs von der Industrie- zur Informationsgesellschaft, deren kulturelle und technische Implikationen eine Diffusion der Mediensteuerung in eine Vielzahl von Institutionen und Akteuren erfordern.

Literatur

Rafail Pogosowitsch Owsepjan: Istorija noweischei otjetschestwennoi zhurnalistiki. Fewral 1917 – natschalo 90-ch godov (Geschichte des neuesten vaterländischen Journalismus. Februar 1917 – Anfang der 1990er Jahre), 5. Aufl., Moskau 2005.

Bernd Weisbrod (Hg.): Die Politik der Öffentlichkeit – Die Öffentlichkeit der Politik. Politische Medialisierung in der Geschichte der Bundesrepublik (Veröffentlichungen des Zeitgeschichtlichen Arbeitskreises Niedersachsen, Bd. 21), Göttingen 2003.

Jeffrey Brooks: Thank You, Comrade Stalin! Soviet Public Culture from Revolution to Cold War, Princeton, N.J. 2000.

Galina A. Golovina (Hg.): Lenin über die Presse, Prag 1970.

Luhmann, Niklas

*Lüneburg, 8. Dezember 1927, † Oerlinghausen, 6. November 1998; deutscher Soziologe, Pädagoge, Rechts- und Verwaltungswissenschaftler. Hauptwerke: »Soziale Systeme« (1984), »Das Recht der Gesellschaft« (1993), »Die Gesellschaft der Gesellschaft« (1997).

Niklas Luhmann ist der wohl bedeutendste und einflussreichste Soziologe Deutschlands in der zweiten Hälfte des 20. Jahrhunderts. Er gilt neben Talcott Parsons als Begründer der soziologischen »Systemtheorie«. Zwei Begriffe stehen im Zentrum seines Denkens: In den 1960er Jahren führte Luhmann den Terminus »Komplexität« in die Soziologie ein. Und in den frühen 1980er Jahren gewann der Begriff der »Autopoiesis« eine immer größere Bedeutung. »Autopoiesis« meint, dass soziale (Kommunikations-) Systeme – Familien, Nachbarschaften, Freundeskreise, Unternehmen, Gesellschaften – die Elemente, aus denen sie bestehen, durch das Netzwerk eben dieser Elemente selbst herstellen.

Die Vorstellung, dass soziale Systeme sich selbst herstellen, wandeln und erneuern können, ist oft als Naturalismus, als unzulässige Übertragung biologischer Begriffe auf gesellschaftliche Sachverhalte kritisiert worden. Dieser Vorwurf ist nicht ganz aus der Luft gegriffen. Der Begriff der »Autopoiesis« stammt tatsächlich von einem Naturwissenschaftler, dem chilenischen Neurobiologen Humberto Maturana. Beim zweiten Blick zeigt sich aber, dass der an Luhmann adressierte Naturalismusvorwurf nicht zutrifft.

Die Definition sozialer Systeme als autopoietisch sagt wenig bis nichts über die Gesellschaft, in der wir leben. Sie ersetzt lediglich die alten, auf Was-Fragen replizierenden Wesensbegriffe, wie etwa die Vorstellung, dass es der ontologische Zweck des Menschen sei, in einer Gemeinschaft zu leben, durch Begriffe, die auf Wie-Fragen antworten. Im Vordergrund stehen für die Systemtheorie Distinktionen, in der die eine Seite nicht ohne die andere Seite gedacht werden kann. Wie funktioniert ein autopoietisches System? Durch operative Schließung und strukturelle Kopplung. Wie konstituiert sich ein Kommunikationssystem? Durch die Unterscheidung von Medium und Form. Wie operiert ein soziales System? Durch die Unterscheidung von System und Umwelt. Nur selten werden diese Dichotomien in der Systemtheorie durch Trichotomien ersetzt, beispielsweise im Kommunikationsbegriff, den Luhmann als Einheit der Differenzen von Information, Mitteilung und Verstehen definiert.

Wenn man sich das Netzwerk von Zwei-Seiten-Formen/Unterscheidungen näher anschaut, das Luhmann unter dem Oberbegriff Systemtheorie zu einem Großunternehmen verknüpft hat, dann wird schnell deutlich, dass die Systemtheorie keineswegs auf biologischem Denken basiert. Sie ist vielmehr ein Produkt der jüngsten medientechnologischen Entwicklung, ein Produkt der Erfindung des Computers. Man könnte sogar zeigen, dass die Systemtheorie die Theorie der Computerkultur zu sein beansprucht, so wie die aristotelische Teleologie die Kultur der (Alphabet-)Schrift repräsentierte und das cartesianische *cogito ergo sum* die Kultur des Buchdrucks.

Systemtheorie konnte erst nach der Erfindung des Computers entstehen, denn erst mit dem Computer setzten die Forschungen ein, auf denen die Systemtheorie aufbaut, wie zum Beispiel Kurt Gödels Unvollständigkeitsbeweis, die binäre Logik George Spencer-Browns, Heinz von Foersters Kybernetik zweiter Ordnung, die Mathematik rekursiver Funktionen oder eben Humberto Maturanas »Kognitionsbiologie«.

Die Einbettung der Systemtheorie in die Computerkultur zeigt sich auch in Luhmanns Kommunikations- und Medientheorie. Sprache interessiert Luhmann nicht als Medium von Repräsentationen des Seins, als Zeichen von Tatsachen, sondern als soziale Praxis. Sprache kommt in der Systemtheorie nur als Tätigkeit vor, als historisches Ereignis oder eben: als »Kommunikation«. Im Grenzfall reduziert sich eine solche Episode auf den Bruchteil einer Sekunde: Gerade eben habe ich »historisches Ereignis« gelesen, noch jetzt erinnere ich mich ganz genau an diesen Augenblick, aber hoppla, dann hat das Telefon geklingelt und meine Frau hat gefragt, wo denn das ganze Geld geblieben sei, das gestern noch auf unserem Konto war.

Das Sprachereignis ist mit anderen Worten extrem flüchtig, so wie jede Operation eines Pentium-Prozessors. Und als soziales Ereignis ist Kommunikation – wiederum wie die Operation eines Computers – durch strikte Zweiwertigkeit charakterisiert: Man kann die mitgeteilte Information annehmen oder ablehnen, ja oder nein sagen; laufend zwingt die Kommunikation zu Unterbrechungen des raumzeitlichen Kontinuums.

Sprache ist für Luhmann ein Ort praktischen Handelns. Sprache ist kein vom Sprechen zu lösendes System, sondern ein Medium, das lose gekoppelte Elemente zu vorübergehend fest gekoppelten Elementen transformiert. Sprechen ist auf die Form der verbundenen Rede angewiesen, insofern es Wörter zu Sätzen kombiniert. Die Verbreitung von Informationen durch Kommunikation ist immer an Mediengebrauch gebunden. Nur im Medium des Mediums kann die Kommunikation kommunizieren. Deshalb spielen die Medien bei Luhmann bereits auf grundbegrifflicher Ebene eine so wichtige Rolle.

Darin unterscheidet sich die Systemtheorie beispielsweise fundamental von ➤ Jürgen Habermas' »Theorie des kommunikativen Handelns«. In Habermas' Kommunikationstheorie kommen Medien nur auf einer Seite der für sie so wichtigen Lebenswelt/System-Unterscheidung vor, nämlich auf der Seite des Systems und dort auch nur als symbolisch generalisierte Kommunikationsmedien wie Macht und Geld.

Während Habermas von der Annahme ausgeht, dass der Dialog, das Gespräch unter Anwesenden, noch heute die Grundsituation sozialer Kommunikation darstellt, argumentiert Luhmann differenzierter. Ein erster großer Entwicklungssprung in der Organisation von Gesellschaft vollzieht sich für Luhmann bereits durch die Erfindung der (phonetischen) Schrift, insbesondere der Alphabetschrift. Schrift ist die erste Form der Telekommunikation. Sie überwindet Zeit und Raum und löst die Rezeption von Geschriebenem von persönlicher Anwesenheit. Noch heute kann man Platon und Aristoteles lesen!

Eine weitere Steigerung erfährt diese Logik in dem Augenblick, in dem der Buchdruck, die erste komplexere Verbreitungstechnologie, erfunden wird. Heute sind es die elektronischen Medien, neben Computer und ➤ Internet insbesondere ➤ Fernsehen, ➤ Film und

➤Radio, die das Gespräch unter Anwesenden in seiner sozialen Bedeutung beschränken. Durch Massenmedien wie das Fernsehen können Kommunikationen aller Art live und gesellschaftsweit verbreitet werden. Das ermöglicht den Medien die laufende Verdopplung der Realität, mit der Konsequenz, dass eine neuartige Medienrealität neben die reale Realität treten konnte.

Man kann sogar den Eindruck gewinnen, dass die nimmermüde gesellschaftsweite Bedeutungsherstellung durch elektronische Massenmedien diese inzwischen so sehr in den Vordergrund katapultiert hat, dass alle Funktionssysteme der modernen Gesellschaft – Wirtschaft, Politik, Wissenschaft, Kunst, Sport, Religion et cetera – dazu gezwungen zu sein scheinen, ihre Kommunikationsweisen zumindest »nach außen hin«, in einer Art *doubletalk*, dem massenmedialen Kommunikationsmodus anzugleichen.

Luhmann hat den Massenmedien 1996 eine eigene, wenn auch nur kleine Monografie gewidmet (»Die Realität der Massenmedien«). Obgleich Luhmann selbst nie einen Fernseher besessen hat, ist das Büchlein doch reich an Information. Es macht plausibel, warum die Massenmedien inzwischen ein freischwingendes Eigenverhalten ausgebildet haben, eine laufend auf sich selbst reagierende Produktion von Informationen/Überraschungen, die sich je nach Programmbereich unterschiedlich etwa als stündliche Nachrichtensendung, neueste Show, neueste Serie, neueste Folge, nächstes Formel-1-Rennen und so fort artikuliert.

Dieses Eigenverhalten bleibt auch stabil, wenn es einmal durchschaut ist. Es macht die Medien selbst zu Produzenten von Neuheit und Ereignissen. Zwar bleibt der Bericht über einen Tsunami etwas anderes als der Tsunami selbst. Aber welchen Aufmerksamkeitswert heute ein Ereignis hat, bestimmen die Medien. Wer in Europa wüsste ohne Fernsehen überhaupt etwas mit dem Namen »Tsunami« anzufangen? Noch enger ist dieser Feedback-Mechanismus zwischen Medien und Realität im Fall der Fußballbundesliga oder Formel 1. Diese Ereignisse gäbe es ohne Fernsehübertragungen in ihrer heutigen Form gar nicht.

Ein anderes kommt hinzu. Der Zwang der Massenmedien, dauernd Neues produzieren zu müssen, erzeugt eine strukturelle Drift der Indifferenzsteigerung, in deren Grenzfall die Inhalte beliebig werden. Schon heute ist es für die Einschaltquote von Fernsehsendungen mehr oder weniger gleichgültig geworden, ob ihr Format auf den Typus »Die neue Gesundheitsreform«, »Die Zukunft der Formel 1«, »Die Zunahme von Brust-OPs bei Minderjährigen« oder »Die neue Cross-over-Küche aus Indonesien« ausgerichtet wird. Welches Format erfolgreich sein wird, entscheidet der Zufall. Feste Vorrangrelationen existieren nicht mehr, auch wenn ein Teil der Tagespresse an der tradierten Hierarchie von Politik, Wirtschaft und Kultur festzuhalten versucht. Diese Indifferenz gegenüber allen Kategorisierungen hat ihre Entsprechung in einem auf derartige Gleichgültigkeiten flexibel reagierenden Journalismus.

Literatur

Wolfgang Hagen (Hg.): Warum haben Sie keinen Fernseher, Herr Luhmann? Letzte Gespräche mit Niklas Luhmann, Berlin 2004.

Michael King (Hg.): Luhmann on Paw and Politics. Critical Appraisals and Applications, Oxford u. a. 2006.

Dirk Baecker (Hg.): Schlüsselwerke der Systemtheorie, Wiesbaden 2005

Peter Fuchs: Niklas Luhmann – beobachtet, 3. aktualisierte Aufl., Wiesbaden 2004.

CHRISTIAN ZABEL

Markt

»Markt« ist einer der medienpolitischen Kampfbegriffe
der letzten Jahrzehnte. Spätestens seitdem sich in den 1980er
Jahren in Westeuropa duale Rundfunksysteme etablierten,
wurde unter dem Schlagwort der Marktorientierung beziehungsweise Kommerzialisierung darüber gestritten, inwiefern
Erwerbsstreben und die öffentlichen Aufgaben der Medien
miteinander zu vereinbaren sind.

Der Markt bezeichnet zunächst die zentrale Institution des Kapitalismus, in der Angebot und Nachfrage zusammentreffen und sich
Preise für Waren, Dienstleistungen oder Verfügungsrechte bilden.
Zentraler Erfolgsmaßstab und Sanktionsinstrument ist das Geld,
das die dezentrale Koordination individueller Entscheidungen über
das Phänomen des Wettbewerbs ermöglicht: Anbieter, die niedrigere
Preise oder bessere Qualität bieten, verdrängen ihre Konkurrenten.
　Der Markt ist ökonomisch gesehen die optimale Form gesellschaftlicher Organisation, die das Angebot an wandelnde Bedürfnisse anpasst, Leistungsanreize setzt, die Potentiale der Arbeitsteilung nutzt,
das Risiko streut, wirtschaftliche Macht kontrolliert und dadurch neue
Produktvarianten, Bedürfnisse und Produktionsverfahren entdecken
hilft. Im Ergebnis maximiert der Markt die volkswirtschaftliche
Wohlfahrt, verstanden als Summe der individuellen ökonomischen
(monetären) Nutzen. Der Markt ist daher nicht ergebnis-, sondern
»nur« leistungsgerecht. Damit dies gilt, müssen zahlreiche Voraussetzungen erfüllt sein. Das ist in der Regel und gerade im Medienbereich *nicht* der Fall, so dass der Markt je nach Subbranche in unterschiedlichem Maße versagt. Als zentrale Problemkomplexe gelten:
　1. Produktspezifische Mängel: Bei Medienprodukten liegen keine
normalen Kostenverläufe vor, beispielsweise sind die redaktionellen Kosten einer Zeitung stets gleich, unabhängig davon, ob das
Blatt zehn- oder hunderttausend Leser hat. Mit steigender Auflage
sinken daher die redaktionellen Kosten pro Zeitungsexemplar –
am günstigsten produziert in einem solchen Fall der Monopolist.

2. Nachfragespezifische Mängel: Die Qualität von Medienprodukten (beispielsweise die objektive Richtigkeit eines Zeitungsberichts) ist für Konsumenten in der Regel erst im Nachhinein und nur unvollständig erkennbar. Zudem können externe Effekte auftreten, die nicht Anbieter und Nachfrager allein betreffen, sondern unbeteiligte Dritte – etwa wenn ein Zuschauer infolge seines Konsums von TV-Gewaltsendungen eine andere Person verletzt.

3. Mängel im marktlichen Interaktionsprozess: Im privaten, frei empfangbaren Fernsehen kann niemand vom Empfang ausgeschlossen werden – in der Folge ist eine Finanzierung über ➤ Werbung erforderlich. Hier wird nur ein Teil der Nachfrage geltend gemacht (wenn die Zuschauer beispielsweise zur sogenannten Zielgruppe gehören). Zudem ist die Verrechnungseinheit Geld eindimensional – andere publizistische Bewertungskriterien sind aber gerade bei Medien möglich und angebracht.

In der heutigen medienökonomischen Forschung hat die ursprüngliche und grundsätzliche Diskussion, inwiefern das Marktprinzip überhaupt mit der publizistischen Aussagenproduktion zu vereinbaren ist, deutlich an Schwung verloren. Dies geschah nicht nur im Zuge der Umdeutung der Medienbranche von einer »demokratischen« zur ökonomischen Schlüsselindustrie, sondern auch im Hinblick auf vermutete Nachteile alternativer, öffentlich-staatlicher Organisationsformen (Parteienproporz in Aufsichtsgremien, Verschwendung, Programm-Elitismus et cetera).

Schließlich hat auch das Alternativ-Modell eines rein publizistischen Meinungsmarktes bis heute keine große intellektuelle Schärfe erreicht. Außer einer zunächst attraktiven Analogie gibt es kaum Parallelen zum »richtigen« Marktprozess. So können Handlungsfolgen mit rein publizistischen Mitteln (zum Beispiel durch Journalistenpreise, Medienjournalismus) kaum zugerechnet werden, und ein Ausscheiden »schlechter« Anbieter ist unerwünscht – die Vielfalt in der publizistischen Debatte ist ja ein Ziel für sich. Vertreter aus dem ökonomischen Lager lehnen daher die Idee eines rein publizistischen Wettbewerbs ab, da dieser zu einer folgenfreien »Palaverintelligenz« (Erich Hoppmann) führe.

Im Forschungsfokus stehen heute eher die Wirkungen des Wettbewerbs auf die gewünschten Zielwerte Vielfalt und Qualität. Dabei ist unbestritten, dass im Wettbewerb die konsumtive Vielfalt, also die Auswahl an Medientiteln insgesamt, stark zunimmt. Diese richtet sich auch stärker an den Präferenzen der Nutzer aus und wird kostengünstiger erstellt. Die moderne Wettbewerbstheorie hebt zudem die dynamische Funktion des Marktes hervor: Neue Produkte (zum Beispiel Blogs, Podcasts, TV-Formate) und Technologien (zum Beispiel Digitalfernsehen, Internet) werden schneller eingeführt und erweitern das Medienensemble zusätzlich.

Ob dies den innewohnenden Trend zur Konzentration und zum Entstehen von ➤ Medienkonzernen aufwiegen kann, ist umstritten: Die Befunde variieren nach Form des Wettbewerbs (Phase im Marktzyklus, Größe des Marktes und Eigenschaften des Mediums) und vor allem nach Abgrenzung des relevanten Marktes. Bei kleineren, weniger fluiden Teilmärkten (beispielsweise beim Lokaljournalismus, aber auch bei limitierten Sendefrequenzen, etwa im Radio) ist ein Marktzutritt oftmals erschwert und eine Konzentration oder gar Monopolisierung leichter möglich. Da sich privatwirtschaftliche Unternehmen zunächst auf die größte Kundschaft konzentrieren, können bei geringer Anbieterzahl Teile der Bevölkerung nicht angemessen versorgt werden (was bei Frequenzknappheit für die Einrichtung eines nicht-privaten Rundfunks spricht).

Der zweite zentrale Forschungsbereich beschäftigt sich mit der Auswirkung des Wettbewerbs auf die ➤ Qualität der Medienprodukte. Da die Konsumenten diese nicht bzw. kaum einschätzen können, fördert der Markt eine Tendenz zum »Billigjournalismus« (Jürgen Heinrich), bei dem nicht optimale Qualität (in der Recherche zum Beispiel) das Ziel ist, sondern eine lediglich gerade noch verkaufsfördernde. Unter dem Marktdruck werden professionelle Präsentation, Mehrfachverwertung und Gebrauchswert wichtiger, die normativ wünschbare investigative Recherche beziehungsweise die Aufbereitung relevanter, aber schwer zu vermittelnder Themen wird dagegen vernachlässigt. Im Hinblick auf den audiovisuellen Sektor wird vermutet, dass nur noch leicht zugängliche »More of the Same«-Sendungen produziert werden. Allerdings zeigen privat organisierte Qualitätszeitungen oder auch die US-amerikanische Serienproduktion, dass diese Befunde nicht immer auf die Gesamtheit des Medienangebots zutreffen. Entscheidend ist vermutlich die Frage, inwieweit sich dem Produzent »hochwertiger Botschaften« alternative Anreize bieten (etwa die Sicherung von

Pioniervorteilen oder ein Reputationsgewinn), womit zumindest theoretisch ein journalistischer Wettbewerb möglich wäre.

Mit der Digitalisierung tritt die Marktdebatte in eine neue Phase ein. Viele der klassischen Argumente gegen eine Marktorientierung, wie Zutrittsbarrieren und öffentliche Gutseigenschaften, verlieren tendenziell an Bedeutung. Das trifft insbesondere auf die Ebene der Vertriebskanäle zu: Die Zahl der Distributionswege und Anbieter wächst beständig, wie das Aufkommen der Kabel-, Satelliten- und Telekommunikationsfirmen zeigt. Eine Monopolisierung erscheint dort (mit der wichtigen Ausnahme lokaler Medien) wenig wahrscheinlich. Dementsprechend ist in den ➤ USA eine neue Welle der Deregulierung zu beobachten, speziell bei den audiovisuellen Medien.

Im Kernbereich der Publizistik, der Inhalteerstellung, muss das Fazit jedoch differenziert werden: Wenn die zahlreichen Medien ihre Eigenproduktionsfähigkeit verlieren und nur noch auf wenige Urheber zurückgreifen (Nachrichtenagenturen, Hollywood-Studios etc.), dann stellt sich die Frage der Konzentration von Meinungsmacht neu. Hier ist die US-Entwicklung deutlich weniger günstig: Beispielsweise beliefern immer weniger Fernsehproduzenten die Netzanbieter, und immer weniger Journalisten produzieren weniger, dafür mehrfach publizierte Geschichten, wie die jährliche Untersuchung »State of the News Media« 2006 gezeigt hat. Dies führt nicht zwangsläufig zu einer Verengung der Vielfalt, allerdings legt das Missbrauchspotential in diesen Fällen aus demokratietheoretischer Perspektive eine Regulierung nahe.

Literatur

Project for Excellence in Journalism: The State of the News Media 2007, *www.stateofthemedia.org.*

Maria Einstein: »Broadcast Network Television, 1955–2003. The Pursuit of Advertising and the Decline of Diversity«, in: Journal of Media Economics, 17 (2004), S. 145–155.

Marie-Luise Kiefer: Medienökonomik. Einführung in eine ökonomische Theorie der Medien, München, Wien 2005.

Jürgen Heinrich: Medienökonomie, Bd.2, Opladen 1999.

Erich Hoppmann: »Entwurf eines Gesetzes zum Schutz freier Meinungsbildung«, in: Arbeitskreis Pressefreiheit (Hg.): Pressefreiheit. Entwurf eines Gesetzes zum Schutz freier Meinungsbildung und Dokumentation des Arbeitskreises Pressefreiheit. Neuwied 1970, S. 118–124.

Marx, Karl

* Trier, 5. Mai 1818, † London, 14. März 1883; Philosoph und Gesellschaftstheoretiker, politischer Journalist und Sozialist. Marx gilt als der Begründer des Wissenschaftlichen Sozialismus, einer revolutionären Fundamentalkritik alles Bestehenden, insbesondere der politischen Ökonomie, der bürgerlichen Gesellschaft und des Kapitals. Marx analysierte unter anderem auch die Rolle der Presse in der freien Gesellschaft.

Karl Marx wurde am 5. Mai 1818 in Trier als Sohn eines liberalen Rechtsanwalts geboren. Er studierte von 1835 an Rechtswissenschaften und Philosophie zuerst in Bonn, später in Berlin. Neben der Hegelschen Philosophie beschäftigte er sich auch mit den politisch-sozialen Zuständen in Preußen. Marx promovierte 1841 an der Universität Jena mit einer Arbeit über die Differenz der demokritischen und epikureischen Naturphilosophie.

Ab 1842 war er für kurze Zeit Redakteur bei der liberal-oppositionellen »Rheinischen Zeitung« in Köln. Aus Protest gegen die preußische Pressezensur emigrierte Marx im Frühjahr 1843 nach Paris. Hier hatte er Umgang mit französischen Sozialisten, besonders mit Jean-Pierre Proudhon, dem russischen Anarchisten Michail Bakunin und dem deutschen Dichter Heinrich Heine. Seit ihrer ersten Begegnung in Paris 1844 verband ihn eine lebenslange, publizistisch-produktive Partnerschaft mit dem Fabrikbesitzer Friedrich Engels. Als er 1845 auf Intervention der preußischen Regierung nach Brüssel übersiedeln musste, begannen seine politisch-organisatorischen Aktivitäten, etwa im kommunistischen Korrespondenz-Komitee und im Bund der Kommunisten. Die Märzrevolution 1848 ermöglichte Marx, kurzfristig nach Deutschland zurückzukehren und in Köln die »Neue Rheinische Zeitung« als Organ der revolutionären Demokratie herauszugeben. Auch dieses publizistische Projekt fiel jedoch der ➤ Zensur zum Opfer. Marx emigrierte daraufhin 1849 endgültig nach London, wo er bis zu seinem Tode 1883 lebte. Von dort aus engagierte er sich parteipolitisch (etwa beim Aufbau der I. Internationale oder bei der Gründung von Arbeitervereinen in Deutschland) und schrieb unter anderem sein Hauptwerk »Das Kapital«.

Ein Aspekt des Marxschen Denkens ist bis zur Gegenwart fast vollständig ignoriert worden, nämlich die medienpolitische Bedeutung seiner Überlegungen zur Pressefreiheit. Nach Marx trägt der Journalismus zur Herstellung von Öffentlichkeit bei und befördert so die autonomen Meinungs- und Willensbildungsprozesse. Die Aufgabe des Journalisten erschöpft sich aber nicht in dieser Informationsversorgung, sondern er muss gleichzeitig auch als Kritik- und Kontrollinstanz fungieren.

Marx hat 1842 eine Definition der Presse vorgeschlagen, die diese Forderungen pointiert zusammenfasst: »Die freie Presse ist das überall offene Auge des Volksgeistes, das verkörperte Vertrauen eines Volkes zu sich selbst, das sprechende Band, das den Einzelnen mit dem Staat und der Welt verknüpft.« Marx weist der Presse somit eine zentrale Funktion hinsichtlich der Selbst- und Fremdverständigung eines jeden Einzelnen und des gesellschaftlichen Kollektivs zu. Die freie Presse trägt aus dieser Perspektive zur Bewusstwerdung des gesellschaftlichen Willens bei. Aus diesem Grund ist ihre Verteidigung gegen ➤ Zensur und bürokratische beziehungsweise staatliche Einschränkungen das zentrale Anliegen der Marxschen Auseinandersetzung mit dem Journalismus.

Pressefreiheit ist für Marx mehr als die von den Verlegern angestrebte Gewerbefreiheit: Die erste Freiheit der Presse besteht seiner Meinung nach darin, kein Gewerbe zu sein. Problematisch ist hierbei, dass Marx die wirtschaftliche Abhängigkeit der Presse, die etwa im Verhältnis von Journalist und Zeitungsinhaber zum Ausdruck kommt, nicht eingehend diskutiert, auch wenn dies erst dort eine tragende Rolle spielt, wo die Presse formell schon frei ist. Zentrale Angriffspunkte sind für Marx die staatlichen Beschränkungen der Entfaltung einer freien Presse.

Zwischen Ende der 1960er und Mitte der 1970er Jahre versuchten Wissenschaftler, eine historisch-materialistische Medien- und Gesellschaftstheorie zu entwickeln, deren Grundlage die Marxsche Auseinandersetzung mit der Pressefreiheit bildete. Zentrale Referenzpunkte waren unter anderem die Ansätze von Horst Holzer, Wulf D. Hund, Wolfgang F. Haug, Franz Dröge und Lothar Bisky.

Ausgangspunkt der medienkritischen Reflexionen war weder die genuine Auseinandersetzung mit den Massenmedien noch mit den Bedingungen von Medienproduktion und -rezeption. Diese Aspekte wurden vielmehr in eine umfassende Gesellschaftstheorie eingebettet, die das System der Massenkommunikation als Bestandteil und Resultat der kapitalistischen Warenproduktion beziehungsweise des staatsmonopolitischen Kapitalismus auffasst. Der für den Marxismus konstitutive gesellschaftliche Widerspruch zwischen Kapital und Arbeit wird dabei auf den Medienbereich übertragen, indem den Medien unterstellt wird, dass sie als Legitimationsinstanzen des Monopolkapitalismus fungierten.

Für die Vertreter einer historisch-materialistischen Medientheorie ist zentral, dass die Analyse des Mediensystems nur aus einer gesamtgesellschaftlichen Perspektive möglich ist, die auf die Gestaltung gesellschaftlich-politischer Wirklichkeit zielt. Kommunikations- und Medienforschung dürfen demnach nicht als ein rein funktionales, positivistisches Sammeln von Daten über Kommunikation und Medien verstanden werden.

Wesentliche Aspekte, aufgrund dessen die freie Presse nach dem Verständnis von Marx erst zu einem wirksamen *watchdog* werden kann, sind das Selbstverständnis und das Ethos der Journalisten. Als Maßstab der Berichterstattung fordert Marx unter anderem, dass über Themen von allgemeinem Interesse und gesamtgesellschaftlicher Relevanz sachadäquat, das heißt objektiv, wahrheitsgetreu und umfassend berichtet werden müsse – wobei er diese Aspekte allerdings nicht näher bestimmt. Seit dem Ende der 1960er Jahre wird dieses Thema in Konzepten von innerer Pressefreiheit, Selbstregulierung, Selbstorganisation und redaktioneller Unabhängigkeit intensiv diskutiert.

In Handbüchern der Kommunikationswissenschaften, der Politischen Kommunikationsforschung und der Mediensoziologie sucht man einen Eintrag zu Karl Marx meist vergebens. Dabei verdient er in der Berufsgeschichte des Journalismus einen festen Platz: Sein Schaffen gehört zu den Wurzeln des schriftstellerischen Journalismus, und es ist erstaunlich, dass in den Debatten über Kommunikations- und Pressefreiheit nicht auf Marx rekurriert wird. Marx liefert derzeit offenbar keine Referenzpunkte für die medienpolitische Debatte: Weder die Aktualität seiner theoretischen noch die seiner praktischen Arbeit wird gegenwärtig berücksichtigt, wenn über Kommerzialisierung, Kontextsteuerung, Medienmacht oder *media governance* diskutiert wird.

Literatur

Jens Schröter, Gregor Schwering und Urs Stähli (Hg.): Media Marx. Ein Handbuch, Bielefeld 2006.

Marcus S. Kleiner: Medien-Heterotopien. Diskursräume einer gesellschafts-kritischen Medientheorie, Bielefeld 2006.

Jochen Robes: Die vergessene Theorie. Historischer Materialismus und gesellschaftliche Kommunikation. Zur Rekonstruktion des theoretischen Gehalts und der historischen Entwicklung eines kommunikationswissen-schaftlichen Ansatzes, Stuttgart 1990.

Richard Friedenthal: Karl Marx. Sein Leben und seine Zeit, München 1981.

Iring Fetscher: »Einleitung«, in: Karl Marx, Friedrich Engels. Pressefreiheit und Zensur, Frankfurt a. M. 1969.

HANS J. KLEINSTEUBER

McLuhan, Herbert Marshall

* Edmonton (Kanada), 21. Juli 1911; † Toronto, 31. Dezember 1980; Kommunikations- und Literaturwissenschaftler. McLuhan gilt als Begründer der modernen Medientheorie. Berühmt wurde er in den 1960er Jahren mit Schlagworten wie »The Medium is the Message« und der Formel vom »Global Village«, mit deren Hilfe er den Zusammenhang von Medientechnik und Medienwirkung neu interpretierte.

Herbert Marshall McLuhan ist einer der populärsten Medientheoretiker weltweit – bis heute: Seine Bücher wurden in zahlreiche Sprachen übersetzt, er wurde mit etlichen Ehrendoktortiteln bedacht, hatte eine eigene Sendereihe bei CBS und brachte es auf das Titelblatt des »Time Magazine«. McLuhans Thesen von der Wirkmacht der Medien waren in den 1960er Jahren ebenso visionär wie umstritten: Insbesondere in Deutschland wurde ihm vorgeworfen, ein Provokateur und Homo ludens zu sein, der wissenschaftliche Standards nicht ernstnehme.

McLuhan war jahrzehntelang als Professor für englische Literatur an der Universität von Toronto in Kanada tätig. Sein dortiges Wirken lässt sich in drei Phasen einteilen, deren erste (in den 1950er Jahren) ihn als eher konventionellen Anhänger der »New Critics« ausweist, obwohl er bereits Interesse an neuen Medien und den Slogans der Werbeindustrie zeigte, wie sein erstes bedeutendes Buch dokumentiert (»The Mechanical Bride. Folklore of Industrial Man«, 1951). Die zweite Phase, in der er zu einer international gefeierten Größe wurde, fällt in die 1960er Jahre, in denen er zwei seiner Hauptwerke verfasste: »The Gutenberg Galaxy. The Making of Typographic Man« (1962) und »Understanding Media. The Extensions of Man« (1964). Im Jahr 1963 übernahm er an seiner Universität die Leitung des *Centre for Culture and Technology*, das noch heute in seinem Sinne wirkt. In der dritten Phase, beginnend in den 1970er Jahren, zog er sich aus der Öffentlichkeit zurück und arbeitete an heute weniger beachteten Theorieansätzen. Dabei versuchte McLuhan, der an einem Hirntumor litt, Ergebnisse der Hirnforschung in seine Theorie einzubauen, zum Beispiel reflektierte er über die unterschiedliche Wirkung der Medien auf beide Hirnhälften. Diese, seinen früheren Optimismus bezüglich der medialen Einflüsse auf den Menschen relativierenden Ansätze, bei denen er um neue »Laws of Media. The New Science« (erschienen 1988) rang, wurden international bisher kaum zur Kenntnis genommen.

Das Besondere an McLuhans Herangehensweise lag in der völligen Abkehr von den kleinschrittigen sozialwissenschaftlichen Methoden der dominierenden ➤ Kommunikationswissenschaft. McLuhan, der 1937 zum Katholizismus konvertiert war, betonte den Erkenntnisgewinn ganzheitlicher Herangehensweisen. Seine zentralen Botschaften wurzeln in einer Sichtweise von Medientechnik, die in Nordamerika Tradition hat und den Medien eine unmittelbare Bedeutung für den Menschen unterstellt. Ein älterer Universitätskollege, der Wirtschaftshistoriker Harold A. Innis, hatte bereits eine Universalgeschichte der Kommunikation verfasst, in der er von einem Zeit- bzw. Raum-Bias einer jeden Technologie ausging. In seiner insgesamt skeptischen Einschätzung führte Innis aus, dass Medientechnik Macht konstituiere und ganze Imperien entstehen und wieder verschwinden lassen könne.

Demgegenüber fasste McLuhan seinen Medienbegriff weiter und interpretierte Medien (Uhren, Schreibmaschinen, Geld etc.) als Erweiterung der menschlichen Sinne, zum Beispiel das Radio als Steigerung des Hörsinns, die Kleidung als eine Fortsetzung der menschlichen Haut. Weil Medien narkotisierende Effekte hätten, so seine These, sei diese Erweiterung für Menschen nur schwer nachvollziehbar. Bekannt wurde zudem McLuhans Unterteilung in »kalte« und »heiße« Medien; ein heißes Medium ist detailreich, ein kaltes detailarm. Daraus folge, dass ein Foto heiß, eine Karikatur kalt ist. Das Fernsehen interpretierte McLuhan – aus heutiger Perspektive erstaunlich – als kaltes Medium par excellence, weil es besonders viel persönliche Beteiligung zulasse.

Weiter beschäftigte er sich mit der Natur medialer Botschaften. Berühmt wurde seine These vom Medium als Botschaft und Massage(!). Er ging davon aus, dass Medien nicht nur eine Botschaft (*message*) enthielten, sondern selbst eine darstellten und dabei unmittelbar auf den Körper wirkten (*massage*). Gesellschaftsformen, so stellte er fest, seien schon immer stärker durch die besondere Natur der Medien, von denen sie Gebrauch machen, als durch den Inhalt geformt worden. So gelte, dass Alphabet und Drucktechnik Vorgänge der Zerlegung und Spezialisierung begünstigten, während die elektronische Verarbeitung Vorgänge der Vereinigung und Beteiligung befördere: Das Ende des von Gutenberg begonnenen Zeitalters von Buch und Presse sei eingeläutet, jetzt bestimme die Elektrizität.

Seine euphorische These von der Entstehung eines »globalen Dorfes« bezog sich auf das Fernsehen der 1960er Jahre, das in einzigartiger Weise Menschen miteinander verbindet. Weltenbürger versammeln sich McLuhan zufolge quasi metaphorisch um das televisionäre Lagerfeuer, was Kriegsgefahr mindere und den Weltfrieden fördere.

Insgesamt entwarf McLuhan ein optimistisches Bild von neuen Medientrends – weswegen er zeitweise zum Star der internationalen Medienwelt avancierte, die ihn gern hofierte. Aber seine Denkanstöße wurden auch wissenschaftlich weiterverarbeitet, etwa in den kritischen Schriften von Neil Postman, der dem Fernsehen vorwarf, es zerstöre die Erfahrung der Kindheit. In Deutschland trafen McLuhans radikale Thesen lange auf Unverständnis, hier herrschten eher Vorstellungen einer neutralen Technik vor, deren Deutung und Steuerung der Gesellschaft obliegt.

Wer, wie McLuhan, der Medientechnik hohe Wirkungsmacht zuspricht, interessiert sich nicht für eingreifende Medienpolitik, sondern erklärt sie für illusorisch. Entsprechend waren seine politischen Prognosen wenig tragfähig. So prophezeite er, dass der US-Politiker Richard Nixon wegen seines Erscheinungsbildes im TV nicht Präsident werden könne – wenige Jahre später wurde er es dennoch.

Erst in den vergangenen Jahren erfuhr McLuhan in Deutschland eine Renaissance, insbesondere die Medienwissenschaft griff die von ihm behauptete enge Wechselwirkung zwischen Technik und Kultur auf. Tatsächlich ist unverkennbar, dass im digitalen Zeitalter technische Strukturen die publizistische Arbeit eminent beeinflussen, etwa im Online-Journalismus. Viele Phänomene des digitalen Zeitalters wie die aktive Mediennutzung, die Demokratisierung des Medienmachens, aber auch Mediensucht, lassen sich mithilfe seiner innovativen Denkansätze und Theorien erklären.

McLuhan wurde angesichts der unverkennbaren Brüche in seinen Theorien aber auch immer wieder kritisiert, so zum Beispiel, wenn er das bevorstehende Ende des Printzeitalters ausgerechnet in seinen Bestseller-Büchern prophezeite. Ein besonderer Grund für seine Popularität waren die unzähligen Aphorismen in seinen Werken, die bis heute überlebt haben. McLuhan wird wegen seiner oft widersprüchlichen Thesen immer erfrischend umstritten bleiben – schon jetzt lesen und interpretieren ihn Vertreter verschiedener Kulturen und Disziplinen völlig unterschiedlich.

Literatur

Janine Marchessault: Marshall McLuhan. Cosmic Media, London 2005.

Martin Baltes u. a. (Hg.): Medien verstehen. Der McLuhan-Reader, Mannheim 1997.

Terrence W. Gordon: Marshall McLuhan. Escape into Understanding. A Biography, New York 1997.

Philip Marchand: Marshall McLuhan. The Medium and the Messenger, New York 1989 (dt.: Marshall McLuhan, Stuttgart 1999).

Harold A. Innis: The Bias of Communication. Introduction by Marshall McLuhan, Toronto 1982 (zuerst 1951).

GERHARD VOWE

Medien und Politik

Medien stehen in einem Spannungsverhältnis zur Politik.
Beide sind aufeinander angewiesen und beeinflussen sich in
vielfältiger Weise. Fragen nach den Wechselwirkungen der
beiden Systeme haben in der Politik- und in der Kommunikationswissenschaft erheblich an Bedeutung gewonnen.

Man kann die grundlegende Konstellation der Akteure politischer
Kommunikation als ein Dreieck darstellen, das aus politischen
Organisationen, Medienorganisationen und der Bürgerschaft gebildet wird. Politische Organisationen wie Parteien, ➤Verbände,
staatliche Instanzen, internationale Organisationen und Non-
Government Organisations (NGOs) konkurrieren um Macht
und Aufmerksamkeit. Sie nutzen die Möglichkeiten der politischen ➤Kommunikation, um in dieser Konkurrenz Vorteile zu
gewinnen. Medienorganisationen wie Agenturen, Verlage, Fernsehsender oder Onlineanbieter konkurrieren um Anteile auf den verschiedenen Medienmärkten und nutzen ihrerseits die politische
Kommunikation, um Vorteile zu gewinnen, die es ihnen erlauben,
ihren Gewinn oder ihr Budget zu maximieren. Die Bürger sind
daran interessiert, mit möglichst geringem Aufwand möglichst
großen Einfluss auf politische Entscheidungen zu nehmen und
nutzen deshalb die Möglichkeiten politischer Kommunikation.
Alle diese Akteure sind bei der Verfolgung ihrer Interessen aufeinander angewiesen. Politische Kommunikationsbeziehungen
kommen dann zustande und bleiben stabil, wenn in ihnen Güter
getauscht werden können, die ein anderer nicht hat, aber braucht:
Publizität gegen Information, Aufmerksamkeit gegen Nachrichten,
Unterstützung gegen Interessenvertretung. Diese Akteurskonstel-
lation ist überaus dynamisch: Es schieben sich neue Organisationen in den Vordergrund, andere werden in den Hintergrund
gedrängt. Die Erwartungen des Publikums entwickeln sich, auch
die Tauschrelationen sind nicht starr. Technische und ökonomische Rahmenbedingungen ändern sich, so dass den etablierten

Medienorganisationen neue Konkurrenten erwachsen, bis hin zu Bürgern, die heutzutage bei Gelegenheit in eine halbprofessionelle Kommunikatorenrolle wechseln können, zum Beispiel als Blogger oder als »Handy-Reporter«.

Aus dieser Interaktion ergibt sich der politisch relevante Teil des Medienangebots. Analysen der Inhalte und Formen zeigen große Unterschiede zwischen Medien und zwischen Nationen, beispielsweise im Hinblick auf den politischen Anteil, die Gewichtung von Themen, die politische Positionierung, die Berücksichtigung von Akteuren, die sprachliche Gestaltung sowie die Visualisierung. Diese intermedialen und internationalen Unterschiede verschieben sich mit der Zeit, sodass es auch Veränderungen im Medienangebot zu erklären gilt. Immer wieder werden folgende Tendenzen in der medienkritischen Publizistik genannt und zumeist beklagt: Negativismus, Alarmismus und Beschleunigung (Politik werde heute schlechter, schriller und hektischer dargestellt als früher), Entpolitisierung und Entertainisierung (Politik nehme an Bedeutung im Medienangebot ab und werde wenn, dann nur noch in ihrer unterhaltsamen Seite dargestellt), Visualisierung und Personalisierung (Politik werde auf die bildlich darstellbaren und personell zurechenbaren Elemente reduziert) sowie Individualisierung (Politische Information werde von einem Gemeinschaftsgut zu einem Angebot für spezifische Zielgruppen).

Das Akteursdreieck bietet drei grundsätzlich verschiedene Erklärungsansätze für die Unterschiede und Veränderungen: Zum einen können Erklärungen am Winkel der Politik ansetzen. Ursächliche Faktoren sind dann die Kommunikationsstrategien der politischen Akteure, zum Beispiel das politische Marketing der Parteien oder die PR-Kampagnen von Verbänden. Dadurch werden Themen gesetzt und Interpretationsrahmen (*frames*) vermittelt. Am prägnantesten wurde dies von Barbara Baerns in der »Determinierungsthese« gefasst, der zufolge politische Organisationen den Journalismus steuern, indem sie die PR-Werkzeuge von Pressemitteilungen bis zu »Pseudo-Ereignissen« benutzen. Andere Erklärungen setzen am Winkel der Medienorganisationen an. Ursächliche Faktoren sind dann Nachrichtenwerte, also professionelle Kriterien, nach denen Meldungen auf ihren Neuigkeitswert hin für die Publikation ausgewählt werden, oder die Vorreiterrolle von

Leitmedien, die Themen und Deutung vorgeben. Schließlich können Erklärungen auch bei den Bürgern ansetzen. Dann ist deren Nachfragestruktur in sachlicher, sozialer und zeitlicher Hinsicht dafür verantwortlich, wie viel und auf welche Weise »Politik« in den einzelnen Medien thematisiert wird.

Das Medienangebot zeitigt Wirkungen, und zwar in mehrerer Hinsicht und auf mehreren Ebenen. Die Kardinalfrage im Hinblick auf individuelle Wirkungen lautet: Sind Veränderungen im politischen Denken, Wollen und Tun der einzelnen Bürger auf die Medienangebote zurückzuführen? Die Forschung hat in der Antwort darauf eine Fülle theoretischer Ansätze entwickelt, die sich bislang in unterschiedlichem Ausmaß empirisch bewährt haben. Für den Bereich der Wahlen ist der Einfluss der Medien nachgewiesen (➤ Wahlkampf). Er nimmt in dem Maße an Bedeutung zu, wie andere Faktoren für die Wahlentscheidung wie Sozialstruktur und Parteibindung abnehmen. Der Einfluss läuft über verschiedene Kanäle, zum Beispiel über die Setzung von Themen, bei denen den Parteien unterschiedliche Kompetenz nachgesagt wird, über die Darstellung von Kandidaten, denen die Bürger unterschiedliche Qualitäten zuschreiben, oder über die Einschätzung der voraussichtlichen Entscheidungen der anderen Wähler, also über die Chancen der verschiedenen Parteien.

Auch jenseits von Wahlen lassen sich politische Medienwirkungen feststellen, zum Beispiel bei der Positionierung in politischen Streitfragen oder bei der langfristigen Veränderung grundlegender politischer Einstellungen wie der Zufriedenheit mit der Demokratie. Richtet man den Blick nicht auf individuelle Wirkungen, sondern auf die politischen Organisationen, so ist zu fragen: Sind Veränderungen in politischen Organisationen auf die Medienangebote zurückzuführen? Dies ist von der Forschung noch wenig durchdrungen. Es gibt aber deutliche Hinweise darauf, dass politische Organisationen sich stärker als früher auf die Erfordernisse der medialen Kommunikation ausrichten und sich das in Organisationsstruktur und Budgetaufteilung niederschlägt. Dies betrifft nicht nur Parteien und Verbände, auch beispielsweise die militärischen Organisationen reagieren auf das höhere Gewicht der Medien in der politischen Auseinandersetzung mit einem Ausbau ihrer Kommunikationsabteilungen. Und schließlich ist im Hinblick auf die generelle Struktur des politischen Systems zu fragen: Sind grundlegende Veränderungen im politischen System auf Medienangebote zurückzuführen? In Antwort darauf sind weitreichende Thesen formuliert worden, zum Beispiel dass die »Mediendemokratie« die Parteiendemokratie abgelöst habe oder dass sich ein neuer Herrschaftstyp der »Mediokratie« oder der »Videokratie« herausgebildet habe (➤ Demokratie).

Der wissenschaftliche Blick auf die Welt als einem Spannungsfeld von Medien und Politik ermöglicht belastbare Deutungen und Erklärungen für die tiefgreifenden Veränderungen in der Politik. Daran kann ein aufgeklärtes politisches und mediales Handeln anschließen. Befördert wird diese Verknüpfung von Wissenschaft und Praxis durch professionelle Vermittler, die als Experten für politische Kommunikation die Austauschprozesse an der Schnittstelle von Medien und Politik zu optimieren versuchen. Diese Experten machen als Medienberater für Spitzenpolitiker, als Wahlkampfmanager oder als Pressesprecher von sich reden. Gefragt wird von diesen Vermittlungsexperten, sehr unterschiedliche Anforderungen in Einklang zu bringen und vor allem eine Schnittstellenkompetenz zu entwickeln. Erste Ansätze zu einer Professionalisierung dieser Tätigkeit sind zu erkennen, so sind beispielsweise spezielle Berufsorganisationen, Kommunikationsforen und Ausbildungsgänge geschaffen worden.

Literatur

Otfried Jarren und Patrick Donges: Politische Kommunikation in der Mediengesellschaft. Eine Einführung, Wiesbaden 2006.

Brian McNair: An Introduction to Political Communication, 3. Aufl., London 2003.

Gerhard Vowe: »Politische Kommunikation«, in: Herfried Münkler (Hg.): Grundkurs Politikwissenschaft, Reinbek 2003, S. 519–552.

Winfried Schulz: Politische Kommunikation. Theoretische Ansätze und Ergebnisse empirischer Forschung zur Rolle der Massenmedien in der Politik, 2. Aufl., Wiesbaden 2008.

Barbara Baerns: Öffentlichkeitsarbeit oder Journalismus? Zum Einfluss im Mediensystem, 2. Aufl., Köln 1991.

CLAUDIA K. HUBER

Medienkonzerne

Medienkonzerne sind Zusammenschlüsse mehrerer, recht-
lich selbständiger Unternehmen, die den größten Teil ihres
Umsatzes mit Presse, Rundfunk, Film, Musik oder neuen
Medien erwirtschaften. Die fünf größten Medienkonzerne der
Welt sind in US-amerikanischem Besitz. Der umsatzstärkste
Konzern ist die »Time Warner Inc.« mit 35,221 Milliarden Euro
(im Geschäftsjahr 2006). Die Konzerne »Walt Disney Corp.«,
»Viacom Inc./CBS Corp.«, »News Corp. Ltd.« und »Comcast
Corp.« belegen die nächsten Plätze im Ranking. Danach folgt,
mit einem Umsatz von 19,279 Milliarden Euro, der größte
europäische Medienkonzern: die deutsche Bertelsmann AG.

Die großen integrierten Medienkonzerne entstehen erst in der
zweiten Hälfte des 20. Jahrhunderts. Ihre Entwicklung beruht auf
einer Fusionslogik, die vor allem der Verbreitung jeweils neuer
Massenmedien (Hörfunk, Kino, Fernsehen, Internet) folgt. Weitere
Gründe für den Aufbau von Medienkonzernen sind ein steigender
Renditedruck durch die Konkurrenz der Medien unter einander,
der Aufbau von »Wertschöpfungsketten« und die ökonomische
Rationalisierung, besonders auf dem Produktions- und Werbe-
markt. Unter diesem Aspekt verläuft die Entwicklung im Mediensektor analog zu den Konsolidierungswellen in anderen Branchen.
Dazu kommt in einzelnen Fällen die Absicht von Konzernlenkern
(»Medienzaren«, »Medienmogulen«), die publizistisch-politische
Sphäre zu beeinflussen. Vorläufer der großen integrierten Medienunternehmen sind die »Preßkonzerne« des 19. Jahrhunderts (vor
allem in den USA, Großbritannien und im Deutschen Reich).
　　Der Siegeszug der kapitalistischen Wirtschaftsordnung, die Einführung der Rotationspresse und die zunehmende Alphabetisie-
rung breiter Bevölkerungsschichten führten im 19. Jahrhundert
zur Industrialisierung der Presseproduktion und zu einem neuen
Zeitungstyp. Die von Benjamin Day herausgegebene »New York
Sun« (1833) war die erste der sogenannten »Penny Press«-Zeitun-

gen, deren Verleger den Verkaufspreis drastisch senkten, um neue Leserschichten zu erreichen und damit steigende Werbeeinnahmen zu realisieren. Pressebarone wie James Gordon Bennett, ➤ William Randolph Hearst, Frank A. Munsey oder ➤ Joseph Pulitzer standen um die Jahrhundertwende in den ➤ USA für einen neuen ➤ Journalismus, der sich stärker auf *sensation seeking* und *news hunting* statt auf bildungsbürgerliches Räsonnement gründete. In ➤ Großbritannien brach zur gleichen Zeit die Ära der großen Medien-Tycoone an. Um 1921 besaßen die Brüder ➤ Harmsworth (Lord Northcliffe, Lord Rothermere und Sir Lester Harmsworth) das größte Medienimperium der westlichen Welt.

»Preßkonzerne« nach amerikanischem Vorbild entstanden in ➤ Deutschland erst nach der Bismarckschen Reichsgründung. 1867 legte Rudolf Mosse mit seiner »Annoncen-Expedition« den Grundstein für eine florierende tagespublizistische Produktion in Berlin, wo sich nach Vorbild der Londoner Fleet Street bald ein Zeitungsviertel an der Kochstraße entwickelte. Mosses schärfste Konkurrenten waren Leopold Ullstein (»Berliner Zeitung«, »Berliner Illustrirte Zeitung«) und August Scherl (»Berliner Lokal-Anzeiger«, »Die Woche«). Die Entwicklung zur »großkapitalistischen Betriebsform« wurde in Deutschland zumeist kulturkritisch kommentiert. Der Ökonom und Zeitungskundler ➤ Karl Bücher brachte es 1926 auf den Punkt: »Es kann nicht entschieden genug ausgesprochen werden. Die Redaktion ist für die ›kapitalistische Erwerbsunternehmung‹ nichts weiter als ein lästiger Kostenbestandteil, der gebraucht wird, um die Annoncen vor die Augen von Menschen zu bringen, auf die sie wirken können …«.

Diese »kathedersozialistische« Verkürzung der Medienkonzerne auf den Warencharakter ihrer Produkte blendet die politischen Wirkungsabsichten der Unternehmen weitgehend aus. Dabei hatte ➤ Alfred Hugenberg schon am Anfang des 20. Jahrhunderts bewiesen, wie mit einem – damals noch pressezentrierten – Medienkonglomerat Politik gemacht werden konnte. Hugenberg, der als Erfinder des medienübergreifend handelnden Konzerns gelten kann, ging es mehr um gesellschaftlichen Einfluss als um Renditesteigerungen – vom rechten Rand des politischen Spektrums aus. Von 1909 bis 1918 war Hugenberg Generaldirektor der Krupp AG. Ab 1919 baute er Schritt für Schritt einen ebenso weit verzweigten wie undurchsichtigen Medienkonzern auf. Er besaß Bilddienste, Presseagenturen, Anzeigen-Services, Werbeagenturen, Korrespondenzdienste sowie zahlreiche Zeitungsbeteiligungen und schließlich mit der Ufa Europas größte Filmproduktion. Über den Konzern nahm er gezielt politischen Einfluss, mit seinem publizistischen Engagement deutschnationaler Prägung galt er als einer der »Steigbügelhalter« Hitlers.

Selbst für die größten Presseimperien gab es eine natürliche Wachstumsgrenze: Der Zeitungsmarkt war nicht unendlich erweiterbar. Entscheidend für die weitere Entwicklung der Medienkonzerne waren daher technische Fortschritte in der Elektro- und Fotoindustrie, die Globalisierung der Nachrichten durch die Telegrafie und die Börsenwirtschaft, die auch kapitalintensive Medieninvestitionen ermöglichte. »Edisons aggressives Marketing der Elektrizität, des künstlichen Lichts und aller möglichen Kommunikationstechnologien führte mittelbar zur Gründung der General Electric (1892 Fusion aus ›Edison General Electric‹ und ›Thomson-Houston Corp.‹), heute einer der umsatzstärksten Mischkonzerne der Welt mit bedeutenden Medienbeteiligungen (›NBC Universal‹)« (Hachmeister/Rager). In den 1920er Jahren entstand in den USA das kommerzielle Radiosystem. Gleichzeitig entwickelte sich das ➤ Kino von einer Jahrmarktsensation zum ernsthaften Medium. Die steigenden Gewinne begünstigten die Entstehung des Hollywood-Studiosystems, eines engen Oligopols von nur fünf, vertikal über die gesamte Verwertungskette integrierten Großkonzernen, die zeitweise neunzig Prozent der amerikanischen und sechzig Prozent der weltweiten Kinoproduktion beherrschten. Es waren vor allem osteuropäische Juden, wie zum Beispiel Adolph Zukor (»Paramount Pictures«), William Fox (»Fox Film Corporation«) oder Harry, Sam, Albert und Jack Warner (»Warner Brothers«), die das *star system* in Hollywood etablierten. Dass ein so glamouröses Geschäft ausgerechnet in einer Vorortbrache von Los Angeles seinen Ursprung nahm, hat für den Medienhistoriker Neal Gabler (»An Empire of Their Own«) vor allem ökonomische Gründe: niedrige Grundstückspreise, ein laxer Umgang mit Patentrechten und die Möglichkeit, das ganze Jahr über im Freien zu drehen.

In Deutschland setzte die Gleichschaltung durch die Nationalsozialisten dieser Entwicklung ein drastisches Ende. Nach dem

Zweiten Weltkrieg und der Zerschlagung des NS-Pressetrusts durch die Alliierten gelang es in Deutschland zunächst nur ➤ Axel Springer, mit »Bild«, »Hörzu« und »Welt«, einen politisch einflussreichen Pressekonzern aufzubauen. Die Spuren der publizistisch-politischen Macht der »Springerpresse«, die wie kein anderes Medium in Deutschland an der Weltanschauung des Konzernlenkers ausgerichtet war, ziehen sich durch die Geschichte der Bundesrepublik – von den Protesten der 68er bis zur gern kolportierten Aussage des »Medienkanzlers a. D.« Gerhard Schröder: »Zum Regieren brauche ich nur ›Bild‹, ›BamS‹ und Glotze.«

Der erste integrierte Medienkonzern in Deutschland war die Gütersloher ➤ Bertelsmann AG. Zeitweise führte das ostwestfälische Unternehmen sogar die Rangliste der weltweit umsatzstärksten Medienunternehmen an. Nachdem sich das Unternehmen mit seinen Buchclubs in den 1950er Jahren re-etabliert hatte, begann die Medienintegration des Konzerns mit dem Einstieg ins Plattengeschäft (1958 Gründung des Schallplattenlabels »Ariola«) und der Übernahme der Ufa-Filmproduktion (1964), die durch die Krise der deutschen Filmindustrie möglich wurde. 1969 übernahm Bertelsmann Anteile am Verlagshaus »Gruner + Jahr«. Neben dem Zukauf von Unternehmen und Titeln im Ausland, wie zum Beispiel einer Zeitschriftengruppe der »New York Times« (1994) und des Wirtschaftstitels »Fast Company«, wurden in der Heimat erfolgreiche Zeitschriftentitel auch in Auslandsausgaben angeboten. Der Konzern verfolgte als erster deutscher Großverlag die Strategie, ins Ausland zu expandieren. Bertelsmann ist zudem einer der stärksten internationalen Player auf dem Buchmarkt, mit zahlreichen Zukäufen (insbesondere 1998 die amerikanische »Random House«-Gruppe). Pläne des Bertelsmann-Managers Manfred Köhnlechner für einen stärkeren Einstieg in die Kinofilm- und Fernsehproduktion in den 1960er Jahren wurden allerdings zunächst nur schleppend umgesetzt. Erst in den 1990er Jahren akquirierte und restrukturierte Bertelsmann schrittweise die sehr erfolgreiche RTL-Gruppe, die inzwischen mit 2,9 Milliarden Euro Umsatz (2006) Europas größter kommerzieller Hörfunk- und Fernsehanbieter ist.

Komplizierter verlief die Geschichte der »ProSiebenSat.1Media AG«, inzwischen der zweitgrößte private Fernsehanbieter Europas, von Finanzinvestoren mit der Sendergruppe SBS (»Scandinavian

Broadcasting Systems«) fusioniert. Leo Kirch hatte 2000 seine Beteiligungen an ProSieben und Sat.1 zu einem Konzern verschmolzen. Im Jahr 2002 meldete die Kirch-Gruppe Insolvenz an – die bisher größte Unternehmenspleite in der Geschichte der Bundesrepublik Deutschland. Nach dem Konkurs zeigten diverse deutsche Medienunternehmen, unter anderem die Bauer-Verlagsgruppe und der Springer-Konzern, Interesse an der Übernahme von »ProSieben-Sat.1«. Den Zuschlag erhielt allerdings für geschätzte 830 Millionen Euro der US-Investor Haim Saban. Die Übernahme befeuerte die Diskussionen um die Beteiligung ausländischer Firmen an deutschen Medienkonzernen. 2006 verkauften Haim Saban und seine Partner ihre Kapitalbeteiligung an die Private-Equity-Unternehmen »Permira« und »Kohlberg Kravis Roberts & Co.« (KKR); die Investoren erhielten ein Vielfaches ihres Einsatzes zurück.

Die 2005 geplante Übernahme von »ProSiebenSat.1« durch den Springer-Konzern wurde von der Potsdamer »Kommission zur Ermittlung der Konzentration im Medienbereich« (KEK) und dem Bundeskartellamt untersagt. Beide Kontrollgremien sahen in der Vereinigung der »Bild«-Zeitung mit einer Senderfamilie unter einem Konzerndach eine zu große Ansammlung publizistischer Macht. Ähnliche kartell- bzw. medienrechtliche Beschränkungen gibt es in den meisten westlichen Ländern. Dass diese rechtlichen Beschränkungen der eigentlich limitierende Faktor einer zunehmenden Konzentration im Medienbereich sind, zeigen die Fusionswellen, die auf jede Deregulierung des Mediensektors in den USA folgen.

Als Negativbeispiel einer »Telekratie« in einem Medienmarkt mit untauglichen Regulierungsmechanismen gilt das publizistische Imperium ➤ Silvio Berlusconis in Italien. Mit seinen Konzernen »Fininvest« bzw. »Mediaset« legte der milliardenschwere Unternehmer den Grundstein für seine politische Karriere. Als Regierungschef (1994/1995 und von 2001 bis 2006) konnte er direkten Einfluss auf die (schon zuvor eng an die Politik gekoppelten) öffentlich-rechtlichen Sender der RAI ausüben. Aufgrund seines politischen Einflusses gelang es ihm, zu verhindern, dass seinem Monopol und damit seiner publizistischen Macht gesetzliche Grenzen gesetzt wurden.

Nach der Phase der großen Unternehmenszusammenschlüsse im Medienmarkt (der bis heute größte Medienkonzern der Welt,

»Time Warner«, ging 1989 aus der Fusion des Magazinverlags »Time« und dem Hollywoodstudio »Warner Brothers« hervor) sind seit dem vorläufigen Ende der »New Economy« 2001 wieder Aufspaltungen in übersichtlichere Einheiten zu beobachten. Mediengiganten wie »Viacom«, »Clear Channel« oder »Dish Network« entflechten ihre Beteiligungen, verkaufen Unternehmenssparten oder gründen unabhängige Firmen aus. Diese Manöver dienen allerdings nicht der Meinungsvielfalt, sie haben ökonomische Gründe: Schlankere Management-Strukturen sollen die Konzernriesen wieder beweglicher machen, den einzelnen Unternehmen klarere Profile geben und für bessere Börsenbewertungen sorgen. Je verzweigter und internationaler diese verflochtenen Firmenkonglomerate sind, umso schwieriger wird es für die Medienpolitik, Wege zu finden, der Konzentration im Medienbereich Grenzen zu setzen. Das schließt in Zeiten globaler Investitionen ein internationales Medienrecht mit ein. Auch das Urheberrecht bedarf im Zuge der Internationalisierung und Digitalisierung grenzüberschreitender ➤ Regulierungen. Dies verdeutlicht zum Beispiel ein inzwischen verlorener Rechtsstreit der Musikkonzerne »Universal«, EMI, »Warner« und »Sony/BMG« mit dem Betreiber der chinesischen Suchmaschine »Baidu«, die unbefugt Musiktitel der Konzerne im Internet kostenlos zur Verfügung gestellt hatte.

Die bei weitem stärkste Dynamik seit der Einführung des Privatfernsehens hat die Digitalisierung in der Medienbranche ausgelöst. Die digitale Datenkompression eröffnet ganz neue Möglichkeiten für Medienvertrieb und -nutzung und strukturiert dadurch die Medienökonomie neu. Dabei ist der Online-Sektor immer noch eines der spekulativsten Geschäftsfelder der Medienbranche, wie »Time Warner« mit der gescheiterten AOL-Fusion erleben musste. Viele klassische Unternehmen kaufen heute Internetfirmen, die noch nur eine geringe Wertschöpfung vorweisen, um am Siegeszug des Meta-Mediums Internet zu partizipieren. Dabei spielt die Verteilung der Werbegelder eine herausragende Rolle. Das Fernsehen beansprucht mit 37,7 Prozent (2006) momentan noch den größten Anteil an den Werbeeinnahmen in Deutschland, doch das Internet holt auf. 2007 schätzte der »Bundesverband Digitale Wirtschaft« den Anteil der Online-Werbung am gesamten Werbemarkt auf 11,8 Prozent. Neu sind Werbekooperationen zwischen digitalen und klassischen Medienangeboten: So hat »Google« ein Abkommen mit dem Satellitenanbieter »Dish« (ehemals »Echostar«) geschlossen, um sein erfolgreiches »Pay-per-Click«-Werbemodell aus dem Internet auch auf das Fernsehen zu übertragen.

Die in der zweiten Hälfte des 20. Jahrhunderts entstandenen Medien-Konglomerate müssen sich heute auf ganz neuen Märkten behaupten. In den sogenannten TIME-Industrien (Telekommunikation, Informationstechnologie, Medien und Entertainment) verschwimmen die Grenzen zwischen den einzelnen Medien und Technologien zunehmend. Dies führt unter anderem zu einer Umwälzung aller traditionellen Distributionswege und damit zu neuen Anbietern: Das Oligopol der klassischen Medienkonzerne und der starken öffentlich-rechtlichen Unternehmen wie BBC, ZDF oder ARD wankt. Die Formen der Distribution übertreffen die originäre Herstellung professioneller Produkte inzwischen an Bedeutung. Der Typus des klassischen »Medienmoguls« mit politischer Wirkungsabsicht, heute am ehesten noch durch Rupert Murdoch verkörpert, wird seltener. Dagegen sind neue, publizistisch weniger kenntliche »Wissenskonzerne« (Lutz Hachmeister) wie »Google« entstanden, die klassische Medienleistungen (Journalismus, Entertainment) in technologisch und inhaltlich neue Kontexte stellen.

Trotz aller Marktdynamik bei den Medienkonzernen bleibt festzuhalten, dass die Umsätze dieser Unternehmen im Vergleich zu den Marktführern anderer Branchen eher gering ausfallen. Konzerne wie »Exxon Mobil« (377,635 Milliarden Dollar Umsatz, 2006) oder »Wal-Mart« (348,650 Milliarden Dollar Umsatz, 2007) spielen finanziell in einer ganz anderen Liga. Es ist nach wie vor der reale oder vermutete publizistische Einfluss, der die Medienkonzerne kommunikationspolitisch so interessant macht.

Literatur

Insa Sjurts: Strategien in der Medienbranche. Grundlagen und Fallbeispiele, Wiesbaden 2005.

Lutz Hachmeister und Günther Rager: Wer beherrscht die Medien? Die 50 größten Medienkonzerne der Welt. Jahrbuch 2005, München 2005.

Ben H. Bagdikian: The New Media Monopoly, Boston 2004.

Institut für Medien- und Kommunikationspolitik, Online-Datenbank »Internationale Medienkonzerne«: *http://mediadb.eu/*.

THOMAS VESTING

Medienrecht

Der Begriff Medienrecht ist seit Mitte der 1980er Jahre gebräuchlich. Im Kern ist die Regulierung von Presse, Rundfunk und Multimedia-Anbietern gemeint. Als Sammelbegriff umfasst er alle Regelungen und Tatbestände, von denen Medien betroffen sind. Auch europäische Richtlinien (etwa die »EU-Fernsehrichtlinie«) und Konventionen sowie internationale Abkommen (etwa das »Allgemeine Abkommen über den Handel mit Dienstleistungen«, GATS) fallen darunter.

Medienrecht gehört zum Typus des *regulatory law*. Wie alles Regulierungsrecht ist es ein Fall von *social engineering*, in dem Recht und Politik eng verbunden sind. Das Recht wird hier unmittelbar durch politische Zwecksetzungen programmiert, im Fall des aktuellen Medienrechts durch das Ziel der Sicherung von Meinungsvielfalt. So lautet jedenfalls die »offizielle« Version. Darin unterscheidet sich das Medienrecht etwa vom bürgerlichen Privatrecht, aber auch vom traditionellen Polizei- und Ordnungsrecht. Im Gegensatz zum Medienrecht beruhen diese Rechtsgebiete nicht auf unmittelbar materialen Zwecksetzungen, sondern auf der Idee der Formalisierung, der Artikulation von Handlungsgrenzen in Gestalt allgemeiner Gesetze. Jeder kann seine Handlungszwecke frei wählen, solange er nicht die subjektiven Rechte anderer verletzt (vgl. § 823 BGB) – und solange sein Handeln keine Gefahr für die öffentliche Sicherheit und Ordnung darstellt (sogenannte polizeiliche Generalklausel).

Die Begrenzung des Medienrechts auf Fragen der ➤ Regulierung von Massenmedien ist indessen nicht unumstritten. Der Begriff wird in der Literatur häufig in einem sehr viel umfassenderen Sinne gebraucht, als »Querschnittsmaterie« oder »Sammelbezeichnung« für alle Rechtskonflikte, an denen Medien beteiligt sind. Zum Medienrecht zählt dann nicht nur die Regulierung von Massenmedien, sondern auch das Recht am eigenen Bild, allgemeines Persönlichkeitsrecht, Urheberrecht, Markenrecht, Datenschutz,

Telekommunikationsrecht, Wettbewerbs- und Kartellrecht et cetera. Allein diese Aufzählung zeigt freilich schon, dass der Begriff des Medienrechts damit nicht klarer wird. Es dürfte in einer derartigen Perspektive sogar äußerst schwierig werden, dem Medienrecht eine begriffliche Identität zu geben.

Als Regulierungsrecht ist das Medienrecht aus dem Rundfunkrecht hervorgegangen, wie es in Deutschland unter Kontrolle der Alliierten nach dem Zweiten Weltkrieg entstanden ist. Zwar ist das Presserecht historisch älter als das Rundfunkrecht. Das Presserecht ist aber bis auf wenige Ausnahmen – innere Pressefreiheit, Pressesubventionierung – immer am Vorbild des herkömmlichen Ordnungsrechts orientiert gewesen. Auch das Pressekartellrecht ist ein grenzziehendes Recht. Es überlässt die Entwicklung des Pressemarktes den ihm eigenen Mechanismen und interveniert erst dann, wenn der Pressemarkt durch Marktbeherrschung und/oder Fusionen in seiner Funktionsfähigkeit gefährdet erscheint (vgl. § 36 GWB). Rundfunkrecht ist dagegen seit jeher auf eine materiale Regulierung von Organisationen (nicht: von Märkten) festgelegt gewesen. Diese betraf zunächst ausschließlich die öffentlich-rechtlichen Rundfunkanstalten. Insbesondere in Gestalt eines aus Art. 5 Abs. 1 GG entwickelten richterrechtlichen Rundfunkverfassungsrechts zielte das Medienrecht auf die Sicherung der Autonomie des öffentlich-rechtlichen Rundfunks gegenüber dem Staat (BVerfGE 12, 205 ff. – Adenauer Fernsehen).

Die Zulassung privaten Fernsehens und Hörfunks in der Bundesrepublik in den 1980er Jahren hat das Medienrecht dann auf eine erste harte Probe gestellt. Was in höchstrichterlicher Rechtsprechung und Medienpolitik seitdem zu einem »dualen Rundfunksystem« stilisiert wird, scheint eher der Übergang in eine hybride, regulierte Wettbewerbsordnung gewesen zu sein, von der gegenwärtig niemand weiß, wohin sie künftig führen wird. Auf diesen evolutionären Prozess reagierten die beteiligten politischen und sonstigen Institutionen 1991 mit einem Rundfunkstaatsvertrag, innerhalb dessen die jeweiligen Landesmedienrechte unter Einschluss laufender Updates koordiniert werden. Der Kern des Rundfunkstaatsvertrags besteht in einer präventiven Zulassungskontrolle mit Erlaubnisvorbehalt (§§ 20 ff. RStV), an die sich eine konzentrationsrechtliche Überprüfung von Medienunternehmen anschließt (§§ 25 ff. RStV), die inzwischen – durch Zusatzeinrichtungen wie die »Kommission zur Ermittlung der Konzentration im Medienbereich« (KEK) und die »Konferenz der Direktoren der Landesmedienanstalten« (KDLM) (§ 35 RStV) – leicht unübersichtlich geworden ist.

Das Rundfunkrecht ist im Wesentlichen politisches Staatskanzleirecht und zeichnet sich dementsprechend durch ein hohes Maß an begrifflicher Ungenauigkeit, Strukturlosigkeit, Inkohärenz und Kompromisshaftigkeit aus. Die Medienpolitik reagiert mehr oder weniger ad hoc auf sich abzeichnende praktische Probleme und versucht diese meistens durch Anbauten an das bisherige Regulierungsregime (Mediendienststaatsvertrag), Rückbauten (Telemedien) oder Proliferationen (Jugendschutzstaatsvertrag) zu bewältigen. Die meisten neueren Regulierungen im Rundfunkstaatsvertrag konzentrieren sich auf Fragen des Zugangs etwa zu Navigationssystemen (§ 53 RStV) oder zum Kabelnetz (§ 52 RStV). Das alles wirkt auf den ersten Blick recht pompös, bleibt bei genauerer Betrachtung aber doch sehr vage. Die Vorschriften zum Schutz der Zugangsfreiheit beispielsweise folgen ganz der Exklusionslogik des Sacheigentums, um dagegen »möglichst viel freien Zugang« einzufordern. Es wird aber kaum hinterfragt, ob Netzwerke überhaupt zur Exklusion tendieren, und wenn ja, wie diese netzwerkförmigen Exklusionsmechanismen im Unterschied zu solchen des Sacheigentums aussehen.

Die Ausrichtung des Medienrechts am Modell der Rundfunkregulierung dürfte – langfristig gesehen – ein Auslaufmodell sein. Das hat seine Gründe nicht so sehr in einem »neoliberalen« Europarecht (wie lange Zeit gemutmaßt wurde), sondern vor allem in der medientechnologischen Entwicklung des 20. Jahrhunderts. Es ist die Erfindung des Computers, die das Medienrecht umkrempelt und noch weiter umkrempeln wird. Der Computer ist nicht einfach ein weiteres Medium, das neben bereits etablierte Medien wie das Fernsehen tritt. Beim Computer handelt es sich vielmehr um eine neuartige Universalmaschine, die alle anderen Medien »kassiert« und den klassischen Medienverbund aus Hand, Mund und Auge vollkommen technisch ersetzt. Die Konsequenzen sind weitreichend: Der Computer destabilisiert etwa die Unterscheidung zwischen Individual- und Massenkommunikation oder die zwischen Medieninhalt und (Übertragungs-)Technik. Beide Unterscheidungen sind jedoch für die Herausbildung des Rundfunkregulierungsrechts konstitutiv gewesen. Auf der zuletzt genannten Differenz beruht etwa die kompetenzielle Abgrenzung von Medienrecht (Landesrecht) und Telekommunikationsrecht (Bundesrecht).

Die Grenze des herkömmlichen rundfunkrechtlichen Paradigmas zeigt sich deshalb nicht zufällig immer häufiger im Bereich der Abstimmung zwischen Rundfunkrecht und Telekommunikationsrecht. Das ist etwa im jüngsten Streit um die Verwertung der Fußballrechte deutlich geworden. Auch die Novellierung des Telekommunikationsgesetzes (TKG) und die Absicht, den geplanten Ausbau der VDSL-Technologie durch die Telekom von der Telekommunikationsregulierung auszunehmen, dürften erhebliche medienrechtliche Probleme aufwerfen. Das größte zu bewältigende Problem ist jedoch die Überlappung von Fernsehen (Rundfunk) und Computer (Internet). Für das traditionelle Rundfunkregulierungsrecht bleibt hier nur die Möglichkeit, an den Gebrauch des Computers als »Massenmedium« anzuknüpfen und daran etwa eine Rundfunkgebührenpflicht für Computer zu koppeln. Die Rechtfertigung für diese staatliche Vereinnahmung des Internets besteht allein darin, danach zu fragen, ob das Internet bei entsprechender Nutzung von seiner Wirkung her mit dem Rundfunk vergleichbar ist. Man kann das Medium des Computers aber nicht von seinem Gebrauch her bestimmen. Dieser ist beliebig. Man kann mit Computern fernsehen, Finanzmärkte betreiben, Bücher verkaufen, aber auch Menschen töten. Deshalb ist es willkürlich, aus der möglichen Nutzung des Computers als Fernseher eine Gebührenpflicht folgen zu lassen. Das erscheint schlicht verfassungswidrig und zeigt die ganze Theorielosigkeit der derzeitigen Medienregulierung. Seit Claude Shannons mathematischer Kommunikationstheorie von 1948 (➤Kommunikation) hat die Medientheorie immerhin wiederholt zeigen können, dass Medien durch die Modalitäten, in denen sie Informationen verbreiten, bestimmt werden, nicht aber durch ihren (individuellen oder massenhaften) Gebrauch.

Es ist angesichts der Eigenlogik der Medienpolitik wahrscheinlich, dass das Medienrecht noch lange als Rundfunkrecht gepflegt werden wird. Die Medienpolitik wird uns das neue Netzwerk der Netzwerke sicher noch geraume Zeit als »duales Rundfunksystem« verkaufen, zumal die Erfahrungen mit der Rechtschreibreform lehren, dass es für staatliche »Reformpolitik« selbst auf einschneidende Umweltveränderungen nicht ankommt. Ob eine derartige Medienpolitik und ein daran anschließendes Medienrecht künftig aber noch nennenswerte Effekte der Vielfaltsicherung im Mediensystem erzeugen werden, erscheint zweifelhaft. Konnte der Nationalstaat das Fernsehen noch wie den Buchdruck an territorial durchsetzbare Normen binden, hat der Computer eine globale und universelle Gleichheit vor dem Medium freigesetzt, die Staat und Politik einschließt und der Medienpolitik künftig allenfalls die Rolle eines Animateurs lässt. Mit diesem »Apriori« des Computers werden sich Medienrecht und Medienpolitik künftig stärker arrangieren müssen.

Literatur

Frank Fechner (Hg.): Entscheidungen zum Medienrecht. Auswahl für Studium und Praxis, Tübingen 2007.

Madhavi Goradia Divan: Facets of Media Law, Lucknow u. a. 2006.

Udo Branahl: Medienrecht. Eine Einführung, 5., vollständig überarb. Aufl., Wiesbaden 2006.

Bruno Ravaz und Stéphane Retterer : Droit de l'information et de la communication, Paris 2006.

Albrecht Hesse: Rundfunkrecht. Die Organisation des Rundfunks in der Bundesrepublik Deutschland, 3., neubearbeitete Aufl., München 2003.

Murdoch, Keith Rupert

* Melbourne, 11. März 1931; australischer Medienunternehmer mit US-amerikanischer Staatsbürgerschaft. Als Besitzer der »News Corporation« führt er das viertgrößte Medienunternehmen der Welt. Sein Geschick, medienpolitische Richtlinien außer Kraft zu setzen, um ein weltweites Netz von Fernsehsendern und Zeitungen zu realisieren, hat wiederholt die Grenzen nationaler Medienpolitik aufgezeigt.

Die BBC nannte Murdoch noch 2002 »Bigger than Kane« (nach dem Orson Welles-Film »Citizen Kane« von 1941, einem satirischen Zerrbild des Lebens von US-Pressemagnaten ➤ William Randolph Hearst). Damit hat sie durchaus recht, da sich das Imperium des gebürtigen Australiers über sein Heimatland hinaus auf den amerikanischen Kontinent, Europa und Asien erstreckt. Was er mit dem legendären Amerikaner freilich teilt, ist die enge Assoziation der Person mit dem Unternehmen. Murdoch selbst sagt dazu: »For better or for worse, our company is a reflection of my thinking and my character and my values.«

Unter Murdoch wurde das barbusige Pin-up-Girl auf Seite drei eingeführt und die »Sun« zum Prototyp eines Boulevardblattes. Bei »FOX Televisions Network« entstanden die »Simpsons«, und in den Studios der »Twentieth Century Fox« wurde der Blockbuster »Titanic« produziert. Murdoch revolutionierte mit dem Kauf der TV-Rechte der englischen »Premiere League« den Fußball und die europäische Sportberichterstattung. Zu seinem Besitz gehören mit »MySpace« die größte Online-Gemeinde der Welt und seit 2007 der »Dow Jones«-Verlag. Murdoch zählt zweifellos zu den großen Unternehmern der Mediengeschichte. Kritiker sehen in ihm allerdings einen Teufel, der dem Journalismus der westlichen Welt aus Renditengründen mit einer Mischung aus Populismus und Sensationsmeldungen schwer geschadet habe.

Keith Rupert Murdoch wurde 1931 in Melbourne/Australien geboren. Er studierte in Oxford und absolvierte in London ein

Volontariat beim »Daily Express«. In England entwickelte er Sympathien für den »kleinen Mann« und eine lebenslange Abneigung gegen die traditionelle britische und europäische Elite. Von seinem Vater Sir Keith, einem lokalen Pressemagnaten, erbte er 1952 ein kleines Medienimperium. Wegen der hohen australischen Erbschaftssteuer und dem Agieren von Geschäftspartnern im Hintergrund war das Erbe allerdings kleiner als erwartet. Dem damals 21-jährigen Rupert blieben nach seiner Rückkehr aus England letztendlich die »Adelaide News« und eine Radiostation.

Mit erstaunlichem Geschick expandierte er dann aber von Adelaide aus über den ganzen Kontinent. Er kaufte Zeitungstitel, Radiostationen, Fernsehsender und gründete mit »The Australian« die erste landesweit verbreitete Zeitung. 1969 kehrte er nach London zurück. Seine erste Akquisition war die sonntags erscheinende Boulevardzeitung »News of the World«. Der Australier stach bei dem Deal einen anderen Ausländer aus, der versuchte, England über die Medien zu erobern: Ian Robert Maxwell, ein osteuropäischer Jude, der 1940 vor den Nationalsozialisten nach England geflohen war, warf Murdoch skrupellose Geschäftsmethoden vor und verwickelte ihn in einen Prozess, aus dem Murdoch aber am Ende als Sieger hervorging.Maxwell blieb bis zu seinem mysteriösen Tod 1991 der ärgste Widersacher Murdochs auf dem britischen Pressemarkt. Nur ein Jahr nach der Übernahme von »News of the World« überbot Murdoch ihn erneut und übernahm die schwächelnde, bis dahin als liberal geltende »Sun«. Mithilfe des günstigen Preises, der Einführung des Pin-up-Girls, einer sensationsorientierten Berichterstattung und provozierenden Schlagzeilen verwandelte Murdoch die »Sun« in ein weltweit berüchtigtes Boulevardblatt mit über drei Millionen verkauften Exemplaren täglich.

1976 schockierte Murdoch die akademische Leserschaft durch den Kauf der renommierten Londoner »Times«. Viele sahen darin den Untergang des britischen Qualitätsjournalismus, obschon der Standard der »Times« längst nicht mehr der vergangener Zeiten war. Murdoch verheimlichte nie, dass er im Grunde keine Lust auf eine Zeitung für »Snobs« hatte, die außer ihnen »kein Mensch lesen« wolle. Näher blieb ihm der Journalismus der »Sun«, die beispielsweise 1982 während des Falkland-Krieges den Angriff eines britischen U-Boots auf den argentinischen Kreuzer »ARA General Belgrano«, bei dem mehr als dreihundert Seeleute ums Leben kamen, mit der seitengroßen Überschrift »GOTCHA!« feierte.

Anfang der 1970er Jahre etablierte sich Murdoch in den USA mit dem Kauf einiger Tageszeitungen und Magazine. Da ein Ausländer in den USA nicht mehr als 25 Prozent an einem amerikanischen Network halten darf, nahm er 1985 die amerikanische Staatsbürgerschaft an. Anschließend legte er mit dem Kauf von sieben lokalen TV-Stationen und den Produktionsstudios der »Twentieth Century Fox« den Grundstein für das »FOX TV Network«. Seit den 1990er Jahren baut er an einem weltweiten Satellitenfernsehnetzwerk. In Großbritannien gründete er »BSkyB«, in Italien, Brasilien, Mexiko, Argentinien und Kolumbien »Sky-TV« und in Asien »Star TV«. Mit »Fox News« befriedigte er in den USA das Bedürfnis des konservativen Amerika nach einer Nachrichten-TV-Plattform, die eine Alternative zu Ted Turners ➤ CNN darstellt.

Ende der 1980er Jahre verlagerte Murdoch den Schwerpunkt seiner Aktivitäten nach London zurück und feuerte unter starkem Protest der Gewerkschaften fünftausend Angestellte. Der britischen Linken galt er seitdem als Sinnbild eines skrupellosen Medienmoguls, wie man ihn selbst in England noch nicht gesehen hatte.

Obwohl die Mehrheit seiner Medien eine explizit rechtskonservative Richtung vertreten, behauptet Murdoch von sich selbst, keine eigenen politischen Ambitionen zu hegen und keiner Partei zugetan zu sein. Seine wechselnden Unterstützungskampagnen verdeutlichen seine Strategie, sich immer auf die Seite des vielversprechendsten Politikers zu schlagen. In Großbritannien warb er sowohl für die »Eiserne Lady« Margaret Thatcher als auch für Tony Blair und war unter beiden häufig zu Gast in Downing Street.

In China nahm er »BBC-World« 1994 aus dem Satelliten-Bouquet, weil deren Programme den Zensurbehörden der Staatsführung ein Dorn im Auge waren. Für seine Online-Aktivitäten sicherte er sich als Joint-Venture-Partner die Kommunistische Parteizeitung. Als »News Corp.« 2005 für 580 Millionen Dollar die Online Community »My Space« kaufte, setzte er diesen Kurs fort. Der chinesische Ableger erregte weltweit Protest, als auf Wunsch der politischen Führung ein »Denunzianten-Button« eingerichtet wurde, über den »die Gefährdung nationaler Sicherheit, der Verrat von Staatsgeheimnissen, die Untergrabung der Regierung und der nationalen Einheit sowie die Verbreitung von Gerüchten und Störung der öffentlichen Ordnung« mit einem Klick gemeldet werden konnte.

In Deutschland schrieb er in den Jahren seiner Beteiligung am Privatsender VOX zwischen 1994 und 2000 überwiegend Verluste. Auch der Erwerb einer Mehrheitsbeteiligung am ehemaligen Frauenkanal tm3, mit dem er sich 1999 auf vier Jahre die Übertragungsrechte für die Fußball Champions League sicherte, brachte mehr Häme als Erfolg. Im selben Jahr beteiligte sich Murdoch zu 20 Prozent an Kirchs »Premiere World« und tauschte 2001 seine tm3-Anteile gegen eine größere Kirch-Beteiligung. Als die Gewinne jedoch auch hier hinter seinen Erwartungen zurückblieben, forderte er seine investierten 1,8 Milliarden Euro zurück. Diese und andere Verbindlichkeiten führten Kirch und sein Imperium letztendlich in die Insolvenz. Murdoch musste seine Beteiligung als Verlust abschreiben. 2006 erwarb »News Corp.« für 188 Millionen Dollar die Kontrollmehrheit bei »Jamba«, das von Berlin aus erfolgreich auf der ganzen Welt Mobiltelefon-Klingeltöne vertreibt. Ins deutsche Fernsehgeschäft zog es Murdoch erst Anfang 2008 zurück: Mit dem vergleichsweise geringen Betrag von 287 Millionen Euro erwarb »News Corp.« 15 Prozent des Bezahlsenders »Premiere«. Vermutlich ist das nur der Ausgangspunkt einer Expansion in Deutschland und ein weiterer Schritt zur Erfüllung des Traums von einem weltweit vernetzten Medienimperium.

Murdochs Wunsch ist es, die Führung seines Unternehmens in Familienhänden zu belassen. Seine beiden jüngsten Töchter Grace (geb. 2001) und Chloe (geb. 2003) sind freilich noch zu jung, und Prudence – aus der Ehe mit Patricia Booker – hegt keinerlei Ambitionen. Elisabeth (geb. 1968, aus der Ehe mit Anna Torv) hat nach einigen Jahren bei »News Corp.« in England ihre eigene Filmproduktionsfirma gegründet. Lachlan (geb. 1971) hat nach einigen Probemonaten in der obersten Etage – angeblich wegen Kompetenzstreitigkeiten mit »News Corp.«-Präsident Peter Chernin – das Handtuch geworfen und sich nach Australien zurückgezogen. Als der aussichtsreichste Kandidat gilt seither James Murdoch (geb. 1972), der als CEO von »BSkyB« eine Schlüsselstellung bei

»News. Corp.« einnimmt. Auch der dritten Ehefrau Wendi Deng werden – besonders nach erfolgreichen Engagements in China – Ambitionen zur Unternehmensführung nachgesagt. Es sieht allerdings nicht danach aus, als würde sich Rupert Murdoch in absehbarer Zeit aus seinen Unternehmen zurückziehen.

Literatur

Bruce Page: The Murdoch Archipelago, London 2004.

Wendy Goldman Rohm: The Murdoch Mission. The Digital Transformation of a Media Empire, New York 2002.

Neil Chenoweth: Rupert Murdoch. The Untold Story of the World's Greatest Media Wizard, New York 2001.

Gerald Wagner: Rupert Murdoch. Die Globalisierung des deutschen Fernsehmarktes, Düsseldorf 1999.

SIEGFRIED WEICHLEIN

Mussolini, Benito

* Dovia di Predappio (bei Forlì), 29. Juli 1883, † Giulino di
Mezzegra (bei Dongo am Comer See), 28. April 1945; italienischer Politiker. Von 1922 bis 1943 regierte Mussolini Italien
als Diktator. Er war ursprünglich Journalist und gilt als
Begründer der faschistischen Propaganda.

Charismatische Führer wie Adolf Hitler oder Benito Mussolini
lebten vom Glauben an ihre Mission und ihre Berufung. Die
Regime in Deutschland und Italien, von Theodor W. Adorno als
»Stahlbad des Funs« bezeichnet, setzten auf eine Mischung aus Ent-
politisierung und schleichender Ausrichtung auf ein gemeinsames
Gesellschaftsbild. Die faschistische Medienpolitik transportierte
ihre Botschaft auf eingängige Weise und in moderner Verpackung.
Ihr Ziel war es, Loyalitätsglauben an das Regime und den Duce
zu erzeugen. Dabei diente Mussolini Hitler zunächst als Vorbild.
Später kehrte sich das Verhältnis um.
   Benito Mussolini musste nicht erst als faschistischer Führer das
Medienhandwerk lernen. Als Chefredakteur der sozialistischen
Parteizeitung »Avanti« von 1912 bis 1914 und als Gründer des
»Popolo d'Italia« (1916) war er früh mit professioneller politischer
Medienarbeit vertraut. Die Machtübernahme nach dem »Marsch
auf Rom« am 28. Oktober 1922 bewies, wie sehr Mussolini und die
faschistische Bewegung politische Ereignisse zu inszenieren ver-
mochten. Im alljährlichen Gedenken vermittelten sie der Gesellschaft regelmäßig ein aktivistisches Selbstbild. Am Anfang des
Regimes liefen die Fäden der faschistischen Medienpolitik noch
nicht bei Mussolini zusammen. Lokale Parteiführer wie Roberto
Farinacci in Cremona und Italo Balbo in Ferrara verfügten über
eigene Zeitungen: »Il Regime fascista« beziehungsweise »Il Cor-
riere padano«. 1934 entstand aus den beiden Presseabteilungen
des Außen- und des Innenministeriums und der Presseabteilung
des Ministerpräsidenten ein Presse- und Propagandaministerium,
das die Medienpolitik koordinieren sollte (»Ministero stampa e

propaganda«). ➤Joseph Goebbels' Reichspropagandaministerium diente hier wie die Reichskulturkammer als Vorbild, ohne dass das *ministerio* je deren Wirkung erreichen konnte. 1937 wurde es in Ministerium für Volkskultur (»Ministero della Cultura Popolare«) umbenannt. Erst kurz vor dem Krieg erhielt diese Behörde durch Mussolini die Möglichkeit, auch in die Medienarbeit der lokalen Parteigliederungen einzugreifen.

Die beiden wichtigsten Motive der faschistischen Medienpolitik waren die Verherrlichung der Gewalt und der Kult um die Person des »Duce«. Feldzüge, Kriege und Schlachten – reale und metaphorische – beherrschten die mediale Inszenierung. Sie hielten die Bevölkerung ständig in einer emotionalen Bewegung, die nur im »Duce« ihren Ruhe- und Zielpunkt finden sollte. Die Person Mussolinis stand im Mittelpunkt der verschiedenen Produktions- und Abwehrkampagnen. Um die Autarkie auf dem Feld der Ernährung zu sichern, eröffnete das Regime 1925 in den Medien die sogenannte Weizenschlacht (*battaglia del grano*), die das Land unabhängig von ausländischen Getreide-Importen machen sollte. Im Mittelpunkt stand dabei natürlich der Erntearbeiter und Weizenbauer Mussolini. Ebenfalls aus Autarkiegründen führte das Regime 1927 einen Werbefeldzug für die Lira, deren Stellung gegenüber den anderen europäischen Währungen als Indiz für die internationale Stellung Italiens galt. Mussolini schlüpfte dabei in die Rolle des obersten Währungshüters. Besondere Berühmtheit erlangte die Kampagne für die Trockenlegung der pontinischen Sümpfe südlich von Rom, die mit größtem Medieneinsatz angegangen wurde. Mussolini nahm hierbei die Rolle des einfachen Arbeiters an, der die Beschwernisse des Alltags mit allen anderen teilte. Die Erfolge der Trockenlegung verbanden sich so engstens mit seiner Person.

Weiter gesteigert wurde der Personenkult um Mussolini durch die Filmgesellschaft LUCE (»L'Unione Cinematografica Educativa«) und die Wochenschauen. Schon 1923 hatte Mussolini den Film zur mächtigsten Waffe der Faschisten erklärt. Der »Duce« bediente sich zur Herrschaftskonsolidierung stärker des Staatsapparates als der eigenen Partei. In dieser gab es starke regionale Parteiführer mit eigenem Gestaltungswillen in den Printmedien. Beim neuen Medium Film dagegen sicherte sich die zentralstaatliche Regierung früh die Zugriffsrechte. Die 1924 gegründete LUCE wurde 1925 zu einem Staatsorgan und sicherte dem Regime den Zugriff auf alle Kinowochenschauen. LUCE produzierte zudem Propagandafilme zur Verherrlichung des Regimes und des »Duce«.

Die Reichweite der Regimepropaganda steigerte sich über die Landkinos mit ihren mobilen Vorführungen vom Lastkraftwagen aus noch, die entlegensten Gebiete konnten so erreicht werden. Mussolini wurde in unzähligen Variationen nicht nur als politisches Genie, sondern auch als vollkommener Mensch, als omnipräsenter »Vater des Vaterlandes«, als »Mann des Schicksals«, als Denker, Künstler, Gesetzgeber und unermüdlicher Arbeiter, als Sportler, Redner und Soldat dargestellt.

Der erzeugte Loyalitätsglaube wurde durch eine Historisierung der faschistischen Ideologie medial verstärkt. Spektakel wie die »Mostra del costume« von 1928 oder die »Mostra Augustea della Romanità« in Rom 1936/1937 zeigten den Faschismus in Kontinuität einer großen Vergangenheit. Die mediale Historisierung des Faschismus gipfelte in Plänen für eine »Mostra della Civiltà italiana«, die die italienische Geschichte seit der Steinzeit auf Mussolini zulaufen sah.

Die Medienpolitik war Teil der faschistischen Umgestaltung der Gesellschaft. Der Medieneinsatz diente der durchgreifenden Entpolitisierung der Gesellschaft. Politik und insbesondere Themen mit einem kontroversen Potential verschwanden von der Leinwand, aus der Zeitung und dem Radio. Die Medien trugen das Ihre zur differenzlosen »Kultur des Konsenses« («Culture of Consent«, Victoria de Grazia) bei, die dem faschistischen Begriff der Gesellschaft zugrunde lag. Erfolgreich konnte diese Politik auch deshalb sein, weil sie an die in den Mittelschichten weitverbreitete Politikablehnung anknüpfte. Ihr sprachlicher Ausdruck war die letztlich gescheiterte Kampagne zur Ersetzung der Anrede »lei« durch das persönlichere »voi«.

Die Rolle Mussolinis in der Medienpolitik blieb ambivalent. Einerseits erreichte seine institutionelle Kontrolle der Medien nie den Umfang wie im Nationalsozialismus. Mussolinis Handlungsspielräume waren enger als diejenigen von Goebbels. Seine Medienpolitik stieß immer wieder an Grenzen in der faschistischen Partei und Beschränkungen in der gesellschaftlichen Machtverteilung.

Andererseits war Mussolini erfolgreicher Gegenstand der faschistischen Medienpolitik. Sie mobilisierte in immer neuen Variationen die Bevölkerung für den charismatischen Führer Mussolini. Diese mediale Mobilisierung gelang, weil sie neben modernitätskritischen Gehalten wie Rasse und Hierarchieglauben auch Momente einer spezifisch »faschistischen Modernität« (Ruth Ben-Ghiat) enthielt. Das Bild des »Duce« in den Medien verband sich mit zustimmungsfähigen Gehalten, weil Mussolini zum Beispiel auch das moderne Ideal des Sportlers, das Ideal der Massenproduktion, der nationalen Unabhängigkeit oder des nationalen Kollektivismus verkörperte.

Literatur

Anthony J. Gregor: Mussolini's Intellectuals. Fascist Social and Political Thought, Princeton u. a. 2005.

Gian Pierro Brunetta: Cent'anni di Cinema Italiano. Bd. 1: Dalle Origini Alla Seconda Guerra Mondiale, 5. Aufl., Rom 2003.

Ruth Ben-Ghiat: Fascist Modernities. Italy 1922–1945, Berkeley 2001.

Simonetta Falasca-Zamponi: Fascist Spectacle. The Aesthetics of Power in Mussolinis Italy, Berkeley 1997.

Philip V. Cannistraro: La Fabbrica del Consenso. Fascismo e Mass Media, Rom 1975.

New York Times

Die »New York Times«, gegründet 1851 als »New York Daily
Times«, ist die einflussreichste Qualitätszeitung der Welt. Mit
etwa 1200 Mitarbeitern, 26 Auslandsbüros, einem jährlichen
200-Millionen-Dollar-Budget für die Redaktion und einer
Gesamtauflage von über 1,1 Millionen verkauften Exemplaren täglich belegt sie nach »USA Today« (2,3 Millionen) und
dem »Wall Street Journal« (2 Millionen) den dritten Platz in
der Rangfolge der meistverkauften Zeitungen der USA.

Trotz seines gespaltenen Verhältnisses zu den Medien gestand
Richard Nixon der »New York Times« lange nach seinem Ausscheiden aus dem Präsidentenamt der ➤USA eines zu: »Some
read it and like it, some read it and don't like it, but everyone
reads it.« Seit mehr als 150 Jahren behauptet sich »The Gray
Lady« im hartumkämpften US-Zeitungsmarkt und ist eines der
meistzitierten Qualitätsblätter, denen die politische Funktion des
➤Agenda-Settings zugeschrieben wird. Spezielle Supplements
der »Times« liegen den meinungsführenden Tageszeitungen vieler Länder bei, zum Beispiel der »Süddeutschen Zeitung«, »El
Nacional« in Venezuela oder »Izvestia« in Russland. Der ehrgei-
zige Traum ihrer Gründer – des Politikers und Journalisten Henry
Jarvis Raymond und des Finanzfachmanns George Jones –, die
lokalen New Yorker Konkurrenzblätter in den Schatten zu stellen, wurde in vielerlei Hinsicht übertroffen: Heute ist das Blatt
nicht nur Taktgeber des globalen Zeitgeistes, sondern gehört auch
zum Lebensgefühl der New Yorker wie die Baseball-Caps der
Yankees.

Bekannt wurde die »Times« für ihren programmatischen Sinn-
spruch »All the news that's fit to print«. Dessen Urheber Adolph
Ochs, Verleger aus Chattanooga im US-Bundesstaat Tennessee,
kaufte die Zeitung 1896 und positionierte sie mit einer Hinwen-
dung zur Recherche und der Abkehr vom Boulevard-Journalismus
gegen die starken Wettbewerber »New York World« unter der Füh-

rung von ➤ Joseph Pulitzer und das »New York Journal American« von ➤ William Randolph Hearst.

Mehrmals musste die Redaktion in den letzten Jahrzehnten innerhalb Manhattans umziehen, bis sie Mitte 2007 neue Räumlichkeiten in einem nur wenige Blocks vom Times Square entfernten Neubau bezog. Verleger Arthur Ochs Sulzberger jr., Sohn von Arthur Ochs Sulzberger und Urenkel von Adolph Ochs setzt auf eine neue räumliche Redaktions- und Kommunikationsstruktur, die angesichts vorheriger Krisen überfällig schien. Der Verlag ist zudem in letzter Zeit wachsendem Druck von Aktionären ausgesetzt. Die Familie Ochs-Sulzberger hält zwanzig Prozent des Stammkapitals, ohne ihre Zustimmung kann keine Änderung an der Kapitalstruktur vorgenommen werden. Doch im Zuge der Übernahme des »Wall Street Journal« durch die »News Corporation« des australischen Medienunternehmers ➤ Rupert Murdoch wurde 2007 auch über einen möglichen Verkauf der »Times« und das Ende der Tradition familiärer Verlegerstrukturen in den USA spekuliert.

Die wirtschaftlichen Probleme der Vergangenheit, ein im Verlauf von zwei Jahren um etwa die Hälfte gesunkener Aktienkurs und der Einbruch im Anzeigengeschäft (bei allerdings stabiler Auflagenentwicklung), sollen durch ein verstärktes Engagement im Internet aufgefangen werden. Mitte 2006 erwarb die »New York Times Company«, zu der neben der »Times« noch weitere Zeitungen gehören, für 35 Millionen Dollar die Business-to-Business-Datenbank »Baseline StudioSystems«. Mit dem Anbieter von Informationen über die Film- und Fernsehwirtschaft möchte sich das Unternehmen weiter diversifizieren. Zuvor hatte es bereits das internetbasierte Informationsportal »About.com« gekauft.

Das wertvollste Gut des Verlages bleibt jedoch die Druckausgabe der »Times«. Das Blatt definiert sich laut Sulzberger jr. als »urban«. Hinter diesem an sich liberalen Schlagwort verbirgt sich vieles. Zwar wurde die Zeitung mit ihrem Renommee als Organ der Aufklärung zum globalen Meinungsführer. Zäsuren der Zeitgeschichte wie der Konflikt zwischen den USA und der Sowjetunion in der kubanischen Schweinebucht 1961 oder Kriegsverbrechen in Vietnam, festgehalten in den geheimen »Pentagon Papers«, wurden von »Times«-Reportern aufgedeckt und kenntlich gemacht. Doch wie

Stefan Elfenbein in seinem Buch »Macht und Mythos eines Mediums« (1996) darlegt, trügt der Schein: Die politische Haltung der Zeitung sei schon immer von Eigeninteressen bestimmt worden. Demnach waren und sind die politischen Zeitungsinhalte allein auf den Machterhalt der »Times« als führende Pressepublikation mit Entscheiderfunktion in elitären Kreisen wie der Washingtoner Machtzentrale ausgerichtet. Je nachdem, ob eine Regierung diese Position stärke oder gefährde, nehme die Berichterstattung eine eher liberale oder konservative Haltung ein. Dies soll auch zu der abwartenden Haltung im Hinblick auf Hinweise zum Watergate-Skandal geführt haben, den letztlich die »Washington Post« enthüllte.

Trotz dieser durchaus umstrittenen Redaktionspraxis steht die Marke »New York Times« im öffentlichen Bewusstsein für exzeptionelle publizistische Qualität. Mit 95 Pulitzer-Preisen ist das Blatt, das vor mehr als einhundert Jahren dem »Times Square« seinen Namen gab, die meistausgezeichnete Publikation in den USA: Allein 2002 ging eine Rekordzahl von sieben Pulitzer-Preisen an die Redaktion, vor allem für die Berichterstattung über die Terrorangriffe vom 11. September 2001 und deren Folgen.

Ihr guter Ruf macht die »Times« medienpolitisch umso angreifbarer: Die Arbeit der 1200 Journalisten, die für die gedruckte Zeitung und die Online-Ausgabe schreiben, wird von einer Reihe kritischer *watchblogs* beobachtet – und von der Konkurrenz. Eine aufmerksame Reporterin der Lokalzeitung »San Antonio Express-News« brachte so den »Times«-Aufsteiger Jayson Blair zu Fall. Der Jungredakteur hatte bereits eine beispiellose Karriere hinter sich, als im April 2003 bekannt wurde, dass sich unter den sechshundert Artikeln, die er in seinen vier Reporterjahren verfasst hatte, viele Fälschungen fanden, die er entweder schlicht erfunden oder woanders abgeschrieben hatte.

Umso notwendiger waren Schritte zur Wiedererlangung der journalistischen Reputation der Zeitung. Die Redaktion sah sich gezwungen, zu eigenen Verfehlungen öffentlich Stellung zu beziehen. Die detaillierte Aufarbeitung des Falles Blair durch ein fünfköpfiges Reporterteam, das uneingeschränkten Einblick in die Verlags- und Redaktionsprozesse erhielt, zeigt, wie sehr sich das bis dato so angesehene Blatt in der Pflicht sah, mit sich selbst ins

Gericht zu gehen. Der Ausbau von interner Kontrolle weist auf zahlreiche Risikofaktoren und Versäumnisse auch allgemein im Zeitungsbetrieb hin. So war die Selbstkritik der »Times« an ihrer Berichterstattung zum Krieg in Irak nur oberflächlich betrachtet ein Eingeständnis von Schwäche: Der couragierte Umgang mit eigenen Fehlern forderte anderen Medien weltweit Anerkennung ab. Nach dem Prinzip der kollektiven Verantwortungsübernahme hat es das Blatt bisher größtenteils vermieden, öffentlich Schuldzuweisungen an Einzelne in der Redaktion zu adressieren.

Konkret wurden nach dem Blair-Skandal auch eine Reihe von wegweisenden Änderungen der inhaltlichen Struktur vorgenommen: Die Korrekturrubrik wurde gestärkt und augenfällig in geringfügigere Richtigstellungen (»For the record«) und schwerwiegende Korrekturen (»Corrections«) aufgeteilt. Weiterhin wurde eine typografische Anpassung der Nachrichtenseiten eingeführt, um dem Leser die Unterscheidung von rein informierenden Texten und Meinungsartikeln zu erleichtern. Umfangreicher waren die internen Umstellungen in den Redaktionen: Jedes einzelne Mitglied wird seitdem einer regelmäßigen Leistungsauswertung unterzogen, um schneller eingreifen zu können, sollten sich Konflikte mit dem Ethikkodex abzeichnen, der seit 2005 in Kraft ist. Hinzu kommt eine automatisierte »Fehlerdatenbank«, um den Verbreitungsweg von Irregularitäten durch die Redaktionsinstanzen besser verfolgen zu können und ein wiederholtes Auftreten zu verhindern. Zusammen mit einer neuen Verfasser-Richtlinie zur klaren Kennzeichnung der redaktionellen Mitarbeiterschaft und einer Termin-Richtlinie, die keinen Zweifel daran lassen soll, welcher Reporter sich wann wo aufgehalten hat, spannt sich das Kontrollnetz enger um die Belegschaft. Der *public editor* der »Times«, seit 2007 Clark Hoyt, hat zudem die Funktion eines Ombudsmanns, der als Anwalt der Leser zweimal im Monat auf deren Reaktionen eingeht und ihnen Gehör verschafft. Hoyt ist nach Daniel Okrent (2003–2005) und Byron E. Calame (2005–2007) der dritte Ombudsmann der Zeitung.

2007 wurde aus wirtschaftlichen Erwägungen das Zeitungsformat um 3,8 Zentimeter verkleinert, was trotz leichter Erhöhung der Seitenzahl eine Verringerung des redaktionellen Platzes (und einen Abbau von Stellen) zur Folge hatte. Dass darunter die journalistische Qualität nicht leidet, das soll unter anderem ein neues Raumkonzept möglich machen: Sogenannte »Kommunikations-treppen« erleichtern seit neuestem den Austausch zwischen den unterschiedlichen Redaktionen und verbinden Hierarchie-Ebenen miteinander, was Einzelgängertum und persönliche Seilschaften verhindern soll. Auch wurden die Redaktionen der Druckausgaben stärker mit denen des Internet-Auftritts verwoben und Redak-tions- und Verlagsleiter räumlich stärker in das journalistische Geschehen integriert –, damit sie nicht mehr über der Redaktion thronen.

Literatur

Gay Talese: The Kingdom and the Power. Behind the Scenes at The New York Times. The Institution That Influences the World, New York 2007.

Seth Mnookin: Hard News. Twenty-one Brutal Months at The New York Times and How They Changed the American Media, New York 2004.

Susan E. Tifft und Alex S. Jones. The Trust: The Private and Powerful Family Behind »The New York Times«, Boston u. a. 1999.

Stefan W. Elfenbein: The New York Times. Macht und Mythos eines Mediums, Frankfurt a. M. 1996.

Edwin Diamond: Behind the Times. Inside the New New York Times, Chicago 1995.

LUTZ HACHMEISTER, SABINE SASSE

Noelle-Neumann, Elisabeth

* Berlin, 19. Dezember 1916. Elisabeth Noelle-Neumann ist die international bekannteste deutsche Kommunikationswissenschaftlerin nach 1945. Ihre Theorie der »Schweigespirale«, die auf sozialpsychologischen Gruppenexperimenten der US-Sozialforschung beruht, wurde in zahlreichen Ländern kontrovers diskutiert. Einem breiten Fernsehpublikum in Deutschland wurde Noelle-Neumann durch ihre demoskopischen Prognosen zu den Bundestagswahlen bekannt. Sie gilt als eine der Wegbereiterinnen der Umfrageforschung und der empirischen Kommunikationsforschung in Deutschland.

Elisabeth Noelle-Neumann ging in ihren Arbeiten von scharfen Wirkungsunterschieden zwischen der gedruckten Presse und dem Fernsehen aus. Mit Blick auf das ihrer Meinung nach dominierende audiovisuelle Medium plädierte sie für eine »Rückkehr zum Konzept mächtiger Massenmedien« in der öffentlichen Meinungsbildung. Noelle-Neumann beriet, zunächst gemeinsam mit ihrem ersten Ehemann, dem Journalisten und späteren CDU-Bundestagsabgeordneten Erich Peter Neumann, die christdemokratischen Bundeskanzler von Konrad Adenauer bis Helmut Kohl in Fragen der öffentlichen Meinung. Sie steht damit für eine explizit politische ➤ Kommunikationswissenschaft, wobei sie auch immer ihre Freundschaft mit Sozialdemokraten wie Carlo Schmid oder Fritz Eberhard betonte. Eberhard, ehemaliger Intendant des Süddeutschen Rundfunks und Publizistik-Professor, verhalf ihr 1961 zu einem Lehrauftrag für Publizistik in Berlin. 1963 erschien ihr Standardwerk »Umfragen in der Massengesellschaft«, das seitdem zahlreiche Auflagen erlebte. Mit der Fürsprache Helmut Kohls wurde sie 1964 Leiterin des neuen Publizistik-Instituts an der Universität Mainz, dem sie mit hoher Energie und Durchsetzungskraft über Jahrzehnte vorstand.

Die CDU-nahe »Mainzer Schule« der Publizistikwissenschaft wurde mit ihren Angriffen auf den in ihren Augen linksliberal dominierten öffentlich-rechtlichen Rundfunk in den 1970er und 1980er Jahren medienpolitisch bedeutsam. Noelle-Neumann, die heute 91-jährig in Allensbach am Bodensee lebt, hat aus ihrer tiefen Abneigung gegen die gesellschaftlichen »Umwertungen« der 1968er-Generation nie einen Hehl gemacht. Ihre wissenschaftlichen Erkenntnisse hat sie stets anekdotenreich auf eigene biografische Erfahrungen und Begegnungen zurückgeführt; zuletzt, 2003, verblüffte sie Freund und Feind in einem »Welt«-Artikel mit deutlichen Bekenntnissen zu den Prognosen des Nostradamus und zu Engelserscheinungen. In ihren Arbeiten bezog sie sich unter anderem auf die berühmten Gruppenexperimente der US-Sozialforschung (wie dem »Milgram«-Experiment von 1962, das die Bereitschaft, autoritären Anweisungen zu folgen, testete) und zunehmend auch auf frühe Hinweise zur Entstehung »öffentlicher Meinung« bei Niccolò Machiavelli, Jean-Jacques Rousseau, John Locke oder Alexis de Tocqueville. Mit dieser Mischung aus historisierender Aneignung und (mitunter fragwürdigen) statistischen Belegen war Noelle-Neumann ihren Fachkollegen stilistisch weit voraus. Ihre farbige Autobiografie (»Die Erinnerungen«, 2006) gehört zu den interessantesten Selbstzeugnissen der deutschen Kommunikationswissenschaft.

Elisabeth Noelle wurde am 19. Dezember 1916 als zweites von vier Kindern des Juristen und Filmindustriellen Ernst Noelle (Gründer der »Tobis«-Filmgesellschaft) und dessen Frau Eva in Berlin geboren. Sie besuchte unter anderem das Eliteinternat Schloss Salem und studierte nach dem Abitur Zeitungswissenschaft, Philosophie, Geschichte und Amerikanistik in Berlin, Königsberg, München und mithilfe eines DAAD-Austauschstudiums an der University of Missouri-Columbia, USA. Amerika war für sie ein Kulturschock. Am ersten Abend nach ihrer Ankunft in New York im September 1937 gab der DAAD ein Abendessen zum Empfang der Austauschstudenten. »Ich hatte einen Tischherrn, er saß rechts von mir, der sich in stolzem Ton mir gegenüber rühmte: ›I am just average‹ – ›Ich bin richtiger Durchschnitt‹. Das war mir unbegreiflich, wie es eine Kultur geben könnte, in der man sich der Mittelmäßigkeit rühmte.« Die USA und ihre populäre Medienkultur blieben ihr zeitlebens fremd, auch wenn sie den knappen, faktenorientierten angloamerikanischen Journalismus-Stil schätzte und im Grunde genommen bei ihrem USA-Aufenthalt der Grundstein für ihre spätere Karriere gelegt wurde. Noelle stieß dort auf die Methoden und Arbeiten der Statistiker und Meinungsforscher George Gallup und Elmo Roper, die mithilfe der Repräsentativumfrage die ersten verlässlichen Wahlprognosen erstellten und die empirische ➤ Sozialforschung revolutionierten.

Während ihrer Studienzeit in München war Noelle eine Zellenleiterin in der Arbeitsgemeinschaft Nationalsozialistischer Studentinnen (ANSt), aber wohl tatsächlich mehr aus formalen Karrieregründen. Sie war sehr eigensinnig und auch wissbegierig, das bewahrte sie davor, eine nationalsozialistische Scharfmacherin zu werden. Allerdings taucht Noelle 1942 in dem Buch »The Goebbels Experiment« von Derrick Sington und Arthur Weidenfeld auf, unter Hinweis auf ihre Studienzeit an der »Missouri University«: »Nothing particularly remarkable was noticed about the German girls behaviour except a tendency to write frequent articles defending and eulogizing National Socialism for the College Magazine.« Wer damals der Informant der BBC-Autoren Sington und Weidenfeld (dem späteren Lord Weidenfeld) war, ist bislang unbekannt.

Bevor Noelle von ihrem USA-Besuch nach Deutschland zurückkehrte, bereiste sie allein, unter anderem als Vertreterin einer Papierfirma, Hawaii, Japan, die Mandschurei, Korea, Peking, Shanghai, Hongkong, Manila, Sumatra, Ceylon und Ägypten. Nach ihrer Rückkehr schrieb sie auf Grundlage ihrer in Amerika gesammelten Erkenntnisse bei Emil Dovifat ihre Doktorarbeit »Amerikanische Massenbefragungen für Politik und Presse« (1940). Einem Angebot von Goebbels, seine Adjutantin zu werden, begegnete sie nach eigener Darstellung mit einer mehrwöchigen Krankheit. Danach begann sie ein Volontariat bei der »Deutschen Allgemeinen Zeitung«. »Ich habe oft ganz erstaunliches Glück in meinem Leben gehabt. Immer wieder hatte ich Beschützer, die mich vor großen Gefahren warnten oder, wenn nötig, auffingen, auch auf der Seite der Nazis«, schreibt sie in ihrer Autobiografie. Ein von ihr verfasster Artikel über Franklin D. Roosevelt, Ende 1942 in der Tageszeitung »Das Reich« veröffentlicht, bei der sie angestellt worden und sogar zur Innenpolitik-Ressortleiterin aufgestiegen war, veranlasste die Goebbels-Administration, ihre fristlose Kündigung anzuordnen. Paul Sethe bot der talentierten Redakteurin eine

Stelle bei der »Frankfurter Zeitung« an und bewahrte sie damit vor einer Dienstverpflichtung. Bei der FZ durfte die 26-Jährige sofort am Konferenztisch Platz nehmen, während renommierte, langjährige Redakteure wie Margret Boveri mit einem Stuhl am Rand vorliebzunehmen hatten. »Sie musste den Eindruck gewinnen, den viele Menschen von mir hatten, nämlich dass ich machen könne, was ich wollte, mir fiele letztendlich doch alles in den Schoß.« Im NS-Staat arbeitete Noelle zuletzt für die mysteriöse, zuerst in Wien, dann in Berlin und schließlich im Thüringischen Langensalza produzierte Zeitschrift »Tele«. Die Illustrierte erschien in schwedischer Sprache und war ein Projekt des Auswärtigen Amtes. Laut Noelle-Neumann legten die Redakteure den Zensurbehörden immer eine reichstreue Version des Blattes auf Deutsch vor, um die Propagandaartikel dann in der schwedischen Version zu streichen und durch harmlose, unterhaltende Texte zu ersetzen.

Nach dem Krieg baute Noelle-Neumann in der französisch besetzten Zone, gemeinsam mit Erich Peter Neumann, den sie 1946 geheiratet hatte, das Institut für Demoskopie in Allensbach auf. 1950 schloss das Institut einen Vertrag mit Bundeskanzler Adenauer, der »seitdem von keiner Bundesregierung unterbrochen worden« sei. Vorher hatten die Noelle-Neumanns der SPD demoskopische Berichte angeboten, doch die lehnte aus Geldmangel oder Desinteresse ab. »Nach dem Krieg wurden viele, die im Dritten Reich gelebt und gearbeitet haben, beschuldigt, sie seien Anhänger des Nationalsozialismus gewesen, besonders, wenn sie in einer verantwortungsvollen Position gewesen waren, wobei die Anschuldigungen schärfer wurden, je länger die nationalsozialistische Diktatur zurücklag«, schreibt die Kommunikationswissenschaftlerin in ihren »Erinnerungen«. »Noch drei Jahrzehnte nach dem Ende des Dritten Reiches wurde ein so anständiger Mensch wie der damalige baden-württembergische Ministerpräsident Hans Filbinger Opfer einer Kampagne, die in der Öffentlichkeit erfolgreich den Eindruck zu erwecken versuchte, er sei ein williger Erfüllungsgehilfe der Nazis gewesen.« Auch sie selbst sah sich »solchen Kampagnen« ausgesetzt, »allerdings ausschließlich in den Vereinigten Staaten. In besonderer Weise verfolgte mich ein Journalismusprofessor namens Leo Bogart, der mich aus Gründen, die ich nie verstand, offensichtlich abgrundtief hasste.«

1996 fand die »bisher letzte Kampagne dieser Art« statt, »als ein Mann namens Simpson versuchte, die von mir entwickelte und auch in Amerika sehr bekannte kommunikationswissenschaftliche Theorie der ‚Schweigespirale' als Produkt einer angeblichen Nazigesinnung dazustellen.« Gemeint ist hier der US-Forscher und Medienhistoriker Christopher Simpson, der in Noelle-Neumanns »Schweigespirale« (s. u.) und ihren früheren Schriften eine Kontinuitätslinie sah – Misstrauen gegen Minderheiten, Nationalismus und ein Plädoyer für konservative »schweigende Mehrheiten«.

Obwohl Neumann die treibende Kraft des Instituts war, blieb er neben seiner Frau blass. Während er das Institut durch seine Geschäftstüchtigkeit am Laufen hielt, war sie es, deren Gesicht als »Herrin der öffentlichen Meinung« die Titelseiten zierte, sogar zweimal die des »Spiegel«. Er habe immer in ihrem Schatten gestanden, warf er ihr später vor, und wenn er noch einmal leben könnte, würde er nichts mit ihr zusammen machen wollen – »nicht einmal einen Kohlenhandel«. Als seine politische Karriere durch CDU-interne Intrigen in der Ära Ludwig Ehrhard 1965 endete, hörte Neumann auf zu arbeiten und begann zu trinken. Im Juni 1973 starb er, krank und verbittert, mit knapp 61 Jahren. 1979 heiratete Noelle-Neumann den Physiker Heinz Maier-Leibnitz, damals Präsident der Deutschen Forschungsgemeinschaft. Gemeinsam schrieben sie das Buch »Zweifel am Verstand. Das Irrationale als die neue Moral« (1989). Maier-Leibnitz starb im Jahr 2000. Nach seinem Tod nahm sie wieder ihren Geburtsnamen »Noelle« an.

1969 hatte Noelle-Neumann bei den vom ZDF ausgerichteten »Mainzer Tagen der Fernsehkritik« einen weithin wahrgenommenen Vortrag mit dem Titel »Der getarnte Elefant« gehalten. Darin vertrat sie die These, dass das Fernsehen (entgegen der in der Kommunikationswissenschaft damals verbreiteten Meinung) eine starke Wirkung auf die öffentliche Meinungsbildung, besonders auf Wahlentscheidungen, habe. Schließlich veröffentlichte sie in der Fachzeitschrift »Publizistik« einen noch heute lesenswerten Essay mit dem Titel »Kumulation, Konsonanz und Öffentlichkeitseffekt. Ein neuer Ansatz zur Analyse der Wirkung der Massenmedien«. Der Aufsatz beruhte auf Umfrageergebnissen, aus denen hervorging, dass die deutschen Journalisten eine deutlich andere politische Grundhaltung einnahmen als die Bevölkerung, also deutlich linksliberaler eingestellt waren als die »schweigende Mehrheit«. Auf diesen Beobachtungen und weitreichenden Wirkungsannahmen basierte auch ihr Buch über »Die Schweigespirale« (1980) als »soziale Haut«, das stark unter dem Eindruck der Studentenrevolte und des Regierungswechsels 1969 steht. Noelle-Neumann geht grundlegend von einer »Isolationsfurcht« der meisten Bürger aus, lediglich einige Aktivisten hätten diese nicht. Letztere übernähmen nach und nach die Herrschaft über das Meinungsklima, prägten Werte und legitime Argumentationsmuster und übten »atmosphärischen Meinungsdruck« aus.

Bei den öffentlich-rechtlichen Fernsehsendern war Noelle-Neumann mit dieser Theorie nach eigener Aussage »eine Persona non grata«, aber auch in den privatwirtschaftlich geführten Zeitungen »erschienen fast nur noch schlechte Bilder von mir«, so die Demoskopin. Durch eine extrem negativ gefärbte Berichterstattung wurde sie für politisch linksstehende Menschen, so jedenfalls empfand sie es, »wahrscheinlich zu einer der meistgehassten Personen des öffentlichen Lebens«. Jahrelang lebten sie und ihr Chefassistent Hans Mathias Kepplinger, der 1979 einen heftig umstrittenen Vortrag zur angeblich für Helmut Kohl ungünstigen »nonverbalen« Berichterstattung (durch Fernsehkamera-Einstellungen) im Bundestagswahlkampf 1976 gehalten hatte, unter Polizeischutz. 1986 wurde Kepplingers Büro von einer Zehn-Kilo-Bombe verwüstet. In einem Bekennerbrief stand, das Mainzer Institut sei eine »Kaderschmiede für Mediengestalter«, in der die Studenten das »Handwerk imperialistischer Demagogie« lernen würden. Immerhin konnte sich Noelle-Neumann mit zahlreichen Komplimenten trösten, die ihr zeitlebens gemacht wurden. Sie sei »der Mensch mit den schönsten Augen, den er kenne«, soll beispielsweise Adenauer über sie gesagt haben.

Noelle war mit Max Horkheimer befreundet, mit Rudolf Augstein, Gerd Bucerius und Henri Nannen. Gegen Theodor W. Adorno hingegen hegte sie zeitlebens eine tiefe Abneigung. Sie lehnte die Lehre der »Frankfurter Schule« ab, dass die Weitergabe von Wertvorstellungen der Eltern an die Kinder unterbrochen werden müsse, um eine Wiederholung der NS-Staatsverbrechen zu verhindern. Insbesondere aber verabscheute sie Adorno als

Mensch: »Er hatte eiskalte Augen, wie ich sie selten gesehen habe, und er hatte die Eigenschaft, sich bei Empfängen an mich heranzudrängen«, schreibt sie in ihren »Erinnerungen«. »Wenn man im Gedränge nicht leicht ausweichen konnte, drückte er sich an mich heran, umarmte mich sozusagen, ohne dass das in der Menge auffallen konnte und dass ich mich dagegen hätte wehren können. Es war widerlich.« Mehrmals habe sie Horkheimer gefragt, wie er es nur mit Adorno habe aushalten können.

In den letzten Jahren hat sich Noelle, die in ihrer langen Karriere durch zahlreiche Vorsitze internationaler Gremien der Kommunikationswissenschaft und Umfrageforschung geehrt worden ist, vor allem der Glücksforschung zugewandt. Glück, so hat sie herausgefunden, wird nicht durch besonders viel Freizeit oder gar Nichtstun gefördert, sondern durch Aktivität, ein erfülltes Berufsleben und die Möglichkeit, selbständig und eigenverantwortlich zu handeln.

Literatur

Maria Löblich: »German Publizistikwissenschaft and its Shift from a Humanistic to an Empirical Social Scientific Discipline. Elisabeth Noelle-Neumann, Emil Dovifat, and the Publizistik-Debatte«, in: European Journal of Communication 22 (2007), S. 69–88.
Elisabeth Noelle-Neumann: Die Erinnerungen, München 2006.
Christopher Simpson: »Noelle-Neumann's ›Spiral of Silence‹ and the Historical Context of Communication Theory«, in: Journal of Communication 48 (1996), S. 149–173.
Elisabeth Noelle-Neumann: Die Schweigespirale. Öffentliche Meinung – unsere soziale Haut, zuerst 1980, 6., erweiterte Aufl., München 2001.
Elisabeth Noelle-Neumann: Öffentlichkeit als Bedrohung. Beiträge zur empirischen Kommunikationsforschung, Freiburg 1977.

CARSTEN BROSDA

Öffentlichkeit

Im Mittelhochdeutschen meist als Adjektiv, »offenlich«,
zur Beschreibung von Handlungen als »vor Augen liegend«
verwendet. Seit den Zeiten der Aufklärung Bezeichnung
einer allgemeinen Sphäre gesellschaftlicher Debatte und
daran anschließend eines normativ aufgeladenen sozialen
Ordnungsprinzips, zum Teil als Ersatzwort für »Publizität«.

Eine Gesellschaft begegnet sich nirgends so umfassend wie in ihrer
Öffentlichkeit. Allerdings geschieht dies nicht voraussetzungsfrei:
Wie eine Gesellschaft Öffentlichkeit versteht – ob als Bedrohung,
als funktionales Themenreservoir oder als Forum der Verständigung über sich selbst –, beeinflusst den potentiellen Nutzen, den
sie aus dieser Möglichkeit der Selbsterkenntnis ziehen kann.
　Ursprünglich war Öffentlichkeit nicht mehr als ein Attribut. Es
bezeichnete all das, was offen zugänglich war und nicht im Arkan-
bereich des Geheimen verblieb. Öffentlichkeit sei »die Eigenschaft
einer Sache, da sie öffentlich ist, oder geschieht, in allen Bedeutungen
dieses Wortes«, heißt es zum Beispiel in einem Wörterbuch von 1798.
Ein solches Verständnis von Öffentlichkeit konkurriert heute
mit Konzeptionen, die Öffentlichkeit nicht mehr nur als Eigenschaft verstehen, sondern als soziales Subjekt. Dieses Verständnis
ist vor allem in Aufklärungsdiskursen entstanden, in denen das
bürgerliche Räsonnement reflektiert und gefestigt wurde. Hier
wird Öffentlichkeit als gesellschaftlich prägender Kraft die Fähigkeit zugeschrieben, zu handeln und gesellschaftliche Wirkung zu
entfalten. Sie kann etwas bejahen oder verneinen, befördern oder
verhindern. Katalysator eines solchen Öffentlichkeitsverständnis-
ses war die Studie »Strukturwandel der Öffentlichkeit«, die ➤ Jürgen Habermas 1962 vorlegte. Seine Analyse war stilprägend für
eine heute weitverbreitete Form der Gesellschafts- und Medien-
betrachtung, in der Zerfallsszenarien dominieren und die Veränderungen der Öffentlichkeit durch Massenmedien, ➤ Propaganda
oder Kommerzialisierung beklagt werden.

Der Begriff Öffentlichkeit ist konzeptionell mit Blick auf seinen gesellschaftstheoretischen Charakter ausdifferenziert worden. Im Anschluss an Habermas ist Öffentlichkeit als »Sphäre« oder »Netzwerk« zu verstehen, als ein sozialer Raum, in dem Menschen öffentlich handeln und der dadurch für Gestaltung offenbleibt. Im Vordergrund eines solchen Verständnisses stehen die sozial entdifferenzierenden Wirkungen von Öffentlichkeit, die sich daraus ergeben, dass in ihr letztlich alles von jedem und ohne Inanspruchnahme einer Spezialsemantik thematisiert werden kann.

Diese Annahmen werden in systemtheoretischen Konzeptionen kritisiert, die der Öffentlichkeit eine eigene Logik zuweisen und als ausdifferenzierten Teil einer unüberschaubaren gesellschaftlichen Formation betrachten. Ihnen zufolge ist Öffentlichkeit »ein intermediäres System« (Jürgen Gerhards und Friedhelm Neidhardt), das zwischen dem politischen System und den Bürgern beziehungsweise anderen Teilsystemen vermittelt und öffentliche Meinungen herstellt. Diese Öffentlichkeit besteht aus diversen Teilöffentlichkeiten und Foren, die sich um bestimmte Themen und Teilnehmer bilden.

Aus beiden Denkansätzen folgen unterschiedliche normative Erwartungen an Öffentlichkeit: Die Systemtheorie stützt liberale Öffentlichkeitsmodelle, in denen öffentliche ➤ Kommunikation als ein Markt verstanden wird, dem das Prinzip eines freien Gedanken- und Meinungsaustauschs zugrunde liegt. Öffentlichkeit ist hier eine Summe von Einzelmeinungen, die jederzeit durch Meinungsumfragen sichtbar gemacht werden kann. Die daraus folgende zentrale Anforderung an Öffentlichkeit ist ihre Zugangsoffenheit.

Dagegen setzen deliberative (von lat. »deliberare« = erwägen) Öffentlichkeitsmodelle, wie das Habermassche, normative Standards, wie Gleichheit der Teilnahmebedingungen, Artikulationsmöglichkeiten und wechselseitige Argumentativität, die sich auch auf die Art und Weise öffentlicher Kommunikation beziehen. Durch Orientierung an diesen Standards soll die Rationalität öffentlicher Diskurse gesteigert und die Selbstaufklärung der Beteiligten sowie die Stabilität politischer Prozesse gewährleistet werden. Diese konzeptionellen Unterschiede sind trotz ihres oft abstrakten Charakters von praktischer Relevanz: Während zum Beispiel eine liberale Öffentlichkeit in einem marktförmig organisierten Mediensystem problemlos denkbar ist, erfordern deliberative Konzeptionen Medienformen, die von systemisch-ökonomischen Einflüssen zumindest zum Teil abstrahieren können. Und als regulative Ideen haben spezifische Vorstellungen von Öffentlichkeit auch Einfluss auf den Journalismus.

Der öffentliche Austausch von Standpunkten und Argumenten ist die Grundlage dafür, dass öffentliche Meinung entsteht. Die hohe soziale Bedeutung öffentlicher Meinungsbildungsprozesse, in denen aus einer Meinung in der Öffentlichkeit die Meinung der Öffentlichkeit wird, ist bereits im 19. Jahrhundert von Denkern wie Alexis de Tocqueville beschrieben worden. Als Anfang des 20. Jahrhunderts Massenmedien endgültig zu einem prägenden Faktor in der Kultur moderner Gesellschaften wurden, rückte die Macht der öffentlichen Meinung immer mehr in den Blick. Sie wurde als ein Massenphänomen analysiert, das je nach Durchsetzungsgrad in unterschiedlichen »Aggregatzuständen« (Ferdinand Tönnies) von fest über flüssig bis zu »luftartig« auftaucht und andere Meinungen in der Öffentlichkeit hegemonial zum Schweigen bringt. In frühen empirischen Studien wurde konstatiert, dass insbesondere die »Stereotypen« (Walter Lippmann) öffentlicher Meinungen großen Einfluss auf individuelle Wahrnehmungs- und Bewertungsprozesse haben und dass es daher vor allem in demokratischen Gemeinwesen notwendig sei, den Einzelnen über seine Beeinflussbarkeit aufzuklären.

Die heutige Forschung interessiert vor allem, wie öffentliche Meinung zustande kommt. ➤ Elisabeth Noelle-Neumann beschreibt sie in ihrem Modell der »Schweigespirale« als Ergebnis eines sozialpsychologischen Prozesses, der von der Isolationsfurcht des Einzelnen geprägt ist. Während sie sich damit primär auf Medienrezeption konzentriert und »Öffentlichkeit als Bedrohung« ausmalt, verstehen systemtheoretische Ansätze öffentliche Meinung als Output des Systems Öffentlichkeit. Dieser Output wird funktional gemäß bewährter Entscheidungsprogramme (Nachrichtenfaktoren) und Präsentationsroutinen generiert. Die systemischen Konstruktionsprozesse öffentlicher Meinung werden dabei potentiell beeinflusst durch die strategische Kommunikationsarbeit von ➤ Public Relations, ➤ Werbung oder auch ➤ Propaganda, deren Input ins Öffentlichkeitssystem auf Persuasion und damit auf die Formulierung der öffentlichen Meinung zielt.

Doch wer Öffentlichkeit entweder als großen sozialen Kontroll-zusammenhang oder als routinierten Themen- und Meinungsge-nerator begreift, der verkennt die emanzipatorischen und parti-zipatorischen Wirkungen, die allein die Idee der Möglichkeit von Öffentlichkeit in den letzten zweihundert Jahren nach sich gezogen hat. Deliberative Öffentlichkeitsmodelle versuchen, das Erbe dieser aufklärerischen Öffentlichkeitsidee zu wahren und für das Zeital-ter der Massenkommunikation zu übersetzen. Sie gehen davon aus, dass öffentliche Meinung das Ergebnis rationaler Übereinkünfte ist und dass sie vernunftgemäß überprüft und verändert werden kann. Ein solches normatives Modell von Öffentlichkeit kann als regulative Idee zur Vernunft- und Verständigungsorientierung bei-tragen und so die Rationalisierung der Lebenswelt vorantreiben. Öffentlichkeit ist damit keine rein politische, sondern eine breiter gefasste soziale und kulturelle Kategorie. In ihr können alle The-men im Wortsinne zur Sprache kommen und diskutiert werden.

Mit Blick auf die zunehmende Erosion nationalstaatlicher Zu-sammenhänge unter dem Druck wirtschaftlicher, kultureller und zunehmend auch politischer Globalisierung wird es von Bedeu-tung sein, ob und wie eine transnationale Öffentlichkeit etabliert werden kann. In technischer Hinsicht stehen moderne Gesellschaf-ten zudem vor der offenen Frage, wie sich die integrierende Kraft von Öffentlichkeit unter den Bedingungen des »World Wide Web« (➤ Internet) weiterentwickelt.

Literatur

Bernhard Peters: »Deliberative Öffentlichkeit«, in: Lutz Wingert und Klaus Günther (Hg.): Die Öffentlichkeit der Vernunft und die Vernunft der Öffentlichkeit. Festschrift für Jürgen Habermas, Frankfurt a. M. 2001, S. 655–677.

Horst Pöttker (Hg.): Öffentlichkeit als gesellschaftlicher Auftrag. Klassiker der Sozialwissenschaft über Journalismus und Medien, Konstanz 2000.

Jürgen Gerhards und Friedhelm Neidhardt: Strukturen und Funktionen moderner Öffentlichkeit. Fragestellungen und Ansätze. Discussion Paper FS III 90–101, Wissenschaftszentrum Berlin 1990.

Elisabeth Noelle-Neumann: Die Schweigespirale. Öffentliche Meinung – unsere soziale Haut, zuerst 1980, 6., erweiterte Aufl., München 2001.

Jürgen Habermas: Strukturwandel der Öffentlichkeit. Untersuchung zu einer Kategorie der bürgerlichen Gesellschaft, zuerst 1962, Frankfurt a. M. 1990.

Politik

Der Begriff leitet sich vom Griechischen »tà politikà« ab
und bezeichnet die auf die Polis bezogenen öffentlichen
Angelegenheiten, die alle Bürger (= »polites«) betreffen
und verpflichten. Das deutsche Wort ist dem französischen
»politique« (Wissenschaft vom Staat) nachgebildet. Seit
Ende des 19. Jahrhunderts wird der Politikbegriff nicht
mehr mit dem Staat gleichgesetzt.

Politik sei die »Kunst des Möglichen«, heißt es oft nach Bismarck,
aber auch »ein notwendiges Übel« und »schmutziges Geschäft« –
ein Eindruck, der sich durch eine Vielzahl politischer Skandale
und Korruptionsaffären immer wieder zu bestätigen scheint. Die
Wissenschaft von der Politik, die bei Äußerungen des Common
Sense oder des allgemeinen Bürgerverstandes ansetzen muss,
nimmt eine genauere Abgrenzung vor: Politik ist menschliches
Handeln, das auf die Herstellung und Anerkennung allgemein-
verbindlicher Entscheidungen und Regelungen in und zwischen
Gruppen widerstreitender Menschen abzielt. Politik setzt damit
am sozialen Konflikt an, den sie in einen (stets zerbrechlichen
und immer neu zu schaffenden) Konsens verwandeln soll. Politik ist Friedensstiftung, lautet eine andere gängige Definition, die
auf alte, an Aristoteles anknüpfende Ideale zurückgeht und die
Politik als gute Ordnung der Gesellschaft betrachtet. Politik sei
Machtkampf zur Durchsetzung egoistischer Einzel- und Gruppen-
interessen, behauptet dahingegen eine andere Tradition politischen
Denkens, wobei allerdings auch Konsensbeschaffung Machtmittel
voraussetzt. Schließlich wird in der jüngeren Politikforschung der
Aspekt politischer Bürgerpartizipation wieder in den Vordergrund
gerückt, gelegentlich auch im Blick auf die Beteiligungsmöglich-
keiten, die die neuen Medien zu schaffen versprechen.
  In diesem Spannungsfeld bewegt sich die Politikforschung, die
sich als Disziplin in der frühen Neuzeit verselbständigt hat. Autoren
wie Niccolò Machiavelli oder John Stuart Mill können als Begrün-

der der bürgerlichen Tradition der Politikforschung genannt werden, zu denen marxistische und anarchistische Ansätze im 19. Jahrhundert eine bisweilen »antipolitische« Alternative behauptet haben. In allen Versionen werden Grenzen der Politik bestimmt, die in der zentraleuropäischen Tradition lange als »Alleskönnerin« überschätzt wurde. Weder kann Politik alles bewirken, noch steht sie überhaupt definitiv im Zentrum gesellschaftlicher Aktion, also in einer sozialen Position, von der aus sie das Kommando führen könnte. Die Handlungs- und Steuerungsfähigkeit von Politik(ern) ist höchst begrenzt, was sich vor allem an der eingeschränkten Reichweite oder am allfälligen Versagen staatlicher Intervention demonstrieren lässt. In arbeitsteiligen Gesellschaften ist Politik nur ein Teilbereich (oder Subsystem) unter anderen, dem gleichwohl eine bestimmte Interventionskapazität in andere Teilbereiche als Aufgabe zugebilligt wird, und zwar dort, wo dies einem unterstellten Gemeinwohl oder Gesamtinteresse dienlich ist. Beispiele dafür sind die Gesetzgebung, die positives Recht aufhebt, oder die Konzentrationskontrolle, wo Märkte Monopole und Oligopole hervorbringen. Varianten des Kollektivguts »allgemeine Verbindlichkeit« soll die Politik in allen möglichen Bereichen liefern, unter bestimmten Bedingungen auch in der Privat- und Intimsphäre der Menschen (Familienpolitik) und im per se als frei und unabhängig verstandenen geistigen Leben (Kulturpolitik).

Hierbei kann man stets nur von einem relativen Primat der Politik ausgehen und darf regelmäßig wechselseitige Abhängigkeiten und Rückkoppelungen annehmen. In der Sprache der Systemtheorie (➤ Niklas Luhmann) ist das politische System für »Zielorientierung« zuständig, wofür es das Medium Macht einsetzt. Politik ist demnach als Macht/Ohnmacht kodiert, was sich in repräsentativen ➤ Demokratien, der gängigen Herrschaftsform moderner Gesellschaften, als Konfliktkooperation zwischen Regierung und Opposition in wechselnden Rollen beschreiben lässt. Nur kurz erwähnt werden kann hier, dass die westlichen Demokratien eine große Bandbreite präsidialer, semi-präsidialer und parlamentarischer Varianten der Regierungsbildung und Bürgerbeteiligung entwickelt haben, die sich seit 1990 als Standardvarianten der Demokratisierung nicht-westlicher Gesellschaften anbieten.

Im englischsprachigen Raum ist der Politikbegriff hilfreich in *politics*, *polity* und *policy* aufgefächert. *Politics* bezeichnet den Prozess der Politik, den man als andauernd konflikthafte und interessengeleitete Auseinandersetzung um Machtanteile verstehen darf oder, in der Terminologie von ➤ Max Weber, als »Kampf, Werbung von Bundesgenossen und von freiwilliger Gefolgschaft«. Idealtypisch ausgeprägt ist dies im Wettbewerb zwischen politischen Parteien und sozialen Bewegungen, aber auch zwischen Teilen des Staatsapparates und zwischen Staaten. In der radikalisierten Variante bei ➤ Carl Schmitt kann Politik generell als Freund-Feind-Auseinandersetzung gedeutet werden. Für liberale Autoren wie Hannah Arendt ist Macht eine wesentliche, der Gewalt entgegengesetzte Ressource zur Gestaltung sozialer Verhältnisse, die dem Recht und kulturellen Normen unterworfen bleiben muss.

Polity (*politie*) bezeichnet im Blick auf diese Wertedimension institutionelle und normative Aspekte der Politik, die in Verfassungen und anderen Ordnungen zum Ausdruck kommen und die Spielregeln politischer Einrichtungen (wie Parlament, Regierung und Verfassungsgerichte) in der Gewaltenteilung bestimmen.

Von der prozessualen und institutionellen Dimension der Politik unterscheidet sich schließlich die inhaltliche der *policy*, unter der sachbezogene Politikfelder oder Bindestrich-Politiken zu verstehen sind, die bestimmte Kollektivgüter und Programme (zum Beispiel mit Blick auf die Medien) vor dem Hintergrund aufeinanderprallender Teilinteressen durch politisch-administrative Maßnahmen (etwa seitens eines Ministeriums oder von Organen der freiwilligen Selbstkontrolle) umzusetzen trachten.

In diesem Sinne umfasst Medien- und Kommunikationspolitik alle prozessualen, institutionellen und inhaltlichen Dimensionen sozialen Handelns, auf welche die Gestaltung und Beeinflussung von gesellschaftlicher Kommunikation in politischer, wirtschaftlicher und rechtlicher Hinsicht gerichtet ist. Der Themenbereich politischer Kommunikation widmet sich sämtlichen Phänomenen der Darstellung, Vermittlung und Wahrnehmung von Politik in modernen Gesellschaften (➤ Medien und Politik, ➤ Kommunikationspolitik). In die Analyse und Gestaltung dieses interdisziplinären Feldes fließen ein: die Betrachtung des sozialen und wirtschaftlichen Wandels als Rahmenbedingung politischer Kommunikation,

Strukturen und Akteure im Feld der politischen Kommunikation, Inhalte und Formen der medialen Repräsentation von Politik, die Rezeption und Wirkung medialer Politikvermittlung sowie Möglichkeiten der politischen Beteiligung über Medialisierung. Beispiele dafür sind politische Kampagnen, Wahlkämpfe, Öffentlichkeitsarbeit (➤ Wahlkampf, ➤ Public Relations) und – im Hinblick auf die noch wenig genutzten Potentiale digitaler Informations- und Kommunikationstechnologien – virtuelle Formate von Bürgerforen und Bürgerkonferenzen. Das ➤ Internet ist in weiten Teilen ein Spiel- und Marktplatz, wird aber mehr und mehr auch als Agora politischer Willens- und Meinungsbildung und Arena von unten nach oben verlaufender Konflikt- und Protestkommunikation genutzt.

Mit der Herausbildung komplexer Wissensgesellschaften und politischer Mehrebenen-Systeme hat sich Politikberatung etabliert, deren Anspruch es ist, politisches Handeln professioneller Akteure durch wissenschaftliche Fundierung zu rationalisieren und/oder durch Kommunikationsakte die Vermittlung politischer Entscheidungen zu erleichtern und ihnen Akzeptanz zu verschaffen. Damit ist auch die Beratung von Politik zum Beruf geworden.

Literatur

Claus Leggewie: Von der Politik- zur Gesellschaftsberatung. Neue Wege öffentlicher Konsultation, Frankfurt a. M., New York 2007.
Klaus Kamps und Jörg-Uwe Nieland (Hg.): Regieren und Kommunikation. Meinungsbildung, Entscheidungsfindung und gouvernementales Kommunikationsmanagement – Trends, Vergleiche, Perspektiven, Köln 2006.
Otfried Jarren und Patrick Donges: Politische Kommunikation in der Mediengesellschaft. Eine Einführung, Wiesbaden 2005.
Volker Gerhardt: Der Begriff der Politik. Bedingungen und Gründe politischen Handelns, Stuttgart 1990.
Dolf Sternberger: Drei Wurzeln der Politik, Frankfurt a. M. 1984.

Presse

Der Begriff »Presse« hat seinen Ursprung im Lateinischen:
»premere« = drücken. Wird das mittelhochdeutsche Wort
»presse« noch im Zusammenhang mit der Fruchtkelterei
verwendet, überträgt man den Begriff ab 1500 in Anlehnung
an das Altfranzösische auf die Buchdruckerpresse. Ab 1800
meint »Presse« alle Druck-Erzeugnisse. Etwa seit Mitte des
19. Jahrhunderts fasst man unter den Begriff das Zeitungswesen. Heute bezeichnet er sämtliche periodischen Druck-
Erzeugnisse sowie die Massenmedien als Institution.

Im Herbst 2005 sorgte die Übernahme des Berliner Verlags durch
die amerikanische Investmentgesellschaft »Veronis Suhler Ste-
venson« (VSS) und die britische Mecom-Gruppe nicht nur für
Schlagzeilen und heftige Proteste unter den Mitarbeitern der »Berliner Zeitung«. Vielmehr berührte der Kauf gleich mehrere medienpolitische Kernprobleme: Zieht der Verkauf an renditeorientierte
Finanzinvestoren automatisch den Ruin des Qualitätsjournalismus nach sich? Und sind deutsche ➤ Medienkonzerne gegenüber
ausländischen Investoren durch die geltenden Pressefusionsregeln
benachteiligt? Der Fall zeigt, wie eng Presse und Medienpolitik in
Deutschland miteinander verwoben sind.

»Presse« als Institution meint die Massenmedien als Ganzes, also
samt Beschäftigten, Unternehmen und Organisationen, vor allem
aber Zeitungen und Zeitschriften. Als solche zielt die Presse auf die
Information der Allgemeinheit und die Herstellung von ➤ Öffentlichkeit ab. Zeitungsmerkmale sind Periodizität (Erscheinungs-
weise mindestens zweimal pro Woche), Aktualität (Inhalte verweisen auf die Gegenwart), Universalität (breite Themenpalette) und
Publizität, das heißt, Zeitungen sind öffentlich zugänglich. Zeitschriften sind dagegen weniger dem Gegenwartsbezug verpflichtet
und angesichts der Fülle an Fachzeitschriften nur eingeschränkt
universell. Abgrenzungsprobleme gibt es bei den Wochenzeitungen, die zwar als Zeitungen verstanden werden, der Definition

nach jedoch Zeitschriften sind. Gleiches gilt für gratis vertriebene Anzeigenblätter.

Deutschland ist mit über 26 Millionen täglichen Zeitungsexemplaren (2007) ein Presseland par excellence. Täglich lesen knapp drei Viertel der Bevölkerung eine Tageszeitung. Zum Vergleich: In ➤ Frankreich (43,5 Prozent) und Spanien (41,8) sind nicht einmal fünfzig Prozent der Erwachsenen Zeitungsleser, in den ➤ USA sind es knapp die Hälfte (49,9), während die Schweiz (77,6), Schweden (84) oder ➤ Japan (92) Spitzenwerte erzielen. Auch die Zeitungsdichte liegt mit dreihundert Tageszeitungsexemplaren je eintausend Einwohner im oberen Bereich in Europa (so Zahlen der »World Association of Newspapers«, WAN, 2007). Charakteristisch für den deutschen Pressemarkt ist außerdem die Vielzahl lokaler/regionaler Titel, die im Abonnement vertrieben werden. Diesen im Ganzen 333 Zeitungen steht mit Blättern wie der »Süddeutschen Zeitung«, der »Frankfurter Allgemeinen Zeitung«, der »Welt« oder auch der »taz« eine überschaubare Riege renommierter Überregionaler gegenüber. Reichweitenstärkster (Boulevard-)Titel ist die »Bild«-Zeitung mit fast zwölf Millionen Lesern. Insgesamt geben 352 Verlage 1524 Zeitungsausgaben heraus, bei 136 publizistischen Einheiten, sprich: für den überregionalen Mantel verantwortliche Vollredaktionen. Diese Zahlen wie auch das Übermaß sogenannter Einzeitungskreise (also Kreise mit einer örtlichen Monopol- Zeitung; in 2004 rund 60 Prozent) belegen die hohe Konzentration im Markt. Unübersichtlichkeit herrscht bei den Zeitschriften mit 893 Publikumstiteln und 1117 Fachzeitschriften (Meldung der IVW, »Informationsgemeinschaft zur Feststellung der Verbreitung von Werbeträgern e.V.«, 2/07). Erstere erreichen eine Auflage von rund 118 Millionen, Fachtitel von 13 Millionen (IVW 2/07).

2005 feierte die Institution Zeitung ihren 400. Geburtstag, zurückgehend auf die 1605 zum ersten Mal verzeichnete Straßburger Wochenzeitung »Relation«. Zeitschriften entwickelten sich ebenfalls im 17. Jahrhundert. Eine Sternstunde auf dem Weg dorthin war die Gutenbergsche Erfindung der beweglichen, metallischen Drucklettern um 1440 in Mainz. Natürlich sind unter den Ahnherren der periodischen Presse auch eine Reihe handschriftlich verfasster Vorläufer, etwa Flugblätter. Aber erst Fortschritte in der Drucktechnik, der Ausbau des Postsystems, die steigende Lesefähigkeit der Bevölkerung und die wachsende Nachfrage trieben die Entstehung der modernen Presse voran.

Ebenso entscheidend war die Etablierung der Pressefreiheit (➤Zensur), die 1874 mit dem Reichspressegesetz länderübergreifend festgeschrieben wurde, jedoch heißumkämpft blieb. In der Weimarer Republik wurden im Laufe der Zeit immer mehr Zeitungen verboten, zudem gerieten viele Titel in publizistische und finanzielle Abhängigkeiten. Hierfür steht vor allem ➤Alfred Hugenberg, der durch spezielle Gründungen oder Beteiligungen etliche Verlage unter das Dach des konservativ-völkischen Hugenberg-Konzerns brachte.

Unter den Nationalsozialisten war von Pressefreiheit schließlich keine Rede mehr (➤Propaganda, ➤Joseph Goebbels). Nach 1945 führten die Alliierten zunächst eine Lizenzpflicht ein, um politisch Vorbelastete vom Pressewesen auszuschließen. In der DDR wurde die Presse seit 1949 staatlich gelenkt, obgleich ihre Verfassung Presse- und Meinungsfreiheit garantierte (Art. 27) und bis zur Neufassung 1968 auch Pressezensur offiziell untersagt war.

Mit der Generallizenz kehrten 1949 die Altverleger auf den westdeutschen Pressemarkt zurück; Konkurrenzen zu den mittlerweile etablierten Lizenzblättern waren vorprogrammiert. In der Bundesrepublik wurde 1949 die Pressefreiheit in Artikel 5 des Grundgesetzes festgeschrieben, rechtliche Vorgaben finden sich in den Landespressegesetzen. Auch um einer gesetzlichen ➤Regulierung zu entgehen, gründeten Verleger und Journalisten 1956 den Deutschen Presserat als freiwilliges Selbstkontrollorgan, der im Pressekodex ethische Maßstäbe für die journalistische Praxis (➤Journalismus) festschreibt und öffentliche Rügen ausspricht. Bis zur Föderalismusreform 2006 hätte der Bund laut Grundgesetz die Kompetenz gehabt, Rahmenvorschriften für die Presse zu erlassen. Vorstöße in Richtung eines Presserechtsrahmengesetzes wurden jedoch immer wieder eingestellt. Damit bleibt die Presse – anders als der Rundfunk – im Grunde regulierungsfrei.

Bis heute hat der deutsche Pressemarkt mehrere Konzentrationsschübe erlebt. Eine erste Welle fand in den 1950er und 1960er Jahren statt. Die Verlegerseite machte hierfür das neue Massenmedium ➤Fernsehen mitverantwortlich und forderte eine Rundfunkbeteiligung. Einem »Verlegerfernsehen« erteilte jedoch die 1964 von der Bundesregierung einberufene »Michel-Kommission« (nach ihrem Leiter, dem Ministerialdirigenten Elmar Michel, benannt; ➤Deutschland) eine Absage. Außerdem setzte man 1976 der zunehmenden Konzentration kartellrechtliche Vorschriften zur Pressefusionskontrolle entgegen (➤Medienrecht), die trotz verschiedener Lockerungsabsichten seitens der Verlagsbranche bis heute gelten. Anfang 2006 lag der Marktanteil der zehn größten Verlagsgruppen im Tageszeitungsmarkt bei 55,7 Prozent. Der Markt der Publikumszeitschriften, also aller regelmäßig, wöchentlich oder seltener herausgegebenen Printprodukte, die sich an ein breites Zielpublikum richten, ist noch konzentrierter: Vier Unternehmen vereinen rund 63 Prozent Marktanteil auf sich.

Nach der Wende erlebte der ostdeutsche Pressemarkt einen kurzzeitigen Aufschwung. Westdeutsche Verlage engagierten sich mit neugegründeten Blättern oder mit Übernahmen bereits bestehender DDR-Titel. Die meisten Neugründungen wurden jedoch bald wieder eingestellt. Es kristallisierte sich heraus, dass die in Jahrzehnten gefestigten Marktstrukturen nicht einfach aufgebrochen werden konnten, insbesondere da die Treuhandanstalt die auflagenstarken SED-Bezirkszeitungen durchweg in die Hände großer westdeutscher Zeitungs- und Zeitschriftenhäuser legte. Ehemalige DDR-Zeitschriften wurden nach der Wende entweder eingestellt oder fusionierten mit West-Titeln.

Die deutsche Tagespresse leidet seit Beginn der 1990er Jahre an einem starken Reichweiten- und Auflagenrückgang. Aber auch andere europäische Märkte und die US-Presse haben seit mehreren Jahren erhebliche Auflageneinbußen zu beklagen, ausgenommen die nationalen Flagschiffe wie »New York Times«, »Wall Street Journal« und »USA Today«. In den USA macht man dafür vor allem die wachsende Internet-Konkurrenz verantwortlich. Ebenso wirken die konjunkturelle Schwäche und der Einbruch der Rubrikenmärkte 2001 (Stichwort »Craigslist«) weiter nach. Auch die Werbeeinnahmen deutscher Zeitungen (➤Werbung) reichen nach der Medienkrise 2000/2001 noch nicht wieder an die Erlöse der 1990er Jahre heran. Das Verhältnis von Anzeigen- und Vertriebsumsätzen rangiert mittlerweile bei etwa 52 zu 48 Prozent, während noch bis in die 1990er Jahre hinein die Faustregel galt, »dass in guten Jahren rund zwei Drittel der Einnahmen aus Anzeigen stammen und ein Drittel aus dem Verkauf an die Leser« (Meyer-Lucht 2003). Infolge der Einbrüche verordneten sich die Verlage einen rigorosen Sparkurs und versuchten, die Vertriebserlöse zu steigern, teilweise über Preiserhöhungen, jedoch auch mithilfe neuer Geschäftsfelder. Vielfach wurden im Zuge einer *line-extension*-Strategie Zusatzprodukte entwickelt wie eigene DVD- und CD-Kollektionen sowie Lexika-Reihen und Buch-Editionen (zum Beispiel »Die Zeit«, »Süddeutsche Zeitung«, »Der Spiegel«). Daneben gab es Formatumstellungen (»Frankfurter Rundschau«) und Ausgründungen wie zum Beispiel Tabloid-Titel (»Welt kompakt«).

Auf den internationalen Märkten konnten Gratistitel die Zeitungsreichweiten steigern. Versuche aus dem Ausland, Gratisblätter nach Deutschland zu importieren, wurden bislang von den ansässigen Zeitungshäusern abgewehrt. Zuletzt stellte der norwegische Schibstedt-Konzern 2005 Vorstöße in dieser Richtung ein, als unter anderem der ➤ Axel Springer Verlag mit einem Konkurrenzblatt drohte. Umgekehrt sind deutsche Verlage zunehmend auf ausländischen Märkten aktiv, so der WAZ-Konzern in Südosteuropa oder Springer in Polen (beispielsweise mit »Fakt«).

Nicht nur das Engagement der Pressehäuser wird internationaler: Umgekehrt müssen sich die Interessenvertretungen der Presse, der Bundesverband Deutscher Zeitungsverleger (BDZV) und der Verband Deutscher Zeitschriftenverleger (VDZ) (➤ Verbände), aufgrund von EU-Initiativen immer häufiger mit europäischen Themen auseinandersetzen, etwa mit Werbeverboten für bestimmte Produkte.

In Zukunft setzt die Pressebranche auf das Internet. Noch immer haben Verlage – gerade kleinere Titel – Nachholbedarf, wenngleich der BDZV mittlerweile über 600 Online-Ableger von Print-Erzeugnissen verzeichnet. Teilweise werden Inhalte kostenpflichtig angeboten (zuerst 1998 »Handelsblatt.de«). Neben Blogs, SMS-Diensten, Podcasts und *user generated content* finden sich auf den Webseiten immer häufiger Mini-Nachrichten-Clips (»Welt-Online«, »ksta.tv«). Vor allem Großverlage wie WAZ, Holtzbrinck und der Münchner Zeitungsverlag konnten sich verlorenes Terrain bei den Online-Stellenanzeigen und Immobilienmärkten zurückerobern (zum Beispiel »Immowelt«). Insbesondere Springer scheint sich nach der gescheiterten Übernahme von »ProSieben-Sat.1« auf die digitale Welt zu fokussieren. Seit November 2006 hat die »Welt«-Gruppe einen gemeinsamen Newsroom: Unter dem Motto »Online First« werden Nachrichten zuerst im Internet und dann in der Druckausgabe veröffentlicht. Holtzbrinck machte unterdessen 2007 mit dem Kauf der Studenten-Kontaktbörse »StudiVZ« von sich reden.

Die Presselandschaft ist im Umbruch. Um Lesernachwuchs zu generieren, müssen Verlage den Online-Angeboten etwas entgegensetzen. Zudem verändern sich die Eigentümerstrukturen: Vermehrt wechseln Traditionshäuser den Besitzer, so auch in den USA, wo unter anderem ➤ Rupert Murdoch im Sommer 2007 den Dow-Jones-Verlag samt »Wall Street Journal« übernahm. Auch in den deutschen Markt ist Bewegung gekommen: Nach der Übernahme der »Frankfurter Rundschau« durch den Verlag DuMont Schauberg ist zuletzt, Anfang 2008, die »Süddeutsche Zeitung« mehrheitlich an die Stuttgarter »Südwestdeutsche Medien Holding« (SWMH) verkauft worden.

Literatur
World Association of Newspapers: World Press Trends 2007, Paris 2007.
Bundesverband Deutscher Zeitungsverleger (Hg.): Zeitungen 2006, Berlin 2006.
Rudolf Stöber: Deutsche Pressegeschichte. Von den Anfängen bis zur Gegenwart, 2. Aufl., Konstanz 2005.
Robin Meyer-Lucht: Sinkende Auflagen, Einbrüche im Anzeigengeschäft, Konkurrent Internet. Analysen der Friedrich-Ebert-Stiftung zur Informationsgesellschaft Nr. 9/2003, Berlin 2003.
Walter J. Schütz: »Pressewirtschaft«, in: Elisabeth Noelle-Neumann, Winfried Schulz und Jürgen Wilke (Hg.): Publizistik. Massenkommunikation, aktualisierte, vollständig überarbeitete und ergänzte Aufl., Frankfurt a. M. 2002, S. 493–516.
Kurt Koszyk: Deutsche Presse 1914–1945. Berlin 1972.

THYMIAN BUSSEMER

Propaganda

Mit dem Begriff Propaganda werden Formen der Massenkommunikation umschrieben, die darauf abzielen, die Einstellungen, Werthaltungen und Meinungen des Zielpublikums zu
beeinflussen. Heute wird der Begriff negativ mit gelenkter
politischer Kommunikation in Verbindung gebracht. Im 17. Jh.
bezeichnete man die religiöse Missionierung, im 19. Jh. auch
die kommerzielle Werbung als Propaganda.

Aus Perspektive der Politikwissenschaft bildet Propaganda einen
der wesentlichen Bestandteile der Totalitarismustheorie, die
davon ausgeht, dass totalitäre Gesellschaften alle Massenkommunikationsmittel monopolisieren und für die Indoktrination der
Bevölkerung einsetzen. Auch für die Entstehung extremistischer
Tendenzen in Demokratien und als Ursache für Vertrauenskrisen
und Perioden der Unsicherheit wird Propaganda verantwortlich
gemacht.

Kommunikationstheoretisch bildet Propaganda eine besondere Form der systematisch geplanten Massenkommunikation,
die nicht informieren oder argumentieren, sondern überreden
oder überzeugen möchte. Dazu bedient sie sich in der Regel einer
symbolisch aufgeladenen und ideologiegeprägten (Bild-)Sprache,
welche die Wirklichkeit verzerrt. Ziel der Propaganda ist es, bei
den Empfängern eine bestimmte Wahrnehmung von Ereignissen
oder Meinungen auszulösen, nach der neue Informationen und
Sachverhalte in den Kontext einer ideologiegeladenen Weltsicht
eingebettet werden. Der Wahrnehmungsraum, in dem die Empfänger Informationen einordnen oder bewerten können, wird so
durch Propaganda langfristig manipuliert. Propaganda strebt auf
dem Meinungsmarkt eine Alleinstellung an; sie will konkurrierende Kommunikationsangebote ausschalten und stellt die von
ihr vertretenen Botschaften als alleingültige Wahrheiten hin, deren
Nicht-Akzeptanz mit der Androhung von Sanktionen verbunden
wird. Dies unterscheidet Propaganda von anderen Formen per-

suasiver Kommunikation wie ➤ Werbung und ➤ Public Relations, welche die Empfänger eher mit Gratifikationsangeboten (Informationszugewinne, Unterhaltung) als mit Drohungen umwerben. Propaganda ist nicht an bestimmte Genres oder Mediengattungen gebunden, sondern umfasst alle üblichen Formen der Massenkommunikation wie ➤ Presse, ➤ Film, ➤ Rundfunk und ➤ Internet, aber auch Massenkundgebungen, Plakate, Kunstausstellungen und politische Reden. Umstritten ist in der Kommunikationswissenschaft, ob Propaganda eine Vorläuferform der Public Relations darstellt.

Systematisch kann man (mindestens) vier verschiedene Typen von Propaganda unterscheiden:

1. Kriegspropaganda (auch psychological warfare, psychological operations). Sie wird von Militärs betrieben und ist unmittelbarer Teil der Kriegsführung. Ziel ist es, die gegnerischen Streitkräfte zu schwächen und die Moral der eigenen Truppen zu stärken. Typische Techniken sind etwa Täuschung, Desinformation und die (Zer)Störung der Kommunikationsinfrastruktur des Feindes. Kriegspropaganda hat meist klar definierte Ziele und ist entsprechend auf den Zeitraum der Krise beziehungsweise der Kampfhandlungen begrenzt.

2. Auslandspropaganda. Für die Außendarstellung von Demokratien und Diktaturen auf der internationalen Bühne setzt sich der Begriff der *public diplomacy* mehr und mehr durch. Er umfasst alle Maßnahmen, die ein Staat oder ein Staatenverbund ergreift, um die eigenen Sicherheitsbedürfnisse, strategischen Interessen und ökonomischen Ziele international zu kommunizieren. Hierzu gehört die Auslandskulturarbeit genauso wie fremdsprachige Radio- oder Fernsehsendungen und das Lobbying bei ausländischen Regierungen. Ein typischer Fall für *public diplomacy* ist das Werben der USA in der arabischen Welt um Verständnis für ihre Politik im Irak. Im Rahmen eines erweiterten Sicherheitsbegriffs wird die Auslandspropaganda heutzutage als wichtiger Beitrag zur Sicherheitspolitik betrachtet und finanziell üppig ausgestattet.

3. Soziologische Propaganda. Diese Bezeichnung geht auf den französischen Propagandaforscher Jacques Ellul zurück und beschreibt alle Versuche von Regierungen, die Internalisierung bestimmter Normen durch Propaganda zu erreichen. Obwohl eine

derartige Integrationspropaganda auch in Demokratien existiert (zum Beispiel im Rahmen der politischen Bildung), ist sie vor allem für die totalitären Regime des 20. Jahrhunderts typisch. Sowohl die Nationalsozialisten als auch die sowjetischen Kommunisten hingen dem Ideal eines »neuen Menschen« an, der durch Propaganda und Erziehung geschaffen werden sollte. Totalitäre Regime setzen eine alles durchdringende und omnipräsente Propaganda ein, um die Dominanz der herrschenden Ideologie abzusichern und den Führungsanspruch der Herrschenden in allen Lebensbereichen zu behaupten.

4. Grundverschieden davon ist politische Propaganda in Demokratien. Vielfach wird auch der durch geplante persuasive Kommunikation ausgetragene politische Meinungsstreit, vor allem in Wahlkampfzeiten, als Propaganda bezeichnet. Er bezeichnet strategische Formen des Werbens um Zustimmung, die unter den Konkurrenzbedingungen des Meinungspluralismus stattfinden und dem Publikum die Zuordnung einer bestimmten Botschaft zu den partialen Interessen einer Gruppe oder Partei erlaubt. Insofern ist die Anwendung des Terminus Propaganda auf diese Form der Kommunikation umstritten.

Historisch gesehen beginnt die Geschichte der Propaganda (lat. = ausstreuen, ausbreiten, fortpflanzen) mit der Prägung des Wortes durch die »Sacra Congregatio de Propaganda Fide« im Jahr 1622. Diese Vereinigung war ein Arbeitsgremium katholischer Gelehrter, begründet von Papst Gregor XV., das sich im Zuge der Gegenreformation systematisch damit beschäftigte, wie die römisch-katholische Kirche ihre Missionstätigkeit professionalisieren sollte. Aufgrund der Vereinnahmung des Wortes durch die katholische Kirche wurde Propaganda in den folgenden Jahrzehnten in katholischen Regionen durchweg positiv, in protestantischen dagegen negativ konnotiert. Trotzdem übernahmen schließlich auch die Protestanten den Begriff zur Kennzeichnung ihrer Missionstätigkeit. Die erste Assoziation von Propaganda mit geheimen Machenschaften einer schmalen Herrschaftselite setzte in der Epoche der Aufklärung ein, als kirchenkritische Publizisten die Vereinigung »Propaganda Fide« als eine Geheimgesellschaft charakterisierten, welche die Menschen systematisch in Unmündigkeit hielt.

Nach der Französischen Revolution erfuhr die Kommunikationstechnik Propaganda im 19. Jahrhundert eine Aufwertung. Propaganda wurde zu einem politischen Aktionsbegriff von großer Beliebtheit. Im revolutionären Paris hatte er vor allem den Anspruch der Jakobiner bezeichnet, die Ideale der Revolution auch in andere Länder zu exportieren, und war damit das Synonym für ein selbstverständlich in Anspruch genommenes revolutionäres Interventionsrecht geworden, das von der Propaganda seinen Ausgang nehmen sollte.

Nach dem europäischen Revolutionsjahr 1848 gewann das Prinzip der Propaganda auch in den Ministerien der gegenrevolutionären Monarchien einige Aufmerksamkeit. Systematische Staatspropaganda sollte fortan die Existenz der Königshäuser sichern helfen und die in Entstehung begriffene öffentliche Meinung des kritisch räsonierenden Bürgertums positiv beeinflussen.

Im Zeitalter der Massenmedien bemächtigten sich dann die Militärs aller Länder der Propaganda. Sie war jetzt eine auf konkrete Effekte gerichtete kommunikative Technik, die auf dem Schlachtfeld und an der Heimatfront Verwendung fand und die Gefolgschaft von Millionen sichern sollte. Mit dem Beginn des Ersten Weltkriegs wirkte diese neue Propaganda erstmals auf das Bewusstsein breiter Bevölkerungsschichten. Ob George Creels »Committee on Public Information« in den USA oder ➤ Alfred Harmsworths »Crewe House« in Großbritannien: Propaganda ließ sich aus dem Arsenal des modernen Krieges nicht mehr fortdenken.

Die im Jahre 1933 erfolgte Einrichtung des Reichsministeriums für Volksaufklärung und Propaganda unter ➤ Joseph Goebbels markierte dann eine weitere Zäsur: Erstmals erhob ein Staat die Indoktrination seiner Bevölkerung zur offiziellen Regierungsaufgabe, was vor allem die deutschen Juden und die Gegner des Regimes brutal zu spüren bekamen. Auch der Zweite Weltkrieg war ein Propagandakrieg, wenngleich die Kriegsparteien die ideologischen Konfliktlinien weniger herausstellten als im Ersten Weltkrieg. Propaganda wurde zwischen 1939 und 1945 mehr und mehr zu einer taktischen Waffe, die es nach Bedarf für klar definierte Zwecke einzusetzen galt.

Dies änderte sich wieder, als 1947 der Kalte Krieg ausbrach, der große Systemkonflikt zwischen kommunistischer und kapitalistischer Welt, der vorwiegend über ideologische Gegensätze und damit durch Propaganda ausgetragen wurde. Das Vakuum, in das intellektuelle Debatten nach 1989 fielen, hat auch mit dem Ende der vierzig Jahre währenden Freiheit-gegen-Sozialismus-Propaganda zu tun, aus der westliche wie östliche Gesellschaften ihre Identität bezogen.

Ihren primären Einsatzbereich hat Propaganda seit dem Ende des Kalten Krieges im militärischen Bereich. Galt noch der Vietnam-Krieg als ein wenig von Propaganda begleiteter Konflikt, hat das US-Militär aus der Niederlage in Indochina auch im Hinblick auf seine Medienpolitik Lehren gezogen. Alle auf Vietnam folgenden ➤ Kriege waren mit starken Einschränkungen der Bewegungs- und Berichterstattungsfreiheit der Medien verbunden, während Strategien der Pressebeeinflussung stetig verfeinert wurden. Auch wenn der Propagandabegriff in den vergangenen Jahrzehnten aus der Mode gekommen ist: das zugrunde liegende Phänomen wird der Welt erhalten bleiben, solange Konflikte nicht nur mit Waffen, sondern auch mit Worten ausgetragen werden.

Literatur:

Scot Macdonald: Propaganda and Information Warfare in the Twenty-first Century. Altered Images and Deception Operations, London u. a. 2007.

Thymian Bussemer: Propaganda. Konzepte und Theorien, Wiesbaden 2005.

Wolfgang Schieder und Christof Dipper: »Propaganda«, in: Geschichtliche Grundbegriffe. Historisches Lexikon zur politisch-sozialen Sprache in Deutschland, Stuttgart 1984, Bd. 5, S. 69–112.

Edward L. Bernays (1928): Propaganda, New York 1928 (dt. Edward L. Bernays: Propaganda. Die Kunst der Public Relations, Freiburg 2007).

ULRIKE RÖTTGER

Public Relations

Der Begriff geht auf eine Ausgabe des »Year-book of Railway Literature« aus dem Jahr 1897 zurück. Er bezeichnet das strategische Management von Kommunikation, das Organisationen betreiben, um für sie relevante Öffentlichkeiten zu erreichen. Das Phänomen entstand im Zuge der Antitrustgesetzgebung um 1890 in den USA.

Public Relations (PR) ist in allen Bereichen der Gesellschaft anzutreffen, Organisationen der unterschiedlichsten Art – angefangen von Unternehmen, über politische Organisationen bis hin zu Vereinen und Kirchen – betreiben Public Relations. Es existiert kein einheitliches Verständnis darüber, wo die Grenzen zu den benachbarten Feldern der ➤ Werbung und des Marketings präzise verlaufen.

In einer sehr allgemeinen Definition umfasst Public Relations das Management von Kommunikationsbeziehungen zwischen einer Organisation und ihren Umwelten. Ziel der PR ist es, die Anliegen und das Handeln der Organisation in ihrem Umfeld zu legitimieren. Weitreichende Legitimation bedeutet, dass die Ziele und Aktivitäten einer Organisation als grundsätzlich wünschenswert und im besten Fall von der ➤ Öffentlichkeit sogar als im gemeinsamen Interesse liegend angesehen werden. Die Legitimation von Organisationen durch PR bedeutet damit auch, dass Öffentlichkeitsarbeit die Bedingungen im gesellschaftspolitischen Umfeld schafft, damit Organisationen erfolgreich agieren können.

Dem Begriff Öffentlichkeitsarbeit hat vor allem der amerikanische PR-Nestor ➤ Edward L. Bernays (1891–1995) zu öffentlicher Verbreitung und Akzeptanz verholfen. In Deutschland beanspruchte lange Zeit Albert Oeckl (1909–2001) für sich, die deutsche Übersetzung des amerikanischen Public Relations-Begriffs eingeführt zu haben. Allerdings sind inzwischen Quellen bekannt, die nachweisen, dass der Begriff »Öffentlichkeitsarbeit« bereits 1917 von August Hinderer und Ferdinand Katsch verwendet wurde.

Wichtige Impulse der US-amerikanischen und auch der deutschen PR-Entwicklung nach 1945 gingen und gehen ohne Frage von Wirtschaftsunternehmen aus, die in der Regel mit größerem Personal- und Finanzeinsatz als staatliche Behörden oder Nonprofit-Organisationen die Entwicklung und Ausdifferenzierung der Öffentlichkeitsarbeit vorangetrieben haben. Die Wurzeln der Öffentlichkeitsarbeit liegen aber im politischen Bereich, so wurde zum Beispiel ein »Ministerial-Zeitungsbüro« zur Zeit des Vormärzes in Preußen eingerichtet, und es gab zahlreiche kommunale Nachrichtenämter wie die 1906 gegründete erste kommunale Pressestelle in Magdeburg.

In der aktuellen Mediengesellschaft stehen Organisationen tendenziell unter öffentlicher Dauerbeobachtung: Sie können nicht beeinflussen, ob sie öffentlich beobachtet werden oder nicht. Sie können allenfalls mittels PR die Art und Weise beeinflussen, wie sie beobachtet werden und welche Aspekte und Themen Gegenstand der öffentlichen Beobachtung und Diskussion werden. Dies gilt für Unternehmen ebenso wie zum Beispiel für politische Parteien oder Regierungen.

Akteure des politischen Systems sind in komplexen demokratischen Gesellschaften auf die öffentliche Darstellung politischer Entscheidungsprozesse angewiesen. Sie sind permanent legitimationsbedürftig und produzieren daher regelmäßig Kommunikationsangebote, um politische Ideen in politische Entscheidungen zu überführen und diese Entscheidungen zu rechtfertigen.

Die aktuell beobachtbaren Veränderungen der politischen Kommunikation werden mit Schlagworten wie »Talkshowisierung«, Personalisierung, Emotionalisierung, Skandalisierung und »Permanent Campaigning« beschrieben. Gemeinsamer Hintergrund der genannten Phänomene sind die Bedingungen der Mediengesellschaft, die Medialisierung der Gesellschaft allgemein und der Politik im Speziellen. Es ist eine steigende Bedeutung der Informations- und Vermittlungsleistungen der Medien und eine intensive Ausrichtung politischen Handelns an medialen Logiken festzustellen. Medialisierung als wesentliches Strukturmerkmal moderner Gesellschaften kann im Kontext politischer Kommunikation dreierlei bezeichnen: »(1) die wachsende Verschmelzung von Medienwirklichkeit und politischer wie sozialer Wirklichkeit, (2) die zunehmende Wahrnehmung von Politik im Wege medienvermittelter Erfahrung sowie (3) die Ausrichtung politischen Handelns und Verhaltens an den Gesetzmäßigkeiten des Mediensystems« (Jarren 2001). Parteien, Regierungen und Interessenverbände (➤Verbände) konkurrieren zunehmend um die Aufmerksamkeit der Medien und des Publikums. Dies führt zu einem erhöhten Kommunikationsaufwand für alle politischen Akteure. Sie richten ihr Handeln an den Gesetzmäßigkeiten des Mediensystems aus, um die Selektionshürden der Medien durch Erfüllung von Nachrichtenfaktoren wie Relevanz, Aktualität, Überraschung et cetera zu überwinden, Aufmerksamkeit beim Publikum zu bekommen und die Bürgerinnen und Bürger zur Zustimmung zu motivieren.

Medialisierung bedeutet steigende Anforderungen an die Fähigkeiten politischer Akteure zu einer medienwirksamen und publikumsgerechten Selbstdarstellung und zu einer systematischen Umweltbeobachtung. Damit gewinnt auch die strategische und operative Bedeutung von spezialisierten PR-Funktionsträgern (Pressesprecher, PR-Referent) für politische Akteure an Bedeutung. Um die vielfältigen Beziehungen zu den Massenmedien dauerhaft sicherstellen und gestalten zu können, haben die Akteure des politischen Systems spezialisierte Funktionsrollen ausgebildet: PR-Experten, die die Kommunikationsbeziehungen zwischen den politischen Akteuren und Journalisten beziehungsweise relevanten Interessengruppen herstellen, managen und stabilisieren.

Ob medienwirksame Thematisierung politischer Botschaften oder bewusste Dethematisierungsstrategie – politische PR greift im Prinzip auf das gesamte Set an PR-Instrumenten und Verfahren zurück. Im Zentrum steht dabei ohne Frage die Medienarbeit – angefangen bei Medienmitteilungen und -konferenzen bis hin zu Hintergrundgesprächen –, die ergänzt wird zum Beispiel durch Kampagnenkommunikation, Events, Wahlkampfwerbung (➤Wahlkampf), Issues Management und auch von Aspekten der Corporate Identity und des Corporate Designs. Das ➤Internet hat diese Aktivitäten noch einmal beschleunigt.

Die Presse- und Medienarbeit ist deshalb von besonderer Bedeutung, weil Journalisten und Medien übergreifende gesamtgesellschaftliche Kommunikation ermöglichen, die prinzipiell für alle sichtbar ist. Eine Einflussnahme auf Themen und Timing der

Medienberichterstattung durch gezielte Themenangebote ist aus PR-Sicht von großem Wert, weil so eine tendenziell unglaubwürdige PR-Selbstdarstellung in eine erheblich glaubwürdigere journalistische Fremddarstellung überführt werden kann. Allerdings weisen zahlreiche Studien darauf hin, dass journalistische Sorgfaltspflichten nicht immer eingehalten und PR-Mitteilungen in großem Umfang ohne Gegenrecherche von Medien unverändert übernommen werden.

Die Einflussnahme der PR auf den ➤ Journalismus wird allgemein kritisch diskutiert und häufig wird insbesondere auf die Gefahren einer tendenziell übermächtigen, die Funktionsfähigkeit des Journalismus gefährdenden PR verwiesen. PR-Kodizes mahnen zwar, dass Öffentlichkeitsarbeiter die Unabhängigkeit der Informationsmedien zu achten haben und jeder Versuch einer Täuschung der Öffentlichkeit und von Medien zu unterlassen sei, in der Praxis sind jedoch unlautere PR-Praktiken durchaus üblich. Der hohe Einfluss der PR auf journalistische Berichterstattung offenbart zugleich strukturelle Defizite des Journalismus: Aufgrund weitreichender Ökonomisierungs- und Kommerzialisierungsprozesse der Medien und damit verbundener Einsparungen verfügen immer mehr Redaktionen nicht über das Personal und die Zeit, um erforderliche Recherchen in dem Umfang und der Intensität durchzuführen, wie journalistische Berufsregeln dies vorgeben. Die mehr oder weniger unveränderte und ungeprüfte Übernahme von professionell aufbereiteten PR-Mitteilungen kann damit auch als Ausdruck einer Krise des Journalismus betrachtet werden.

Mit Blick auf die politische PR ist nicht nur eine allgemeine Bedeutungszunahme und Professionalisierung festzustellen, sondern zugleich auch eine zunehmende »Verlagerung der Kampagnenorganisation aus den Parteien hin zu den Spezialisten der persuasiven Kommunikation, also Engagement und zunehmender Einfluss von politischen Beratern, die außerhalb des politischen Systems stehen« (Holtz-Bacha 1999). Dies zeigt sich unter anderem in einer wachsenden Zahl von politischen PR-Beratern. In den USA hat sich das Tätigkeitsfeld der politischen PR-Beratung bereits deutlicher als in Deutschland herauskristallisiert. Es existieren spezifische Ausbildungsmöglichkeiten und Berufsverbände, zudem haben sich unterschiedliche Berufsrollen ausdifferenziert, zum Beispiel PR-Berater, die für Medienarbeit, das Schreiben von Reden, das Organisieren von Events oder als Rhetoriktrainer tätig sind. Auch in Deutschland zeichnet sich hier ein expandierendes Feld ab.

Trotz des skizzierten Bedeutungszuwachses der Public Relations in der Politik fehlen systematische Studien zur Rolle der PR im politischen Alltag. Bislang wurde ihre Bedeutung sowohl in den USA als auch in Deutschland vor allem in Bezug auf das Kampagnenmanagement im Wahlkampf untersucht.

Literatur

Romy Fröhlich: »Die Problematik der PR-Definition(en)«, in: Günter Bentele, Romy Fröhlich und Peter Szyszka (Hg.): Handbuch der Public Relations. Wissenschaftliche Grundlagen und berufliches Handeln, Wiesbaden 2005, S. 95–109.

Peter Szyszka: »Berufsgeschichte Bundesrepublik Deutschland«, in: Günter Bentele, Romy Fröhlich und Peter Szyszka (Hg.): Handbuch der Public Relations. Wissenschaftliche Grundlagen und berufliches Handeln, Wiesbaden 2005, S. 380–393.

Joe Marconi: Public Relations. The Complete Guide, London 2004.

Christina Holtz-Bacha: »Wahlkampf 1998 – Modernisierung und Professionalisierung«, in: Dies. (Hg.): Wahlkampf in den Medien – Wahlkampf mit den Medien. Ein Reader zum Wahljahr 1998, Opladen 1999, S. 9–23.

Otfried Jarren und Ulrike Röttger: »Politiker, politische Öffentlichkeitsarbeiter und Journalisten als Handlungssystem. Ein Ansatz zum Verständnis politischer PR«, in: Lothar Rolke und Volker Wolff (Hg.): Wie die Medien die Wirklichkeit steuern und selbst gesteuert werden, Opladen 1999, S. 199–221.

Scott M. Cutlip, Allen H. Center und Glen M. Broom: Effective Public Relations, 6. Aufl., Englewood Cliffs 1985.

Publizistik

Im 18. Jahrhundert bezeichnet der Begriff »Publizistik« die Wissenschaft des Staats- und Völkerrechts (»Jus publicum«), Mitte des 19. Jahrhunderts dann eine herausgehobene, personalisierte Form des Journalismus (von lat. »publicare« = zum öffentlichen, allgemeinen Gebrauch hergeben). In der Weimarer Republik entstanden Mitte der 1920er Jahre Konzepte einer »Wissenschaft von der Publizistik«. Die Publizistikwissenschaft als geisteswissenschaftliches, im Wesentlichen historisch orientiertes Fach wurde in den 1970er Jahren weitgehend von der empirischen ➤ Kommunikationswissenschaft einerseits, von der Journalistik (als anwendungsorientierter Forschung und Lehre über den ➤ Journalismus) andererseits abgelöst.

Im Gegensatz zum Begriff *publicist* im angloamerikanischen Sprachraum, der einen Spezialisten für ➤ Werbung und ➤ Public Relations meint, bezeichnet der Begriff »Publizist« in Deutschland Gelehrte, ➤ Intellektuelle oder wirkungsmächtige Journalisten, die zwar aktuell, doch mit einer über den Tag hinausgehenden Wirkungsabsicht, Gesellschaft und Politik durch Veröffentlichungen beeinflussen. Häufig wird »Publizistik« auch als Sammelbegriff für organisierte öffentliche ➤ Kommunikation benutzt, besonders für die Meinungspresse und später auch für Hörfunk und Fernsehen. Auch von »literarischer«, »politischer« oder »wissenschaftlicher Publizistik« ist häufig die Rede. Die Rolle des Publizisten ist in der Regel durch ein allgemeines politisches Interesse (über sein engeres Fachgebiet hinaus) gekennzeichnet, durch öffentliche Wirkung über einen längeren Zeitraum und in der zweiten Hälfte des 20. Jahrhunderts dann auch durch das Veröffentlichen in mehreren Medien (Tageszeitungen, Zeitungen, Zeitschriften, Hörfunk und Fernsehen sowie Sachbücher). Publizistik in diesem Sinne erscheint stark personalisiert, sie unterscheidet sich durch profilierte, stilistisch pointierende und häufig umstrittene Texte von der eher informierenden Journalistik. In der Bundesrepublik Deutschland stehen für diese Form der Publizistik Namen wie Sebastian Haffner, Joachim Fest, Erich Kuby, Johannes Gross, Marion Gräfin Dönhoff, Carola Stern, Alice Schwarzer, Essayisten wie Hans Magnus Enzensberger, durch das Fernsehen bekannt gewordene Autoren wie Peter Scholl-Latour oder Peter Merseburger, aber auch Ulrike Meinhof, zudem Protagonisten des ökologischen Denkens wie Robert Jungk oder Hoimar von Ditfurth – die Aufzählung ließe sich mit weiteren (aber auch nicht allzu vielen) Namen fortsetzen.

Vorläufer dieses Rollenmodells finden sich in der Romantik und im Vormärz (zum Beispiel Heinrich Heine, Ludwig Börne oder ➤ Karl Marx), schließlich besonders auffällig in den Medienkulturen des Wilhelminismus und der Weimarer Republik. Die Grenzen zur politisch engagierten Literatur sind fließend. Besonders in der Weimarer Republik gewinnt der Publizistik-Begriff als Kennzeichnung sowohl für engagierte zeitkritische Literatur als auch für Reportage-Journalismus an Bedeutung. 1929 veröffentlichte Ernst Glaeser unter dem Titel »Fazit« einen »Querschnitt durch die deutsche Publizistik« – mit Texten unter anderem von Joseph Roth, Lion Feuchtwanger, Egon Erwin Kisch, Arnold Zweig und Siegfried Kracauer.

In den 1920er Jahren entstehen auch erste Konzepte einer Publizistikwissenschaft. Das Buch »Von der Zeitungskunde zur publizistischen Wissenschaft« (1926) des frühverstorbenen Leipziger Presseforschers Karl Jaeger (1897–1927) gilt als wesentlicher ideengeschichtlicher Impuls. Jaeger war Assistent des Nationalökonomen ➤ Karl Bücher, der in Leipzig 1916 das erste deutsche »Institut für Zeitungskunde« begründet hatte. Bücher wollte damit keine eigene Fachdisziplin, sondern eher eine interdisziplinäre Pressekunde zur Vorbildung von Journalisten schaffen. Auch Jaeger beschränkte seinen Erkenntnisrahmen auf die Presse, wollte aber über das reine Materialobjekt »Zeitung« hinaus die »Mitteilung als Ausdrucksmittel des gesellschaftlichen Bewusstseins« in das Zentrum der Analyse stellen.

Die »Zeitungswissenschaft« der Weimarer Republik war ein neues und kleines Fach, abhängig vom Wohlwollen der Verleger- und Journalistenorganisationen, häufig misstrauisch beäugt von älteren Disziplinen und aufstrebenden Fächern wie der Soziologie. Zudem war die Weimarer Phase zu kurz, um durchgreifende und sozialwissenschaftlich untermauerte Konzepte einer Wissenschaft von der Publizistik zu erarbeiten. So blieb es, neben sinnvollen statistischen und historischen Arbeiten sowie Definitionen und Taxonomien, letztlich bei Proklamationen. Der jahrzehntelang akademisch wirkende Berliner Institutsleiter Emil Dovifat (1890–1969), ein zunächst gewerkschaftlich orientierter Katholik, der sich dann mit den Nationalsozialisten zu arrangieren verstand, forderte unter dem Eindruck der publizistischen Kämpfe in der Weimarer Endphase und der neuen NS-Staatspropaganda 1934 »die Erweiterung der zeitungskundlichen zur allgemein-publizistischen Lehre und Forschung«. Dovifat definierte Publizistik später dann, 1955, als »öffentlich bedingte und öffentlich geübte geistige Unterrichtung und Leitung, die mit Gesinnungskräften zu Tun und Handeln führt«. Walter Hagemann (1900–1964), ein gelernter Journalist, der nach 1945 Direktor des Münsteraner Publizistik-Instituts wurde, machte es kürzer: Publizistik war für ihn die »öffentliche Aussage aktueller Bewusstseinsinhalte«.

Die zeitungswissenschaftlichen Fachinstitute in Berlin unter Dovifat und in Münster unter Hagemann wurden 1948/1949 offiziell Institute für »Publizistik«. Nach längerem Vorlauf gelang Dovifat und Hagemann zusammen mit dem ehemaligen Leiter des Freiburger Instituts für Zeitungskunde, Wilmont Haacke, 1956 die Herausgabe des vierteljährlichen Periodikums »Publizistik«, in Abgrenzung zu der von 1926 bis 1945 etablierten Fachzeitschrift »Zeitungswissenschaft«, herausgegeben von dem Münchener Institutsleiter Karl d'Ester (1881–1960) und dem deutschnationalen Vorsitzenden des »Deutschen Zeitungswissenschaftlichen Verbandes«, Walther Heide (1894–1945). Gleichwohl ging Hagemann, einst Chefredakteur der Berliner Zentrumszeitung »Germania«, ähnlich wie Dovifat von einer Vorstellung »publizistischer Führungsmittel« aus, die schon das Dritte Reich beherrscht hatte und auch im Gefolge des Ersten Weltkriegs, angelehnt an das Konzept der ➤ Propaganda, in der Weimarer Republik verbreitet war.

Im NS-Staat, in dem die Zeitungswissenschaft unter Heides »Führung« institutionell durchaus prosperieren konnte (in einem von Heide herausgegebenen »Handbuch der Zeitungswissenschaften« wurden vor allem die jüdischen Starpublizisten des 19. und 20. Jahrhunderts, wie Heinrich Heine, Ludwig Börne, Kurt Tucholsky und Carl von Ossietzky rassistisch denunziert), hatte sich neben Dovifat vor allem der nationalsozialistische Leipziger Institutsleiter Hans Amandus Münster (1901–1963) für eine medienübergreifende Theorie der Publizistik stark gemacht. In der Bundesrepublik gelangte Münster, trotz eifrigen Bemühens, nicht wieder auf einen Lehrstuhl, wie auch die meisten vor 1945 habilitierten jüngeren Fachvertreter nicht, da sie politisch zu stark belastet waren.

Die deutsche Zeitungs- und Publizistikwissenschaft bestand nach 1945 nur noch aus Dovifat, Hagemann, d'Ester und deren Assistenten. Persönliche Animositäten und scholastische Streitereien um Begriffe und Dogmatiken blockierten die Fachentwicklung. In der DDR wurde mit der Leipziger Fakultät für Journalistik schon Mitte der 1950er Jahre großzügig die universitäre Ausbildung »sozialistischer Journalisten« in Angriff genommen.

Am Institut für Publizistik in Münster kam es unter Hagemann in den 1950er Jahren immerhin zu sozialstatistischen Erhebungen zur Lage der deutschen Journalisten. Aber die eigentliche Journalismusforschung, über die Historisierung »publizistischer Persönlichkeiten« hinaus, kam erst in den 1960er Jahren zur Blüte, dank des Einflusses angelsächsischer Vorbilder und eines Personalwechsels. Es waren so unterschiedliche Charaktere wie der Dovifat-Nachfolger, Sozialdemokrat und frühere Intendant des Südwestfunks Fritz Eberhard (1896–1982), der ehemalige SD-Offizier Franz Ronneberger (1913–1999), der es auf den Lehrstuhl in Nürnberg geschafft hatte, ➤ Elisabeth Noelle-Neumann (geb. 1916), der Münsteraner Hagemann-Nachfolger Henk Prakke (1900–1992) und dann auch der Münchener Ordinarius Otto B. Roegele (1920– 2005), die in den 1960er Jahren die »Wissenschaft von der Publizistik« zur ➤ Kommunikationswissenschaft transformierten. Harry Pross, selbst ein eminenter Publizist und Eberhards Nachfolger in Berlin, schloss mit seinem Buch »Publizistik. Thesen zu einem Grundcolloquium« (1970) in modernisierter linksliberaler Diktion, noch einmal an die »klassische« Publizistikwissenschaft an. Danach kam der Begriff wissenschaftlich für geraume Zeit aus der Mode, zumal er international nicht anschlussfähig schien.

Seit den 1970er Jahren tendierte die Fachentwicklung mehr und mehr zur Journalistenausbildung in Verbindung mit Betriebspraktika. Der Deutsche Presserat verabschiedete 1971 ein »Memorandum«, das wesentlich von Günter Kieslich (1924–1971) und Wolfgang Langenbucher (geb. 1938) formuliert worden war. Der Text wurde Grundlage von einschlägigen Initiativen, die zu ersten Journalistik-Diplom-Studiengängen in München (1975) und Dortmund (1976) führten. Die von den Landesregierungen in München und Düsseldorf geförderten Vorhaben trugen als Modellversuche mit Unterstützung der Bund-Länder-Kommission für Bildungsplanung dazu bei, dass bundesweit zumeist in den Landeshauptstädten ähnliche Einrichtungen geschaffen wurden. Sie berücksichtigten den wachsenden Zustrom von Studierenden, die sich durch die Praxisnähe der Lernprogramme einen leichteren Zugang zu den attraktiven Medienberufen erhoffen. Ideell von den Berufsverbänden regional flankiert und von Verlegerstiftungen gelegentlich mit Drittmitteln ausgestattet, konnte sich die Journalistik durchweg zunächst rascher entwickeln als die empirisch methodisch fokussierte Kommunikationswissenschaft. Die in den 1970er Jahren angepeilte Professionalisierung der Kommunikationsberufe durch Wissenschaft ist keineswegs so weit gediehen, wie es wünschenswert wäre. Der Zugang zu den Medienberufen ist weiterhin völlig offen und ungeregelt, es gibt keine klaren, überprüfbaren professionellen Qualitätsstandards der Aus- und Weiterbildungswege.

Der »Medienmarkt« als Ziel der Ausbildung entwickelt sich zunehmend rezipientenorientiert. Das gilt vor allem für die verschiedenen Typen der traditionellen Presse, die sich gegen konkurrierende Medien wie Fernsehen, Internet und andere Verbreitungsformen zu behaupten suchen. Das ehemals wichtigste Kriterium der Tagespresse, die inhaltliche Universalität, hat ihr Monopol verloren. Permanent suchen neue, spezielle Zielgruppen neue Objekte. Die Hierarchie der Rezipienten ist deutlich abhängig von individuellen Bildungsniveaus. Die Medienpraxis erwartet ihren Erfolg ständig vom unerlässlichen Bezug auf Abnehmerinteressen. Nicht mehr die Medienmacher bestimmen angeblich das Produkt, sondern dessen Zielgruppen. In dieser Situation gewinnt der Publizistik-Begriff verblüffend neue Relevanz:

Manfred Rühl veröffentlichte 1999 eine weitausholende Monografie unter dem Titel »Publizieren. Eine Sinngeschichte der öffentlichen Kommunikation« (von Homer bis zur soziologischen »Chicago School«), und Wolfgang R. Langenbucher gab mehrere Sammelbände zu publizistischen Persönlichkeiten im deutschsprachigen Raum heraus. Die Frage nach einer mehr oder weniger personalisierten, »autonomen« Publizistik stellt sich in einem kommunikationstechnologisch beschleunigten und zersplitterten Umfeld neu.

Literatur

Michael Meyen und Maria Löblich (Hg.): Klassiker der Kommunikationswissenschaft. Fach- und Theoriegeschichte in Deutschland, Konstanz 2006.

Hans-Jürgen Jakobs: Das Gewissen ihrer Zeit. Fünfzig Vorbilder des Journalismus, Wien 2004.

Manfred Rühl: Publizieren. Eine Sinngeschichte der öffentlichen Kommunikation, Opladen 1999.

Frank Marcinkowski: Publizistik als autopoietisches System. Politik und Massenmedien. Eine systemtheoretische Analyse, Opladen 1993.

Lutz Hachmeister: Theoretische Publizistik. Studien zur Geschichte der Kommunikationswissenschaft in Deutschland, Berlin 1987.

Pulitzer, Joseph

* Mako/Ungarn, 10. April 1847; † Charleston/South Carolina, 29. Oktober 1911. Der Journalist und Verleger Pulitzer gilt als einer der Väter des modernen Journalismus. Mit seinen Zeitungen, allen voran der »New York World«, förderte er die investigative Recherche und kämpfte gegen Korruption in Politik und Wirtschaft. Im Wettstreit mit Verleger ➤ William Randolph Hearst leisteten seine Blätter aber auch einem erbarmungslosen Sensationsjournalismus Vorschub.

Eine unumstößliche Tatsache war Joseph Pulitzer stets bewusst: »Wenn eine Tageszeitung der Gesellschaft einen wirklichen Dienst erweisen will, braucht sie eine hohe Auflage.« Nur diese sichere eine große Zahl von Lesern und Werbeeinnahmen. Geld wiederum garantiere publizistische Unabhängigkeit (➤ Publizistik).

Pulitzer, der im Alter von 17 Jahren nach Amerika ausgewandert war, galt als ein liberaler Reformer und Selfmademan mit ausgeprägtem sozialen Gewissen. Nach dem Bürgerkrieg, in dem er auf Seiten des Nordens gekämpft hatte, nahm er 1867 die amerikanische Staatsbürgerschaft an. Er sympathisierte mit den unterprivilegierten Schichten, die damals nicht zur klassischen Zeitungsklientel gehörten. Als Verleger setzte er seine Blätter als deren Sprachrohr ein. Pulitzer kämpfte gegen Korruption, für persönliche Freiheiten und die Begrenzung des Staatseinflusses. »Die Presse ist der großartigste Vertreter des moralischen Prinzips in der Welt«, äußerte er einmal.

Neben dem Reformer Pulitzer stand der Geschäftsmann Pulitzer, der die Stilmittel des Boulevardjournalismus perfektionierte: Marktschreierische Überschriften und ein lebhafter Erzählstil sollten seine Zeitungen zum aufregenden Erlebnis machen. Von seinen Zeitgenossen und Biografen wird Pulitzer als impulsiv, enthusiastisch, schnell erregbar und über die Maßen ambitioniert beschrieben. Jahrelang war er selbst politisch aktiv, zunächst in der Republikanischen Partei, später bei den Demokraten. Interessenkonflikte wurden Pulitzer selten vorgeworfen. Die Demokratie betrachtete Pulitzer als Geschenk, das nicht als selbstverständlich hingenommen werden dürfe.

Pulitzers Karriere begann bei der »Westlichen Post« in St. Louis, wo ihn der deutschstämmige Journalist und Staatsmann Carl Schurz (1829–1906) förderte. Wegbegleiter sprachen von einem »unstillbaren Durst nach Nachrichten«. Im Alter von 31 Jahren kaufte er seine erste eigene Zeitung, den »St. Louis Dispatch«, den er mit dem Konkurrenten »Post« fusionierte. 1883 bezahlte Pulitzer dem Eisenbahn-Magnaten Jay Gould die damals enorme Summe von 350.000 Dollar für die schwächelnde »New York World«. Pulitzer machte das Blatt zu einer der größten und einflussreichsten Zeitungen des Landes. Neben der Sonntagsausgabe erschien später noch eine Abendausgabe. Die Hauptausgabe der »World« verkaufte zu ihren besten Zeiten, um die Wende vom 19. zum 20. Jahrhundert, über 300.000 Exemplare täglich, die Sonntagsausgabe weitaus mehr.

Inszenierungen und Kampagnen gehörten zum Instrumentarium der Pulitzer-Strategie. Die Presse war nicht nur stille und distanzierte Beobachterin, sie war Mitspielerin, Motivatorin und Aufklärerin. Die Zeitung »vertritt Prinzipien und Ideen statt Vorurteile und Einseitigkeiten«, so lautete ein Credo des Verlegers. Dennoch engagierte sich Pulitzer bei jeder Präsidentenwahl für einen der Kandidaten. Als Frankreich den USA die Freiheitsstatue zum Geschenk machte, sorgte Pulitzer mit einem Spendenaufruf dafür, dass »Lady Liberty« einen ihr angemessenen Platz auf einem gesponserten Sockel vor New York bekam.

Befeuert durch eine heftige publizistische Fehde mit dem aufstrebenden Verleger ➤ William Randolph Hearst nutzte die »World« Ende der 1890er Jahre einen Aufstand in Kuba für Stimmungsmache gegen die Kolonialmacht Spanien. Hearsts Blätter stimmten ein. Im April 1898 erklärte der US-Kongress den Krieg gegen Spanien; der Anteil der Pulitzer- und Hearst-Blätter an dieser Entscheidung dürfte nicht gering gewesen sein. ➤ »New York Times«-Verleger Adolph Ochs nannte diese Ausuferungen *freak journalism*, aus dieser Zeit stammt auch der Begriff des *yellow journalism*. Das Ergebnis dieses sensationalistischen und übertrieben aggressiven Kurses war wohl selbst für den überehrgeizigen Pulitzer zu viel.

Nach Ende des Krieges im August 1898 besann er sich auf das neue Motto »Accuracy! Accuracy! Accuracy!«. Pulitzers Chefredakteure erklärten Ende 1898 vor den versammelten Redakteuren, es seien im Übereifer Fehler gemacht, im harten Wettkampf mit anderen Zeitungen voreilig Nachrichten verbreitet worden. Absolute Genauigkeit sei nun die Losung der Stunde.

Pulitzer distanzierte sich vom Sensationsjournalismus und förderte den Recherche-Journalismus, indem er seine Reporter fortan soziale Missstände und Affären aufdecken ließ. 1909 berichtete die »World« über die unrechtmäßige Zahlung von vierzig Millionen Dollar der US-Regierung an die »French Panama Canal Company«. Darauf reichte Präsident Theodore Roosevelt eine Verleumdungsklage gegen den Verleger ein. Vom Obersten Gerichtshof wurde Pulitzer freigesprochen, der den Sieg der Meinungsfreiheit (➤ Zensur) entsprechend feierte und für sich zu nutzen wusste.

Pulitzer hatte mit einer äußerst labilen Psyche und nachlassender Sehkraft zu kämpfen. Ruhelos pendelte er zunächst mit Frau Kate und seinen Kindern, später auch oft allein, über die Meere der Welt, ohne jemals den Kontakt zu seinen Verlagsmanagern und Chefredakteuren abreißen zu lassen. Pulitzer, der in schalldichten Räumen arbeitete und Heerscharen von Sekretären beschäftigte, exzentrisch zu nennen, wäre untertrieben.

Bereits 1892 war Pulitzer an die Columbia University herangetreten, um ihr die Gründung einer Journalistenschule schmackhaft zu machen. Der Beruf des Reporters nahm damals auf der gesellschaftlichen Skala einen sehr niedrigen Rang ein, und die Universität lehnte das Angebot ab. 1904 verfügte Pulitzer in seinem Testament, dass in seinem Namen ein Preis für herausragenden Journalismus und andere künstlerische Leistungen vergeben werden solle. Ein Jahr nach seinem Tod am 29. Oktober 1911 wurde die journalistische Fakultät der Columbia University gegründet, 1917 erstmals der Pulitzer-Preis verliehen – bis heute der angesehenste Preis für Journalisten in den USA.

Heute wird der Preis in 21 Kategorien vergeben, darunter auch für Belletristik, Theaterstücke, historische Sachbücher und Musik. 1999 erlaubte das Kuratorium, das die Preise auslobt, erstmals die Einreichung von journalistischen Texten, die im Internet veröffentlicht wurden. Zu den bisherigen Pulitzer-Preisträgern gehören CNN-Journalist Peter Arnett, Autor David Halberstam und die durch die Watergate-Affäre berühmt gewordenen »Washington Post«-Reporter Carl Bernstein und Bob Woodward. Zur Historie des Preises gehört auch der Skandal um die »Washington Post«-Reporterin Janet Cooke, die 1981 für eine – wie sich später herausstellen sollte – erfundene Geschichte ausgezeichnet wurde.

Trotz (oder gerade wegen) Pulitzers eigenwilligen Habitus', seines widersprüchlichen Lebenswandels und seinen Anflügen von Selbstherrlichkeit gilt er als einer der »Gründungsväter« des modernen Journalismus. Pulitzer-Biograf Denis Brian formulierte nicht ohne Pathos, Pulitzer könne getrost als »der Einstein, der Shakespeare, der Churchill des Journalismus« bezeichnet werden. In seinem Testament bestimmte Pulitzer, seine Söhne sollten dafür Sorge tragen, dass die »New York World« in seinem Sinne weitergeführt werde, als eine »öffentliche Institution«, die ein höhergestelltes Anliegen habe, als nur Profite zu erwirtschaften. 1931 wurde die »World« dennoch von Pulitzers Nachfahren verkauft.

Literatur

»Pulitzer Prize« (2007), in: Encyclopædia Britannica Online: *http://www. britannica.com/eb/article-9061873.*

Heinz-Dietrich Fischer und Erika J. Fischer: Der Pulitzer-Preis. Konkurrenten, Kämpfe, Kontroversen, Münster 2007.

Nicholson Baker und Margaret Brentano: The World on Sunday. Graphic Art in Joseph Pulitzer's Newspaper (1898–1911), New York, Boston 2005.

Denis Brian: Pulitzer. A Life, New York 2001.

W. A. Swanberg: Pulitzer, New York 1967.

Qualität

Aus lat. »qualitas« = Beschaffenheit. Im 15. Jahrhundert
wurde aus »qualitas« das deutsche Fremdwort »qualitet« für
»form gstalt und weisz eins dings« (zit. nach dem »Deutschen
Wörterbuch« von 1889) abgeleitet. Die Bedeutung wird
seit dem 19. Jahrhundert von der in Frankreich für »qualité«
entstandenen Konnotation »von Stand« beeinflusst. Im
Englischen überwiegt für »quality« die Deutung »von
höherer Güte«.

Wie schwierig es ist, sich über Qualität in Medien und Journalismus zu verständigen, lässt sich bereits erahnen, wenn man drei Eingrenzungsversuche gegenüberstellt – einen konventionellen, einen marktorientierten und einen originellen, der die eigene journalistische Anstrengung betont. Erstens geht es darum, die Beschaffenheit (lat. *qualitas*) eines journalistischen Produkts mithilfe bestimmter Kriterien zu bewerten. Zweitens zählen die Qualitätsurteile und -maßstäbe der Leser, Hörer, Zuschauer: »Anything goes if it sells« – alles ist Qualität, was sich verkaufen lässt. Drittens: »Qualität kommt von Qual« – Wolf Schneiders Ableitung ist zwar etymologisch falsch, das Wortspiel macht aber deutlich, wie sehr Medien-Qualität das Ergebnis gezielter professioneller Anstrengungen ist, zum Beispiel in der Themenfindung oder bei der Recherche.

Diskussionen um die Qualität in den Medien sind so alt wie die Medien selbst. Involviert sind seit jeher nicht nur Akademiker und Medienschaffende, sondern auch professionelle Medienkritiker, Medienforscher, Leser und Zuschauer sowie gesellschaftliche Einrichtungen, ➤ Verbände, unabhängige Medieninstitute und Medienpolitiker. Was letztlich Qualität ausmacht, unterscheidet sich je nach Journalismus-Kultur von Land zu Land. Eine systematische, wissenschaftlich fundierte Debatte um Qualität in den Medien hat erst spät eingesetzt. Noch ist dabei nicht geklärt, wo die Qualitätsdiskussion überhaupt ansetzen soll – beim Einzelbeitrag, im Ressort, beim Programm oder Printprodukt, oder gleich beim gesamten Sender, Verlag oder Medienkonzern? Diskutiert wird auch, ob Qualitätsmanagement ausschließlich in den Medienunternehmen, Redaktionen und PR-Abteilungen selbst oder zusätzlich präventiv und reaktiv im Vor- bzw. Umfeld und unter Einschluss externer Akteure, Infrastrukturen und Institutionen wie ➤Verbänden ansetzen muss (zum Beispiel Presserat, Werberat, KEK, KEF).

Ebenso hartnäckig wird über Zahl, Gewichtung und Bündelung von Qualitätskriterien gestritten – und das, obschon sich angesichts unterschiedlicher Zielgruppenansprüche ohnehin keine allgemeinverbindlichen Kriterien *ex cathedra* festlegen lassen. Jedes Medium, das ernsthaft Qualitätssicherung betreiben möchte, muss mit Blick auf seine jeweiligen Zielgruppen und Rahmenbedingungen eigene Ziele und Prioritäten fixieren. Auswahl und Gewichtung publizistischer Qualitätskriterien sind aber nur ein erster wichtiger Schritt, sie liefern noch keine Antwort auf die Frage, ob und wie sich Qualität messen lässt.

Lange Zeit herrschte in der Publizistikwissenschaft (➤Publizistik) die Sichtweise vor, dass entscheidende Qualitäten im Journalismus sich der Messbarkeit entzögen. Vier systemimmanente Verfahrensweisen der Qualitätsmessung haben sich jedoch inzwischen herauskristallisiert:

1. Direkte Messung von Qualitätskriterien: Zumindest einige der Qualitätsdimensionen lassen sich – zum Beispiel im Rahmen von Inhaltsanalysen – direkt messen. Relativ einfach geht das zum Beispiel bei Aktualität, Interaktivität und Transparenz. 2. Publikumsgunst: Danach ist Qualität das, was die Leser, Hörer und Zuschauer für Qualität halten. Messgrößen sind (durchaus umstrittene) Parameter wie verkaufte Auflagen und Einschaltquoten, Marktanteile und Reichweiten, Haushalts- oder Zielgruppenabdeckung. 3. Experten-Urteile: Qualität ist demzufolge, was anerkannte Experten als Qualität definieren. Beispielsweise vergeben Jury-Mitglieder, die meist selbst hohes Ansehen genießen, die in der Fachzunft anerkannten Journalisten- und Medienpreise. Der jeweiligen Entscheidung liegen – implizit oder explizit – professionelle Qualitätsmaßstäbe zugrunde. 4. Indirekte Indikatoren: Diese Variante der Qualitätsbewertung fußt auf der Annahme, dass Qualität sich

mit hoher Wahrscheinlichkeit einstellt, wenn bestimmte Voraussetzungen erfüllt sind. Gemessen wird also nicht der qualitative Output, sondern der Input, das heißt je zahlreicher und besser ausgebildet die Redakteure, je größer das Redaktionsbudget, je mehr Agenturdienste und Korrespondenten, desto besser fällt das zu erstellende journalistische Produkt aus.

Gegen jedes dieser Messverfahren lassen sich triftige Einwände finden. Wissenschaftlich verlässliche Qualitätsaussagen sind daher am ehesten zu erwarten, wenn man sich bei der Bewertung journalistisch-redaktioneller Leistungen eines Methoden-Mixes bedient.

Womöglich ist es allerdings gar nicht nötig, Qualität wissenschaftlich-exakt zu bestimmen, um die Qualität der Medien zu erhöhen. Wichtiger ist vielmehr ein kontinuierlicher Diskurs über Medien und Journalismus, damit Journalisten sorgfältiger arbeiten und das Publikum Qualität einfordert. Somit kommt der Berichterstattung über Medien, also dem Medienjournalismus, bei der Qualitätssicherung eine zentrale Rolle zu, die dieser bisher allerdings nur partiell ausfüllt. Funktional betrachtet ist Medienjournalismus nicht nur Berichterstattung über Medien – sondern vor allem Ideen- und Gedankenaustausch der Medienschaffenden untereinander sowie zwischen Medienprofis und ihren Publika.

Um die Pressefreiheit nicht zu gefährden, ist eine direkte Einflussnahme staatlicher oder staatsnaher Institutionen auf die publizistische Qualität eher unerwünscht. Dennoch entscheidet der ordnungspolitische Rahmen – etwa bei Subventionen und der Vergabe von Fördermitteln (➤ Förderung) – darüber mit, wie journalistische Qualität gefördert werden kann, und ob Initiativen zur Qualitätssicherung eine Chance haben. Dies zeigt sich in Deutschland nicht zuletzt an der – inzwischen erneut entflammten – Debatte um die Einrichtung einer unabhängigen »Stiftung Medientest«, die zum Beispiel den nach britischem Vorbild (➤ Großbritannien) für das öffentlich-rechtliche Rundfunksystem in Betracht kommenden »Public-Value-Test« entwickeln und durchführen könnte.

Qualitätsverfall ruft mitunter Gegenbewegungen hervor. In der Bevölkerung und auch in der Politik wächst das Misstrauen gegenüber den Medien seit den 1980er Jahren. Dies spiegelt sich nicht zuletzt in ➤Internet-Angeboten wider, zum Beispiel in Form von sogenannten Watchblogs wie »bildblog.de« oder TV-Beschwerdeportalen wie »programmbeschwerde.de«.

Für Deutschland und die USA lässt sich anhand von »Der Spiegel« und ➤der »New York Times« zumindest beispielhaft zeigen, dass sich das, was gemeinhin für publizistische Güte gehalten wird, auch wirtschaftlich rechnet und dass »Qualitätskulturen« über Jahrzehnte hinweg Bestand haben. Bis vor kurzem gehörten auch deutschsprachige Qualitätsblätter wie »Frankfurter Allgemeine Zeitung«, »Süddeutsche Zeitung« und »Neue Zürcher Zeitung« in diese Riege. Sie haben in den vergangenen Jahren zwar kaum an Qualität verloren, derzeit ist aber offen, wie sie dauerhaft auf den Pfad der Profitabilität zurückfinden können.

Angesichts der Finanzierungsnöte der Qualitätspresse, Übernahmen und Übernahmeschlachten um Blätter wie das »Wall Street Journal« oder die »Berliner Zeitung« wird außerdem in Fachzirkeln diskutiert, ob und inwieweit es für Zeitungen (➤Presse) als *public good* oder *meritory good* Subventionsbedarf gibt. Eine Subvention käme allerdings einem schweren Eingriff in die Pressefreiheit beziehungsweise einer ➤Zensur gleich, weil sie die Unabhängigkeit der Redaktionen gefährden würde. Andererseits sind Politiker viel zu sehr auf Medienaufmerksamkeit angewiesen, als dass von ihnen Initiativen zu erwarten wären, welche die Kreise der ➤Medienkonzerne ernsthaft stören könnten.

Hochentwickelte Qualitätskulturen im Printbereich haben beispielsweise einige skandinavische Länder, die Schweiz, die ➤USA und auch ➤Japan. In den USA gibt es mit dem »American Journalism Review« und dem »Columbia Journalism Review« zwei Fachzeitschriften, die als Instrumente journalistischer Selbstbeobachtung einzigartig sind. Außerdem hat die »New York Times« mit ihrer »Corrections«-Spalte, die regelmäßig auf Seite zwei erscheint, Standards gesetzt, wie mit Berichterstattungs-Fehlern umzugehen ist. Viele US-Tageszeitungen folgen inzwischen diesem Beispiel. Doch Fehlerkorrektur ist, selbst wenn sie systematisch und nicht nur kosmetisch erfolgt, nur eine Maßnahme von vielen. Während hierzulande Blattkritik meist nur am Rande von Redaktionskonferenzen erfolgt, leistet sich in Tokio ein führendes Blatt wie die »Yomiuri Shimbun« ein dreißigköpfiges »Newspaper Audit Committee«, das die Genauigkeit und Verständlichkeit der Berichterstattung im Vergleich mit anderen Zeitungen überprüft. Seine Bewertung wird täglich an die Redaktion übermittelt, in der Hoffnung, dass dies zur Qualitätsverbesserung beiträgt.

Die wirtschaftlichen Rahmenbedingungen haben sich seit der Medienkrise 2000/2001 dramatisch verschlechtert; insbesondere drastische Rückgänge im Werbegeschäft (➤Werbung), aber auch die Konkurrenz von Gratisblättern zwingen viele Redaktionen zum Sparen. Dies dürfte eher einen Effizienzschub als einen Qualitätszuwachs bewirken. In hochwertige publizistische Qualität investieren gewinnorientierte Unternehmen nur dann, wenn sie sich mit ihren Produkten in jenem kleinen, elitären Marktsegment (➤Markt) bewegen, in dem auch Rendite zu erwarten ist.

Allerdings wächst der Druck auf die Medienhäuser, *good corporate citizens* zu werden, wie andere Großunternehmen auch, die von den Medien meist stärker observiert werden als die eigene Branche. Die ganze Logik und Logistik eines solchen *corporate journalism* liefe darauf hinaus, Standards zu setzen und diese nicht beliebig zu unterschreiten.

Qualitätskulturen lassen sich dort leichter entwickeln, wo auch das Umfeld stimmt: Je anspruchsvoller und aufgeklärter die Kunden, Klienten und Publika, je höherentwickelt die Infrastrukturen der Aus- und Weiterbildung sowie professioneller Selbstkontrolle, desto größer die Chancen für ein Qualitätsmanagement. Es ist nicht allzu viel Rückenwind für neue Qualitätsinitiativen im Medienbereich zu erwarten, zum Beispiel für das von deutschen Journalisten gegründete »Netzwerk Recherche e. V.« oder den Schweizer Verein Qualität im Journalismus – es sei denn, Bürger selbst forderten Qualität ein und wären auch bereit, dafür einen angemessenen Preis zu bezahlen. Bisher scheint es aber beim Publikum an einem Leistungsbewusstsein für Medienprodukte weitgehend zu fehlen. Anders ist kaum erklärbar, dass große Teile der Bevölkerung höhere Rundfunkgebühren klaglos hinnehmen, dafür jedoch bei anderen Medien hochsensibel auf steigende Preise reagieren.

Literatur

Christoph Fasel (Hg.): Qualität und Erfolg im Journalismus, Konstanz 2005.

Hans-Jürgen Bucher und Klaus-Dieter Altmeppen (Hg.): Qualität im Journalismus. Grundlagen – Dimensionen – Praxismodelle, Wiesbaden 2003.

Vinzenz Wyss: Redaktionelles Qualitätsmanagement. Ziele, Normen, Ressourcen, Konstanz 2002.

Barbara Held und Stephan Ruß-Mohl (Hg.): Qualität durch Kommunikation sichern. Vom Qualitätsmanagement zur Qualitätskultur – Erfahrungsberichte aus Industrie, Dienstleistung und Medienwirtschaft, Frankfurt a. M. 2000.

Stephan Ruß-Mohl: Der I-Faktor. Qualitätssicherung im amerikanischen Journalismus – Modell für Europa? Osnabrück u. a. 1994.

ERNST ELITZ, CLAUDIA K. HUBER

Radio

Radio von lat.: radius = der Strahl. Der Begriff Radio bezeichnet Geräte zum Empfang von Hörfunk. In Deutschland werden seit 1923 Radioprogramme ausgestrahlt. Im Jahr 2006 war in 35,5 Millionen Haushalten (100 Prozent) mindestens ein Radiogerät vorhanden. Insgesamt werden in Deutschland 331 private und 66 öffentlich-rechtliche Radioprogramme ausgestrahlt. Die Tagesreichweite des Hörfunks bei allen Deutschen über vierzehn Jahren lag 2007 bei 79,4 Prozent. Die Hördauer liegt im Durchschnitt bei 200 Minuten pro Tag.

Das Radio war das erste elektronische Massenmedium. Es ermöglichte die Verbreitung von Nachrichten ohne Zeitverlust und – abgesehen von der Reichweite der Radiowellen – ohne Grenzen. Durch diese Eigenschaft wurde das Radio schon früh als Propagandainstrument missbraucht, bildete aber gleichzeitig auch das unzensierbare Sprachrohr von Widerstand und Opposition aus dem Ausland.

1897 gelang es dem Italiener Guglielmo Marconi (1874–1937) erstmals, Signale ohne Verkabelung von Sender zu Empfänger zu schicken. Nach anfänglich vor allem militärischer Nutzung wurde der Funk bald zum Rundfunk und für die Zivilgesellschaft zugänglich. Das erste regelmäßig gesendete Radioprogramm in Deutschland startete am 29. Oktober 1923. Es wurde aus dem Gebäude der Schallplattenfirma Vox AG am Potsdamer Platz in Berlin ausgestrahlt. Bis zum Oktober 1924 wurden im Deutschen Reich insgesamt neun regionale Sendegesellschaften gegründet. Diese regionalen Rundfunkgesellschaften schlossen sich gemeinsam mit der überregionalen Deutsche Welle GmbH 1925 zur Reichsrundfunkgesellschaft zusammen, an der die Reichspost 51 Prozent der Anteile hielt. Zum ersten Rundfunkkommissar und Vorsitzenden des Verwaltungsrats der Reichsrundfunkgesellschaft (RRG) wurde der vormalige Staatssekretär im Reichspostministerium Hans Bredow bestellt.

Nach überschlägigen Schätzungen sind in Deutschland heute circa dreihundert Millionen Radiogeräte in Betrieb. Die durchschnittliche Nutzungsdauer des Radios liegt bei über drei Stunden pro Tag. Damit hat das Radio eine vergleichbare Nutzungsdauer wie das Fernsehen, aber eine höhere Haushaltsdurchdringung. Ergebnisse der Medienforschung zeigen allerdings, dass Hörfunkprogramme meist nebenbei konsumiert werden.

Während der private Rundfunk sich über Werbeeinnahmen (➤Werbung) finanziert, erfolgt die Finanzierung des öffentlich-rechtlichen Rundfunks über die monatlichen Beiträge der Gerätebesitzer. Von 1924 bis 1969 betrug der Rundfunkbeitrag zunächst zwei Reichsmark, später dann zwei D-Mark. Im Jahr 2007 wird eine Grundgebühr von 5,52 Euro für das öffentlich-rechtliche Rundfunkprogramm erhoben.

Zu den Eigenheiten des Radios gehört seine starke regionale Differenzierung. Ein nationales Radioprogramm gab es während der Weimarer Republik mit der Deutschen Welle. 1960 wurde dann der Deutschlandfunk ins Leben gerufen, der heute noch als ein Programm des 1994 nach der Wiedervereinigung gegründeten Deutschlandradios mit nationaler Reichweite vertreten ist.

Die starke Betonung der Rundfunkautonomie und die hohe Sensibilität gegen staatlichen Einfluss haben ihren Ursprung in der deutschen Radiogeschichte. 1933 wurde das Massenmedium Radio vollständig in den Propaganda-Apparat der Nationalsozialisten integriert. Der Rundfunk wurde dem »Reichsministerium für Volksaufklärung und Propaganda« unterstellt. Zur propagandistischen Durchdringung der Bevölkerung wurde ein kostengünstiger »Volksempfänger« auf den Markt gebracht. Ende des Jahres 1938 gab es mehr als neun Millionen Rundfunkteilnehmer. Sechzig Prozent der deutschen Haushalte verfügten über ein Gerät. Die Nationalsozialisten verknüpften propagandistische Inhalte mit beliebten Unterhaltungsformaten und nutzten das Radio dazu, der Bevölkerung auch in Zeiten des Krieges eine heile Welt vorzugaukeln. Obwohl es für die Deutschen streng verboten war, »Feindsender« zu hören, erreichte die britische ➤BBC mit dem »German Service« ab 1938 eine große Hörerschaft. Hier fand Thomas Mann mit seinen berühmten Ansprachen aus dem amerikanischen Exil ein Forum. Auch der bis heute bestehende offizielle US-Auslandssen-

der »Voice of America« (VoA) wurde 1942 vom Büro für Kriegsberichterstattung gegründet, um der Bevölkerung in Deutschland
und den besetzten Gebieten eine Informationsalternative zur NS-
Propaganda zu bieten. Von 1947 bis zum Ende des Kalten Krieges wandte der Sender sich an die Bevölkerung der Sowjetunion.

In den ➤ USA war das Radio schon früh nach marktwirtschaft-
lichen Gesetzen organisiert. Nach ersten Anfängen der »American
Telephone and Telegraph Corporation« (AT & T) zu Beginn der
1920er Jahre, über ihren Sender WBAY Studios und Sprechzeit an
Privatkunden zu vermieten, verbreitete das Unternehmen ein in
New York produziertes Programm über sein Telefonnetz an regionale Sender. Damit war das Network geboren. AT & T musste sich
schließlich aufgrund seiner doppelten Monopolstellung aus dem
Radiomarkt zurückziehen. Während es anfangs noch alternative,
nichtkommerzielle Anbieter gab, war das Radio mit Sendern wie
der »National Broadcasting Company« (NBC, 1926) oder dem
»Columbia Broadcasting System« (CBS, 1927) seit Mitte der 1930er
Jahre rein privatwirtschaftlich organisiert. Ende der 1930er Jahre
zeigte sich erstmals der Einfluss des Radios als Massenmedium. An
Halloween 1938 versetzte Orson Welles mit dem Hörspiel »War of
the Worlds« Millionen von Hörern in Angst und Schrecken. Sie
hatten die Fiktion mit der Realität verwechselt.

Während in Deutschland nach dem Zweiten Weltkrieg in der
Sowjetischen Besatzungszone (SBZ) und später in der DDR die
zentralistische Radioorganisation beibehalten wurde, war in den
Westzonen das Radio unter amerikanischem und britischem Einfluss auf Länderebene regional und staatsunabhängig organisiert
und der Aufsicht von Rundfunkräten unterstellt, die sich vornehmlich aus Vertretern gesellschaftlicher Interessengruppen zusam-
mensetzten. Viele Zeitungsjournalisten, die in der Nachkriegszeit
tätig waren, hatten einen entscheidenden Teil ihrer professionellen Sozialisation noch in der Nazi-Zeit erfahren. Dagegen fanden
sich in dem ursprünglich von alliierten Offizieren beaufsichtigten
Rundfunk viele Berufsanfänger, die ihr Vorbild in einer angelsäch-
sisch geprägten unabhängigen Publizistik sahen. Das Radio wurde
mit seinen Kulturprogrammen zu einem Leitmedium der intellektuellen Elite und trug auf diesem Wege entscheidend zur Demokratisierung der Nachkriegsgesellschaft bei. Zugleich wuchs ihm

während des Kalten Krieges eine politische Aufklärungsaufgabe zu. Von Berlin aus informierte der unter amerikanischer Hoheit stehende Rundfunk im amerikanischen Sektor (RIAS) die Bevölkerung im Ostteil der Stadt und in der übrigen DDR über politische und kulturelle Entwicklungen im Westen.

Während der kommerzielle Rundfunk sich zwangsläufig auf die Produktion attraktiver Werbeumfelder konzentriert, dient gerade die Gebührenfinanzierung dazu, den öffentlich-rechtlichen Rundfunk von wirtschaftlichen sowie politischen Einflüssen freizustellen. Dies bezieht sich vor allem auf einen kritischen, unabhängigen Journalismus und ein neutrales Informationsangebot, wird aber in ➤ Deutschland auch als Bildungsauftrag mit einem normativen Kulturverständnis formuliert. Während der nationale Hörfunk sich nach staatsvertraglichem Auftrag auf den Kern der Grundversorgung – ausführliche Informationen und Hintergrundberichterstattung sowie künstlerische Produktionen im musikalischen und im Hörspielbereich – konzentriert, haben die Landesrundfunkanstalten ihre Programme stark auf die Widerspiegelung regionaler Identität hin profiliert. Das öffentlich-rechtliche Radio erfüllt seinen Kulturauftrag auch durch den Unterhalt von 24 Rundfunk-Orchestern und -Chören, durch die Produktion von Hörspielen und anderer literarischer Formen.

Das ➤ Internet und andere digitale Kommunikationstechniken erfordern vom Radio eine neue strategische Ausrichtung. Schon sinken die Marktanteile der jugendorientierten Radios merklich. Das Internet und das Aufspielen individuell ausgewählter Musik auf dem MP3-Player machen dem Radio seine Position als Musikprovider zunehmend streitig. Die neuen Kommunikationstechniken kommen den individuellen Ansprüchen an Musikgeschmack und Musiknutzung näher als linear ausgestrahlte Radioprogramme. Auch ausführliche Interviews, Fachangebote und Hörspiele eignen sich weniger zum beiläufigen Konsum und bieten sich eher als *content* für *audio on demand* und *podcasting* an. Die digitale Revolution für das bislang linear ausgestrahlte Medium Radio liegt in der zeitsouveränen Nutzung seiner Inhalte durch die Hörer. Der lineare Charakter des Mediums wird dadurch aufgebrochen. Prominentestes Beispiel hierfür ist das Internetradio »last.fm«, eine Plattform, die dem Nutzer eine individuelle, auf ihn zugeschnittene Musikauswahl bietet sowie die Vernetzung mit anderen Usern ermöglicht. Im Mai 2007 kaufte das US-amerikanische Unternehmen CBS Corporation »last.fm« für 280 Millionen Dollar.

Das Engagement der öffentlich-rechtlichen Sender im Internet wird von Kritikern als wettbewerbsverzerrend und als unzulässiger Einsatz von Gebührengeldern moniert. Auf der anderen Seite kann auch das öffentlich-rechtliche Radio auf Dauer keine analoge Insel in der digitalen Medienwelt bleiben.

Nach der Digitalisierung der Produktionsprozesse und der Nutzung neuer Kommunikationstechnologien wird auch die Ausstrahlung der linearen Radioprogramme künftig digital erfolgen. Der auf DAB (»Digital Audio Broadcasting«) aufbauende Standard DMB (»Digital Multimedia Broadcasting«), der auch Bewegtbilder im Kleinformat ermöglicht und damit dem Hörfunk die Schnittstelle zum Fernsehen und zum Mobilfunk eröffnet, ist neben den auch für das Radio nutzbaren Verbreitungsmöglichkeiten wie »Digital Video Broadcasting – Terrestrial« (DVB-T) und »Digital Video Broadcasting – Handheld« (DVB-H) ein tragfähiges Zukunftsmodell. Auch das Radio wird neben dem klassischen analogen UKW-Empfang unterschiedliche Verbreitungswege nutzen müssen, um den sich individuell herausbildenden Nutzungsgewohnheiten seiner Hörer gerecht zu werden. Aufgrund der Existenz von geschätzten 300 Millionen Analog-Radiogeräten wird UKW aber auch weiterhin genutzt werden. Die bevorstehenden technologischen Umbrüche setzen jedoch eine hohe programmliche Kreativität, verbunden mit entsprechender Investitionsbereitschaft voraus.

Literatur:

Michaela Hampf und Ursula Lehmkuhl (Hg.): Radio Welten. Politische, soziale und kulturelle Aspekte atlantischer Mediengeschichte vor und während des Zweiten Weltkriegs, Berlin 2006.

Hans J. Kleinsteuber: »Radio«, in: Siegfried Weischenberg, Hans J. Kleinsteuber und Bernhard Pörksen (Hg.): Handbuch Journalismus und Medien, Konstanz 2005, S. 381–386.

Hans J. Kleinsteuber: »Radio und Radiotechnik im digitalen Zeitalter«, in: Harro Segeberg (Hg.): Die Medien und ihre Technik. Theorien, Modelle, Geschichte, Marburg 2004, S. 371–397.

Ulrich Kauffmann: Der nationale Hörfunk im vereinigten Deutschland. Rechtsgrundlagen, Organisation, Programmauftrag und Finanzierung, München 1997.

OTFRIED JARREN, PATRICK DONGES

Regulierung

Regulierung, von lat.: »regulare« = in Ordnung bringen. Im
amerikanischen Verständnis ist »regulation« eng mit Selbstregulierung verbunden, die auf Basis eines gesetzlichen
Auftrags und erst bei wahrgenommenem Marktversagen
einsetzt. Im europäischen, insbesondere im deutschen Verständnis ist der Begriff der Regulierung bislang stärker an
den Staat und an die Gesetzgebung gebunden.

Regulierung meint allgemein die Setzung und Durchsetzung verbindlicher Regeln, zumeist in rechtlicher Form. Im Medienbereich
bedeutsam ist in Deutschland vorrangig die Rundfunkregulierung
(➤Medienrecht). Regulierung kann allgemein damit begründet
werden, dass der Markt strukturell nicht in der Lage ist, ein publizistisches Angebot zu liefern, das gesellschaftlichen Interessen
entspricht. Gerade in Europa war der Rundfunk von Anfang an
reguliert.

Der Begriff der Regulierung wird in Wissenschaft und Praxis
uneinheitlich definiert. Die Unterschiede im Verständnis von
Regulierung zeigen sich exemplarisch an Aufgaben und Tätigkeiten von Regulierungsbehörden. Die amerikanische »Federal
Communications Commission« (➤FCC) definiert sich als »independent United States government agency, directly responsible
to Congress«. Sie versteht sich stärker als »Schiedsrichter« bei
Konflikten zwischen Marktteilnehmern untereinander denn als
Gestalter einer Rundfunkordnung. Auch das britische »Office of
Communications« (Ofcom), das 2003 verschiedene Regulierungsbehörden zusammenfasste beziehungsweise ersetzte, bezeichnet
sich als »independent regulator and competition authority for the
UK communications industries« (➤Großbritannien). Die fünfzehn deutschen für den privaten Rundfunk zuständigen Landesmedienanstalten verstehen sich hingegen stärker als gesellschaftliche Aufsichts- und Gestaltungsgremien. Ihre Arbeitsgemeinschaft
formuliert das Ziel, »an der Fortentwicklung des Dualen Rund-

funksystems in Deutschland mitzuwirken« und »bei der Zulassung und Kontrolle sowie der Entwicklung des privaten Rundfunks in grundsätzlichen, länderübergreifenden Angelegenheiten« zusammenzuarbeiten. Im Wettbewerb der Länder um die Ansiedlung von Medienunternehmen haben die Regulierungsbehörden zudem eine Förderfunktion.

Das im Gegensatz zum angelsächsischen Raum stärker legalistische Verständnis von Regulierung zeigt sich in Deutschland auch daran, dass hier hauptsächlich statushohe Regulierungsakteure der Exekutive wie die Ministerpräsidenten oder die Leiter der Staatskanzleien mit Fragen der Rundfunkregulierung befasst sind. Der notwendige Abstimmungsprozess der Länder untereinander (kooperativer Föderalismus) bringt es zudem mit sich, dass relevante Regulierungsentscheidungen eher in informellen, geheimen Verhandlungen statt in öffentlichen parlamentarischen Debatten getroffen werden. Anders als im angelsächsischen Raum findet in Deutschland auch kaum ein Einbezug der ➤ Öffentlichkeit beziehungsweise zivilgesellschaftlicher Akteure statt. Dies hat ein hohes Maß an partei- und machtpolitischer Orientierung in Aufsichtsgremien wie den Räten des öffentlich-rechtlichen Rundfunks als auch bei den Landesmedienanstalten zur Folge. Faktisch haben CDU/CSU und SPD ihren Einflussbereich auf den öffentlich-rechtlichen Rundfunk ständig vergrößern und vielfach monopolisieren können. Landesmedienanstalten haben meist neben den leitenden Direktoren auch Gremien, in denen Mitglieder der Landtage sowie Vertreter gesellschaftlich relevanter Gruppen einen Sitz haben (Versammlungsmodell) oder die aus wenigen »unabhängigen Persönlichkeiten« bestehen (Ratsmodell). Sie sind damit stark von der Landespolitik abhängig.

Als weitere Regulierungsakteure sind ferner die aus sechzehn Sachverständigen bestehende »Kommission zur Ermittlung des Finanzbedarfs der Rundfunkanstalten« (KEF) sowie die »Kommission zur Ermittlung der Konzentration im Medienbereich« (KEK) zu nennen, welche die Einhaltung der für die privaten Veranstalter geltenden Bestimmungen zur Sicherung der Meinungsvielfalt prüfen und Transparenz über die Entwicklung im Bereich des bundesweit verbreiteten privaten ➤ Fernsehens schaffen soll. Aufgrund der (Standort-)Konkurrenz der Bundesländer untereinander und aufgrund der Nichtzuständigkeit der Länder für ökonomische Fragen lässt sich in Deutschland ein erheblicher Konzentrationsprozess vor allem beim privaten Fernsehen konstatieren.

Die Vielzahl an Regulierungsakteuren in Deutschland ist auf die unterschiedlichen Zuständigkeiten der einzelnen politischen Ebenen zurückzuführen. Die Länder regeln den Rundfunk jeweils durch Gesetze für öffentliche Rundfunkanstalten und für den privaten Rundfunk sowie untereinander durch Staatsverträge. Teilweise liegen Regelungskompetenzen auch beim Bund (Telekommunikationsdienstleistungen, Zivil- und Strafrecht, Persönlichkeits- und Jugendschutz, Urheberrecht, Wettbewerbsrecht). Im Onlinebereich ist es zu einem Regelungswettbewerb zwischen dem Bund und den Ländern gekommen.

Die Kompetenzabgrenzung und -verflechtung zwischen Bund und Ländern ist vor allem vor dem Hintergrund problematisch, dass sich im Rahmen der technischen Konvergenz von Rundfunk und Telekommunikation die beiden Sektoren immer schwerer voneinander abgrenzen lassen, zum Beispiel im Bereich der Mediendienste. Die (an sich bereits komplizierte) Frage, ob einzelne Kommunikationsdienstleistungen dem Bereich Rundfunk oder dem Bereich Telekommunikation zufallen, ist in Deutschland damit immer auch eine Frage der politischen Zuständigkeit. Daher wird immer wieder darüber diskutiert, die Aufsichtsfunktionen der Landesmedienanstalten in einer zentralen Regulierungsbehörde zu bündeln, die auch für die Telekommunikation zuständig wäre (*single regulator*).

Die technische Konvergenz bedingt jedoch nicht zwangsläufig eine regulative Konvergenz, auch wenn dies von Interessenvertretern des kommerziellen Rundfunks wie der Bertelsmann Stiftung (➤Bertelsmann) immer wieder gefordert wird. Die regulative Konvergenz ist auch deshalb schwer herzustellen, weil immer mehr Bereiche vom europäischen Wirtschaftsrecht berührt werden und sie damit in die Zuständigkeit der EU fallen. Die EU organisiert die Medienlandschaften ausschließlich nach ökonomischen Gesichtspunkten. Solange die Zuständigkeit für kulturelle Fragen weiter bei den Nationalstaaten oder den Regionen bleibt, besteht also wenig Aussicht auf eine international übereinstimmende Medienpolitik.

Im Zusammenhang der technischen Konvergenz wird häufig auch eine Deregulierung im Rundfunkbereich eingeklagt, ein – aus Sicht einer Regulierungstheorie – missverständlicher Begriff. Zwar wird mit ihm meist eine Aufhebung von Regeln assoziiert, empirisch ist es jedoch schwierig, ein Fallbeispiel für eine Regel zu finden, die einfach aufgehoben wurde, ohne durch eine andere ersetzt worden zu sein. In der Praxis meint Deregulierung meist eine Re-Regulierung, die Ersetzung eines Regelwerkes durch ein anderes.

Aus dem angelsächsischen Raum kommen auch Konzepte wie das der Selbst- oder Ko-Regulierung. Selbstregulierung bezeichnet die Aufstellung und Durchsetzung bindender Regeln für eine Branche oder einen Sektor durch ausschließlich private Akteure (Beispiel: Presserat). Unter Ko-Regulierung (synonym auch: regulierte Selbstregulierung) werden Arrangements verstanden, in denen die Formulierung, Aufstellung und Durchsetzung von Regeln durch private Akteure für den eigenen Sektor in Zusammenarbeit mit staatlichen Akteuren oder in deren Auftrag vorgenommen werden (Beispiel: »Freiwillige Selbstkontrolle Fernsehen« FSF). Empirisch lässt sich zeigen, dass Medienunternehmen kaum ein genuines Interesse an Selbstregulierung haben, sondern erst dann zu entsprechenden Maßnahmen greifen, wenn sie damit staatlichen Regulierungen entgehen können.

Ebenfalls aus dem angelsächsischen Raum stammt das Konzept der *media governance*. Anders als der Begriff der Regulierung, der stark auf einen regelsetzenden Akteur (Staat, Behörden etc.) bezogen ist, fokussiert der Governance-Begriff auf Regelungsstrukturen, an denen eine Vielzahl staatlicher wie privater Akteure beteiligt sein kann, und fragt danach, wie in diesen institutionalisierten Strukturen Koordinationsprobleme zwischen den Akteuren gelöst werden können. Der Staat wird im Governance-Ansatz nicht als einheitlicher regulierender Akteur, sondern als ein Netzwerk verschiedener Akteure gesehen, die auf unterschiedlichen Ebenen und mit teilweise divergierenden Interessen versuchen, konkrete Politik in Verhandlungen mit anderen, auch nicht-staatlichen Akteuren umzusetzen. Insbesondere auf europäischer und supranationaler Ebene spielen solche Governance-Strukturen eine wichtige Rolle (*multilevel governance*). Ein Beispiel wäre die »Internet Corpora-

tion for Assigned Names and Numbers« (ICANN) (➤Internatio-
nale Medienpolitik, ➤Internet), die Regelsetzungen im Onlinebereich zwischen staatlichen und privaten Akteuren abzustimmen
versucht. Generell könnte der Einbezug privater und vor allem
zivilgesellschaftlicher Akteure in solche Regelungsstrukturen
helfen, die Verantwortlichkeit im Medienbereich insgesamt zu
erhöhen.

Literatur

Manuel Puppis: Einführung in die Medienpolitik, Konstanz 2007.
Otfried Jarren und Patrick Donges: »Medienpolitik. Zwischen Politikver-
    zicht, parteipolitischer Interessenwahrung und transnationalen Einflüs-
    sen«, in: Manfred G. Schmidt und Reimut Zohlnhöfer (Hg.): Regieren
    in der Bundesrepublik Deutschland. Innen- und Außenpolitik seit 1949,
    Wiesbaden 2006, S. 385–403.
Wolfgang Schulz und Thorsten Held: Regulated Self-Regulation as a Form
    of Modern Government. An Analysis of Case Studies from Media and
    Telecommunications Law, Eastleigh 2004.
Mike Feintuck: Media Regulation. Public Interest and the Law, Edinburgh
    1999.

JOHANNA HABERER, DANIEL MEIER

Religion

Der Begriff Religion kommt aus dem Lat. »religio« = gewissen-
hafte Beachtung dessen, was sich auf die Verehrung der
Götter bezieht. Religion war über Jahrhunderte prägend für
die öffentliche ➤ Kommunikation. Angefangen beim Flugblatt zu Zeiten der Reformation bis hin zum Internet waren
und sind Massenmedien wichtige Mittel bei der Kommunikation religiöser Inhalte.

Die christliche Religion findet sich vor allem nach dem sogenannten *iconic turn* in einem Wettbewerb mit den Medien, insbesondere dem ➤ Fernsehen. Die Kirchen konkurrieren um die Freizeit
der Bürger. Sie müssen sich den von den Medien geprägten Erwartungen an Authentizität und an Inszenierung stellen, und sie konkurrieren um die Aufmerksamkeit für ihre Themen, Anliegen und
Personen. Dabei zeigen sich Unterschiede in den konfessionellen
Prägungen: In der Tradition des Protestantismus findet sich tendenziell eine Höherschätzung des Hörens und Lesens gegenüber
dem Sehen. Dagegen findet sich in der katholischen Tradition ein
oft virtuos gehandhabter Umgang mit medialen Selbstinszenie-
rungen in Farben und Gewändern, Symbolen und Gesten, Liturgie
und Bildgestaltung. Die Institution des Papstes kommt der Tendenz zur Personalisierung medialer Inhalte entgegen. Dabei gilt
insgesamt, dass die Suche nach Abbildbarem bei der Inszenierung
der Religion in den Medien zu einer Betonung äußerer Zeichen
führt.
Über Jahrhunderte hat Religion die gesamte kommunikative
Umwelt beeinflusst, umgekehrt haben die Medien von der Schrift
über den Buchdruck, von den elektronischen Massenmedien bis
zum ➤ Internet entscheidend die Religionsgeschichte, insbesondere das Christentum geprägt. Eine Zusammenschau von Religions-
und Mediengeschichtsschreibung im abendländischen Kulturkreis
ist deshalb plausibel. So kann zum Beispiel von der Reformation
als Medienereignis gesprochen werden, bei der das neue Medium

Flugblatt eine entscheidende Rolle gespielt hat. Die Zeitung als Wegbereiterin gesellschaftlicher Wandlungen war seit ihrer Entstehung im 17. Jahrhundert häufig exemplarisches Objekt christlicher Weltkritik. Die kirchliche ➤ Zensur bildet in der Geschichte der Medienpolitik eine Vorläuferin der staatlichen Zensur. Erst im Kontext einer uneingeschränkten Bejahung der ➤ Demokratie im 20. Jahrhundert setzten sich Kirchenvertreter aktiv für das Menschenrecht auf Pressefreiheit ein. Nach dem Zweiten Weltkrieg prägte stark die Maxime des evangelischen Theologen Robert Geisendörfer das Profil der christlichen Pressearbeit: Eine christliche Publizistik müsse als »Stimme der Stummen« agieren und Themen besetzen, die von den allgemeinen Medien nicht oder nicht ausreichend wahrgenommen würden.

In Deutschland kommunizieren Medien und christliche Religion derzeit auf mehreren Ebenen. Auf der rechtlich-medienpolitischen Ebene befinden sich kirchliche Vertreter in den Rundfunkräten und in den Organen der Selbstkontrolle. Auf der religiös-publizistischen Ebene gibt es die sogenannten »Verkündigungssendungen«. Auf der journalistischen Ebene existieren Sendungen der Fachredaktionen »Religion und Gesellschaft« in der ARD oder »Kirche und Leben« im ZDF. Im Privatfernsehen überwiegen kurze Verkündigungsformate (zum Beispiel »So gesehen«) und Sondersendungen zu christlichen Feiertagen. Die Kirchen verstehen dabei ihren Auftrag in den Verkündigungssendungen nicht als missionarische Gelegenheit im Sinne von Mitgliederwerbung, sondern als öffentliche Seelsorge, als Kommentar zur Zeit aus christlicher Sicht und als authentisches Wort an die Gesellschaft aus der Mitte der Religion. Auf der medienethischen Ebene wird die Medienpraxis von den Kirchen kritisch kommentierend gewürdigt, zum Beispiel in kirchlichen Denkschriften. Schließlich erscheinen eigene periodisch herauskommende, kritische Publikationen wie »epd Medien« oder die katholische »Funkkorrespondenz«.

Im aktuellen Prozess der Digitalisierung der Medien, der einhergeht mit einer Vervielfachung der Kanäle, stellt sich in Deutschland verschärft die Frage, ob das religionspolitische Modell der Nachkriegszeit, das im Bereich der elektronischen Massenmedien die beiden großen christlichen Kirchen und die jüdische Kultusgemeinde als Medienpartner vorsah, weiter Bestand haben kann und inwieweit andere Religionen oder Freikirchen nach dem amerikanischen Muster den religiösen Medienmarkt besetzen werden. In Europa und insbesondere in Deutschland hat das Phänomen des gemeinhin als *religious television* bezeichneten Teleevangelismus bisher nicht Fuß fassen können. In den USA löste der Teleevangelismus in den 1970er Jahren eine Konstellation auf, die bis dahin – ähnlich wie heute noch in Deutschland – durch Senderechte der Großkirchen geprägt war. Die Programmaufträge der öffentlich-rechtlichen Sender formulieren sehr deutlich einen Integrationsauftrag, der nicht nur allein im gesellschaftspolitischen Sinn gemeint ist. Die rund vier Millionen Muslime sind als integrativer Teil der bundesrepublikanischen Gesellschaft in den öffentlich-rechtlichen Medien jedoch vorrangig als Objekt der Berichterstattung auffindbar. Notwendig wäre es, Muslimen an ihren eigenen Feiertagen die Gelegenheit zu geben, sich an prominenten Sendeplätzen aus der Perspektive ihres Glaubens an die plurale demokratische Gesellschaft wenden zu können. Das »Forum am Freitag« (ZDF) ist ein erster Schritt in diese Richtung.

Die Zuschauer nehmen die konfessionelle Prägung des jeweiligen Religionsvertreters kaum richtig zur Kenntnis, sie deuten die Ansprachen der jeweiligen Kirche als christlich konnotiert. So hat die Medienpräsenz der Kirchen in den elektronischen Medien zu einer praktischen Ökumene geführt. Daneben spielen – kommerziell wie öffentlich-rechtlich – Pfarrer, Priester und Nonnen im Unterhaltungsprogramm häufig die Rolle des Serienhelden, dessen besondere moralische Verpflichtung auf die Probe gestellt wird. Im Bereich der Privatsender haben sich kirchliche Redaktionen als Programmzulieferer in Hörfunk und Fernsehen etabliert. Im evangelischen Bereich markiert »Radio Paradiso« den Versuch eines eigenen Senders, auf katholischer Seite ist in diesem Kontext »Radio Vatikan« oder das sehr konservativ geprägte »Radio Maria« in Polen zu nennen.

Unter den kirchlich subventionierten Printprodukten (unter anderem »Chrismon«) bringen die regionalen Kirchenzeitungen ökumenisch gerechnet etwa 900.000 Exemplare wöchentlich auf den Markt. In der allgemeinen Tages- und Wochenpresse erfolgt die mediale Wahrnehmung von Religion und christlichen Kirchen ausschließlich nach journalistischen Selektionskriterien. Differenziert man Religion in die Dimension der Erfahrung, des Ritus, des Ethos und der Kognition, so spielt vor allem die ethische Dimension in der Kirchenberichterstattung eine zentrale Rolle. Demgegenüber artikuliert vor allem die Boulevardpresse vergleichsweise stark die Erfahrungsdimension, vor allem im Kontext des Katastrophen-Journalismus. Die katholische Kirche profitiert – wie im Fernsehen – deutlich vom Nachrichtenfaktor Visualisierung und ist aufgrund der Vatikanberichterstattung im Politik-Ressort stärker präsent. Freilich besitzen die binnenkirchlichen Differenzierungen für den Journalisten nicht die Bedeutung wie für die Kirche selbst, so dass auch hier von einer medial praktizierten Ökumene gesprochen werden kann. Für den US-amerikanischen Kontext zeichnen sich die Nachrichtensendungen und überregionalen Tageszeitungen hingegen durch eine Überrepräsentanz konservativer Christen aus.

Die terroristische Bedrohung durch Islamisten und die wiederkehrenden medialen Blasphemiedebatten lassen das Thema »Religion« besonders mit Blick auf den Islam heute weltweit in neuer Weise zu einem medienpolitischen Thema werden, zum Beispiel 2006 im Kontext des Streits um den Abdruck der Mohammed-Karikaturen. Dahinter verbirgt sich der medienethische Konflikt zwischen Gesinnungs- und Verantwortungsethik: Müsste eine Gesinnungs- beziehungsweise eine Pflichtenethik den absoluten Wert der Pressefreiheit mit dem Wert des Schutzes religiöser Überzeugungen abwägen, könnte eine Verantwortungsethik die Veröffentlichung mit dem Hinweis auf potentiell negative Folgen eindeutig ablehnen. Bedingt vor allem durch die Kriegsberichterstattung aus dem Nahen und Mittleren Osten orientiert sich die journalistische Wahrnehmung des Islam stark am Nachrichtenfaktor Gewalt. Freilich lässt sich als Gegenbewegung auch die Tendenz deutscher Journalisten und anderer Fernsehautoren erkennen, den Islam explizit wohlwollend wahrzunehmen, was zu einer gewissen Spannung zwischen Panikmache und Parteinahme führen kann.

Literatur

Günther Thomas und Roland Rosenstock: »Fernsehen«, in: Wilhelm Gräb
und Birgit Weyl (Hg.): Handbuch Praktische Theologie, Gütersloh 2007,
S. 263–274.

Daniel Meier: Kirche in der Tagespresse. Empirische Analyse der journalistischen Wahrnehmung von Kirche anhand ausgewählter Zeitungen.
Studien zur Christlichen Publizistik, Bd. XII, Erlangen 2006.

Roland Rosenstock: Evangelische Presse im 20. Jahrhundert, Stuttgart 2002.

Johanna Haberer: »Der Dialog der Religionen. Eine Zukunftsaufgabe des
öffentlich-rechtlichen Rundfunks«, in: Christian Drägert und Nikolaus
Schneider (Hg.): Medienethik. Freiheit und Verantwortung, Festschrift
zum 65. Geburtstag von Manfred Kock, Stuttgart, Zürich 2001,
S. 281–290.

Berndt Hamm: »Die Reformation als Medienereignis«, in: Glaube und
Öffentlichkeit. Jahrbuch für biblische Theologie, Bd. 11, Neukirchen-
Vluyn 1996, S. 137–166.

MARKUS WEHNER

Russland

Das an der Fläche gemessen größte Land der Welt hat
über 142 Millionen Einwohner. Die bedeutendsten Medienunternehmen sind die staatliche Medienholding WGTRK
und die »Gazprom-Media«, eine Tochterfirma des Konzerns
Gazprom, der sich in Staatsbesitz befindet.

Bevor gegen Ende der 1980er Jahre die »Perestroika« über die
Sowjetunion kam, war die russische Medienlandschaft eine kommunistische Einöde. In den sowjetischen Nachrichten wechselten
scheinbar endlose Beiträge über das erfolgreiche Einbringen der
Getreideernte oder die gestiegene Stahlproduktion ab mit Tira-
den über die Hochrüstung Amerikas oder den wachsenden Neo-
Faschismus in Westeuropa. Nur wer sich auf die Kunst verstand, die
»Prawda« oder »Iswestija« zwischen den Zeilen zu lesen und selbst
in der hölzernen Bürokratensprache des Sowjetfernsehens Zwi-
schentöne zu vernehmen, konnte sich den einen oder anderen Reim
machen auf die politischen Vorgänge in der Führung des Landes.
  Die jahrzehntelange Abschottung des kommunistischen Russland vom Westen hatte bei den Russen einen riesigen Nachholbedarf an wirklicher Information erzeugt. Seit Ende der 1980er
Jahre lasen die Russen begeistert Zeitungen wie Zeitschriften und
schauten enthusiastisch fern. Nachdem Michail Gorbatschow 1987
»Glasnost« (Transparenz) verordnet hatte, fiel fast täglich ein Tabu.
Die Unpersonen der Sowjetgeschichte standen wieder auf, ver-
femte russische Literatur wurde wieder veröffentlicht, darunter die
von Dissidenten wie Alexander Solschenizyn, Warlam Schalamow,
Wassilij Grossmann, Andrej Sinjawskij oder Josif Brodskij. Die wirtschaftlichen und sozialen Probleme des Landes wurden erstmals
ungeschminkt dargestellt. Die Entwicklung zu einem kritischen
Journalismus westlicher Prägung ließ sich nicht mehr aufhalten.
  Da die Wirtschaft zu großen Teilen privatisiert wurde, entstanden
auch nicht-staatliche Medien. Die neuen Finanzgruppen, meist mit
einer Bank an der Spitze, leisteten sich Zeitungen und Zeitschrif-

ten. Tatsächlich konnten die Bewohner Moskaus Mitte der 1990er Jahre zwischen knapp zwei Dutzend Tageszeitungen und diversen politischen Wochenzeitschriften wählen. Zu den bekanntesten und besten Zeitungen gehörten »Kommersant«, »Moskowskije Nowosti« oder die »Nesawissimaja Gazeta«; bei den Zeitschriften waren es etwa »Ogonjok«, »Itogi« oder »Kommersant-Wlast«. Die Auflagen einiger Titel wie »Ogonjok« oder »Argumenty i Fakty«, die Politik und Boulevard verbanden, erreichten in den ersten Jahren der »Perestroika« Auflagen von mehreren Millionen. Binnen weniger Jahre war dem Anschein nach eine plurale Medienlandschaft entstanden.

Allerdings waren die Medien immer eng mit den politischen und wirtschaftlichen Interessen ihrer Besitzer, der »Oligarchen«, verbunden. Manche von ihnen hatten sogar unter dem russischen Präsidenten Boris Jelzin Regierungsämter inne. Das, was im Westen als Meinungsfreiheit wahrgenommen wurde, war zu einem beträchtlichen Teil der Informationskrieg der neuen Magnaten in Politik und Wirtschaft. Die Medien existierten nicht aus eigener Kraft, sondern die konkurrierenden Machtgruppen leisteten sich Sprachrohre. Manche der Zeitungen hatten, wie die »Nesawissimaja Gazeta«, nur eine kleine Auflage von wenigen zehntausend Exemplaren. Wichtig war aber, dass sie innerhalb des »Moskauer Gartenrings«, also in den Kreisen der Regierung, der Präsidialbürokratie und der (internationalen) Journalisten, gelesen wurden. Im medialen Wettstreit war man nicht zimperlich: *Kompromat*, also kompromittierendes Material, mit dem man einen Gegner schädigte, wurde zum Terminus, der den russischen Journalismus der 1990er Jahre prägte. Es war dabei durchaus üblich, Journalisten für bestellte Artikel gut zu bezahlen.

Als das wichtigste Medium galt in Russland aber das Fernsehen. Nach monatelanger Lobbyarbeit im Kreml gelang es 1994 dem früheren Theaterregisseur und damaligen Chef der »Most«-Bank, Wladimir Gussinskij, eine Genehmigung für einen privaten Fernsehsender zu bekommen. NTW war geboren. Das N stand für *nesawissimoje* – unabhängig. NTW machte sich vor allem dadurch einen Namen, dass der Sender kritisch über den ersten Tschetschenienkrieg sowie Korruption in höchsten Regierungskreisen berichtete.

1996 schloss Gussinskij plötzlich Frieden mit dem Kreml. Zusammen mit sechs anderen Oligarchen betrieb er die Wiederwahl des kranken und unbeliebten Jelzin, um einen Wahlerfolg der Kommunisten zu verhindern. Die in scheinbar auswegloser Lage begonnene Wahlschlacht gewann Jelzin im Stichentscheid. Die russischen Medien, die sich eigentlich als unabhängig verstanden, hatten sich zum Propagandainstrument degradieren lassen.

NTW zeichnete sich aber auch weiterhin dadurch aus, dass es einen frischen und anspruchsvollen Journalismus in Russland beförderte. Der Sender nahm Politiker aller Parteien ins Kreuzverhör, ließ Zuschauer zu Wort kommen, brachte Humor und Satire in die politische Berichterstattung. Er wurde zum Leitmedium mit großem Einfluss auf die staatlichen Sender.

Während der Oligarch Boris Beresowskij über den wichtigsten staatlichen Fernsehsender ORT, an dem er 49 Prozent der Anteile hielt, von Anfang an den neuen Präsidenten Putin massiv unterstützte, kritisierte Gussinskij ihn samt den von ihm begonnenen zweiten Feldzug in Tschetschenien. Die Quittung kam, wenige Tage nach Putins offizieller Amtseinführung, im Mai 2000. Maskierte Sicherheitskräfte stürmten die Zentrale von »Media-Most«, dem Konzern Gussinskijs. Einen Monat danach wurde der Unternehmer vorübergehend verhaftet und floh wenig später ins Ausland. Ein Jahr darauf übernahm der staatlich gelenkte Konzern Gazprom die Anteilsmehrheit an dem Fernsehsender. Heute gehört »Gazprom-Media« zu den wichtigsten Medien-Giganten Russlands.

Putin ließ keinen Zweifel daran, dass er das Fernsehen ganz in seine Gewalt bringen wollte. Die Toleranz, die Jelzin in Bezug auf kritischen Journalismus besaß, fehlt ihm (➤ Zensur). Er vertrieb nach Gussinskij auch Beresowskij aus Russland, der seinen Einfluss beschnitten gesehen und sich gegen den Präsidenten gestellt hatte. Putin nutzte dabei die Ermüdung der russischen Gesellschaft, die sich nach Jahren grundstürzender Reformen und unerbittlicher Medienkriege die Ruhe früherer Zeiten zurückwünschte.

Die Berichte über die russische Wirklichkeit, wie sie für NTW typisch waren, verschwanden wieder aus dem Fernsehen. Zwar zeigten die russischen Journalisten gerade in Krisenzeiten, wie bei der Geiselnahme tschetschenischer Terroristen in einem Moskauer Musical-Theater 2002 oder während des Geiseldramas in einer

Schule in Beslan 2004, dass sie professionell berichten konnten. Doch übte der Kreml nach diesen Krisen scharfe Kritik an den Medien und schränkte ihre Freiheit weiter ein. So wurde etwa der Chefredakteur der »Iswestija« entlassen, weil die Zeitung zu kritisch über das Versagen der Sicherheitskräfte beim Geiseldrama in Beslan berichtet hatte. 2005 wurde die Zeitung von Gazprom übernommen und ist heute ein angepasstes, langweiliges Blatt.

In der Provinz sind Zeitungen, Fernseh- und Radiosender oft im Besitz der örtlichen Machthaber – oder von diesen abhängig. Ungehorsame Redaktionen setzt man auf vielfältige Weise unter Druck: Ihre Arbeitsräume werden gekündigt, die Steuerpolizei legt den Betrieb lahm, oder es werden Schadensersatzforderungen gestellt, die oft das finanzielle Aus für eine Zeitschrift oder ein Radio bedeuten. Gerade in der russischen Provinz sind Dutzende Journalisten Opfer von Auftragsmorden geworden, die in der Regel niemand aufklärt.

Zuletzt hat im Oktober 2006 der Mord an der regimekritischen Journalistin Anna Politkowskaja in Moskau gezeigt, dass auch nationale und internationale Bekanntheit keinen Schutz bietet. Politkowskaja hatte seit dem zweiten Tschetschenienkrieg, in dem eine kritische Berichterstattung im Fernsehen nicht mehr stattfand, unermüdlich über die Lage im Nordkaukasus berichtet.

Eine Gefahr für die herrschende Klasse sind die Medien in Russland heute nicht mehr, da das Fernsehen staatlich kontrolliert ist. Auch wurden die meisten Zeitungen, die kritisch berichteten, durch Besitzerwechsel auf Linie gebracht, so etwa 2006 auch »Kommersant«, das der kremltreue Oligarch Alischer Usmanow von Beresowskij kaufte. Mehr oder weniger unabhängig können vor allem die Zeitungen arbeiten, die mit ausländischen Partnern verbunden sind, wie etwa das Wirtschaftsblatt »Wedomosti«.

Der Moskauer Radiosender »Echo Moskwy« hat sich durch Verhandlungsgeschick bisher eine gemäßigt kritische Haltung zu bewahren vermocht, obwohl auch hier Gazprom zu den Besitzern gehört. Das ganze Land wird durch solche Medien aber nicht erreicht. Eher handelt es sich um eine Spielwiese für die gebildeten Schichten in Moskau. Eine wachsende Rolle kommt dem Internet zu, auf das sich viele Journalisten verlegt haben. Führende Nachrichtenseiten im Web wurden etwa von dem Ölmilliardär Michail

Chodorkowski finanziert, der wegen seiner politischen Ambitionen heute im sibirischen Straflager sitzt.

Trotz der staatlichen Kontrolle über das Fernsehen und die wichtigsten Printmedien ist Russland kein vollkommen medial gleichgeschaltetes Land. Doch nach den wilden 1990er Jahren, als mit dem Oligarchen-Pluralismus schon eine gefestigte Pressefreiheit erreicht schien, sind unter Putin die Spielräume für unabhängigen Journalismus sehr eng geworden.

Literatur

Walerij Panjuschkin: Michail Chodorkowski. Vom Jukos-Chefsessel ins sibirische Arbeitslager. Aufstieg und Fall des russischen Ölmilliardärs, München 2006.

Gernot Erler: Russland kommt. Putins Staat – Der Kampf um Macht und Modernisierung, Freiburg i. B. 2005.

Lilija Shevtsova: Putin's Russia, Washington 2005.

Barbara Oertel: »Viel Presse – wenig Freiheit. Medien und Macht in Russland, der Ukraine und Belarus«, in: Osteuropa 1 (2003), S. 19–32.

Schmitt, Carl

*Plettenberg 11. Juli 1888, † ebd. 7. April 1985; Staatsrechtler und politischer Publizist. Der umstrittene, antiliberale Intellektuelle übte einen starken Einfluss auf prägende, in der Mehrzahl konservative Publizisten in der Bundesrepublik aus. Sein Werk bildet einen Widerpart zu liberalen Politiktheorien, auf denen die Rundfunksysteme der westlichen Welt beruhen.

Wem die freiheitliche Demokratie am Herzen liegt, der braucht Carl Schmitt nicht, schrieb der Politologe Kurt Sontheimer vor mehr als zwanzig Jahren in der »Zeit«. Wie strittig diese Einschätzung rückblickend ist, zeigt der bis heute anhaltende Diskurs über den wohl bekanntesten deutschen Staatsrechtler des 20. Jahrhunderts, dessen Schriften nicht zuletzt aufgrund ihrer polemisch-zugespitzten Sprache und ihrer begrifflichen Prägnanz noch immer rezipiert werden – weltweit und über die Grenzen der klassischen politischen Lager hinweg. So ist bezeichnend, dass der langjährige Vorsitzende der SPD-Grundwertekommission, Erhard Eppler, sein Buch über die »Wiederkehr der Politik« mit einem Kapitel über Carl Schmitt beginnt. Dessen Lehre, so Eppler, habe »einen stärkeren Bezug zur Wirklichkeit, als uns lieb sein mag«.

Viel ist über den »Kronjuristen des Dritten Reiches« diskutiert worden; doch sein Bezug zu den Medien ist weitgehend unerforscht. Welche Rolle hat Schmitt der Presse und dem Rundfunk innerhalb von Staat und Gesellschaft zugeschrieben? Wie war sein persönliches Verhältnis zu den Medien? Schmitts Tagebücher und Korrespondenzen zeigen einerseits, wie wichtig ihm Publizität war, offenbaren aber auch, dass er das Mediale an sich als Bedrohung und Neutralisierung einer durchsetzungsfähigen Politik empfand. Die Gründe hierfür dürften nicht zuletzt in seiner (Medien-) Sozialisation zu suchen sein.

Schmitt wurde 1888 in Plettenberg in eine katholisch-kleinbürgerliche Familie hineingeboren. Er studierte Rechtswissenschaften und promovierte 1910 mit einer Arbeit »Über Schuld und Schuldarten«, wobei er sich bereits früh mit Politologie, Philosophie, Theologie und Ästhetik beschäftigte, regelmäßig Artikel und Aufsätze verfasste und sich zudem literarisch versuchte. Als Cineast der ersten Stunde sah Schmitt 1913 einmal im Kino ein »abenteuerliches Stück«, das ihn »aufreizte und überlegen machte«. Dieser Film, dessen Titel in seinen Tagebuch-Eintragungen nicht verraten wird, weckte in ihm eine »wahnsinnige Gier nach Geld und Macht und Genuss«. Er wollte »Politiker und ein einflussreicher Mann werden«. Das junge Medium faszinierte ihn, obwohl die technischen Errungenschaften der Moderne und populäre Vergnügungen letztlich seinen katholischen Wertvorstellungen widersprachen: »Das Volk will sich amüsieren, will unterhalten sein, d. h. seine Zeit totschlagen«, notierte er 1912: »Die Zeit ist reif für die Diktatur.«

Als Kriegsfreiwilliger war Schmitt zeitweise im bayerischen Kriegsministerium für die Pressezensur zuständig. 1916 als Staatsrechtler habilitiert, lehrte er nach dem Krieg unter anderem in Greifswald und Bonn, später an der Handels-Hochschule Berlin und in Köln, von 1933 an schließlich an der renommierten Berliner Friedrich-Wilhelms-Universität. In den 1920er Jahren fand Schmitt Kontakt zu einem Kreis jungkonservativer Revolutionäre. Es entstanden zentrale, meist stark theologisch gefärbte Schriften, mit denen er seiner antiliberalen, antiparlamentarischen und kulturpessimistischen Haltung Ausdruck verlieh – allen voran sein Schlüsselwerk »Der Begriff des Politischen«. Aufbauend auf seiner Freund-Feind-Theorie (»Die spezifisch politische Unterscheidung, auf welche sich die politischen Handlungen und Motive zurückführen lassen, ist die Unterscheidung von Freund und Feind«) und mit Bezug auf Thomas Hobbes als Klassiker dezisionistischen Denkens, manifestierte Schmitt seine Ideen von politischer Entscheidungsfindung: Es sei schlichtweg nicht möglich, in politisch-praktischen Fragen auf rational begründbarem Weg zu einer Entscheidung zu gelangen. Nicht zuletzt unter seinem Eindruck der Weimarer Verhältnisse forderte Schmitt Dezision statt Diskussion. Liberale Konzepte von Öffentlichkeit, von Medien als Kontrollinstanzen der Politik, deklarierte er dementsprechend als »nichtige Formalität«. »Öffentlichkeit« war für ihn lediglich ein Akklamationsorgan, dessen politische Partizipation auf Massenkundgebungen beschränkt bleibt und das die politische Führung stützt.

Hatte Schmitt noch 1930 vor der Entwicklung des Rundfunks gewarnt (»Man erschrickt vor der Massenhaftigkeit, vor dem ungeheuren Quantum dieses technischen Apparates und seiner Wirkungsmöglichkeiten …«), so pries er 1933 die »Möglichkeit, ja, Notwendigkeit einer Massenbeeinflussung«, die alles übertreffe, was auf diesem Gebiet bislang machbar war. Kein Staat könne es sich leisten, die modernen Wege der »Nachrichtenübermittlung« und »Massensuggestion« aus der Hand zu geben. Die Medienpolitik der neuen Machthaber verteidigend wies er darauf hin, dass selbst ein »noch so liberaler Staat« Zensur betreibe. Ab März 1933 bedingungslos im Dienste der neuen Staatsführung, legitimierte er 1934 mit seinem Aufsatz »Der Führer schützt das Recht« den Röhm-Putsch. Ein Jahr später würdigte der überzeugte Antisemit die Nürnberger Rassengesetze als »Verfassung der Freiheit«. Eine auf parteiinterne Machtkämpfe zurückgehende, gegen ihn gerichtete Kampagne des SS-Kampfblatts »Das Schwarze Korps« bescherte ihm 1936 das Ende seiner Karriere im NS-Staat, wenngleich er seinen Lehrstuhl bis 1945 behielt. Vor allem durch geopolitische Schriften gab er der NS-Ideologie weiterhin Nahrung. Eine Mitverantwortung für die Schrecken des Nationalsozialismus gestand er zeitlebens nicht ein.

Als Schmitt nach dem Krieg der Zugang zur Hochschule verwehrt blieb, hatte er keinen Zweifel, wer dafür verantwortlich war: »Diffamierungen und Todesurteile erfolgen heute durch die Presse; die staatliche Justiz vollstreckt sie nur.« Allein durch reine Wiedergabe seiner Gedanken in einer gedruckten Publikation fühlte er sich »verstellt, entstellt, bestellt und angestellt«. Und erst recht konnte er vor der durch den Rundfunk verbreiteten »öffentlichen Meinung« nur warnen: »Jeder Lautverstärker ist ein Sinnverstärker. Die Weltöffentlichkeit – das ist Betrug der Welt.« Adenauers Pläne zum Aufbau eines staatseigenen Fernsehens hingegen begrüßte er und war empört, als das Bundesverfassungsgericht diese durchkreuzte.

Persönlich beanspruchte Carl Schmitt nach 1945 einen »gewissen Schutz vor den Haifischen der sogenannten Öffentlichkeit« und zog sich zurück in eine »Sicherheit des Schweigens«. Dabei war er mittlerweile mehr denn je auf Presse angewiesen und nutzte diese etwa, um Rezensionen seiner Werke gezielt zu lancieren. Entsprechend sorgte er in vielen Redaktionen wiederholt für

Aufregung. Bei der »Zeit« kündigte Marion Gräfin Dönhoff 1954 ihre Mitarbeit, weil der Chefredakteur gegen ihren Willen einen Schmitt-Text gedruckt hatte.

Bis zu seinem Tod im April 1985 stand Schmitt in regem geistigen Austausch mit Intellektuellen, Politikern und Journalisten. Zu Letzteren zählen nicht nur Personen wie Hans Zehrer, Giselher Wirsing, Johannes Gross oder Margret Boveri, die seine wertkonservative Haltung teilten. Auch Rudolf Augstein reiste in den 1950er Jahren mehrfach zu Schmitt ins Sauerland und bemühte sich, ihn als juristischen Berater für den »Spiegel« zu gewinnen.

Schmitts Schüler und geistige Wegbegleiter haben seine Theorien vielfach aufgegriffen, so dass seine Ansätze den medienpolitischen Diskurs bis heute beeinflussen. Der Soziologe Helmut Schelsky beispielsweise gründete seine Analyse über »Politik und Publizität« (1983) wesentlich auf der Begriffsbestimmung des Freund-Feind-Verhältnisses. Er plädierte unter anderem dafür, Bundestagsdebatten nicht im Fernsehen zu übertragen und politische Entscheidungen in einem von Medien abgeschirmten Raum zu treffen. Schließlich verstärke das »Machtmittel« Publizistik Konflikte und »Meinungsgegnerschaften« in der Bevölkerung: »Je weniger Einfluss der Publizistik, umso mehr die Wirkung des politischen Sachverstandes.« Auch im 21. Jahrhundert wird kontrovers darüber diskutiert, dass politische Entscheidungsfindung zunehmend außerhalb des Parlaments stattfindet, inwieweit Medienpräsenz das Verhalten von Politikern beeinflusst und ob Zeugenbefragungen in Untersuchungsausschüssen im Fernsehen zu sehen sein sollen. Das kulturpessimistische Medienbild Carl Schmitts beherrscht aktuelle medienpolitische Debatten stärker, als man vermuten mag.

Literatur

Jan Werner Müller: A Dangerous Mind. Carl Schmitt in Post-War European Thought, London 2003.

Dirk van Laak: Gespräche in der Sicherheit des Schweigens. Carl Schmitt in der politischen Geistesgeschichte der frühen Bundesrepublik, 2. Aufl., Berlin 2002.

Reinhard Mehring: Carl Schmitt zur Einführung, Hamburg 2001.

Helmut Quaritsch: Positionen und Begriffe Carl Schmitts, Berlin 1995.

Carl Schmitt: Tagebücher. Oktober 1912 bis Februar 1915, hg. von Ernst Hüsmert, 3., überarbeitete und ergänzte Auflage, Berlin 2005.

PETER BURGHARDT

Slim, Carlos Helú

* 28. Januar 1940, Mexiko-Stadt; mexikanischer Unternehmer. Besonders mit den Telekommunikationsunternehmen »Telmex« und »América Móvil« wurde Slim zu einem der erfolgreichsten Unternehmer weltweit. Das Wirtschaftsmagazin »Forbes« führte ihn im August 2007 mit einem geschätzten privaten Vermögen von 59 Milliarden Dollar erstmals auf Rang eins der Liste der reichsten Menschen der Welt, womit er den langjährig führenden ➤ Bill Gates auf den zweiten Platz verwies. Laut anderen Quellen besitzt Slim inzwischen deutlich mehr als 70 Milliarden Dollar.

Der größeren Öffentlichkeit außerhalb Mexikos war der Name Carlos Slim lange Zeit unbekannt. Erst ab 2005 sorgte der geheimnisvolle Krösus für internationales Aufsehen, als ihn »Forbes« erst auf Platz drei seiner Geldrangliste setzte und dann in 2007 vor Bill Gates sogar an die Spitze. Wer war dieser Mexikaner, genannt »El Ingeniero«, der Ingenieur? Wie konnte er einen solchen Reichtum zusammentragen in einer Republik, in der viele der einhundert Millionen Einwohner mit zwei Dollar und weniger pro Tag auskommen müssen?

Basis ist vor allem Slims Medienimperium, aufbauend auf dem früher staatlich geführten Telefongiganten »Telmex« sowie dessen Mobilfunk-Ableger »América Móvil«. Beide Firmen zusammen kontrollieren weite Teile von Mexikos Telekommunikation und sind auch in anderen Ländern Lateinamerikas erfolgreich. Zudem besitzt Slim rund zweihundert weitere Firmen und beschäftigt 220.000 Angestellte. An einem gewöhnlichen Arbeitstag verdient Slim nach einer »Forbes«-Rechnung aus dem Jahr 2007 ungefähr 66,7 Millionen Dollar. Slims Erfolg gilt als Paradebeispiel für Geschäftssinn, Medienkonzentration und politische Insidergeschäfte.

Am Beginn des Aufstiegs steht zunächst eine Einwanderer-Geschichte. Slims christlicher Vater Julian Slim floh 1902 vor der osmanischen Verfolgung aus dem Libanon nach Mexiko und heiratete später eine ebenfalls libanesischstämmige Frau, Linda Helú. In den Wirren der mexikanischen Revolution eröffnete der Immigrant im historischen Kern von Mexiko-Stadt einen Gemischtwarenladen namens »Estrella del Oriente« (Stern des Orients). Seinem 1940 geborenen Sohn Carlos, einem von sechs Kindern, vererbte er Startkapital, die Kunst ordentlicher Buchführung – und vor allem den Instinkt, aus Krisen Profit zu schlagen. Als Kind handelte Carlos mit Bildern von Baseballspielern. »Im Januar 1955 betrug mein Vermögen 5532,32 Pesos«, zitiert ihn sein Biograf José Martínez (heute etwa 360 Euro). Slim schrieb die Summe in ein Heft und kaufte erste Aktien. Zehn Jahre später hatte er fünf Millionen Pesos herbeispekuliert und ein Ingenieur-Diplom an Mexikos autonomer Universität erworben.

Während des mexikanischen Finanzcrashs in den 1980er Jahren investierte der talentierte Anleger in eine Abfüllanlage, die Ladenketten »Sanborns« und »Sears«, Minen, Baufirmen, Versicherungen, Badkeramikhersteller, Hotels, Investmentfirmen, Immobilien, Reifen, Tabakvertrieb, Konditoreien, Fahrradfabriken, Aluminium, Blumenfelder, Eisenbahnen und Computertechnologie. »Gut kaufen ist eine Disziplin«, sagt er in einem seiner wenigen Interviews. Seine Holding nannte er »Carso«, gebildet aus den ersten Silben seines Vornamens und denen seiner verstorbenen Frau Soumaya, einer Cousine des ehemaligen libanesischen Präsidenten Gemayel. Slims entscheidender Fischzug führte ihn schließlich ins graue Hochhaus der »Teléfonos de México«, kurz »Telmex«, im Zentrum von Mexiko-Stadt. 1990 wurde der damalige staatliche Telekommunikationsbetrieb von Präsident Carlos Salinas de Gortari verkauft. Den Zuschlag bekamen Slim und seine Partner. Sie bezahlten 1,7 Milliarden Dollar, nach Ansicht der Mitbewerber viel zu wenig. Siebzehn Jahre später ist dieser Koloss jedenfalls 35 Milliarden Dollar wert.

»Wir haben gewonnen, weil wir mehr bezahlt haben als die anderen«, behauptete Slim. Vermutlich steckte mehr dahinter: Der skandalumtoste Politiker Salinas ist erstens ein Vertrauter Slims und zweitens gehört er der Revolutionspartei PRI an, die Mexiko mehr als siebzig Jahre lang mit allen Tricks beherrschte. Für den

Schriftsteller Mario Vargas Llosa war das korrupte System der PRI »die perfekte Diktatur«.

Slim schuf nun ein fast perfektes Monopol. »Telmex« beherrscht neunzig Prozent des nationalen mexikanischen Festnetzes und besitzt Beteiligungen in ganz Amerika. Dazu gründete Slim vor fünfzehn Jahren den Mobilfunkverbund »América Móvil«, der 130 Millionen Kunden zählt. Die mexikanische Filiale »Telcel« hat einen Marktanteil von achtzig Prozent. Im zweiten Trimester 2007 war »América Móvil« mehr wert als der spanische Rivale »Telefónica«.

Klagen gegen Salinas und Slim blieben wirkungslos, kein Politiker und keine Justiz störte das Kartell. Als der vormalige »Coca Cola«-Manager Vicente Fox von der konservativen PAN-Partei Präsident wurde, kam Slim noch besser in Schwung. Mit dessen Nachfolger Felipe Calderón geht es ungeniert weiter. Beim Wertpapierhandel am »Paseo de la Reforma« von Mexiko-Stadt haben vier von zehn Aktien mit Slim zu tun. Sein Eigentum entspricht sieben Prozent der zehntgrößten Volkswirtschaft der Welt, Mexiko; er könnte Bangladesch kaufen oder Ecuador. Sein Erfolg illustriert, was hemmungslose Privatisierung anrichten kann (➤ Regulierung).

Kritiker werfen Slim eine Monopolstellung vor, skrupellose Geschäftspraxis und Steuervorteile. »Das ist pervertierter Neoliberalismus, beschützt von der Politik«, schimpft der Ökonom Mario di Costanza, »wir haben den reichsten Mann der Welt und 50 Millionen Arme, da stimmt etwas nicht.« Die Entwicklungs-Organisation OECD warnt, Mexikos mangelnde Konkurrenz hemme den Fortschritt.

Die Gebühren von »Telmex« und »Telcel« gehören im Vergleich zur Kaufkraft in Mexiko zu den höchsten weltweit, es drückt kaum ein Konkurrent den Preis. Wer in Mexiko telefoniert und im Internet surft, der nährt meistens »Telmex« und »Telcel«, also die Slims. Wer »Marlboro« oder »Benson & Hedges« raucht, ebenfalls, die Zigaretten werden von seiner »Carso«-Gruppe vertrieben. Sogar eine Slim-Klinik gibt es. An jeder zweiten Ecke steht eine Filiale der Bank »Inbursa« oder eine Kaufhalle aus der Serie »Sears« und »Sanborns«, alles Slim. Sein Clan baut sogar Bohrinseln für die staatliche Ölgesellschaft »Pemex«. Außerdem lässt er die baufällige Altstadt von Mexikos Metropole um den Hauptplatz Zócalo renovieren. Ein Großteil der Gebäude gehört Finanzier Slim, darunter der Aussichtsturm Torre Latinoamericana.

Slim stieg wie Gates mit drei Prozent bei »Apple« ein – ehe der »iPod« kam und die Kurse wieder stiegen. »Mexiko AG«, spottet die Zeitung »Jornada«. Ein Tag ohne Slim ist in Mexiko undenkbar. Sein Schwiegersohn und Firmen-Sprecher Arturo Elias weist die Vorwürfe zurück: »Wir haben nie Wettbewerb verhindert. Der Typ ist einfach erfolgreich, er macht seine Sachen gut.« Seiner »Carso«-Gruppe hat Slim zehn Prinzipien verordnet. Punkt eins: »Einfache Strukturen, Organisationen mit minimalen hierarchischen Ebenen.« Punkt zwei: »In guten Zeiten maßvoll bleiben.« Punkt drei: »Immer auf Modernisierung, Wachstum, Qualifikation, Qualität, Einfachheit und unermüdliche Verbesserung setzen.« Punkt fünf: »Das Geld, dass die Firma verlässt, verpufft. Deshalb reinvestieren wir.«

Biograf José Martínez schreibt von der zeitgenössischen Version des König Midas, der alles zu Gold macht, was er anfasst. »Für manche Leute sprechen Wörter, für uns sind es Zahlen«, so Slim. Er mischt sich sogar in Cent-Beträge ein. In Italien wehrten sich erst Silvio Berlusconi und dann Romano Prodi gegen Slims Versuch, bei »Telecom Italia« einzusteigen. Bei Kabel und Breitband-Internet sieht Slim noch viel Potential. Wohlstand sei »wie ein Obstgarten«, doziert er vor Studenten, »man muss die Früchte verteilen, aber auch die Samen einpflanzen, damit sich die Bäume erneuern«.

Angesichts der Meldungen von der Raffgier wirbt die Dynastie mittlerweile für ihre edlen Seiten. Täglich erscheinen in den Zeitungen ganzseitige Anzeigen über die »Telmex«-Stiftung, die Arturo Elías leitet. »Die Leute sollen wissen, was wir Gutes tun.« 214.616 kostenlose Operationen, 5050 Transplantationen, 164.704 Stipendien, 100.443 Fahrräder, 67.750 Brillen finanzierte und verteilte sie in den letzten Jahren. Fünf Milliarden Dollar spendete Slims Konglomerat, zehn Milliarden sollen es werden. Für ein Programm seines Freundes Bill Clinton überwies er kürzlich einhundert Millionen Dollar. »Carlos Slim ist der größte Philanthrop, und die Welt hat nie von ihm gehört«, wunderte sich Clinton. Slim rief auch eine kontinentale Entwicklungsvereinigung ins Leben. Von milden Gaben allein hält er wenig: »Ich bin kein Nikolaus,

Wohltätigkeit löst das Problem Armut nicht.« »Telmex« verteilt Laptops für zweihundert Dollar – mit diesen gibt es wieder mehr Nutzer für das »Telmex«-Internet.

Nach einer Herzoperation und dem Tod seiner Frau zog sich der Chef aus den Kommandozentralen weitgehend zurück, Statthalter wurden die drei Söhne. Der einzig sichtbare Luxus des übergewichtigen Zigarrenrauchers Slim ist öffentlich, es ist die größte private Kunstsammlung Lateinamerikas. Sie trägt den Namen seiner toten Frau Soumaya und umfasst 64.000 Werke, darunter Bilder von Cranach, Rubens, Picasso und Miró, aber auch von Mexikanern wie Tamayo, Rivera und Orozco. Nirgendwo außerhalb von Paris sind mehr Skulpturen des Bildhauers Rodin zu bewundern.

Seit 1994 ist seine Ausstellung in einem Einkaufszentrum im Süden von Mexiko-Stadt zu sehen. Slim ließ die Anlage in einer alten Papierfabrik errichten, auf dem früheren Gelände des spanischen Eroberers Hernán Cortés. Aber sie ist zu klein, und deshalb soll die Sammlung im Jahr 2010 in den Norden des Molochs ziehen. Der Architekt des Neubaus ist der Gatte von Slims Tochter Soumaya, sein Schwiegersohn Fernando Romero. Der Patron arbeitet am liebsten mit Verwandten, die erscheinen ihm am verlässlichsten. Um das Museum Soumaya herum entstehen das neue »Telcel«-Hauptquartier, ein neuer Verwaltungssitz für »Carso« und »Sanborns« sowie Wohnungen, Shopping Mall und achttausend Parkplätze. Ein Slim-Revier, es wird sich wieder lohnen.

Literatur
David Luhnow: «The Secrets of the World's Richest Man«, in: »The Wall Street Journal« vom 4. August 2007.
José Martínez: Carlos Slim. Relato inédito, 3. Aufl., Mexiko-Stadt 2002.
Lorenzo Meyer: Liberalismo Autoritario, Mexiko-Stadt, 1995.

Sozialforschung

Unter Sozialforschung (engl.: »social research«) versteht man eine empirisch ausgerichtete Sozialwissenschaft, die an der systematischen Erfassung und Deutung sozialer Tatbestände interessiert ist. Neben allgemeiner Soziologie und den sogenannten Bindestrich-Soziologien (wie Familien-, Technik-, Medien- oder Kultursoziologie), in die sich das Fach immer weiter ausdifferenziert, ist die Sozialforschung der dritte große Bereich innerhalb der Soziologie. Der universitäre und privatwirtschaftliche Rahmen, in dem empirisch geforscht wird, lässt dabei kaum einheitliche Modelle, Fragestellungen und Forschungsmethoden zu.

Unter Sozialforschung firmieren heute überaus unterschiedliche Ansätze und Vorgehensweisen. Die Entwicklung der empirischen Sozialforschung in ihrer für die Gesellschafts- und Massenkommunikationsanalyse entscheidenden Form erfolgte wesentlich in den USA während der 1930er und 1940er Jahre unter dem Einfluss europäischer Exilanten; zu den prominentesten zählen neben Theodor W. Adorno, Max Horkheimer und Herbert Marcuse auch Friedrich Pollock und Leo Löwenthal vom Frankfurter Institut für Sozialforschung sowie der österreichische Soziologe Paul F. Lazarsfeld. In den Jahren des amerikanischen Exils beeinflussten sich europäische und amerikanische Sozialforschung wechselseitig, was für die Ausbildung der unterschiedlichen Positionen in der Nachkriegszeit maßgeblich wurde. Als Klassiker der modernen Sozialforschung gilt etwa die 1933 von Lazarsfeld gemeinsam mit seiner Frau, der österreichischen Sozialpsychologin Marie Jahoda, und dem Statistiker und Rechtswissenschaftler Hans Zeisel durchgeführte teilnehmende Beobachtung der »Arbeitslosen von Marienthal«, bei der es um die Folgen langandauernder Arbeitslosigkeit in einer Arbeitersiedlung in der Nähe von Wien ging. Eine ebenso wegweisende Bedeutung erlangte die Anfang der 1940er Jahre von Lazarsfeld initiierte Befragung »The People's Choice« über den

US-Präsidentschaftswahlkampf: Die Methode und das aus der Studie entwickelte Kommunikationsmodell der Meinungsführerschaft (»Two-Step-Flow of Communication«), das den sogenannten *opinion leaders* eine meinungsbildende Rolle zuschreibt, prägten die spätere Kommunikations- und Medienforschung.

Der Aufschwung der Sozialforschung in der Bundesrepublik Deutschland nach dem Zweiten Weltkrieg ist dagegen eng verbunden mit dem Aufstieg der Markt- und Meinungsforschung (Demoskopie), die sich vor allem auf statistische Datenerhebungen im Rahmen der Wahlforschung stützt. Auf die Konkurrenz von Meinungsforschungsinstituten – wie des »Instituts für Demoskopie Allensbach« (➤ Elisabeth Noelle-Neumann), »TNS Infratest«, der »Forschungsgruppe Wahlen« oder der »Gesellschaft für Konsumforschung« (GfK) – beschränkt sich demnach bis dato das öffentliche Bild der Sozialforschung. In diesem Bild spiegelt sich der Bedarf an Informationen über Strukturentwicklungen von unterschiedlichen administrativen Stellen einerseits, von parteipolitischen und gewerkschaftlichen Entscheidungsträgern andererseits. Entsprechend gestiegen sind der gesellschaftspolitische Einfluss und die Gefahr einer Instrumentalisierung der Meinungsforschung, zum Beispiel während Wahlen.

Gesellschaftliche Steuerung und Planung ist eng mit sozialwissenschaftlichen Einschätzungen und Vorhersagen zu Entwicklungen und deren sozialen wie kulturellen Ursachen verbunden. Was in der Praxis privater und öffentlicher Institute als Folge der organisatorischen und institutionellen Auffächerung unter empirischer Sozialforschung betrieben wird, unterscheidet sich dabei jedoch oftmals von den Intentionen universitärer Sozialforschung, die eine engere Beziehung zu den an aktuellen Sozial- und Gesellschaftstheorien ausgerichteten Fragen aufweist. Vielfach stützt sich die Sozialforschung im öffentlichen oder privatwirtschaftlichen Rahmen zwar auf eine fachsoziologische Perspektive, diese geht aber an den begrifflichen und sozialtheoretischen Problemen vorbei, die durch den gesellschaftlichen Wandel hervorgerufen werden. Das ist insbesondere bei der Markt- und Meinungsforschung der Fall, die mit ihren Analysen von Zuschauermärkten oder politischen Einstellungen an der unmittelbaren Verwertbarkeit der Ergebnisse interessiert ist und weiterführende sozial- oder gesellschaftstheoretische Fragen zumeist ausschließt. Ein Gegenbeispiel ist die »Shell-Jugendstudie«, die seit 1952 die Einstellungen, Werte und das Verhalten von Jugendlichen untersucht und vom Mineralölkonzern »Shell« herausgegeben wird.

Auf die wechselvolle und immer auch theoriepolitisch konnotierte Entwicklungsgeschichte der Sozialforschung hat Lazarsfeld bereits sehr früh aufmerksam gemacht. Seine bis heute nachklingende Unterscheidung einer »administrativen« von der »kritischen« Sozialforschung fällt in die Frühzeit der Entwicklung sozialwissenschaftlicher Forschung in den USA; sie erweist sich auch heute noch als virulent, wenn man etwa an die Position des französischen Soziologen Pierre Bourdieu (1930–2002) denkt, der der gängigen Spielart des Szientismus entgegentritt und einen vernunftgetragenen Utopismus verfolgt. Die mit wechselnder Intensität geführte Auseinandersetzung bezieht sich auf die Unterschiede zwischen einer eher empirisch-analytischen und einer gesellschaftskritisch ausgerichteten Sozialforschung. Methodisch steht bei Ersterer die intersubjektive Überprüfbarkeit und logische Konsistenz im Vordergrund, die als Kontrollkriterien der empirisch-analytischen Perspektive gelten. Letztere unterstellt einer solchen Position aufgrund ihrer Theorielosigkeit »Empirismus«, umgekehrt gilt sie aber selbst als Interpretationswissenschaft. Mit der Stärkung kulturwissenschaftlicher Positionen hat sich dieser Streit aktuell wieder verschärft, wobei er von der unfruchtbaren Gegenüberstellung quantitativer und qualitativer Methoden überdeckt wird.

Zu den Grundthemen der Sozialforschung gehören von Beginn an neben Fragen der Sozial- und Arbeitsmarktpolitik Aspekte der Sozialstruktur und ihrer Entwicklung sowie politische Fragen gesellschaftlicher Partizipation von Minderheiten und schließlich die Rolle der Massenkommunikation (➤Kommunikation), etwa in der Beeinflussung von Wahlentscheidungen. In der jüngeren Geschichte der Bundesrepublik ist aber auch die Aufarbeitung der nationalsozialistischen Herrschaft (➤Diktatur) in den Vordergrund getreten, die unter anderem wesentlich vom »Hamburger Institut für Sozialforschung« geleistet wird, das darüber hinaus auch Fragen der Gewalt in modernen Gesellschaften nachgeht. Die 140 deutschen und ausländischen Mitarbeiter des 1969 auf Initiative von Bundestagsabgeordneten aller Fraktionen gegrün-

deten gemeinnützigen »Wissenschaftszentrum Berlin für Sozialforschung« (WZB) befassen sich mit sozial- und politikwissen-
schaftlicher Grundlagenforschung, vor allem in den Bereichen
Sozialstaat, Arbeitsmarkt, Globalisierung, internationale Konflikte
sowie Demokratie und Zivilgesellschaft. Auf dem Gebiet der universitären empirischen Sozialforschung bietet das »Zentralarchiv
für Empirische Sozialforschung« der Universität Köln eine umfassende Datenquelle für Sekundärauswertungen.

Im Gegensatz zu den eindeutigen Relationen in der neueren Entwicklungsgeschichte der Sozialforschung ist die Datierung ihrer
Anfänge ähnlich schwierig wie eine eindeutige Definition. Einer
ihrer Mitbegründer ist Émile Durkheim, der mit seinem Werk
»Le Suicide« (1897) – einer hypothesengeleiteten, datengestützten
Untersuchung über die unterschiedlichen sozialen Hintergründe
und Motive des Selbstmords innerhalb verschiedener Bevölke-
rungsgruppen – Ende des 19. Jahrhunderts den Grundstein für das
pragmatische Zusammenwirken von empirischer Sozialforschung
und geisteswissenschaftlicher Theoriebildung legte. Eine weitere
Fundierung erfuhr die soziologische Arbeitsweise unter anderem
durch die umfassenden Studien des Nationalökonomen ➤ Max
Weber, der neben Ferdinand Tönnies und Georg Simmel als Gründungsvater der wissenschaftlichen Soziologie in Deutschland gilt.
Aber auch die gesellschaftlichen Veränderungen im Zuge der Staats-
und Verwaltungsreformen des frühen 19. Jahrhunderts basierten
bereits auf der Erfassung und Deutung sozialer Tatbestände.

Ganz wesentlich für eine Ausweitung der Sozialforschung
sind die Fortschritte der Datenerhebung und -verarbeitung, die
untrennbar von den Survey-Methoden (also modernen, qua-
litativen Umfrage-Techniken) sind und durch die Computeri-
sierung einen weiteren Auftrieb erfuhr. Dadurch erst ließen
sich kontinuierlich größere Untersuchungen beziehungsweise
Befragungen wiederholt durchführen und auch (international)
systematisch miteinander vergleichen. Im Rahmen der Moderni-
sierungstheorie, die sich mit Problemen gesamtgesellschaftlicher
Entwicklungen befasst, erfolgte dies etwa mit Blick auf die Entwicklungsländer, wobei man Entwicklungsparameter westlicher
Länder mit Ländern in den entsprechenden Regionen verglich.
Auf administrativer Ebene findet sich heute ein breites Spektrum

vergleichender Europaforschung, die die Vereinheitlichungen der sozialen Systeme und der Arbeitsmarktstrukturen untersucht. Im sozialwissenschaftlichen Studium gehört die Ausbildung in der Sozialforschung zu den Grundanforderungen, wobei an den Universitäten unterschiedliche thematische Schwerpunkte gesetzt werden.

Vor dem Hintergrund des mediengesellschaftlichen Wandels befasst sich mittlerweile ein großer Teil der Sozialforschung mit der Rolle der Medien in den westlichen ➤ Demokratien. Hier ist die empirische Sozialforschung gerade für Fragen der Wahlforschung (➤ Wahlkampf) sowie der Rolle und Leistung politischer Kommunikation von Bedeutung. Zugleich besteht ein wesentlicher Aufgabenbereich in der Programm- und Zuschauerforschung hinsichtlich der kontinuierlichen Erfassung von Medienreichweiten sowie der typischen Nutzungsweisen. Während in den 1970er Jahren die Pressekonzentration (➤ Presse) die medienpolitische Agenda bestimmte, haben sich die Fragen zur Meinungsvielfalt mittlerweile auf die Rolle der audiovisuellen Medien, vor allem des ➤ Fernsehens, verlagert. Maßgeblich war hier der wachsende Einfluss politischer Parteien auf die öffentlich-rechtlichen Medien, der die Entstehung des dualen Rundfunksystems seit den 1980er Jahren motivierte. Damit zusammenhängend waren die Folgen der Zulassung privater Anbieter beziehungsweise ihrer Marktmacht (➤ Markt) für die Meinungsvielfalt von Interesse.

Als Forschungsmethoden werden in der Sozialforschung ganz allgemein Befragung, sekundärstatistische Auswertungen, Inhaltsanalysen, Laborexperimente sowie teilnehmende Beobachtungsverfahren, zum Beispiel in Gruppendiskussionen, angewandt. Zuletzt haben vor allem qualitative Methoden einen immer größeren Stellenwert erlangt, womit allerdings auch der Methodenstreit um die Objektivität wieder stärker in den Vordergrund getreten ist. In den Medien- und ➤ Kommunikationswissenschaften sind eigenständige Untersuchungsverfahren entwickelt worden, von denen einige noch auf die Erkenntnisse der 1940er und 1950er Jahre rekurrieren. Maßgeblich ist hier abermals der prägende Einfluss Lazarsfelds, der im Rahmen der damaligen Wahlforschungen unter anderem neben dem Konzept des Zweistufenflusses auch das ➤ Agenda-Setting-Modell entwickelte.

Im internationalen Vergleich gibt es äußerst unterschiedliche Herangehensweisen an medien- und kommunikationswissenschaftliche Fragen, die nicht zuletzt mit den unterschiedlichen soziohistorischen Kontexten der jeweiligen Medienkultur zusammenhängen: Es konkurrieren publizistikwissenschaftliche Methoden (➤ Publizistik) mit neueren, alternativen kulturwissenschaftlichen Perspektiven, die sich mittlerweile auch international durchsetzen. So konnte in den vergangenen Jahren vor allem die kulturwissenschaftlich begründete Zuschauerforschung in den »Cultural Studies« das Bild vom passiven Zuschauer korrigieren. Die Medien- und Kommunikationswissenschaft wird sich in Zukunft verstärkt kulturwissenschaftlicher Methoden bedienen müssen, wenn sie die alltagskulturellen Folgen eines zunehmend fragmentierten Publikums eingehend erforschen will. Bezogen auf die Medienpolitik handelt es sich um Themen wie die zunehmende Zersplitterung von ➤ Öffentlichkeiten im Zuge der Globalisierung sowie die folgenreichen Wechselwirkungen von Akteuren aus Medienwirtschaft, Journalismus und Politik, für deren Analyse sich diskursanalytische Methoden anbieten. Eine Herausforderung besteht in der Verbindung und wechselseitigen Befruchtung der empirisch-analytischen mit den kulturwissenschaftlich-hermeneutischen Methoden.

Literatur:
Susanne Rippl und Christian Seipel: Methoden kulturvergleichender Sozialforschung. Eine Einführung, Wiesbaden 2008.
Udo Kelle: Die Integration qualitativer und quantitativer Methoden in der empirischen Sozialforschung. Theoretische Grundlagen und methodologische Konzepte, Wiesbaden 2007.
Uwe Flick: Qualitative Sozialforschung. Eine Einführung, Reinbek 2006.
Andrea Bührmann und Uta Klein (Hg.): Gesellschaftstheorie und die Heterogenität empirischer Sozialforschung. Festschrift für Hanns Wienold, Münster 2005.
Paul F. Lazarsfeld: The People's Choice. How the Voter Makes Up His Mind in a Presidential Campaign, New York 1944.
Max Horkheimer u. a.: Studien über Autorität und Familie. Forschungsberichte aus dem Institut für Sozialforschung, Paris 1936.

Sport

Sport (eine Wortübernahme aus dem Engl.) ist zu einem
Mittel des sozialen Aufstiegs und besonders durch die Fernsehübertragungen zu einem wichtigen Wirtschaftsfaktor
geworden. Die Übertragungsrechte an der nordamerikani-
schen National Football League (NFL) waren das Vorbild
für den Vertrag zwischen der englischen Premiere League
und BSkyB aus dem Jahr 1992. Seither bestimmen die Sport-
rechte in ganz Europa Spielpläne und Senderstrukturen.

➤ Fernsehen hätte sich ohne den Sport, genauer: ohne den Spitzensport von Fußball, Leichtathletik, Formel 1, zeitweise auch
Tennis oder Skispringen, anders und langsamer entwickelt. Der
Sport war und ist das Lockmittel, um technische Neuerungen und
innovative Geschäftsmodelle durchzusetzen. Als erste Direktüber-
tragung von einem Sportereignis im Rundfunk gilt die Reportage
von einer Ruderregatta auf der Alster, die am 13. Juli 1924 im
Radio übertragen wurde. Der erste große Testbetrieb des jungen
Massenmediums Fernsehen fand 1936 während der Olympischen
Sommerspiele in Berlin statt.

Die Nationalsozialisten, die Hochtechnologie wie die Entwicklung von Raketen, Atomwaffen, Computern, Fernsehen und Radio
(»Volksempfänger«) massiv förderten, präsentierten 1936 in Berliner »Fernsehstuben« Live-Übertragungen von den Ereignissen
im Olympiastadion. Bis zu einhundert Zuschauer konnten auf
kleinen Monitoren oder in einer Großprojektion die technisch
noch schwachen Fernsehbilder sehen. In den Tagen der Sommerspiele sollen so über einhunderttausend Zuschauer indirekt
bei den Sportwettkämpfen zugeschaut haben. Im November des
Jahres 1936 wurde das erste Fußball-Länderspiel übertragen. Die
Bildqualität war jedoch so schlecht, dass die Zuschauer den Ball
kaum verfolgen konnten. Im Sommer 1939 fand eine Fußball-
übertragung in größerer Zeilenauflösung statt. Zwar endete der
Fernsehbetrieb mit Beginn des Zweiten Weltkriegs, doch ein Test-

betrieb für Berliner Lazarette übertrug bis ins Jahr 1944 weiter Fußballspiele.

Das erste große Ereignis, das dem nach dem Krieg neugegründeten deutschen Fernsehen hohe Aufmerksamkeit bescherte, war die Fußball-Weltmeisterschaft 1954 in der Schweiz. Im Jahr zuvor hatte bereits die Übertragung der Krönungsfeierlichkeiten anlässlich der Thronbesteigung durch die englische Königin Elisabeth II. die Menschen vor die wenigen Fernsehgeräte in den Gaststätten und Geschäften gelockt. Aber erst die Fußball-WM mit dem überraschenden Sieg der deutschen Mannschaft kurbelte den Verkauf der Fernsehgeräte wirklich an: Im Lauf des Jahres 1954 verzehnfachte sich die Zahl der angemeldeten Geräte. Das TV-Programm jener Zeit enthielt viele (Live-)Übertragungen von Sportereignissen. Vor allem der Sonntagnachmittag stand ganz im Zeichen des Sports. Es wurde bis ins Jahr 1960 fast alles übertragen, was sportlich nur halbwegs interessant war – vom Tischtennisturnier bis zum Seifenkistenrennen. Im Zentrum der Aufmerksamkeit stand dabei weiterhin der Fußball. Mit der Gründung der Fußball-Bundesliga (1963) wurden Live-Übertragungen von deren Spielen jedoch verboten. Für die zusammenfassende Berichterstattung gründete das Erste Deutsche Fernsehen (ARD) die »Sportschau«.

1964 wurden die Olympischen Sommerspiele in Tokio erstmals live per Satellit übertragen, was den Verkauf von Fernsehgeräten weiter steigerte. Als die enormen Zuwachsraten abflachten, wurde eine nächste Geräte-Innovation gestartet. Seit der Internationalen Funkausstellung (IFA) 1967 strahlten ARD und ZDF ihre Programme nach und nach in Farbe aus. Die Fußball-Weltmeisterschaft 1968 in Mexiko, die live per Satellit in Farbe übertragen wurde, führte zu einem Boom beim Farbfernsehgeräte-Verkauf. Erstmalig wurden in Mexiko auf Beschluss des Internationalen Fußballverbands FIFA Verwarnungen und Verweise durch rote und gelbe Karten markiert, die auf dem Bildschirm natürlich nur an einem Farbfernsehgerät erkannt wurden.

Das private Fernsehen, das 1984 in Deutschland startete, erregte die Aufmerksamkeit der Zuschauer in hohem Maße erst, als es sich um den Spitzensport bemühte. RTL vermochte 1989 zum ersten Mal die Zuschauermassen für das Privatfernsehen zu mobilisieren aufgrund der Wimbledonsiege der Tennisstars Steffi Graf und Boris Becker. Die Marktführerschaft erreichte RTL Anfang der 1990er Jahre auch dank der Übertragung der Formel-1-Rennen und der Siege des deutschen Ausnahmefahrers Michael Schumacher. Sat.1 wurde als Vollprogramm anerkannt, als im Sommer 1992 die Sendung »ran – Sat.1 Bundesliga« die Zusammenfassungen der Spiele von der Fußball-Bundesliga exklusiv zeigte.

In Großbritannien basierte der ökonomische Erfolg der vom australo-amerikanischen Medienunternehmer Rupert Murdoch betriebenen Pay-TV-Plattform »BSkyB« wesentlich auf den Erstübertragungsrechten von der englischen Premiere League. Der deutsche Pay-TV-Sender »Premiere«, der ab 1991 erst eine Partie pro Spieltag, später alle Begegnungen der Fußball-Bundesliga live zeigte, steigerte seine Abonnentenzahl fast nur aufgrund seines Sportangebots. Seit Mitte der 1990er Jahre gibt es zudem eigene Sportkanäle wie den paneuropäischen Sender »Eurosport« oder das »Deutsche Sportfernsehen« (DSF), die rund um die Uhr von Sportveranstaltungen berichten. Die Fußball-Weltmeisterschaft 2006 in Deutschland markiert das bisher letzte Stadium der Entwicklung. »High Definition Television« (HDTV), Handy-TV und Großbildschirme erreichten während der WM einen signifikanten Marktanteil.

Die Investitionen für die exklusiven Übertragungsrechte bestimmter Sportarten in West- und Mitteleuropa sind unternehmerisch riskant. Die Insolvenz des ➤ Kirch-Konzerns 2002, dem zu diesem Zeitpunkt sowohl Sat.1 als auch »Premiere« gehörten, hatte eine Ursache in den überhöhten Rechtekosten für die Fußball-Bundesliga. In der Folge sanken zum ersten Mal in der Fernsehgeschichte die Preise für die zusammenfassende Berichterstattung von der Bundesliga. Die Sportverbände, die solche Fernsehrechte vermarkten, gewannen über die Jahre eine enorme wirtschaftliche Bedeutung. Neben den nationalen Fußballverbänden und ihren jeweiligen Tochterunternehmen sind dies vor allem die FIFA als Veranstalter der Weltmeisterschaft, der europäische Fußball-Dachverband UEFA, der die Vereinswettbewerbe UEFA Champions League und UEFA-Cup sowie die Fußball-Europameisterschaft organisiert, und das Internationale Olympische Komitee (IOC), das mit den Olympischen Sommer- und Winterspielen das weltweit größte Sportereignis ausrichtet. Den Funktionären dieser Verbände, die über die Veranstaltungsorte und Übertragungsrechte entscheiden, wuchs eine große ökonomische Macht zu.

Der quantitative Zuwachs an Live-Übertragungen der Pay-TV-Sender, der Sportkanäle wie der Vollprogramme in den Jahren von 1990 bis 2005 führte nicht zu einer Diversifizierung des Marktes. Es werden immer weniger Sportarten immer häufiger gezeigt. In Deutschland sind das vor allem Fußball und Formel 1. Daneben können sich auf gewisse Zeit noch andere Sportarten etablieren. Von 1984 bis 1995 war das Tennis, das dann vom Skispringen (Vierschanzentournee) abgelöst wurde, ehe ab dem Jahr 2000 eine Randsportart wie Biathlon aufgrund ihrer Fernsehqualitäten einen Popularitätsschub bekam. Zudem dominierte, nachdem Jan Ullrich 1997 als erster Deutscher die Tour de France gewann, der Radsport bis zu den Dopingskandalen im Sommer 2007 rund ein Jahrzehnt lang die Berichterstattung. Sportarten wie Handball, Basketball oder Eishockey zeigen die Vollprogramme dagegen nur bei Großveranstaltungen wie Weltmeisterschaften oder Olympischen Spielen während der Hauptsendezeit. Andere Sportarten zahlen sogar Produktionskostenzuschüsse, um die Sportsender oder regionale Fernsehprogramme der ARD zu Übertragungen zu animieren.

Die Sportberichterstattung im deutschen Fernsehen hat sich somit in drei Klassen gespalten: Es gibt eine kleine, sehr finanzstarke Oberschicht aus Fußball und Formel 1. Hier werden große Gehälter gezahlt, hier investiert die Werbebranche, die Fernsehpräsenz ist garantiert. Dann folgt eine Art von Mittelklasse, zu der die erwähnten Mannschaftsportarten, Leichtathletik, Tennis und manche Wintersportarten zählen. Ihr geht es relativ gut. Die Spitzensportler haben ein sehr gutes Auskommen und können je nach Renommee ihrer Sportart durch Werbung ein Vielfaches ihres Sportsalärs hinzuverdienen. Sie avancieren zu weltweit vermarkteten Superstars.

Das Gros der Mittelklasse des Sports fürchtet den tendenziellen Abstieg in das Sportproletariat. Zu diesem zählt der große Rest der in den Verbänden organisierten Sportler. Sie müssen um jene Aufmerksamkeit, die den Vertretern der Oberschicht geradezu in den Schoß fällt, kämpfen und für sie zahlen. Sie selbst werden schlecht oder überhaupt nicht entlohnt, und ihre Fernsehpräsenz ist gering. Durch Regeländerungen, aufgepeppte Trikotagen und Werbeaktionen versuchen diese Sportarten, sich den Bedingungen des Fernsehens anzupassen. Dieses Klassensystem, das sich je nach Tradition in den europäischen Ländern unterschiedlich zusammensetzt, konnte von der globalen Vermarktung der US-amerikanischen Profisportarten Basketball, American Football, Baseball und ihrer Profiligen nicht aufgebrochen werden. Der europäische Basketball folgt eigenen Regeln; der europäische Ableger des American Football findet nur in den Großstädten ein Publikum und fristet im Fernsehen eine Nischen- bis Nichtexistenz; und Baseball gilt immer noch als ein Unikum, das nur in den USA, Kuba und Japan Aufmerksamkeit findet.

Fernsehen und Spitzensport sind ein medienpolitisches Gespann geworden und haben sich wechselseitig zum Erfolg verholfen. Sie stehen tendenziell aber auch in Gefahr, sich wechselseitig zu beschädigen. Doping ist das eklatanteste Beispiel. Ein Fernsehen, das unkritisch über den Sport berichtet und dessen Schattenseiten nicht mehr auslotet, wie zuletzt die ARD bei der Tour de France, verliert jedwede journalistische Glaubwürdigkeit und fügt dem Sport nichts Eigenes mehr hinzu. Das könnte den Sport verleiten, sich im und für das Fernsehen selbst zu organisieren – mit eigenen Sendungen und eigenen Kanälen (wie sie in Spanien, Italien und England bereits die Spitzenklubs des Fußballs betreiben). Wenn diese Entwicklung sich forcierte, könnten sowohl das allgemeine Fernsehen wie auch der Sport großen Schaden nehmen.

Literatur

Thomas Schierl (Hg.): Handbuch Medien, Kommunikation und Sport, Schorndorf 2007.

Raymond Boyle und Richard Haynes: Football in the New Media Age, London, New York 2004.

Peter Frei und Swen Körner (Hg.): Sport – Medien – Kultur, Sankt Augustin 2004.

Alina Bernstein und Neil Blain (Hg.): Sport, Media, Culture. Global and Local Dimensions, London 2003.

Springer, Axel und Friede

Axel Springer, * Hamburg-Altona, 2. Mai 1912, † Berlin, 22. September 1985; verheiratet seit dem 20. Januar 1978 in fünfter und letzter Ehe mit Friede Springer, geborene Riewerts, * Oldsum (Insel Föhr), 15. August 1942; deutsches Verleger-Ehepaar. Der Axel Springer Verlag stieg nach dem Zweiten Weltkrieg, vor allem durch »Bild« und »Hörzu«, zum größten deutschen Pressehaus auf. Durch sein explizit liberal-konservatives Selbstverständnis wurde Springer zum politischen Faktor in der Bundesrepublik Deutschland.

Axel Springer war in der Zeit der Studentenunruhen in den 1960er Jahren für die Protestierenden die größte Reizfigur (»Enteignet Springer«, so lautete ein Slogan). Mit polemischen, reißerischen Überschriften seiner Zeitungen, vor allem der auflagenstarken »Bild«, und mit kämpferischen Kampagnen hatte der Verleger die Auseinandersetzungen um einen neuen gesellschaftlichen Kurs eskalieren lassen. Er selbst sah sich als »Buhmann der Nation« und verkaufte trotzig weiter Zeitschriften wie »Das neue Blatt« oder »Bravo«. Der Widerstand des zusehends rechts von der Mitte angesiedelten Unternehmers galt von 1969 an auch der Ostpolitik der sozialliberalen Koalition. Hier sah Springer sein oberstes Ziel gefährdet: die deutsche Einheit und den Kampf gegen den Kommunismus. Für die Terroristen (➤ Terrorismus) der Baader-Meinhof-Gruppe war der Verlag Zielobjekt: Im Mai 1972 explodierten im Hamburger Springer-Hochhaus mehrere Bomben, siebzehn Personen wurden verletzt.

Die Annäherung und anschließende Wiedervereinigung der alten westdeutschen Bundesrepublik und der DDR erlebte der 1985 verstorbene Springer nicht mehr. Als Sachwalterin seines verlegerischen und politischen Erbes tritt seitdem seine fünfte Frau Friede auf, die ehemalige Kinderpflegerin seiner Kinder, die vom Großverleger systematisch auf höhere Aufgaben vorbereitet worden war. Sie habe sich an seiner Seite entwickelt, bekannte die Witwe in einem Porträt der konzerneigenen »Welt am Sonntag«: »Ich gebe es zu: Ich bin sein Produkt.« Und so arbeitet sie dann auch im früheren Büro ihres Mannes im Berliner Verlagshaus. Dieses hatte der Verlagschef in den 1960er Jahren direkt an der deutsch-deutschen Grenze als Mahnmal der Freiheit errichten lassen. Friede Springer überlegt sich nach eigener Aussage stets, wie wohl ihr verstorbener Mann gehandelt hätte. Sie sagt: »Ich bin nur Gast hier.« Springers ältester Sohn Axel Sven, einst potentieller Nachfolger, verübte 1980 Selbstmord. Eine daraufhin eingegangene Verbindung des Zeitungshauses mit dem süddeutschen Verleger Hubert Burda scheiterte.

Der Aufstieg Axel Springers begann nach Kriegsende 1945, als die Alliierten Lizenzen für Zeitschriften und Zeitungen (➤ Presse) an politisch Unverdächtige vergaben. Die Wurzeln der Firma reichen aber bis ins Jahr 1789 zurück, als Johann Friedrich Hammerich einen kleinen Verlag in Altona gründete. Diesen kleinen Betrieb, in dem die »Altonaer Bürgerzeitung« sowie die »Altonaer Nachrichten« erschienen, übernahm Axel Springers Vater Hinrich 1909. 1941 gliederte Reichsleiter Max Amann die Blätter in sein NS-Pressereich ein. Axel Springer, der das Handwerk von der Pike auf gelernt hatte, verbrachte die Kriegszeit auf der Insel Sylt. Dort lernte er den deutschnationalen Publizisten Hans Zehrer kennen, der zu seinem wichtigsten Ratgeber wurde.

Die ersten Lizenzen bekam Springer 1946 für die »Nordwestdeutschen Hefte« und das Fernsehmagazin »Hörzu«, das in seiner Blütezeit Anfang der 1960er Jahre mehr als vier Millionen Exemplare pro Ausgabe verkaufte. Zeitungsverleger wurde Springer im Herbst 1948, als er das »Hamburger Abendblatt« übernahm – in dieser Branche eroberte er sich bald mit dem Groschenblatt »Bild« die Marktführerschaft. Im Juni 1952 nach britischem Vorbild (➤ Großbritannien) begründet, erreichte es in seinen besten Tagen, Anfang der 1980er Jahre, eine Auflagenhöhe von bis zu fünf Millionen Exemplaren täglich. Die Schlagzeilen der Boulevardzeitung wurden von Politikern gefürchtet. Die Arbeitsweise der Redaktion erforschte Günter Wallraff. In den Augen Heinrich Bölls war das Blatt Symbol für menschenverachtenden Zynismus (verarbeitet in dem Roman »Die verlorene Ehre der Katharina Blum«). Gleichwohl war die Expansion der Marke »Bild« nicht aufzuhalten; zahlreiche rentable Ableger wie »Auto-Bild« oder »Sport-Bild« entstanden. Mit der »Welt«, die Springer 1953 kaufte, vergrößerte der Verleger die medienpolitische Bühne für seine nationalkonservativen Interessen noch. Die hohen Verluste der Zeitung seit Ende der 1950er Jahre wurden querfinanziert, hauptsächlich durch »Bild«. Zudem beteiligte sich Springer an immer mehr Regionalzeitungen.

Früh erkannte der Konzernherr die Chancen der elektronischen Medien. Er war in den 1960er Jahren der prominenteste Fürsprecher der Einführung des privaten Rundfunks in Deutschland; 1970 wollte er dem NDR sogar 55 Prozent der Produktionsfirma Studio Hamburg abkaufen. Zum Verlegerfernsehen unter maßgeblicher Springer-Beteiligung sollte dann der 1984 gestartete Kommerzkanal Sat.1 werden, doch brachte Filmhändler ➤ Leo Kirch diesen Privat-TV-Betrieb letztendlich unter seine Kontrolle.

Der Kampf zwischen Kirch und Springer um Sat.1 beherrschte viele Jahre nach dem Tod des Verlegers die Medienpolitik in Deutschland. Mal stritten sich die Parteien vehement, mal hielten sie sich an einen Burgfrieden. Im Zuge des Börsengangs der Axel Springer AG im Herbst 1985 gelang es Kirch, mithilfe der Deutschen Bank maßgeblicher Aktionär des Verlags zu werden. Am Ende besaß er gut vierzig Prozent – doch die totale Kontrolle versagte ihm die Erbin Friede Springer. Seit dem Jahr 2002 stützt sie sich auf den starken neuen Vorstandschef Mathias Döpfner. Kaum im Amt, bestand der juvenile Musikwissenschaftler (Jahrgang 1963) gegenüber dem finanzschwachen Kirch auf früher ausgehandelte Zahlungen – was den Gang der Kirch-Gruppe in die Insolvenz beschleunigte. Ihren Springer-Anteil reichte die Deutsche Bank an Investoren und an Springer weiter. Springer war wieder unangefochtener Eigentümer seiner selbst.

Verlagschef Döpfner ist in der Presse wiederholt mit Axel Cäsar Springer verglichen worden. Friede Springer setzt große Stücke auf ihn und übertrug ihm Mitte 2006 sogar aus ihrem persönlichen Besitz zwei Prozent des Aktienkapitals zum Vorzugspreis von 52 Millionen Euro. Für die Zukunft des Hauses hat sie Döpfner fest eingeplant, beispielsweise in einer Stiftung, die später einmal die Aktienmehrheit kontrollieren soll. Gescheitert ist Döpfners Versuch, die »ProSiebenSat.1 Media AG«, die Kirch einst aufgebaut hatte, zu übernehmen. Der Versuch provozierte erneut, wie vor fast vierzig Jahren, Debatten über die Medienmacht Springers. Am Ende widersprachen sowohl das Bundeskartellamt als auch die Kommission zur Ermittlung der Konzentration im Medienbereich (KEK) im Januar 2006 dem Deal. Seitdem investiert Springer in ausländische Märkte, vor allem in Osteuropa. Die Zukunft sieht Döpfner in digitalen Angeboten, weshalb er die Formel »online first« in Umlauf brachte. Sein kurzfristiges Engagement im Postgeschäft bei dem Luxemburger Postdienstleister »Pin Group AG« scheiterte. Nach Einführung des Mindestlohnes im Postwesen Ende 2007 hat sich Springer aus diesem Geschäftsbereich wieder zurückgezogen.

In der Bilanz weist die Axel Springer AG nach etlichen Verkäufen von Firmen und Grundstücken sowie Kosteneinsparungen deutliche Gewinne aus. Das macht das Haus bei Finanzinvestoren beliebt, unter anderem bei dem mit 9,4 Prozent beteiligten Private-Equity-Unternehmen »Hellman & Friedman«. Die aufgeregten Diskussionen über den beschlossenen Umzug der »Bild«-Redaktion von Hamburg nach Berlin in 2007 zeigten, wie gewichtig die Position der Boulevardzeitung innerhalb des Verlag immer noch ist: In guten Jahren macht »Bild« allein mehr Gewinn als die gesamten restlichen Unternehmensbereiche. Die von Alt-Verleger Axel Cäsar Springer etablierte patriarchalische Kultur, wonach er sich stets um die Seinen kümmerte und gute Gehälter garantierte, ist in Zeiten moderner Effizienz allerdings verlorengegangen.

Literatur

Christian Sonntag: Medienkarrieren. Biographische Studien über Hamburger Nachkriegsjournalisten 1946–1949, München 2006.

Mathias Döpfner (Hg.): Axel Springer – neue Blicke auf den Verleger. Eine Edition aktueller Autorenbeiträge und eigener Texte, Hamburg 2005.

Claus Jacobi: Der Verleger Axel Springer. Eine Biographie aus der Nähe, München 2005.

Michael Jürgs: Der Verleger. Der Fall Axel Springer, München 1995.

Günter Wallraff: Der Aufmacher. Der Mann, der bei »Bild« Hans Esser war, Köln 1977.

TOBIAS GOSTOMZYK, MARION ROMES

Telekommunikation

Telekommunikation bezeichnet jeglichen Austausch von
Informationen über eine Distanz. Der Begriff setzt sich
zusammen aus dem griechischen Wort »tele« (= fern, weit)
und dem lateinischen »communicare« (= kommunizieren,
mitteilen). Das spiegelt sich in dem deutschen Ausdruck
»Fernmeldewesen« wieder, der aus der Umgangsprache
jedoch fast verschwunden ist.

Am 14. Februar 1876 eilen zwei amerikanische Erfinder – im
Abstand von nur zwei Stunden – zum Patentamt, um ihr Recht
für eine revolutionäre Erfindung geltend zu machen: das Telefon.
Der erste, Gardiner Greene Hubbard, ist Anwalt und vertritt den
Sprachtherapeuten Alexander Graham Bell, der zweite ist Elisha
Gray, Lehrer und Unternehmer. Es kommt zum Patentstreit, den
Bell gewinnt. Die Geschichte der Telekommunikation ist von
Anfang an eine der Abzockerei: Bell hatte von Antonio Meucci,
der bereits zuvor ein vorläufiges Patent angemeldet und es aus
finanziellen Gründen nicht aufrechterhalten konnte, schlicht abge-
kupfert. Meucci starb verarmt und kam erst posthum zu Ruhm
und Ehren: 2002 erklärte das amerikanische Repräsentantenhaus
ihn zum Erfinder und ersten Patentinhaber des Telefons.
    Die flächendeckende Einführung der Telekommunikation ist
noch mit einem anderen Namen verbunden: Am 30. Dezember
1899 erwarb die »American Telephone and Telegraph Corporation« (AT&T Inc.) die Rechte am »Bell-System« – und sicherte sich
so auf lange Zeit eine Monopolstellung in Nordamerika. Erst in
den 1980er Jahren wurde AT&T Inc. im Zuge eines Kartellrechts-
verfahrens teilweise zerschlagen. Zugleich vollzog das Unternehmen einen Wandel und vertreibt heute neben Telefon-, Daten- und
Videotelekommunikation auch Mobilfunk und Internetdienstleis-
tungen.
    Technisch handelt es sich bei der Telekommunikation um den
Vorgang des Aussendens, Übermittelns und Empfangens von

Signalen mittels Telekommunikationsanlagen, wobei die Erbringung eines Telekommunikationsdienstes durch Signalübertragung gegen Entgelt zentral ist. Weiter ist zwischen Signalübertragung und erbrachten Inhalten zu unterscheiden: Inhalte unterliegen nicht nur anderen rechtlichen Bedingungen, sie sind auch wirtschaftlich einem anderen Anbieterkreis zuzuordnen. Spiegelbildlich ist der Begriff des Telekommunikationsdienstes sowohl von Telemedien als auch vom Rundfunk abzugrenzen: Bei Ersteren steht die technische Übermittelungsleistung im Vordergrund, bei Letzterem die Produktion und Verbreitung von Inhalten.

Herzstück der Telekommunikation ist ihr faktisch-technischer Ausgangspunkt: das Telekommunikationsnetz. Bei diesem handelt es sich um die vernetzte Infrastruktur. Telekommunikationsnetze sind nicht nur das herkömmliche (Telefon-)Festnetz, sondern unter anderem auch Breitbandkabelnetze, funkgestützte Netze und Satellitennetze. Unter einem Telekommunikationsnetz versteht man die Gesamtheit von Übertragungssystemen und gegebenenfalls die Vermittlungs- und Leitwegeinrichtungen, die zur Signalübertragung genutzt werden können.

Historisch bedeutsam ist die Einführung neuer Übertragungstechniken: 1973 beschloss die Bundesregierung, eine »Kommission für den Ausbau des technischen Kommunikationssystems« (KtK) einzusetzen. Sie sollte unter Beteiligung der Länder Bedarf und technische Möglichkeiten neuer Kommunikationsformen untersuchen. 1976 kam die Kommission zu dem Ergebnis, dass der Bedarf angesichts des erheblichen finanziellen Aufwands ungewiss sei. Sie schlug vor, die neuen Techniken – Kabelfernsehsysteme, Systeme des Textverkehrs wie Teletext, Bildschirmtext und Datenkommunikation sowie Telefaxdienste – zunächst in »Pilotprojekten« auf ihre Akzeptanz zu erproben. Die Ministerpräsidenten der Länder beschlossen daraufhin 1978 ihre Durchführung. Tatsächlich starteten die ersten Pilotprojekte jedoch erst 1984 – zu einem Zeitpunkt, als sie durch die technische Entwicklung längst überholt waren, insbesondere durch die Satellitentechnik und die Errichtung von Breitbandkabelnetzen.

Die breitbandige Kupferverkabelung – eine technische Infrastuktur für die Übertragung von Rundfunkprogrammen – wurde in den 1980er Jahren maßgeblich vom damaligen Bundespostminister Schwarz-Schilling (CDU), von Hause aus Medienpolitiker, vorangetrieben. Schnell stellte sich jedoch heraus, dass angesichts des Investitionsaufwands in Milliardenhöhe eine flächendeckende Verkabelung in absehbarer Zeit nicht zu erreichen sein würde. Stattdessen blieb es bis heute vorrangig bei der Verkabelung von Ballungsräumen.

Die Telekommunikation als Wirtschaftssektor hat in den vergangenen Jahren einen spektakulären Transformationsprozess durchlaufen: Noch bis zum Ende der 1980er Jahre prägte ein umfassendes Infrastruktur- und Sprachdienstmonopol die Telekommunikationswirtschaft. Sowohl Post als auch Telekommunikation existierten als hoheitliche Tätigkeit des Bundes. Unter dem Leitgedanken der Privatisierung und Liberalisierung wurde der ordnungspolitische Rahmen der Telekommunikationswirtschaft im Zuge zahlreicher europäischer Vorgaben einer umfassenden Reformierung unterzogen. Ziel war und ist – nach der anfänglich im Vordergrund stehenden Privatisierung der staatlichen Monopole –, die Telekommunikationsmärkte zu liberalisieren und einen nachhaltigen Wettbewerb zu schaffen und zu sichern.

Den Telekommunikationssektor charakterisiert eine besonders dynamische Entwicklung. Für den Weg in die Informationsgesellschaft bildet Telekommunikation einen Schlüsselfaktor. Sie liefert die technischen Voraussetzungen für die weltweite Vernetzung. Die Wertschöpfung der Informations- und Telekommunikationstechnologie-Branche (ITK) in Deutschland ist zwischen 1995 und 2005 um fünfzig Prozent auf 74 Milliarden Euro gestiegen. Im Vergleich zu klassischen Industriezweigen lag die Hightech-Branche damit vor dem Maschinenbau, der Automobil- und der Metallindustrie. Im internationalen Vergleich ist der Wertschöpfungsanteil der ITK-Branche in Deutschland eher gering.

Zentrales nationales Normwerk ist das Telekommunikationsgesetz (TKG), das sich dem Wirtschaftsverwaltungsrecht zuordnen lässt. Es gehört neben dem Energie-, Post- und Eisenbahnrecht zum Recht der Netzwirtschaften, die wegen ihrer monopolistisch geprägten Struktur der Regulierung bedürfen. Man spricht insofern auch vom sektorspezifischen Regulierungsrecht (➤ Medienrecht). Es dient – neben dem Kundenschutz, einer Ordnung der Frequenzvergabe und einer flächendeckenden Versorgung mit

Basisdienstleistungen – vor allem der Schaffung und Erhaltung langfristigen Wettbewerbs.

Das Post- und Fernmeldewesen galt in Deutschland über viele Jahre hinweg als Bestandteil der Daseinsvorsorge und wurde als öffentliche Aufgabe des Staates angesehen. Nach dem Grundgesetz besaß der Bund nicht nur die ausschließliche Gesetzgebungskompetenz für diesen Bereich, sondern war auch verpflichtet, für eine flächendeckende Verfügbarkeit der wesentlichen Telefondienste Sorge zu tragen. Dabei wurde das Monopol der Deutschen Bundespost schrittweise durch drei Postreformen aufgehoben. Die Postreform I im Jahre 1989 diente in erster Linie der Entmonopolisierung des Bereichs der Endgeräte und nur in begrenztem Umfang des Sektors der Satelliten- und Mobilfunknetze; im Bereich der Funkanlagen, Netzinfrastruktur und Sprachtelefondienste blieb das Monopol hingegen unverändert bestehen. Gleichzeitig wurde die Deutsche Bundespost in die selbständigen Unternehmen Deutsche Bundespost, Postbank, Postdienst und Telekom aufgegliedert. Die Wahrnehmung von Hoheitsaufgaben und die Aufsicht über die genannten Unternehmen übertrug der Gesetzgeber dem Bundesministerium für Post und Telekommunikation. 1994 erfolgte mit der Postreform II eine weitere »Entstaatlichung« der Unternehmen. Der Gesetzgeber sah nun eine Privatisierung der Telekommunikationsunternehmen vor. So wurde die Deutsche Bundespost in die Deutsche Post AG, die Deutsche Telekom AG und die Deutsche Postbank AG umgewandelt. Erst mit der Postreform III im Jahre 1996 wurden die verbliebenen Monopolrechte aufgehoben und eine vollständige Liberalisierung angeordnet. Die Aufsicht über die Regulierung nach dem in diesem Zuge erlassenen TKG (1996) wurde der »Regulierungsbehörde für Telekommunikation und Post« (RegTP) im Geschäftsbereich des Bundesministeriums für Wirtschaft übertragen, die inzwischen »Bundesnetzagentur für Gas, Elektrizität, Telekommunikation, Post und Eisenbahnen« (BNetzA) heißt.

2004 trat ein neues TKG in Kraft, dessen Zielsetzung es war, ein liberalisiertes, dem allgemeinen Wettbewerbs- und Kartellrecht stärker angeglichenes Regulierungsregime durchzusetzen (Wegfall der Lizenzierung, Missbrauchsaufsicht ex post, sektorspezifische Regulierung ex ante, neue Bewertung der Marktmacht von Unternehmen et cetera). Triebkraft dieser Gesetzesnovelle bildeten fünf europäische Richtlinien für die elektronische Kommunikation, unter anderem die Rahmenrichtlinie, die Genehmigungsrichtlinie, die Zugangsrichtlinie, die Universaldienstrichtlinie vom 7. März 2002 sowie die Datenschutzrichtlinie vom 12. Juli 2002.

Die jüngste Änderung des TKG im Jahr 2007 integrierte bisher in der Telekommunikations-Kundenschutzverordnung enthaltene Regelungen. Zudem wurden die verbraucherschützenden Vorschriften zur Bekämpfung des Missbrauchs von Mehrwertdiensten neu gefasst und neue Rahmenbedingungen für die Nutzung von Telekommunikationsdiensten (Stichwort: »neue Märkte«) in das Gesetz aufgenommen. Der Gesetzgeber folgte damit der bisherigen Systematik des Telekommunikationsrechts, den Verbrauchern und Unternehmen möglichst ein alle Rechtsgebiete umfassendes Gesetzeswerk bereitzustellen.

Trotzdem besteht weiterhin Konfliktpotential. Denn nach wie vor ist der wettbewerbliche Vorsprung der Deutschen Telekom AG aufgrund ihrer Eigentümerstellung im Festnetz groß. Da neue Anbieter vielfach kaum in der Lage sind, eine eigene Infrastruktur aufzubauen und mittels eigener Investition die Endkunden flächendeckend zu versorgen, sind sie nach wie vor auf Vorleistungen des Altsassen angewiesen. Nach dem Telekommunikationsgesetz stehen den Wettbewerbern zwar vielfältige Rechte zu, damit sie das Netz der Deutschen Telekom AG zumindest mitnutzen können. Doch ausreichend dürfte das nicht sein; gesetzgeberischer Reformdruck bleibt bestehen.

Noch vor einigen Jahren konnten verschiedene Telekommunikationsdienste einzig über bestimmte Telekommunikationsnetze erbracht werden. Es war klar unterteilt, dass der Sprachkommunikationsdienst über das Festnetz beziehungsweise die Mobilfunknetze erbracht wurde, Fernsehen über Satellit, terrestrisch oder das Breitbandkabel und Datenkommunikation über das Telefonfestnetz. Aufgrund fortschreitender technischer Entwicklung ist es inzwischen möglich, sämtliche Kommunikationsdienste über fast alle Telekommunikationsnetze zu übertragen (Beispiel Handy-TV). Die sogenannte Konvergenz der Übertragungswege ist dabei die technische Grundvoraussetzung für eine Konvergenz der Medien.

Literatur

Bernd Holznagel, Christoph Enaux und Christian Nienhaus: Telekommunikationsrecht. Rahmenbedingungen – Regulierungspraxis, 2. Aufl., München 2006.

Raimund Schütz: Kommunikationsrecht. Regulierung von Telekommunikation und elektronischen Medien, München 2005.

Karl-Heinz Ladeur und Christoph Möllers: Der europäische Regulierungsverband der Telekommunikation im deutschen Verwaltungsrecht, Deutsches Verwaltungsblatt (DVBl) 2005, S. 525–535.

Christian Koenig, Sascha Loetz und Andreas Neumann: Telekommunikationsrecht, Heidelberg 2004.

Martin Eifert: Grundversorgung mit Telekommunikationsleistungen im Gewährleistungsstaat, Baden-Baden 1998.

STEPHAN WEICHERT

Terrorismus

Terrorismus bedeutet »Furcht, Schrecken« und leitet sich
vom lateinischen Begriff »terror« ab. Die USA und die
EU verstehen unter »Terrorismus« politisch motivierte
Gewaltakte mit dem Ziel, die Zivilgesellschaft einzuschüch-
tern und die herrschende Staatsordnung zu beeinflussen.
Der moderne Terrorismus ist zunehmend mit medien-
und kommunikationsstrategischen Überlegungen verbun-
den und kalkuliert Öffentlichkeitseffekte über Fotografien,
Videos, Fernsehen und Internet bei der Planung von
Anschlägen ein.

Terroristische Vereinigungen sind kein neuartiges Phänomen,
jedoch hat der 11. September 2001 sowohl ihr Auftreten als auch
ihre globale Wirkung grundlegend verändert. Erstmals wurde die
Menschheit Zeuge eines Anschlags in Echtzeit, als Fernsehsender
aus aller Welt live über den größten Terrorakt in der US-Geschichte
berichteten, bei dem allein in New York über dreitausend Menschen den Tod fanden. Als Drahtzieher gelten der saudi-arabische
Fundamentalist Osama Bin Laden und Mitglieder des islamistischen Netzwerks »Al-Qaida«. Weil am 11. September archaische
Propagandastrategien mit einer größtmöglichen Zerstörungskraft
wirksam wurden und sich das Dilemma eines Medienmissbrauchs
durch Terroristen seither stark ausgeweitet hat, ist dieses Datum
medienpolitisch als Paradigmenwechsel zu begreifen.
Im Gegensatz zu eindeutigen Begriffen wie ➤ Krieg, »Guerilla«
(eine militärische Strategie zur Vernichtung des Feindes), »Par-
tisanen/Widerstandsbewegung« (der Befreiungskampf gegen
eine Besatzungsmacht oder ein illegitimes Regime) und »Staats-
terror« (vom Staat ausgehende, willkürliche und systematische
Einschüchterung der Bürger) sind die Definitionsversuche von
»Terrorismus« – je nach Standpunkt – voreingenommen, unprä-
zise oder sie variieren stark, sodass sich bis dato keine einheitliche Bedeutung durchsetzen konnte. Die USA und die EU-Staaten

verstehen unter Terrorismus politisch motivierte Gewaltakte vor allem durch revolutionäre oder extremistische Gruppen und Individuen, deren Ziel es ist, die Bevölkerung einzuschüchtern und die jeweils herrschende Staatsordnung zu beeinflussen, um einen politischen Wandel zu erzwingen. Die UN konnten sich dagegen bis 2007 nicht auf eine allgemeingültige Definition von Terrorismus einigen. Viele, vor allem islamische Staaten wehren sich gegen eine aus ihrer Sicht begriffliche Engführung, weil diese entscheidend dafür ist, mit welchen militärischen und rechtlichen Mitteln Terrorismus bekämpft wird und wie hoch das Strafmaß für Mitglieder terroristischer Vereinigungen ist.

Die ideologischen Ursprünge des modernen Terrorismus sind in der Blütephase des russischen Anarchismus in der Zeit nach 1848 zu suchen. Sie gehen vor allem auf den Sozialrevolutionär Michail Alexandrowitsch Bakunin (1814–1876) und dessen Schüler Sergej Gennadjevich Netschajew (1847–1882) zurück, die in einem 1869 in Genf verteilten Flugblatt den Kampfbegriff »Propaganda der Tat« prägten. 1881 wurde die subversive Formel, der zufolge jede Tat mehr öffentliche Aufmerksamkeit auf sich zieht als Tausende von Broschüren, anlässlich des tödlichen Sprengstoffanschlags auf Zar Alexander II. von Russland durch anarchistische Splittergruppen von Fürst Pjotr Alexejewitsch Kropotkin (1842–1921), dem Mitbegründer des kommunistischen Anarchismus, zitiert. Ähnlich wurde das Schlagwort auch von dem französischen Sozialistenführer Paul Brousse (1844–1912) und dem Augsburger Großanarchisten Johann Most (1846–1906) verwendet, die ebenfalls den symbolmächtigen und damit publikumswirksamen Charakter gewaltsamer Terrorakte erkannten.

Ende des 19. und Anfang des 20. Jahrhunderts folgten weitere anarchistische Attentate auf europäische Staatsoberhäupter, zum Beispiel 1894 auf Frankreichs Präsidenten Marie François Sadi Carnot. Der Anschlag stellte gleichsam den Höhepunkt einer Serie terroristischer Gewalt dar (»Jahrzehnt der Bomben«), die die Angst der internationalen Staatengemeinschaft vor einer »Schwarzen Internationale« schürte und dazu führte, dass »Anarchismus« öffentlich mit »Terrorismus« gleichgesetzt wurde. Auch das Doppel-Attentat von Sarajevo am 28. Juni 1914 auf den österreichisch-ungarischen Thronfolger Franz Ferdinand und seine Frau, ausgeführt von Mitgliedern der bosnischen Untergrundorganisation »Mlada Bosna« und der serbischen Geheimorganisation »Schwarze Hand«, war ein anarchistisch motivierter Terrorakt (und Auslöser des Ersten Weltkriegs), der die Aufmerksamkeit der gesamten europäischen Presse auf sich zog.

Als evidenter Bestandteil der Terrortaktik etablierte es sich im Laufe der vergangenen Jahrzehnte, mit Medienstrategien ein Klima der Hysterie und Furcht in der Gesellschaft zu verbreiten. Zunehmend propagandistischer Mittel bedienten sich eine Reihe von Befreiungsorganisationen und Untergrundbewegungen, die ab Mitte des 20. Jahrhunderts in Europa durch teils barbarische Anschläge von sich reden machten, unter anderem die baskische Separatistenorganisation »Euskadi Ta Askatasuna« (ETA), die marxistisch-leninistischen »Roten Brigaden« in Italien und die »Irish Republican Army« (IRA). Auch im Nahen Osten und in Asien formierten sich ab den 1950er Jahren zahlreiche Terrorvereinigungen, etwa die »Palestine Liberation Organisation« (PLO) und deren radikaler Ableger »Hamas«, die libanesische »Hisbollah«, die separatistische Arbeiterpartei Kurdistans (PKK) und die »Liberation Tigers of Tamil Eelam« (LTTE).

Spätestens seit den 1990er Jahren kündigen Anschläge und Geiselnahmen kleinerer Organisationen mit terroristischem Hintergrund die Verschärfung einer Strategie der »asymmetrischen Kriegführung« an. Weltweit Schlagzeilen machten etwa die japanische »Ōmu Shinrikyō« (Aum-Sekte) durch einen Giftgasanschlag in der Tokioter U-Bahn (1995), die islamistischen »Abu-Sayyaf«-Rebellen (2000) sowie die für das Schulmassaker von Beslan verantwortliche tschetschenische Terroreinheit »Rijadus-Salichin« (2004). Die »Abu-Sayyaf«-Entführung von 22 Touristen auf der philippinischen Insel Jolo löste insbesondere in Deutschland eine Medienethik-Debatte aus, weil Reporter den Geiselnehmern physisch sehr nahekamen und unter anderem Live-Interviews mit ihnen führten. Für den Erfolg der all diesen Terrorakten zugrundeliegenden simplen Kommunikationsstrategie – maximaler Publizitätseffekt bei minimalem Einsatz – war jeweils das Medienecho ausschlaggebend.

Diese – aus Perspektive der Terroristen – erwünschten Nebenwirkungen waren auch in Deutschland für viele Aktionen der

»Rote Armee Fraktion« (RAF) von Bedeutung: Ihre Mitglieder sahen in der gezielten Provokation von Medienaufmerksamkeit zunehmend eine Möglichkeit, ihren linksextremistischen Forderungen Ausdruck zu verleihen. Sie erzielten mit der Ermordung bedeutender westdeutscher Repräsentanten (unter anderem Siegfried Buback und Alfred Herrhausen) eine enorme publizistische Wirkung, wobei zivile Opfer billigend in Kauf genommen wurden. Eine der aufsehenerregendsten Terroraktionen gelang der sogenannten »zweiten RAF-Generation« mit der Entführung und anschließenden Exekution von Arbeitgeberpräsident Hanns Martin Schleyer im »Deutschen Herbst« 1977.

Nach aktuellem Stand der Terrorismusforschung, die sich unter anderem der Koinzidenz von terroristischer Definitionsmacht und Medienmissbrauch widmet, geht das Kalkül des Terrorismus immer besser auf. Inzwischen spielen die globalen Medienstrukturen, begünstigt durch die auf Krisenereignisse fixierten Nachrichtenmonopole von ➤ »Al-Dschasira«, »BBC World« und ➤ CNN, dem Terrorismus immer mehr in die Hände. Auch das Moskauer Geiseldrama 2002 sowie die Bombenattentate von Bali (2002, 2005), Madrid (2004) und London (2005) belegen, dass sich Terrorismus essentiell zu einer Propagandastrategie gewandelt hat, der zufolge die Medienwirkung terroristischer Aktionen sorgfältig einkalkuliert wird. Dieser Verstärkereffekt deutet umso mehr auf eine »Symbiose« von Medien und Terrorismus hin, je radikaler die Terrorpropaganda einer staatlich-legislativen Grundlage trotzt und den Journalismus für seine Zwecke einspannt. Daneben wird eine hohe Nutzungsdichte massenmedialer Plattformen zur Verbreitung terroristischer Botschaften registriert, die sich an der wachsenden Popularität des Internets bei Manövern, Rekrutierungsvorhaben und der Ausstrahlung von Propagandavideos erkennen lässt. Dass Terroristen das Mediensystem inzwischen derart virtuos zu nutzen – und zu manipulieren – wissen, stellt die Medienpolitik vor gewaltige Herausforderungen.

Intelligente Waffensysteme und die Störanfälligkeit des Transportwesens, aber auch der technologische Fortschritt der jüngeren Vergangenheit haben einen Aufmerksamkeitsterrorismus beflügelt, der moderne Überwachungsmethoden herausfordert und das Dilemma aufwirft, wie Grundrechte verteidigt werden sollen, ohne diese gleichzeitig im Kern zu gefährden. Speziell für den Journalismus muss mit Blick auf berufsethische Normen kenntlich gemacht werden, wie dieser sich künftig vor Manipulation und Sensationalisierung schützen kann und wo die Grenzen der Terrorberichterstattung unter Berücksichtigung der Pressefreiheit verlaufen. Dass Instrumente der Selbstregulierung, etwa redaktionelle Richtlinien wie sie bei der ➤ BBC gültig sind (*guidelines*), in der Live-Situation dazu geeignet wären, einen medialen Gesichtsverlust abzuwenden, erscheint plausibel. Andererseits stellt sich die Frage, ob Journalisten in Krisenzeiten überhaupt objektiv berichten und in Anbetracht des ökonomischen Drucks und des Zwangs zur Exklusivmeldung ihrer sozialen Verantwortung gerecht werden können. Entsprechend sind Medienunternehmen und Politiker gezwungen, gemeinsame Strategien durchzuspielen, wie die medienzentrierte Variante einer »Propaganda der Tat« künftig vereitelt werden kann.

Literatur
Stephan Weichert: Die Krise als Medienereignis. Über den 11. September im deutschen Fernsehen, Köln 2006.
Bruce Hoffman: Inside Terrorism, New York 2006.
Weimann, Gabriel: Terror on the Internet. The New Arena, the New Challenges, Washington 2006.
Lutz Hachmeister: Schleyer. Eine deutsche Geschichte, München 2004.
Walter Laqueur: The New Terrorism. Fanaticism and the Arms of Mass Destruction, New York 1999.
Peter Waldmann: Terrorismus. Provokation der Macht, München 1998.

Time Warner

Weltweit größter Medienkonzern. Eckpfeiler sind das Verlagshaus »Time Inc.«, die Filmproduktionen »New Line Cinema« und »Warner Bros. Entertainment«, die Fernsehsparten HBO und »Turner Broadcasting System«, der Internetdienst AOL sowie der Kabelnetzbetreiber »Time Warner Cable Inc.«. Gründungen: 1922 (»Time Inc.«), 1923 (»Warner Bros.«), 1970 (»Turner Broadcasting«), 1991 (»America Online«); 1989 Fusion von »Time Inc.« und »Warner Bros.«, 1996 Fusion von »Time Warner« und »Turner Broadcasting«, 2001 Fusion von AOL und »Time Warner«.

Mit einem Jahresumsatz von über 35 Milliarden Euro (2006) ist »Time Warner« der weltweit größte Medienkonzern. Die Aktivitäten des international agierenden Unternehmens mit Hauptsitz in New York sind in fünf Sparten gebündelt: die Filmstudios, die Fernsehsender und -produktion, die Kabelnetze, die Verlagssparte sowie der Internetdienst AOL. Die Filmsparte, die von Burbank/Kalifornien aus geleitet wird, umfasst vor allem die Studios »Warner Bros.« und »New Line Cinema«, die neben einem umfassenden Backlist-Katalog zuletzt mit den »Harry Potter«-Filmen und der »Herr der Ringe«-Reihe enorme Kassenerfolge verzeichnen konnten.

Die wichtigsten »Time-Warner«-Marken im TV-Geschäft sind der Pay-TV-Sender HBO, der vor allem durch seine stilbildenden Eigenproduktionen im Fiction-Bereich (»Sex and the City«, »Sopranos«) globale Strahlkraft entwickelt hat, sowie die Kabelsender der »Turner-Broadcasting«-Gruppe. Aus internationaler Perspektive ist der News-Sender ➤ CNN, seit 1996 zum Konzern gehörig, die prominenteste Marke.

Unter dem Dach der Verlagssparte werden neben Büchern rund 130 Zeitschriften herausgebracht, darunter das international renommierte, wöchentliche Nachrichtenmagazin »Time«, die Foto-Illustrierte »Life«, das Wirtschaftsmagazin »Fortune« oder auch das Boulevardmagazin »People«. Die Kabelsparte »Time Warner Cable« ist mit über 14 Millionen Abonnenten hinter Branchenprimus »Comcast« die Nummer zwei im US-amerikanischen Markt (➤ USA). Der Internetdienst AOL ermöglicht derzeit rund 17 Millionen Nutzern den Zugang ins Internet.

Anders als die US-Konkurrenten »Disney« oder »Viacom« hält »Time Warner« im deutschen Medienmarkt nur geringe Anteile. Nach einem erfolglosen Engagement beim Berliner Lokalfernsehen »Puls TV« wurden auch die Anteile an dem Musiksender Viva (2004) und dem News-Kanal n-tv (2005) veräußert, wie auch AOL Deutschland (2006). Nach wie vor in »Time-Warner«-Besitz ist der deutsche CNN-Ableger, den der Weltkonzern gemeinsam mit der Deutschen Fernsehnachrichtenagentur (DFA) betreibt. Anstelle von direkten Senderbeteiligungen bringt »Time Warner« seine Spielfilme und TV-Serien über Lizenzabkommen mit deutschen Anbietern auf den Markt. Zudem sind deutsche Ableger der international erfolgreichen TV-Spartensender »Turner Classic Movies«, »Boomerang« und »Cartoon Network« auf Sendung.

»Time Warner« entstand durch eine Vielzahl von Fusionen und Übernahmen. Der letzte Deal (Börsenwert circa 350 Milliarden Dollar) war Anfang 2000 die freundliche Übernahme von »Time Warner« durch das Internet-Unternehmen AOL, die als Beginn einer neuen Ära propagiert wurde: Erstmals kaufte ein junges Internetunternehmen (➤ Internet) einen traditionsreichen und deutlich umsatzstärkeren Medienkonzern, der seitdem als »AOL Time Warner« firmiert.

Bereits vor dieser Fusion war »Time Warner« auf sämtlichen Wertschöpfungsstufen der Medienbranche aktiv. Der Konzern ist das Ergebnis einer breitangelegten Diversifikationsstrategie im Inhaltegeschäft (verbundene Diversifikation). Nach der Fusion mit AOL lag der strategische Fokus jenseits des Kerngeschäftsfeldes auf der Telekommunikationsindustrie (unverbundene Diversifikation), wo mittels neuer Technologien weitere Verwertungsoptionen für die konzerneigenen Inhalte erschlossen werden sollen. In Folge der anschließenden Medienkrise konnten die erhofften Synergieeffekte jedoch nicht realisiert werden, vor allem auch, weil sich die Unternehmenskulturen der Fusionspartner als zu verschieden erwiesen. Der Konzern vollzog daraufhin einen Strategiewechsel und trennte sich gezielt von Aktivitäten, die nicht zum Kerngeschäft gehörten (Dekonstruktion). AOL wurde aus dem Namen gestrichen; seitdem ist »Time Warner« wieder stärker auf die traditionellen Geschäftsfelder Inhalteproduktion und -vertrieb ausgerichtet, zuletzt vor allem auch im Internet. Hier konzentriert sich das Unternehmen vor allem auf die Vermarktung der Inhalte mittels ➤ Werbung.

Die Geschichte von »Time Inc.« geht zurück auf das Jahr 1922. Gerade 25-jährig gründeten Henry Luce und Briton Hadden mit »Time« das erste wöchentliche Nachrichtenmagazin, zu dem später eine Vielzahl weiterer Magazine wie »Life«, »Fortune« oder »Sports Illustrated« hinzukamen. Mit seinen populären Publikationen war Henry Luce nicht nur eine treibende Kraft im US-Journalismus, sondern auch ein gewichtiger Fürsprecher einer konservativen Politik. Ein direktes Vermächtnis von Luce ist die sogenannte »Magazine Priesthood«: Er forderte von seinen Schreibern eine missionarische Hingabe, die allerdings frei von jedem ökonomischen Kalkül bleiben sollte.

1973 stieg »Time Inc.« in das aufstrebende TV-Geschäft ein und übernahm das noch junge »Home Box Office« (HBO). Bereits ein Jahr später hatte es der HBO-Chef, Gerald Levin, zum größten Pay-TV-Anbieter in den USA ausgebaut. Levin setzte auf Premium-Filme und hochkarätige Sportübertragungen sowie auf die Vermarktung über eine monatliche Sendergebühr anstelle des technisch komplexen Pay-per-View-Preismodells. Bereits 1978 generierten HBO und das firmeneigene Kabelgeschäft mehr als die Hälfte des Konzernumsatzes von »Time Inc.«. Der Erfolg beförderte das HBO-Management, namentlich Richard Munro, Nicholas J. Nicholas und Gerald Levin, Anfang der 1980er Jahre auf die Top-Positionen bei »Time Inc.«.

Das Filmstudio »Warner Brothers« entstand 1923 in Hollywood, damals noch ein unbedeutender Vorort von Los Angeles. Die Brüder Harry, Albert, Jack und Sam Warner, Söhne polnischer Immigranten, mieteten sich am Sunset Boulevard billige Geschäftsräume, um ihre ersten Filme zu produzieren. Mit »The Jazz Singer«, dem ersten Tonfilm der Geschichte, gelang ihnen 1927 der Durchbruch. In der Folge produzierten sie vor allem erfolgreiche Gangsterfilme und Liebesdramen wie »Casablanca«. In den 1950er und 1960er Jahren erweiterte »Warner Brothers« das Geschäftsfeld auf die Fernsehfilm- und Schallplattenproduktion.

Im Juli 1989 fusionierten »Time Inc.« und »Warner Communications«. »Time Inc.« benötigte dringend eine neue Wachstumsstrategie. Spartenangebote im Kabelfernsehen verschärften den Wettbewerb im Zeitschriftensegment, während die Konkurrenz durch Videokassetten das Pay-TV-Geschäft bremste. Mit dem Zugang zum Entertainment-Geschäft von »Warner« sollten neue Potentiale erschlossen werden. Die Fusion steht im Kontext eines umfassenden transnationalen wirtschaftlichen Konsolidierungstrends in den 1980er Jahren. Es ging darum, einen integrierten ➤ Medienkonzern zu schaffen, der sämtliche Stufen der medialen Wertschöpfungskette abdeckt und Synergien schafft. Durch die globale Verbreitung der Produkte auf möglichst vielen Märkten sollten zudem Skaleneffekte erzielt und die Effizienz erhöht werden.

Damit rief die Fusion Medienpolitiker und -wissenschaftler auf den Plan: Würde das »Time-Magazine« nach der Fusion auch weiterhin die nötige finanzielle Ausstattung bekommen, um publizistisch unabhängig agieren zu können? Würde der neue Renditedruck die kritische Berichterstattung über Werbekunden des Konzerns mildernd beeinflussen oder gar verhindern? Und würden die Zeitschriften in einem vertikal integrierten Konzern fortan vor allem dazu instrumentalisiert, »Warners« Medienprodukte und Künstler zu befördern?

Sicher ist, dass transnationale ➤ Medienkonzerne wie »Time Warner« sowohl die Ökonomie, das Management als auch die Struktur der Medienmärkte maßgeblich verändert haben und damit auch die Selektions- und Produktionsprozesse, die darüber entscheiden, welche Medienprodukte und -botschaften die ➤ Öffentlichkeit erreichen. Die zunehmende Dominanz solcher Unternehmenskonglomerate auf den globalen Medienmärkten wirft die Frage auf, welche langfristigen Folgen der Einfluss ausländischer Medieneigentümer und -produzenten auf die Gesellschaft hat, und stellt gegebenenfalls Anforderungen an die ➤ Regulierung auf nationaler Ebene. Debattiert wird vor diesem Hintergrund auch die Frage, wie sich die Macht integrierter Medienkonzerne auf die Marktchancen kleiner, unabhängiger Anbieter auswirkt und damit auf die Marktvielfalt.

Eine direkte, homogene Einflussnahme auf die Konzerninhalte ist in der Regel schwer nachvollziehbar. »Time Warner« gilt in seiner politischen Grundierung eher als konservativ geprägt, wenn man als Indiz dafür nimmt, dass der damalige Konzernchef Richard Parsons in den US-Präsidentschaftswahlen 2004 das republikanische Lager mit persönlichen Spenden unterstützte.

Entgegen der verbreiteten Mythen über internationale Konzerne sind sie jedoch nicht ausschließlich einer streng ökonomischen Ratio verpflichtet. Geschäftsstrategie und Unternehmenskultur sind häufig direkt von Einzelpersonen an der Spitze eines Konzerns beeinflusst. Prägende Personen in der jüngeren Geschichte von »Time Warner« waren neben dem Ende 2007 abgelösten Richard Parsons, Steve Ross, der als geschickter *dealmaker* und die perfekte Verkörperung des glamourösen Hollywood-Entrepreneurs galt, und Gerald Levin, der die Wandlung von »Time Inc.« in einen profitorientierten, transnationalen Medienkonzern gezielt vorantrieb. AOL-Gründer Steve Case sorgte als »Architekt« der »AOL-Time-Warner«-Fusion für das größte Desaster der Firmengeschichte.

Literatur

Alison Alexander u. a. (Hg.): Media Economics. Theory and Practice. Mahwah, New Jersey 2004.

Nina Munk: Fools Rush in. Steve Case, Jerry Levin, and the Unmaking of AOL Time Warner. New York 2004.

Insa Sjurts: »Medienkrise und Unternehmensstrategien der Global Player«, in: Hans-Bredow-Institut für Medienforschung (Hg.): Internationales Handbuch Medien 2004/2005. Baden-Baden 2004.

Robert G. Picard (Hg.): Media Firms. Structures, Operations, and Performance. Mahwah, New Jersey 2002.

USA

Die USA haben über dreihundert Millionen Einwohner. Fast
einhundert Prozent der Haushalte haben Fernsehanschluss
(66 Prozent davon Kabel) und empfangen im Schnitt einhundert Programme. Es gibt einige Tausend lokale TV- und
Radiostationen. PBS ist seit 1969 das einzige große nichtkommerzielle Fernsehnetzwerk. Rund 76 Prozent der Bevölkerung
nutzen das Internet. Wie in Europa leidet der Großteil der
US-Qualitätspresse in den letzten Jahren unter Auflagen-
einbrüchen.

Bereits vor ihrem Unabhängigkeitskrieg waren die amerikanischen
Kolonien ein Zeitungs- und Zeitschriftenmarkt. Printmedien ver-
traten lange Zeit vor allem parteipolitische oder religiöse Partikularinteressen, bis die Kommerzialisierung der Presse und die
Urbanisierung unabhängige Blätter hervorbrachten, die für alle
Bürger potentiell interessant waren. Die Wichtigkeit der Presse für
die US-amerikanische ➤ Demokratie wurde bereits 1791 mit dem
ersten Zusatz zur Verfassung der Vereinigten Staaten von Amerika
untermauert: »Der Kongress darf kein Gesetz erlassen, das … die
Rede- und Pressefreiheit … einschränkt.« Pressefreiheit heißt in
den USA auch verlegerische und gewerbliche Freiheit vom Staat.
Seit 1934 gibt es jedoch eine staatliche Telekommunikationsauf-
sichtsbehörde (➤ Telekommunikation), die »Federal Communications Commission« (➤ FCC), die Lizenzen an Radio- und Fernsehsender auch aufgrund des inhaltlichen Angebots vergibt und
damit den Markt reguliert.
    Die wichtigsten Player auf dem US-amerikanischen Medien-
markt sind große, international agierende ➤ Medienkonzerne,
deren strategischer Fokus auf der Produktion von Inhalten in
den Sektoren Presse, Fernsehen, Film und Internet liegt. ➤ »Time
Warner« entstand 1989 aus der Fusion des Zeitschriftenverlags
»Time Inc.« und den berühmten Filmstudios »Warner Brothers«.
Hinzu kamen später ➤ CNN und der Internetanbieter AOL, womit

»Time Warner« zum größten Medienkonzern der Welt aufstieg (Umsatz 2006: 35 Milliarden Euro), gefolgt vom Unterhaltungskonzern »Walt Disney«, der mit Filmstudios, Fernsehsendern und Filmverleihs weltweit die Nummer zwei ist. Die Erstplatzierungen markieren die herausragende Stellung der amerikanischen Filmindustrie, insbesondere der Traumfabrik Hollywood, einem Stadtteil von Los Angeles in Kalifornien, der seit Eröffnung des ersten Filmstudios 1911 bis heute der kreative und ökonomische Nabel der globalen Filmbranche ist.

Auch »Viacom/CBS« und »News Corp.« sind weltweit führende Medienunternehmen, die an den Schnittstellen von Print, Film und digitalen Inhalten arbeiten.

Medien-Tycoons wie ehemals ➤William Randolph Hearst und ➤ Joseph Pulitzer oder heute ➤ Rupert Murdoch spielen seit jeher eine Schlüsselrolle für das Wohl und Wehe des Qualitätsjournalismus (➤ Qualität) und verkörpern zugleich den *american dream* des wirtschaftlichen Erfolgs. Medienhäuser agieren in den USA in erster Linie als Wirtschaftsunternehmen, in denen Investoren und vermehrt Private-Equity-Unternehmen ihren Interessen nachgehen. Inwieweit dabei publizistische und ökonomische Sichtweisen kollidieren, wird immer wieder von Analysten diskutiert. Anders als unter dem NS-Regime in ➤ Deutschland oder unter dem Regime der KP aktuell in ➤ China ist der exzessive politische Machtmissbrauch durch Medien in der US-Geschichte jedoch unbekannt.

In den USA gibt es mehrere Tausend per Antenne empfangbare lokale TV-Stationen, die den national organisierten TV-Netzwerken wie ABC, NBC, CBS oder dem öffentlich-rechtlichen »Public Broadcasting Service« (PBS) angehören. Auch das Radio ist in Sendernetzwerken organisiert – typischerweise gehören zu den großen kommerziellen Fernsehstationen auch Radiosender. Radio ist per Antenne auf FM- und AM-Frequenzen, neuerdings auch per Satellit und digital zu empfangen.

Seit 1982 gibt es mit Gründung von »USA Today« (»Gannett«; Auflage 2007: 2,3 Millionen) eine nationale Zeitung. Auch das »Wall Street Journal« (»Dow Jones & Co.«/ News Corp.; 2,0 Millionen) und die ➤ »New York Times« (»The New York Times Company«; 1,1 Millionen) haben sich in den vergangenen Jahrzehnten als überregionale Qualitätsblätter etabliert. Wie in Deutschland sinken jedoch bereits seit einigen Jahren die Auflagenzahlen rapide. Die zunehmende Nutzung von Breitband-Internetzugängen und die damit verbundene Abwanderung der Leser in das Internet werden als Hauptgründe für den Auflagenrückgang angeführt.

Das meistgekaufte wöchentliche Nachrichtenmagazin ist »Time« (gegründet 1923; »Time Warner«; Auflage 2006: 4,1 Millionen), gefolgt von »Newsweek« (gegründet 1933; »Washington Post Company«; Auflage 2006: 3,1 Millionen). Das älteste, noch publizierte US-Magazin ist »The Nation« (gegründet 1865, »The Nation Company L.P«; Auflage: 184.000). Zeitschriften wie »The New Yorker« (gegründet 1925; »Condé Nast«; Auflage: 1,1 Millionen) oder »Vanity Fair« (gegründet 1914; »Condé Nast«; Auflage: 1,2 Millionen) spezialisieren sich auf eine Mischung aus investigativer Reportage und Kulturberichterstattung. Wie Fernseh- und Radiosender gehören die meisten Zeitungen und Zeitschriften großen Medienunternehmen. Von dieser Dominanz der Medienkonglomerate gibt es aber auch Ausnahmen: So gehören politische Nonprofit-Magazine wie die monatlich erscheinende links-progressive »Mother Jones« (gegründet 1981; Auflage: 233.000) und der konservative »American Spectator« (gegründet 1967; Auflage: 50.000) Stiftungen.

2006 nutzten über drei Viertel aller Amerikaner das Internet. Die wichtigsten Webseiten werden einerseits von den traditionellen Medien Zeitung, Fernsehen, Radio und Zeitschriften geliefert. Andererseits gibt es eine Reihe von reinen Online-Publikationen (wie »salon.com« und »slate.com«). In den USA hat sich ein sogenannter *citizen journalism* etabliert. Darunter werden sowohl Angebote verstanden, die sich aus der Kollaboration unterschiedlicher Webnutzer ergeben (wie zum Beispiel »slashdot.org« oder »kuro5hin.org«), als auch unabhängige Seiten (wie »drudgereport. com«) und Blogs von nicht-journalistischen Nutzern, die sich politisch einschlägigen Themen widmen. Außerdem haben sich Online-Unternehmen selbst zu Medienunternehmen entwickelt, die verfügbare Inhalte anderer Anbieter aufbereiten wie die Suchmaschine ➤»Google«.

Das Verhältnis von Medien und Politik ist in den USA ein symbiotisches: Die journalistische Aufmerksamkeit für nationale Politik wuchs mit der entsprechenden Berichterstattung. Initialzündungen dafür waren mit jeweils rund achtzig Millionen

Zuschauern die 36 Tage dauernden Live-Übertragungen der Army-McCarthy-Hearings 1954 und sechs Jahre später die erste Präsidentschaftsdebatte zwischen John F. Kennedy und Richard Nixon, die von den meisten Fernsehstationen übertragen und zu Medienereignissen wurden. Während die TV-Übertragungen die Popularitätswerte des Senators und Kommunistenjägers Joseph R. McCarthy erheblich senkten, gewann der medienversierte Herausforderer Kennedy aus Zuschauersicht das Duell gegen Nixon. Die politischen, militärischen und sozialen Ereignisse der 1960er und 1970er Jahre (wie beispielsweise der Vietnamkrieg, die Bürgerrechtsbewegung oder der Watergate-Skandal) wurden durch die Medien an die Öffentlichkeit transportiert, mitunter gegen den Protest von Politikern. Gerade während des Vietnamkriegs (➤ Krieg) litten die Beziehungen zwischen Politikern und Medien, es kam zu Kommunikationsblockaden.

Im Watergate-Skandal (➤ Affären) sehen Beobachter einen Höhepunkt des investigativen Journalismus, dessen Tugenden jedoch in den folgenden Jahrzehnten durch wachsenden Wettbewerbsdruck, Restrukturierungen und technologische Neuerungen zusehends in Vergessenheit gerieten. In den Jahren vor dem 11. September 2001 (➤ Terrorismus) dominierte ein trivialer, mit sich selbst beschäftigter, den Bürgern gegenüber verächtlicher Journalismus die Medien. Unmittelbar nach dem 11. September zeigten sich zunächst alle Medien patriotisch, dann entbrannte die Frage, wie viel Patriotismus in die Medien und was zu den professionellen Aufgaben von Journalismus gehöre. So begannen einige Journalisten, selbstkritisch ihre investigative Rolle zu hinterfragen. Trotzdem hat sich die politische Ausrichtung einzelner Medien während der andauernden Kämpfe im Irak-Krieg ab 2003 systematisch verstärkt.

Die »Corporation for Public Broadcasting« (CPB) mit Sitz in Washington D.C. ist die Dachorganisation für öffentliche Fernseh- und Radiostationen und wurde 1967 vom US-Kongress gegründet. Auf jährlichen Antrag an die zuständigen Komitees erhält sie fast ihren gesamten Haushalt direkt vom Staat. Von diesen 400 Millionen Dollar (2006) finanziert die CPB national produzierte Programme. Ein Großteil des Geldes fließt auf Grundlage von Unterstützungsanträgen an Mitgliederstationen der CPB. Die staatliche Finanzierung der CPB ist regelmäßig Anlass für Diskussionen über die Rolle der föderalen Regierung in medienpolitischen Angelegenheiten. Bei der Gründung der CPB stand die Förderung lokaler Fernsehsender im Vordergrund, die den unterschiedlichen gesellschaftlichen Gruppen eine Stimme in den einzelnen Regionen geben und die Pluralität der USA als eine freie Nation widerspiegeln sollte. Kritiker sehen aufgrund kommerzieller Alternativen die staatliche Unterstützung der CPB als nicht mehr zeitgemäß an. Zudem kritisieren sie den für die US-Medien so oft diskutierten *liberal bias* der Mitgliedsstationen der CPB. Linke Kritiker hingegen sehen einen konservativen Einfluss auf die Programminhalte der CPB-unterstützten Sender. Sie fordern ebenfalls ein Ende der staatlichen Unterstützung der CPB.

PBS ist seit 1969 das einzige große nichtkommerzielle Fernsehnetzwerk in den USA und umfasst heute 349 lokale Mitgliederstationen, die wöchentlich rund neunzig Millionen Zuschauer erreichen. Als zentrale Organisation der öffentlichen TV-Sender finanziert sich PBS über Gelder der CPB sowie durch Mitgliedsbeiträge und Zuweisungen von Stiftungen, Regierungsbehörden, Unternehmen und Privatpersonen. Nach konservativen Versuchen, die staatliche Finanzierung für Programme der CPB Anfang der 1990er Jahre zu streichen, veränderte sich das wirtschaftliche Denken ihrer Mitglieder. Beispielsweise werden Fernsehprogramme seit 1998 durch *corporate underwriting* unterstützt, eine besondere Art der ➤ Werbung, bei der Unternehmen ganze Sendungen oder Teile davon präsentieren und deren Produktion ermöglichen.

Die CPB unterstützt außerdem mehrere Radionetzwerke: das »National Public Radio« (NPR) mit über 800 lokalen Mitgliederstationen und wöchentlich 26 Millionen Zuhörern, gegründet 1970, und das »Public Radio International« (PRI) mit 750 lokalen Mitgliederstationen und wöchentlich elf Millionen Zuhörern, gegründet 1983. Beide Radionetzwerke finanzieren sich über den Verkauf von Programmen an andere CPB-Mitgliederstationen, Zuwendungen von der CPB, Spenden von Stiftungen und Hörern, *corporate underwriting* und Merchandising-Produkte. Die eigentliche Unterstützung der CPB gilt den lokalen, nichtkommerziellen Radiosendern, die ihre Programme von den großen Radionetzwerken erwerben: Ein Sechstel ihres Etats sind Fördergelder der CPB. Der föderale Einfluss wirkt somit auch auf lokaler Ebene.

Literatur

Barbie Zelizer und Stuart Allan (Hg.): Journalism after September 11, London 2002.

David Halberstam: The Powers That Be, New York 1979.

Michael Schudson: Discovering the News. A Social History of American Newspapers, New York 1978.

Carnegie Commission on Educational Television: Public Television. A Program for Action. The Report and Recommendations of the Carnegie Commission on Educational Television, New York 1967.

Frank Luther Mott: A History of American Magazines, 1741–1930, Bde. I-V, Cambridge 1958–1968.

JULIA VON DOBENECK

Verbände

Verbände haben den Status eines (rechtsfähigen oder nicht-rechtsfähigen) Vereins nach dem Bürgerlichen Gesetzbuch. Sie werden als Zusammenschlüsse von (natürlichen oder juristischen) Personen zur Förderung gemeinsamer Interessen angesehen. In der Sozial- und Politikwissenschaft wird von organisierten Interessen, Lobbygruppen oder »Pressure Groups« gesprochen.

Die genaue Anzahl der Verbände in Deutschland ist nicht bekannt. In der sogenannten »Lobbyliste« des Deutschen Bundestages sind derzeit 2026 Verbände registriert. Zu den größten und bekanntesten Medienverbänden in Deutschland zählen der BDZV (»Bundesverband Deutscher Zeitungsverleger e. V.«) mit 301 Tages- und 14 Wochenzeitungen, der VDZ (»Verband Deutscher Zeitschriftenverleger«), dem gut 450 Verlage angehören, der »Deutsche Journalisten-Verband« (djv), in dem rund 40.000 Journalisten Mitglied sind, »ver.di« mit über zwei Millionen Mitgliedern (hervorgegangen 2001 aus der Vereinigung der »Deutschen Journalistenunion«, dju, und der Mediengewerkschaft »IG Medien«) sowie die »Spitzenorganisation der Filmwirtschaft e. V.« (SPIO), die insgesamt über 1100 Mitgliedsfirmen repräsentiert.

Einen genauen Überblick über die rund um die Medien und die Medienpolitik tätigen Verbände, Zusammenschlüsse und Organisationen zu bekommen, ist nicht einfach. So finden sich vom Arbeitskreis kulinarischer Fachjournalisten über den »Luftfahrt-Presse-Club« und das »Netzwerk Medienethik« alle erdenklichen Namensgebungen und Arten von Zusammenschlüssen, die sich ebenso vielfältigen Aufgaben und Zielen widmen.

Erwähnenswert sind die häufig zur Vermeidung gesetzlicher Regelwerke ins Leben gerufenen Selbstkontrolleinrichtungen wie etwa der »Deutsche Presserat« oder die Freiwilligen Selbstkontrollen der Filmwirtschaft (FSK), des Fernsehens (FSF) und der Multimediadienste-Anbieter (FSM). Sie nehmen den staatlichen Regulierern (➤ Regulierung) Aufgaben ab, indem sie zu veröffentlichende Inhalte nach Jugendschutz-Standards prüfen (FSK, FSF) und per Beschwerdeverfahren Verstöße (im Fall des Presserates gegen den Pressekodex) ahnden. Die unmittelbare Abhängigkeit von der Medienwirtschaft handelt ihnen jedoch häufig den Vorwurf ein, deren Belange zu sehr zu berücksichtigen und bei Beschwerden keine wirklichen Sanktionsmöglichkeiten in Händen zu halten.

Insgesamt kann in den vergangenen Jahren und Jahrzehnten ein immenser Zuwachs an Verbänden und Zusammenschlüssen in Deutschland verzeichnet werden. Waren beim Deutschen Bundestag 1974 erst gut 630 Gruppierungen akkreditiert, so sind es im Jahr 2007 weit mehr als dreimal so viele. Experten zufolge ist dieser enorme Zuwachs auf überkommene verbandliche Strukturen und gewachsene Organisationsfähigkeit von Interessen zurückzuführen.

Beobachtbar ist eine Konzentration auf einzelne überschaubare Themen. Beispielhaft seien hier der sich für Qualität im Journalismus einsetzende Verein »Netzwerk Recherche e.V.« oder auch die für kurze Zeit recht öffentlichkeitswirksam agierende »Vereinigung der Rundfunkgebührenzahler« (VRGZ) genannt, die sich im März 2006 gegründet und nach Einreichung der Verfassungsbeschwerde gegen die sogenannte »Internet-PC-Gebühr« im November 2006 wieder aufgelöst hat.

Für ein punktuelles Agieren spricht auch, dass die ehemals auf Dauer angelegten Beziehungen zwischen Verbandsvertretern und Politik mehr und mehr ergänzt werden durch das im US-amerikanischen Raum und vor allem im Brüsseler Apparat bekannte *public affairs lobbying*, bei dem Anwälte und Berater nur noch für einzelne Verhandlungen eingesetzt werden.

Vorläufer des Verbändewesens waren die mittelalterlichen Gilden und Zünfte. Anders als heute die Verbände fungierten diese aber als Teil einer strikt reglementierten Gesellschaft und keinesfalls als Mittler zwischen Gesellschaft und Staat. Die früheste berufsständische und medienpolitisch relevante Vereinigung ist der 1825 ins Leben gerufene »Börsenverein des Deutschen Buchhandels«. Die Entstehung gewerkschaftlicher Massenorganisationen und die tatsächlichen Vorläufer unserer heutigen Verbände fallen in das letzte Drittel des 19. Jahrhunderts. Zu dieser Zeit gründeten sich auch die erste deutsche Zeitungsverleger-Interessenvertretung (1894) und verschiedene Schriftstellervereinigungen sowie der »Reichsverband deutscher Fachzeitschriftenverleger« (1892). Auch in den USA, Frankreich und Großbritannien entstanden in der zweiten Hälfte des 19. Jahrhunderts und in den ersten Jahren des 20. Jahrhunderts Interessenverbände der Zeitungsmacher und Journalistenvertretungen.

Nach dem Ende des Ersten Weltkrieges wurde den deutschen Verbänden in der Weimarer Reichsverfassung rechtlich Bestandsgarantie zugesprochen. Während des Dritten Reichs gab es neben den staatlich sanktionierten Verbänden keine Formen freier Interessenvertretung mehr. Erst Ende des Jahres 1949 gründeten 63 Vertreter von zwölf Landesverbänden auf Initiative des Berliner Presseverbandes den »Deutschen Journalisten-Verband«, fünf Jahre nach Kriegsende fand sich der heutige BDZV zusammen. Nennenswert ist auch die Gründung der »Internationalen Journalisten-Föderation« (IFJ) im Jahr 1952 als Zusammenschluss von Berufsjournalisten der Länder, in denen der Grundsatz der Pressefreiheit verwirklicht war.

Zu einer immensen Zunahme an Interessensorganisationen kam es in Deutschland aufgrund der starken Entwicklung und Aufsplitterung des Medienmarktes von den 1970er bis zu den 1990er Jahren. So gründeten sich mit dem Aufkommen des privaten Rundfunks Verbände wie der »Bundesverband Privater Rundfunk und Telekommunikation e.V.« (BPRT) und der »Bundesverband Kabel und Satellit e.V.« (BKS), die sechs Jahre später zum heutigen »Verband Privater Rundfunk und Telemedien« (VPRT) fusionierten. Aufgrund der Auflösung des Telekommunikationsmonopols (➤ Telekommunikation) schloss sich 1997 der »Verband der Anbieter von Telekommunikations- und Mehrwertdiensten« (VATM) zusammen. Bedingt durch das Erstarken der Informations- und Kommunikationstechnologien wurden bereichsübergreifende Wirtschaftsverbände (wie etwa 1999 der »Bundesverband Informationswirtschaft, Telekommunikation und Neue Medien e.V.«, BITKOM) gegründet.

Die beiden bekanntesten sozialwissenschaftlichen Modelle zur Beschreibung des Verhältnisses zwischen Staat und Interessengruppen sind das (Neo-)Korporatismusmodell und die Pluralismustheorie. Sehr vereinfacht geht die Pluralismustheorie davon aus, dass ein System vielfältiger und konkurrierender Interessensvermittlung besteht. Der korporatistische Ansatz hingegen analysiert Beziehungsgeflechte zwischen dem Staat und bestimmten einflussreichen Interessengruppen, die in institutionalisierter Form in den politischen Entscheidungsprozess einbezogen werden. Aktuellere Forschungen befassen sich mit Multi-Akteurs-Modellen politischer Entscheidungen sowie mit politischen Netzwerken, in deren Fokus die Bildung geschlossener Systeme des Informationsaustausches und enger Beziehungen zwischen Gesellschaft, Berufswelt und Politik stehen, bei denen nicht mehr zwischen zwei sich gegenüberstehenden Lagern unterschieden werden kann. Die scharfe Abgrenzung zwischen Pluralismus und Korporatismus gilt damit als überholt.

Ob offiziell auftretende Verbandsvertreter oder im Verborgenen agierende Lobbyisten: organisierte Interessen werden seit jeher verdächtigt, die eigentlichen politischen Strippenzieher zu sein. Die vielen Verbindungen zwischen politisch Verantwortlichen und Gewerkschaften oder die im Beratungsgeschäft tätigen Ex-Politiker legen den Eindruck nahe, dass viele Entscheidungen häufig weniger der Sache als vielmehr dem einflussreichsten Lobbyisten geschuldet sind. Ein internationales Beispiel hierfür ist die »Motion Picture Association of America« (MPAA) unter ihrem Präsidenten Jack Valenti, die erheblichen Einfluss auf die urheber- und medienrechtliche Gesetzgebung hat und beispielsweise mit dafür sorgte, dass das amerikanische Copyright 1999 nochmals um zwanzig Jahre verlängert wurde, um unter anderem »Disneys« Urheberrecht an Mickey Mouse zu schützen.

Einfluss zu nehmen wird für Verbände allerdings schwierig, wenn sie viele verschiedene Sparten mit unterschiedlichen Interessen unter einem Dach vereinigen oder wenn die Größe und Vormachtstellung der ihnen angehörigen Unternehmen stark divergieren. Sichtbar wird dies bei Verbänden wie BITKOM, der Hard- und Software-, Mobilfunk-, Festnetz- und Kabelunternehmen vertritt, was dazu führt, dass bei strittigen Themen keine Aussage des Verbandes möglich ist. Aber auch für den BDZV war es beispielsweise im Zuge der versuchten Reform des Pressekartellrechts in den Jahren 2003 bis 2005 nicht einfach, die verschiedenen Interessen der Verlage zu berücksichtigen und sich mit einer Stimme zu äußern.

Bei allen begründeten und unbegründeten Vorbehalten gegenüber Verbandsvertretern und strippenziehenden Lobbyisten darf nicht vergessen werden: Interessenvertreter sind als fachkundige Berater jenseits der Gesetzgebungsorgane oft unerlässlich – zu komplex sind häufig die Sachverhalte.

Literatur

Ulrich von Aleman: »Interessenverbände in Deutschland«, auf: *http://www.verbaende.com/files/pdfs/Was_sind_Verbaende.pdf.*

Eckart Klaus Roloff: »Verbände und Organisationen im Medienbereich«, in: Peter Schiwy, Walter J. Schütz und Dieter Dörr (Hg.): Medienrecht. Lexikon für Praxis und Wissenschaft, 4. erweiterte und aktualisierte Aufl., Berlin 2006.

Werner Bührer: »Unternehmensverbände in Deutschland«, in: »Verbände und Lobbyismus«, Aus Politik und Zeitgeschichte (APuZ), 15–16 (2006), S. 17–24.

Martin Sebaldt und Alexander Strassner: Verbände in der Bundesrepublik Deutschland, Wiesbaden 2004.

Heinz-Dietrich Fischer (Hg): Medienverbände in Deutschland: Geschichte, Berufsaspekte, Politik, Berlin 1991.

Wahlkampf

Der Begriff ist im Deutschen erst seit dem 19. Jahrhundert
gebräuchlich. Der Wortbestandteil »Kampf« geht auf
den lateinischen Begriff »campus« zurück, der »Feld«, aber
auch »Schlachtfeld« bedeutet. Der im Englischen heute
noch übliche Begriff »Kampagne« hat die gleichen sprach-
geschichtlichen Wurzeln, wurde aber auf dem Umweg über
das Französische eingeführt. Eine »Campagne« bezeichnete ursprünglich einen zeitlich befristeten Feldzug.

Wahlkämpfe existieren, seit es Gesellschaften gibt, in denen ein
Wettbewerb um politische Ämter stattfindet. Viele Elemente von
Wahlkämpfen, wie die Mittel der politischen Propaganda, die Rhetorik und die im Voraus geplante Dramaturgie von Kampagnen
finden sich auch in nicht-demokratischen Gesellschaften wieder.
Aus der Antike sind zahlreiche politische Kampagnen überliefert,
Hinweise auf Wahlkämpfe im engeren Sinne finden sich unter
anderem bei Aristoteles' Beschreibung des Athener Staats und
zahlreich in den Quellen über die späte römische Republik.
Heute wird oft von einer »Amerikanisierung« und »Personalisierung« moderner Wahlkämpfe gesprochen und damit mehr oder
weniger unausgesprochen angenommen, es gebe eine spezifisch
europäische Tradition des Wahlkampfes, die durch amerikanische Einflüsse in jüngster Zeit verdrängt worden sei. Doch diese
Sichtweise verkennt, dass die Vereinigten Staaten als älteste große
Demokratie der Welt von Anfang an die Entwicklung der demokratischen Rituale wesentlich mitbestimmt haben. Der amerikanische Präsidentschaftswahlkampf des Jahres 1828, der erste, nachdem die meisten Bundesstaaten ihre bis dahin eher aristokratisch
geprägte Ordnung durch eine konsequent demokratische ersetzt
hatten, wies bereits zahlreiche Merkmale moderner Wahlkämpfe
auf, unter anderem eine ausgeprägte Fokussierung auf Spitzenkandidaten. Rund ein halbes Jahrhundert bevor sich in den meisten europäischen Staaten das allgemeine Wahlrecht durchsetzte,

wurde dort das Grundmuster entwickelt, dem die meisten anderen westlichen Länder früher oder später folgten, auch wenn sich aus den von Land zu Land verschiedenen Partei- und Wahlsystemen Unterschiede im Detail ergaben.

Die Ausgestaltung der Wahlkampfstrategien von Parteien und ihren Kandidaten waren von Anfang an wesentlich von der Entwicklung der Massenkommunikationsmittel bestimmt. So existieren beispielsweise Wahlkampfplakate erst seit rund einhundert Jahren, weil erst dann die Technik der Farblithografie so weit entwickelt war, dass man großformatige Plakate in großer Zahl kostengünstig herstellen konnte. Bis dahin hatte sich die gedruckte Wahlpropaganda vor allem auf Flugschriften und Postkarten gestützt.

Eine fast ebenso lange Tradition wie die Wahlkämpfe selbst hat die Forschung, die sich mit der Frage beschäftigt, welchen Einfluss die Propaganda-Inszenierungen im Wahlkampf auf die Meinungsbildung der Bevölkerung haben. Einer der wichtigsten Impulse war hier das 1922 erschienene Buch »Public Opinion« des amerikanischen Journalisten Walter Lippmann, das unter dem Eindruck der Wirkung der ➤ Propaganda im Ersten Weltkrieg entstand. Doch der Nachweis konkreter Wirkungen erwies sich als kompliziert. Der österreichisch-amerikanische Sozialwissenschaftler Paul F. Lazarsfeld entdeckte im Rahmen einer Studie zur amerikanischen Präsidentschaftswahl von 1940, dass die meisten Wähler sich vor allem solchen Informationen aussetzten, die ihre bereits vorher gefasste politische Meinung stützten. Aus diesem Befund der »selektiven Wahrnehmung« wurde nun in der Forschung die These abgeleitet, dass Massenmedien die Meinungsbildung der Wähler kaum beeinflussen können. Sie seien allenfalls in der Lage, bereits vorhandene Überzeugungen zu verstärken. Erst zu Beginn der 1990er Jahre gelang es mithilfe einer Kombination aus Umfragen und Medieninhaltsanalysen nachzuweisen, dass selektive Wahrnehmung die Medienwirkungen – und damit auch die Wirkung von Wahlkampfpropaganda – nicht gänzlich blockiert.

Eine völlig neue Sichtweise der Bedeutung von Wahlkämpfen ergab sich sowohl in der Wissenschaft als auch in der Praxis aus der Einführung des Fernsehens. Schon bald nachdem sich das neue Massenmedium durchgesetzt hatte, gab es die ersten Anzeichen dafür, dass das Fernsehen eine besondere Glaubwürdigkeit bei den Mediennutzern besaß und damit auch ein besonderes Wirkungspotential. Bereits 1953 wies das amerikanische Forscherehepaar Kurt Lang und Gladys Engel Lang in einer Pionierstudie auf die »Unique Perspective of Television and its Effect« hin. Es waren auch die Langs, die acht Jahre später, 1961, die ersten Untersuchungen der Fernsehduelle zwischen den amerikanischen Präsidentschaftskandidaten Richard Nixon und John F. Kennedy veröffentlichten, die den damals äußerst knappen Wahlausgang offenbar wesentlich mitentschieden. Seitdem haben Fernsehduelle der Spitzenkandidaten im Wahlkampf Forschung und Öffentlichkeit in besonderer Weise fasziniert – auch in Deutschland, wo diese Art der Wahlkampfinszenierung erst im Bundestagswahlkampf 2002 eingeführt wurde. In der Öffentlichkeit besteht die Tendenz, diesen Fernsehduellen eine überragende Bedeutung für den Ausgang der Wahl zuzusprechen. Doch die Forschungsergebnisse deuten eher darauf hin, dass es weniger der Verlauf der Fernsehdebatten ist, der das Wahlverhalten beeinflusst, als vielmehr die nachfolgende Medienberichterstattung.

Auch die Inszenierung der Kandidaten in den Medien hat eine längere Tradition, als oft angenommen wird. Man kann sie bis in die Antike zurückverfolgen, und sie spielte auch in den frühen Jahren der Bundesrepublik Deutschland eine erhebliche Rolle. Ein Beispiel sind die Bemühungen der SPD aus dem Jahr 1961, Willy Brandt als »deutschen Kennedy«, als jugendlichen Gegenpol zum alternden Bundeskanzler Adenauer darzustellen. Allerdings hat sich im Verlauf des letzten Jahrzehnts eine deutliche Professionalisierung der Wahlkampfstrategien der Parteien und Kandidaten vollzogen. Das eindrucksvollste Beispiel bietet der außerordentlich erfolgreiche Bundestagswahlkampf der SPD im Jahr 1998. Nach amerikanischem und englischem Vorbild ließen die Sozialdemokraten ihre Wahlkampfaktivitäten in einer eigens dafür gegründeten Organisationszentrale, der sogenannten »Kampa« koordinieren, wie in einem Drehbuch aufeinander abstimmen und möglichst mediengerecht gestalten.

Der amerikanische Politikwissenschaftler Thomas E. Patterson hat angesichts solcher Entwicklungen bereits in den frühen 1990er Jahren die These aufgestellt, dass die Spielregeln des Wahlkampfes und damit auch weite Teile des sonstigen politischen Lebens nicht mehr vorrangig von den Parteien und den Kandidaten bestimmt würden, sondern von den Medien und ihren dramaturgischen Bedürfnissen. Die verschiedenen Internetauftritte der US-Präsidentschaftskandidaten 2008, etwa auf »YouTube«, scheinen diese These zu bestätigen.

Seit dem Erfolg des SPD-Wahlkampfes im Jahr 1998 gibt es in der öffentlichen und wissenschaftlichen Diskussion eine Neigung, den Wahlkampftaktiken der Parteien eine außerordentlich große Aufmerksamkeit zu widmen, ihnen eine mindestens ebenso große Bedeutung zuzugestehen wie politischen Inhalten oder weltanschaulichen Grundüberzeugungen. Doch diese Sichtweise ist übertrieben. Nach wie vor spielen bei der Wahlentscheidung die klassischen politischen Kriterien wie Familientradition, soziale Verankerung, die den Parteien zugetraute Problemlösungskompetenz oder das oft langfristig, unabhängig vom konkreten Wahlkampf aufgebaute Vertrauen in die Kandidaten die wichtigste Rolle. Allerdings entscheidet der vergleichsweise kleine Kreis derjenigen, die sich vom Wahlkampf in ihrer Entscheidung beeinflussen lassen, oft den Gesamtausgang der Wahl.

Literatur

Daniel M. Shea (Hg.): Fountain of Youth. Strategies and Tactics for Mobilizing America's Young Voters, Lanham u. a. 2007.

Doris A. Graber: Media Power in Politics, Washington D. C. 2006.

Philip John Davies und Bruce I. Newman (Hg.): Winning Elections with Political Marketing, New York u. a. 2006.

Elisabeth Noelle-Neumann, Wolfgang Donsbach, Hans Mathias Kepplinger: Wählerstimmungen in der Mediendemokratie. Analysen auf der Basis des Bundestagswahlkampfs 2002, Freiburg i. B. 2005.

Marcus Maurer, Carsten Reinemann: Schröder gegen Stoiber. Nutzung, Wahrnehmung und Wirkung der TV-Duelle, Wiesbaden 2003.

Paul F. Lazarsfeld, Bernard Berelson, Hazel Gaudet: The People's Choice. How the Voter Makes Up His Mind in a Presidential Campaign, New York 1944.

KAI BURKHARDT

Weber, Max

* Erfurt, 21. April 1864, † München, 14. Juni 1920; Sozial-
ökonom und Soziologe. Das aus seinem Nachlass stammende
Werk »Wirtschaft und Gesellschaft« (1920) hat die Begriff-
lichkeit der politischen Wissenschaften maßgeblich geprägt.
Weber entwarf das erste Konzept zu einer systematischen
Untersuchung der Presse und ist mitverantwortlich für das
Entstehen des Faches Zeitungswissenschaft.

Max Weber, dessen ediertes Gesamtwerk über vierzig Bände umfas-
sen wird, hat zu Lebzeiten nur zwei Bücher zustande gebracht:
Dissertation und Habilitation. Alles andere war zum Zeitpunkt
seines Todes Fragment. Das gilt auch für sein berühmtestes Werk:
»Die protestantische Ethik und der Geist des Kapitalismus« (1904).
Es war nur eine Teilveröffentlichung und sollte eigentlich noch
fortgesetzt werden. Die schwere Depression Webers, die ihn jahrelang von der Arbeit abhielt, erklärt diesen Umstand nur teilweise.
Er hatte nicht den Ehrgeiz, dicke Bücher zu schreiben, stapelte
stattdessen Notizzettel auf seinem Schreibtisch und wechselte
Themen und Disziplinen beinahe nach Tageslaune. Die römische,
indische und chinesische Antike, Religion, Musikwissenschaft oder
Methodenlehre haben ihn ebenso beschäftigt wie Phänomene der
Moderne: die Börse, die industrielle Arbeitswelt und die Massenpresse.

Weber kam aus einer Familie mit einem kaufmännischen Hintergrund in Westfalen und einem hugenottisch-bildungsbürgerlichen
in Berlin. Der Vater war Jurist in der Berliner Stadtverwaltung, später liberaler Abgeordneter im Preußischen Abgeordnetenhaus und
im Reichstag. Auch Weber studierte zunächst Rechtswissenschaften, in den Nebenfächern aber Nationalökonomie, Geschichte,
Philosophie und Theologie. Er promovierte 1889 mit einer Arbeit
im Handelsrecht und habilitierte nur zwei Jahre später über »Die
römische Agrargeschichte in ihrer Bedeutung für das Staats- und
Privatrecht«. Gleichzeitig hatte er für den »Verein für Socialpolitik«

eine »Landarbeiter-Enquete« angefertigt, die neunhundert Seiten umfasste und ihn in wissenschaftlichen Kreisen bekanntmachte.

1894 übernahm er eine Professur für »Nationalökonomie und Finanzwissenschaft« in Freiburg, 1896 wechselte er nach Heidelberg. 1897 brach eine Nervenkrankheit aus, die ihn in immer wiederkehrenden Schüben daran hinderte, zu unterrichten. Erst nach dem Ersten Weltkrieg übernahm er wieder Lehrtätigkeiten, zunächst für ein Semester in Wien, 1919 dann in München, wo er nur ein Jahr später starb. 1919 gehörte er zur Delegation des Reiches in Versailles, bewegte sich während der Revolutionszeit also in höchsten politischen Kreisen, strebte aber wohl selbst nicht nach einem Amt. Er sah sich eher als Kommentator und wollte, wie seine Frau sagte, vom »Schreibtisch aus als politischer Erzieher wirken«. Die Grenzen des professoralen Einflusses waren ihm bewusst, weshalb er nach einem Mittel mit größerer Wirkung suchte. Dieses Mittel war die Zeitung. Seine Artikel zu den unterschiedlichsten Themen erschienen in fünfzehn verschiedenen Tages- und Wochenblättern, die »Frankfurter Zeitung« führte ihn 1918 als regulären freien Mitarbeiter.

Weber erinnert in seiner Arbeitswut und seinem nervösen Geisteszustand an den Philosophen Friedrich Nietzsche. Beiden gemeinsam war der polemische Kampf gegen die politischen und moralisch-ethischen Zustände ihrer Zeit. Als die Annexionisten im Ersten Weltkrieg ihre Ziele öffentlich verbreiteten, fühlte Weber sich herausgefordert und glaubte, ihnen durch »rücksichtslose Vertretung der entgegengesetzten Ansichten« als Journalist begegnen zu müssen. Ein Privatmann, so meinte er, könne sich in der Zeitung freier äußern als die Redaktion, die gegenüber dem Feind den Eindruck einer »einheitlichen Haltung« der Nation wahren müsse. Zudem kooperierte Weber zu propagandistischen Zwecken mit der Reichsregierung.

Weber sah in der Presse ein entscheidendes Gelenk im politischen System. Nur der Zeitungsbetrieb sei »kontinuierlicher politischer Betrieb«. Er war überzeugt, dass eine Regierung notwendig scheitere, wenn sie nicht über ein »ordnungsmäßiges« Publikationsorgan verfüge. Auf der anderen Seite hielt er die ➤ Presse potentiell für hektisch und hysterisch und verfluchte die »von der Schwerindustrie gekauften« Blätter. Als Wissenschaftler wiederum interessierte ihn etwas ganz anderes: was nämlich die »kapitalistische Entwicklung innerhalb des Pressewesens für die soziologische Position der Presse im allgemeinen und für ihre Rolle innerhalb der Entstehung der öffentlichen Meinung« bedeutet.

An der Universität Heidelberg hielt der Privatgelehrte Adolf Koch gutbesuchte Vorlesungen über die »Geschichte der Presse und des Journalismus in Deutschland«. Koch besetzte mit dem Thema eine wissenschaftliche Nische und baute schnell persönliche Kontakte zu Zeitungsverlegern und Journalisten auf.

Weber verfolgte die Bemühungen Kochs und erkannte, dass in der Erforschung des Zeitungswesens ein wichtiges Tätigkeitsfeld für die Soziologie lag. Er interessierte sich sehr dafür, wie Ideen in der Gesellschaft zirkulieren und sich schließlich gegen andere durchsetzen. Diese Frage verbindet die meisten der Weberschen Themen, und es ist nicht erstaunlich, dass er vermutete, durch das Erforschen des Zeitungswesens zu neuen Erkenntnissen zu gelangen. Wie sein Kollege Ferdinand Tönnies war er jedoch gegen eine »Zeitungswissenschaft« als eigenständige Disziplin. Tönnies und Weber sahen die Zeitungsforschung innerhalb der Soziologie mit ihren großen Fragestellungen gut aufgehoben.

Auf dem ersten deutschen Soziologentag 1910 stellte Weber ein Konzept zur Presse-Enquete vor. Das Thema lag in der Luft. Der große Zulauf, den die Vorlesungen des Kollegen Koch hatten, wiesen ebenso darauf hin wie die Anfragen von anderen Universitäten, die sich anteilnehmend nach den Fortschritten der neuen Forschungsrichtung erkundigten. Die ebenfalls junge Disziplin der Soziologie konnte sich mit dem modernen Thema legitimieren und mit einem anspruchsvollen Konzept die entsprechenden Maßstäbe setzen.

Weber war der Erste, der ein umfangreiches Projekt zur Erforschung der Presse skizzierte. Die Idee zu einer solchen Untersuchung verdankte sich nicht allein dem pragmatischen Gesichtspunkt, dass man für ein solches Projekt »ganz zweifellos Geld in genügendem Maß bekäme«, sondern einer echten Faszination für Presse als einer neuen Großmacht, die nicht auf Waffen und Bürokratie, sondern allein auf Wort, Geist und Witz gründete. Die Enquete ist in quantitativer und qualitativer Hinsicht vermutlich das größte Forschungsprojekt, das jemals für Zeitungen entworfen wurde. Es berücksichtigt wirtschaftliche, intellektuelle, politische und ethische Gesichtspunkte gleichermaßen. Den großen Fragen nach dem Einfluss einer Zeitung auf die Kultur und auf die Gesellschaft stand eine nüchterne Analyse der Verlagsdaten gegenüber. Weber beabsichtigte, Daten zu der sozialen und geistigen Herkunft der Journalisten zu erheben und zu untersuchen, welchen Einfluss die reklametreibende Wirtschaft sowie Parteien, Gewerkschaften und Verbände auf die Berichterstattung ausübten.

Das Projekt kam nicht zustande, weil Weber sich in einen verhängnisvollen Beleidigungsprozess mit Koch verstrickte. Es ging zunächst um das Ansehen von Marianne Weber, die als Frauenrechtlerin von verschiedenen Zeitungen angegriffen worden war. Die Angelegenheit wuchs sich jedoch zu einem Kampf Webers gegen die Sensationspresse aus und betraf am Ende Prinzipien wie Persönlichkeitsrechte und das Redaktionsgeheimnis. Weber forderte von den betroffenen Zeitungen, alle Quellen offenzulegen und verdarb sich mit diesem Angriff auf die Pressefreiheit das Verhältnis mit den Zeitungsredakteuren. Anderthalb Jahre hatte Weber sich bemüht, die Enquete in ein konkretes Forschungsprojekt zu überführen. Als es 1911 zum Prozess kam, gab er auf.

Adolf Koch galt nach diesem Prozess als gescheiterte, ehrlose Person und musste die Universität Heidelberg verlassen. Mit ihm verschwand die erste »Journalistische Bibliothek«, deren Bestände nie mehr gefunden wurden. Die Zeitungskunde konnte sich für mehrere Jahre nur gehemmt entwickeln. Der Redakteur ➤ Karl Bücher gründete 1916 zwar ein »Institut für Zeitungskunde« in Leipzig, das sich stark an den praktischen Lehrplänen Kochs orientierte. Heidelberg musste hingegen bis 1927 warten, bis ein »Institut für Zeitungswesen« entstand, das von der Finanzierung durch Verleger abhängig blieb. Weber hatte zwar die empirische Medienforschung konturiert, sie aber gleichzeitig als universitäre Fachdisziplin geschwächt.

Literatur

Michael Meyen und Maria Löblich: Klassiker der Kommunikationswissenschaft. Fach- und Theoriegeschichte in Deutschland, Konstanz 2006.

Joachim Radkau: Max Weber. Die Leidenschaft des Denkens, München, Wien 2005.

Bernhard Obst: Ein Heidelberger Professorenstreit. Die Auseinandersetzung zwischen Adolf Koch und Max Weber 1910–1914, Köln 1987.

Werbung

Das Wort Werbung leitet sich ab vom altdeutschen »hwer-
ban« = »sich drehen«, »sich bewegen«, »sich bemühen«.
Ziel der Werbung ist die kognitive und/oder emotionale
Beeinflussung eines Menschen. Die Werbebranche ist mit
einem Umsatz von knapp 400 Milliarden Dollar jährlich
zu einem eigenen Wirtschaftszweig geworden. Ein Großstadtbewohner kommt täglich mit drei- bis zehntausend
Werbebotschaften in Kontakt.

Bis in die 1930er Jahre hieß Werbung in Deutschland »Reklame«.
Denn geworben wurde im ursprünglichen Sinne nur um heirats-
fähige Frauen und wehrfähige Männer. Im französischen Wort
»reclamer« (rufen) lebte noch der Marktschreier weiter, der laut-
stark sein Produkt anpries. Inzwischen nennen wir die betreffende
Dienstleistung, die in Frankreich schlicht »Publicité« und in den
angelsächsischen Ländern »Advertising«, also »ankündigen« heißt,
Werbung – als würden die Produkte um unsere Hand anhalten.
    Für die meisten Menschen hat Werbung heute nichts mehr mit
dem Bund fürs Leben zu tun. Unter Werbung verstehen wir die
zigtausend Botschaften, mit denen Unternehmen, Parteien, Verbände oder Urlaubsziele um unsere Gunst, unser Geld oder unsere
Stimmen buhlen. Diese Art des Werbens ist bis in die Antike nach-
weisbar. Auf den Mauern von Pompeji hat sich erhalten, was vor
zweitausend Jahren Menschen zum Kauf von Brot anregen sollte
oder den Weg zum Schlachter wies. Einen Professionalisierungs-
schub erlebte diese Urform der Werbung mit dem Aufkommen
des Christentums, der ersten mit monopolistischem Anspruch
missionierenden und damit werblich ausgerichteten ➤ Religion
der Geschichte. Die ➤ Kommunikation der katholischen Kirche
weist schon alle Merkmale einer modernen Kampagne auf: Mit
dem Kreuz hat sie bis heute eines der bekanntesten Markenzeichen
der Welt. Aus der Bibel wurden Claims generiert, verdichtete Kern-
botschaften, die das eigene Revier gegen Mitbewerber abgrenzten

und das Versprechen der Religion auf den Punkt brachten. Mit den Heiligen erfand die katholische Kirche eine frühe Form der Testimonial-Kampagne, in der prominente Fürsprecher das Produkt unterstützten. Auch das Wort ➤ Propaganda stammt aus diesem Zusammenhang. Es geht zurück auf die »Sacra Congregatio de Propaganda Fide«, einen 1622 gegründeten katholischen Thinktank, der für die gegenreformatorische PR des Vatikan zuständig war.

Um zu den Werbeformen zu gelangen, die wir heute kennen, fehlten allerdings noch zwei wesentliche Grundlagen: Massenmedien und Marken. Beide sind Kinder der Industrialisierung. Erst durch die industrielle Produktion wurde es möglich, Güter in riesigen Stückzahlen günstig herzustellen. Gleichzeitig schaffte die arbeitsteilige kapitalistische Produktionsform massenhafte Nachfrage. Zunächst garantierte der Name des Händlers die Qualität des Produktes. Durch zunehmende Regulierungen und Standardisierung im Handel begannen jedoch immer mehr Hersteller, ihre Produkte selbst zu verpacken – und sich durch ihre Marke von Wettbewerbern abzugrenzen. Mit der Erfindung der Rotationspresse bekamen die Marken eine ideale Werbeplattform: die Massenmedien. Die amerikanischen und britischen Zeitungskonzerne wurden erst durch das Zusammenspiel von industriellem Druck und Werbegeldern möglich. So entstand schon zu Beginn des Medienzeitalters ein bis heute wirkmächtiger Konflikt: Die Werbung und der professionelle Journalismus sind Zwillinge, deren Unabhängigkeit voneinander erst durch gesetzliche Regeln hergestellt werden muss. Gleichzeitig schafft erst die Werbung die finanzielle Grundlage für eine vom Staat unabhängige ➤ Presse.

In Deutschland wurde diese Entwicklung durch Zensurregelungen und das Anzeigenmonopol des Staates verzögert. Erst mit der Einführung der Pressefreiheit 1849 spielten Anzeigen auch in Deutschland eine für die Finanzierung der Presselandschaft wesentliche Rolle. Die ersten »Annoncen-Expeditionen«, Vermittlungsagenturen für Anzeigen, wurden 1855 gegründet. Die älteste noch aktive deutsche Agentur entstand 1876: »William Wilkens«, heute »Draft FCB«. Diese Agenturen übernahmen zunehmend auch die Gestaltung der Anzeigen und entwickelten sich so zu Werbeagenturen. Die älteste noch bestehende Agentur der Welt,

»J. Walter Thompson«, wurde 1864 in New York gegründet und eröffnete 1933 eine Dependance in Berlin. Ein anderer Werbepionier, »McCann Erickson«, hatte dort schon seit 1928 eine Zweigstelle. Es entstanden internationale Kommunikationskonzerne, Jahrzehnte bevor das Wort Globalisierung erfunden wurde.

In Deutschland waren Dr. Oetker und Henkel Vorreiter der Marketingstrategie, die zunächst darauf ausgerichtet war, das Produkt und seine Vorteile bekanntzumachen und eine Unverwechselbarkeit im Ladenregal herzustellen. Dazu wurden die Produkte mit »Slogans« (gälisch für »Schlachtruf«) beworben. Viele dieser Markenschlachtrufe haben Eingang in den kollektiven Sprachschatz gefunden und sind untrennbar mit einem Produkt verknüpft. So soll das Publikum dem amerikanischen Präsidenten Bill Clinton bei einem Deutschlandbesuch auf den – der Bibel entlehnten – Satz »Nichts ist unmöglich« mit einem spontanen »Toyota« geantwortet haben. Um die Rechte an »Da weiß man, was man hat« streiten sich Persil und VW, und Haribo macht schon seit Anfang der 1930er Jahre Kinder froh.

Werbung ist ein fester Bestandteil der Alltagskultur geworden. 1930 schrieb ➤ Marshall McLuhan in sein Tagebuch: »In fünfzig Jahren wird eine Sammlung der Werbetricks und -Slogans eine interessantere Lektüre bieten, als irgendetwas anderes, das in dieser Generation erschienen ist.« Seinem fünfzehn Jahre später erschienenen Buch über die Werbe- und Medienindustrie »The Mechanical Bride« gab er den Untertitel »Folklore of Industrial Man«. Diese »industrielle Folklore« war von Beginn an auch ein Mittel der politischen Auseinandersetzung – sei es als totalitäre Propaganda oder als Werbung im demokratischen Parteienstreit. »Propaganda«, ursprünglich ohne Wertung synonym für Werbung gebraucht, wurde zwar schon im Dreißigjährigen Krieg im heutigen Sinne eingesetzt, erfuhr in der deutschen Sprache aber erst im Dritten Reich seine klar von der Werbung unterschiedene Bedeutung: umfassende staatliche Indoktrination, meist ohne Argumente, dafür mit totalitärem Anspruch.

Im Gegensatz zur Propaganda ist politische Werbung ein Spross der ➤ Demokratie. Schon in den Anfangsjahren der Bundesrepublik spielte die Programmvermittlung dabei jedoch eine untergeordnete Rolle. Das beste Ergebnis ihrer Geschichte erreichte die CDU 1957 mit dem Claim »Keine Experimente«. Inzwischen sind politische ➤ Wahlkämpfe so durchorganisiert wie Markenkampagnen. Beraterstäbe, Hausagenturen und eigene Abteilungen, wie die »Kampa« der SPD, wachen mit Argusaugen über jeden Bereich der politischen Außendarstellung. Mit dieser Professionalisierung, dem »Outsourcing« der politischen Kommunikation, geht allerdings auch die Auslagerung einer wichtigen Vermittlungsebene aus dem politischen Prozess selbst einher. Nicht immer ist klar, ob die programmatische Kernbotschaft noch in Parteigremien oder schon in Agenturen entsteht. Einen legendären Ruf als Wahlkämpfer erarbeitete sich der prominenteste französische Werber Jacques Séguéla. Er konzipierte nicht nur Werbung für Citroën und schuf eines der bekanntesten Bonmots der Werbebranche (»Sag' meiner Mutter nicht, dass ich in der Werbung arbeite – sie denkt, ich sei Pianist im Puff«), sondern auch die Kampagnen für François Mitterrand (»La force tranquille«), Lionel Jospin und Valery Giscard d'Estaing.

Die Einführung der Massenmedien ➤ Kino, ➤ Radio und ➤ Fernsehen ermöglichten es der Werbung, nach und nach sämtliche Lebensbereiche zu durchdringen. In den ➤ USA hatten Radioprogramme zunächst zwar keine Werbeunterbrechungen, waren aber im Grunde Dauerwerbesendungen. Sie wurden von Radioherstellern produziert, um den Absatz der Geräte zu fördern. Später wurden jeweils einzelne Sendungen von Sponsoren präsentiert oder produziert. Das Fernsehen übernahm diese Usancen. Was heute als Seifenoper gelegentlich unter Schleichwerbungsverdacht gerät, war ursprünglich tatsächlich von Seifenherstellern konzipiert, um die Gunst der hygienebewussten amerikanischen Familie zu erlangen. Bis heute ist auch das »Product Placement« in den USA eine selbstverständliche Einnahmequelle bei Filmproduktionen. Ein James Bond ohne diese Form der Werbung müsste seine Abenteuer wohl nackt und unmotorisiert bestreiten. Europäische Richtlinien zur Schleichwerbung, die erheblich liberaler sind, als die deutschen Regelungen, wurden 2007 beschlossen und müssen bis 2009 von den einzelnen Mitgliedsstaaten umgesetzt werden.

Eine bemerkenswerte Sonderstellung nehmen in diesem Zusammenhang Musiksender wie MTV ein, die Anfang der 1980er Jahre den Werbefilm zum Song zum eigentlichen Programm erhoben.

Hier, wie auch bei erfolgreichen Kampagnen im ➤ Internet, wiederholt sich das Muster der Seifenopern: Es entwickeln sich eigene publizistische Produkte, die durch Qualität und Originalität die Aufmerksamkeit des Publikums auf die Botschaft der Unternehmen lenken. Dass Werbung attraktive Inhalte produziert und zu einem eigenen Unterhaltungsgenre geworden ist, zeigen auch Fernsehsendungen, die ausschließlich aus Werbespots bestehen, oder die Beliebtheit von Werbefilmen auf »YouTube«.

Die Produktion solcher Kampagnen ist inzwischen eine eigene Industrie mit knapp 400 Milliarden Dollar Umsatz. Beherrscht wird der Markt von einer Handvoll Werbeholdings, die im Gegensatz zu den einzelnen Agenturen, aus denen ihre Imperien geschmiedet sind, kaum an die Öffentlichkeit treten. Marktführer ist die »Omnicom«-Gruppe, zu der unter anderem die Werbeagenturen BBDO, TBWA und DDB gehören. Als größtes europäisches Netzwerk folgt auf Platz vier die »Publicis«-Gruppe. Das größte Werbeunternehmen aus Deutschland ist die inhabergeführte »Scholz & Friends AG« mit Sitz in Berlin vor der Münchener »Serviceplan« und »Jung von Matt« aus Hamburg.

Eines haben alle Agenturen gemeinsam: Sie müssen neue Wege finden, um Aufmerksamkeit zu erzeugen. Schätzungen über die Anzahl der Werbebotschaften, denen ein Großstadtbewohner zu Beginn des dritten Jahrtausends täglich ausgesetzt ist, schwanken zwischen drei- und zehntausend. Sicher ist, dass von dieser Flut so gut wie nichts hängenbleibt – und es für Unternehmen immer schwieriger wird, sich innerhalb dieses Grundrauschens Gehör zu verschaffen und von der Konkurrenz abzusetzen. Obwohl die Mediennutzung steigt, diversifiziert sich die Aufmerksamkeit auf immer mehr Kanäle. Die Krise des Fernsehens ist auch eine Krise des klassischen 30-Sekunden-Spots. Wer Werbeunterbrechungen nicht mag, hat inzwischen Dutzende von Möglichkeiten, den lästigen Botschaften digital auszuweichen. Im Internetzeitalter ist es schon schwierig, herauszufinden, wo sich die »Zielgruppe« überhaupt aufhält. Hinzu kommt, dass gesetzliche Regelungen, wie die Beschränkung von Tabakwerbung in der EU, die Spielräume der Konzerne und Agenturen weiter einschränken. Die Stadtverwaltung von São Paulo ging so weit, zum ersten Januar 2007 jede Form von Außenwerbung zu verbieten. Als Königsweg zum Kunden gelten unter diesen Bedingungen orchestrierte Kampagnen, die eine Botschaft über möglichst viele Kanäle spielen und Kommunikationsformen wie Corporate Social Responsibility, ➤ Public Relations und Dialogmarketing einbeziehen. Virale Werbeformen setzen nicht mehr nur darauf, Rezipienten zu erreichen und zu überzeugen, sondern sollen von Nutzer zu Nutzer weiterempfohlen werden – die digitale Form der Mundpropaganda. Guerilla-Marketing »überfällt« den potentiellen Kunden, wo er es nicht erwartet und schafft oft mit geringem Einsatz große Aufmerksamkeit (so brachte »Burger King« zum Beispiel einen scheinbaren Schnappschuss in Umlauf, der einen leicht als Ronald McDonald zu dekodierenden Clown von hinten beim Bestellen eines »Burger King«-Burgers zeigte). Mit dem Versiegen alter Kommunikationskanäle steigt der Druck auf Agenturen und Marken, kreative Wege zum Kunden zu finden. Denn auch die radikalsten Werbekritiker werden die Reklame nicht abschaffen, zumindest nicht, solange die westliche Marktordnung auf den freien Wettbewerb der Angebote setzt.

Literatur
Christian Scheier und Dirk Held: Wie Werbung wirkt. Erkenntnisse des Neuromarketing, München 2006.
Günter Schweiger und Gertraud Schrattenecker: Werbung – Eine Einführung. Grundwissen der Ökonomik: Betriebswirtschaftslehre, 6. Aufl., Stuttgart u. a. 2005.
Sebastian Turner: Spring! Das Geheimnis erfolgreicher Werbung, Mainz 2000.
Marshall McLuhan: Die mechanische Braut. Volkskultur des industriellen Menschen, Dresden, Amsterdam 1996.

DIEMUT ROETHER

Zensur

Zensur ist jede Maßnahme, die versucht, die publizistischen
Medien zu kontrollieren und die Verbreitung bestimmter
Informationen oder Meinungen zu verhindern. Das Wort leitet sich von lat. »censere« ab (= Stil und Inhalt von Schriften
prüfen). Im vierten Jahrhundert vor Christus waren »censo-
res« Vermögensschätzer, später übernahmen sie die Funktion
einer Sittengerichtsbarkeit.

Als eines der frühesten Beispiele von Zensur gilt die als »Zwölf-
tafelgesetz« bekannte römische Gesetzessammlung von 450 v.Chr.,
in der zum Beispiel Spottverse verboten wurden. Unter die moralische Zensur fiel im Römischen Reich gut viereinhalb Jahrhunderte später auch Ovids Dichtung »Ars Amatoria« (dt.: Die Liebes-
kunst): Sie wurde aus den Bibliotheken entfernt, Ovid selbst von
Kaiser Augustus verbannt.

Im antiken Griechenland galt die den Bürgern zugestandene
Redefreiheit nicht als individuelle Freiheit, sie war vielmehr unlös-
bar mit der gemeinschaftsbezogenen Freiheit in der Polis verbunden. Die Gemeinschaft schädigende Schriften konnten verboten
werden. So wurde Sokrates ein Opfer der Zensur. Die obrigkeit-
liche Mehrheit empfand seine Thesen als gottlose, die Jugend ver-
derbende Freidenkerlehren und verurteilte ihn 399 v.Chr. zum
Tod durch Gift.

Zensur war stets macht- und medienpolitisch begründet: Das
Verbieten und Verbrennen unerwünschter Äußerungen und Bücher
ging nicht selten auch mit der Vernichtung derjenigen einher, die
die entsprechenden Ideen verbreiteten. So ließ um 250 v.Chr. der
chinesische Kaiser Chi Huang Ti nicht nur die Zitatensammlungen
des Konfuzius verbrennen, sondern auch Hunderte von seinen
Schülern lebendig begraben.

Zensurmaßnahmen gehen seit mehr als zweitausend Jahren von
staatlichen wie von kirchlichen Institutionen aus (➤ Religion). Die
Kirche führte bereits um 500 n. Chr. eine Liste verbotener Bücher

Zensur

418

ein. Katholiken war es unter Androhung von Exkommunikation verboten, ein indiziertes Buch zu lesen. Im 16. Jahrhundert baute die römische Inquisition ein strukturiertes kirchliches Zensurwesen auf. Die Kirchenväter, die erkannt hatten, dass die neue Erfindung des Buchdrucks entscheidend zur Verbreitung reformatorischer (»ketzerischer«) Gedanken beitrug, schufen 1564 den »Index Librorum Prohibitorum«. Die Liste der verbotenen Bücher wurde fortwährend aktualisiert und erst 1966 abgeschafft. Für Autoren der Aufklärung wie Voltaire war es Ehrensache, auf dem Index zu landen. Für alle, die sich über freigeistliche Lektüre informieren wollten, wurde der Index zur Pflichtlektüre. Als einer der letzten Autoren wurde im 20. Jahrhundert Jean Paul Sartre auf den Index gesetzt.

Die ersten weltlichen Zensurbehörden in ➤Deutschland entstanden Ende des 15. Jahrhunderts in Mainz und Frankfurt. 1529 wurde die staatliche Zensur durch den »Reichsabschied von Speyer« eingeführt: Alle Schriften mussten vor Drucklegung genehmigt und mit dem »Imprimatur«-Vermerk freigegeben werden. Der Augsburger Reichsabschied von 1548 verbot »obszöne, die Sinnlichkeit aufreizende Bilder« sowie solche, auf denen religiöse Gegenstände ins Lächerliche gezogen wurden und die die Religion oder Priester verspotteten.

Richtete sich die Zensur zunächst gegen Bücher, so versuchten Fürsten und Könige seit dem 16. Jahrhundert auch die ➤Presse in Europa staatlich zu lenken. Der Kampf um die Pressefreiheit begann im 17. Jahrhundert in England. Der Dichter John Milton forderte 1644 in seiner Schrift »Aeropagitica« das Parlament auf, die Zensur aufzuheben. In England wurde die Zensur bereits 1695 abgeschafft, faktisch aber über steuerliche Belastungen neu eingerichtet (➤Großbritannien).

In den ➤USA wurde die Pressefreiheit 1776 in die Erklärung der Grundrechte aufgenommen: »Die Freiheit der Presse ist eines der starken Bollwerke der Freiheit und kann nur durch despotische Regierungen beschränkt werden.« In ➤Frankreich wurde die Freiheit der Presse im Zuge der Französischen Revolution 1789 durch die Nationalversammlung proklamiert.

1815 gab es im Rahmen der Verhandlungen auf dem Wiener Kongress einen ersten Versuch, in Deutschland die Pressefreiheit einzuführen, festgeschrieben wurde sie jedoch erst 1849 in der Paulskirchenverfassung, die aber nie in Kraft trat. Bereits in den 1840er Jahren war die Zensur zeitweilig gelockert worden, was den Prozess politischer Bewusstseinsbildung in Deutschland in Bewegung brachte. Unter anderen setzte sich ➤ Karl Marx 1842/1843 als Redakteur der »Rheinischen Zeitung« für die Presse- und Meinungsfreiheit ein. Viele seiner Artikel fielen der Zensur zum Opfer, später wurde die »Rheinische Zeitung« ganz verboten. Viele Publizisten wichen damals auf Zeitschriften aus, die anders als die Zeitungen nicht der Konzessionspflicht unterlagen. Jakob Siebenpfeiffer, der die Zeitungen »Westbote« und »Deutschland« (vormals »Rheinbayern«) herausgab, kämpfte bereits vor Karl Marx in den 1830er Jahren engagiert für die Pressefreiheit. Gemeinsam mit Georg August Wirth gründete er im Januar 1832 den »Deutschen Preß- und Vaterlandsverein«, der sich für die Pressefreiheit als wesentliches Instrument zur Vereinigung des deutschen Sprachraums einsetzte. Ebenfalls 1832 organisierten Siebenpfeiffer und Wirth das Hambacher Fest, bei dem etwa 30.000 Menschen auf das gleichnamige Schloss zogen und Bürgerfreiheiten forderten, unter anderem die Presse- und Meinungsfreiheit. Mit dem Volksfest unterliefen die Organisatoren das Verbot politischer Kundgebungen.

Das 1874 erlassene Reichspressegesetz garantierte ursprünglich die Freiheit der Presse, doch das »Gesetz gegen die gemeingefährlichen Bestrebungen der Sozialdemokratie«, das Kaiser Wilhelm I. 1878 erließ, hebelte sie faktisch wieder aus. In dem Gesetz wurde unter anderem verfügt, dass Druckschriften zu verbieten seien, »in welchen sozialdemokratische, sozialistische oder kommunistische oder auf den Umsturz der bestehenden Staats- und Gesellschaftsordnung gerichtete Bestrebungen in einer den öffentlichen Frieden, insbesondere die Eintracht der Bevölkerungsklassen gefährdenden Weise zutage treten«.

Im Ersten Weltkrieg unterlag die Presse der Militärzensur. Nach Kriegsende verankerte die Weimarer Nationalversammlung 1919 die Freiheit der Kunst als Grundrecht in der Reichsverfassung und schaffte damit die Zensur formal ab. Doch auch in der Weimarer Republik, die Meinungsfreiheit »durch Wort, Druck, Bild oder in sonstiger Weise zusicherte«, wurden über Republikschutzgesetze und Notverordnungen des Reichspräsidenten Zeitungen und Bücher demokratischer, sozialistischer oder kommunistischer Autoren verboten.

Mit der NS-Machtübernahme wurden alle Medien einer totalen Zensur unterworfen. Das Schriftleitergesetz von 1933 verbot unkontrollierte Veröffentlichungen und reglementierte die Funktion des Journalismus im nationalsozialistischen Staat. Journalisten waren »Diener der Nation«, deren »Freiheit der Meinung Grenzen finden muss, wo sie sich mit den Rechten und Verpflichtungen des Volkes und Staatskörpers zu stoßen beginnt«. Ab dem 10. Mai 1933 fanden in ganz Deutschland öffentliche Bücherverbrennungen statt: Tausende Bücher landeten auf Schwarzen Listen, weil sie »gegen das gesunde Volksempfinden« verstießen. Die Reichskulturkammer und ihre Unterabteilungen Reichspresse- und Reichsfilmkammer überwachten die Medien. Alle Journalisten mussten in die Reichspressekammer eintreten. Ein abgelehnter Antrag auf Aufnahme kam einem Berufsverbot gleich.

Nach Kriegsende übernahmen die Besatzungsmächte den Rundfunk (➤ Radio, ➤ Fernsehen) im besetzten Deutschland und lizenzierten die Zeitungen. 1949 wurde das Grundgesetz verabschiedet, dessen Art. 5 die Meinungsfreiheit regelt: »Eine Zensur findet nicht statt.« Eingriffe in die Meinungsfreiheit sind allerdings möglich, denn in Art. 5, Absatz 2, heißt es: »Diese Rechte finden ihre Schranken in den Vorschriften der allgemeinen Gesetze, den gesetzlichen Bestimmungen zum Schutze der Jugend und in dem Recht der persönlichen Ehre« (➤ Medienrecht).

Nach dem Jugendschutzgesetz benötigen Filme, DVDs, Videokassetten und Computerspiele eine Altersfreigabe. Diese erfolgt durch die Freiwillige Selbstkontrolle (FSK) Film beziehungsweise bei der Unterhaltungssoftware durch die USK (Unterhaltungssoftware Selbstkontrolle). Die privaten Fernsehsender haben sich in der Freiwilligen Selbstkontrolle Fernsehen (FSF) organisiert.

Das zuletzt 2002 reformierte Jugendmedienschutzgesetz steht wegen seiner ausufernden Regulierungslust nach Ansicht seiner Kritiker in der Tradition der politischen Zensur des 19. Jahrhunderts. Damals erschien der Jugendschutzgedanke in einigen Landesrechten, etwa im württembergischen Pressegesetz von 1808. Laut Jugendmedienschutz sind Angebote unzulässig, die gegen den Gedanken der Völkerverständigung gerichtet sind, zum Hass gegen bestimmte Teile der Bevölkerung aufrufen oder Gewalt verherrlichen. In den vergangenen Jahren gab es in Deutschland zudem immer wieder Diskussionen darüber, ob Reality-Shows wie »Big Brother« die Menschenwürde verletzen und vor 22 Uhr gezeigt werden dürfen.

Auch häufen sich seit einigen Jahren staatsanwaltlich angeordnete Redaktionsdurchsuchungen und Beschlagnahmungen von Recherchematerial. Journalistenverbände und Verlegerorganisationen warnen deshalb davor, die Pressefreiheit als selbstverständlich zu betrachten. In Deutschland verweist man auf die polizeiliche Durchsuchung der Redaktion des Magazins »Cicero« im September 2005, die vom Bundesverfassungsgericht im Februar 2007 als Beeinträchtigung der Pressefreiheit angesehen wurde. Die Verfassungsrichter setzten sich in ihrem Urteil von dem sogenannten »Spiegel«-Urteil (➤ Affären) von 1966 ab, in dem damals die Einschränkung der Pressefreiheit (bei Verdacht auf Landesverrat) legitimiert wurde.

Seit den 1960er Jahren wird unter Medienschaffenden die Frage diskutiert, ob die Selbstzensur nicht die größte Bedrohung für die Meinungsfreiheit darstellt. Die Schere im Kopf führe dazu, so die Befürchtung, dass Journalisten über viele Tabus oder Themen, mit denen sie sich bei Vorgesetzten oder Funktionsträgern in Wirtschaft und Politik unbeliebt machen könnten, gar nicht erst berichten.

Verschiedene Organisationen setzen sich für die Presse- und Meinungsfreiheit ein. In Deutschland sind das neben Journalistenorganisationen und Verlegerverbänden (➤ Verbände) zum Beispiel der Presserat und der Verein »Reporter ohne Grenzen«. Diese weltweit operierende Organisation veröffentlicht jährlich einen Bericht zur Pressefreiheit, zu deren größten Feinden derzeit China, Russland, Iran, Kuba und Nordkorea zählen. Insbesondere China machte in den vergangenen Jahren durch die Sperrung von Internetseiten (➤ Internet, ➤ Google) und die Verhaftung von Journalisten von sich reden.

Literatur

Bodo Plachta: Zensur, Stuttgart 2006.

Jonathon Green (Hg.): The Encyclopedia of Censorship, New York 2005.

Roland Seim: Zwischen Medienfreiheit und Zensureingriffen. Eine medien-
und rechtssoziologische Untersuchung zensorischer Einflussnahmen auf
bundesdeutsche Populärkultur, Münster 1997.

Ernst Fricke: Recht für Journalisten. Grundbegriffe und Fallbeispiele,
Konstanz 1997.

Martin Löffler und Reinhardt Ricker: Handbuch des Presserechts, 3. Aufl.,
München 1994.

Gisela Marx: Eine Zensur findet nicht statt. Vom Anspruch und Elend des
Fernsehjournalismus, Hamburg 1988.

Henryk M. Broder (Hg.): Die Schere im Kopf. Über Zensur und Selbstzensur, Köln 1976.

HARALD MARTENSTEIN

Zola, Émile

* Paris, 2. April 1840, † Paris, 19. November 1902; französi-
scher Schriftsteller, Kunstkritiker und Journalist. Bekannteste
Werke: »Le ventre de Paris« (1873), »Nana« (1880), »Germinal«
(1885), verschiedene literaturtheoretische Schriften und die
Dokumentation »L'affaire Dreyfus, Lettre à la jeunesse« (1887).

Zunächst spricht nicht viel dafür, dass Émile Zola ein engagierter Intellektueller würde: Der Sohn eines Bauingenieurs fällt durchs Abitur,
arbeitet unter anderem als Werbechef beim Pariser Verlag »Hachette«
und beginnt mit Mitte zwanzig, Romane zu schreiben. Zola gehört
zur Schule der Naturalisten. Drei Faktoren, so meint er, bestimmen
und lenken uns alle: die Abstammung, die historischen Umstände
und das Milieu. Auf der Basis dieses Weltbildes, das meistens »mecha-
nistisch« genannt wird, schreibt er einen zwanzigbändigen Roman-
zyklus, das Familienepos »Les Rougon-Macquarts«, sein Hauptwerk.
    1894 findet eine Pariser Putzfrau, die französische Geheimagentin
ist, in einem Papierkorb der deutschen Botschaft einen Brief, aus
dem hervorgeht, dass es im französischen Generalstab einen deutschen Spion gibt. Der Verdacht fällt sofort auf das einzige jüdische
Mitglied des Generalstabes, den Hauptmann Alfred Dreyfus. Allerdings gibt es weder ein Motiv noch einen Beweis noch überzeugende
Indizien. Der Prozess ist eine Farce – die »Beweise« der Ankläger
werden zum Teil nur den Richtern gezeigt, nicht den Verteidigern.
Überall im Land kocht der Antisemitismus, Hauptmann Dreyfus
wird zu lebenslanger Verbannung auf die Teufelsinsel verurteilt.
    Um die Schuld oder Unschuld von Dreyfus tobt in den folgen-
den Jahren ein Meinungskampf, nicht nur in Frankreich, sondern
in ganz Europa. In diesem Kampf geht es nicht nur um das Schicksal eines einzelnen Mannes, sondern vor allem um das Selbstverständnis des Landes, vielleicht sogar Europas: liberale Demokratie oder autoritärer Obrigkeitsstaat, Menschenrechte für alle oder
Menschenrechte nur für einige, Vorrang für den Rechtsstaat oder
Vorrang für das sogenannte nationale Interesse?

Zola, Émile

Das Lager der Dreyfus-Verteidiger gewinnt an Boden, nachdem 1896 belastendes Material gegen einen anderen Offizier auftaucht, den stark verschuldeten Major Esterhazy. Zola ist von Dreyfus' Unschuld nicht sofort überzeugt, nur der Antisemitismus der Dreyfus-Verfolger stößt ihn von Anfang an ab. Erst im Herbst 1897 schließt er sich dem Lager der »Dreyfusards« an und verfasst für den »Figaro« mehrere Artikel, die vorsichtig eine Revision des Urteils verlangen. Es geschieht etwas, womit Zola nicht gerechnet hat: Der »Figaro« bekommt nach zahlreichen Abo-Kündigungen kalte Füße und trennt sich von seinem berühmten Autor. Doch in den folgenden Monaten wird tatsächlich ein Verfahren gegen Esterhazy eröffnet, und Zola veröffentlicht auf eigene Kosten zwei »Offene Briefe« gegen Fremdenfeindlichkeit und für Menschenrechte. Sein Ton wird schärfer. Am 11. Januar wird Major Esterhazy, der wahrscheinliche Täter, freigesprochen. Die entlastenden »Beweise« hat der Generalstab fälschen lassen, wie man heute weiß und damals ahnte. Zwei Tage später, am 13. Januar, räumt die kleine, auf Literaturliebhaber spezialisierte Zeitung »L'Aurore« ihre gesamte erste Seite und einen Teil der zweiten für einen der aggressivsten, polemischsten und erfolgreichsten Texte in der Geschichte des Journalismus frei, für das Meisterwerk des Émile Zola: einen Offenen Brief an Félix Faure, den Präsidenten der Republik. »L'Aurore« hat normalerweise eine Auflage von 20.000 Exemplaren, an diesem Tag sind es 200.000. Der Artikel trägt als Überschrift einen Satz, der im Text achtmal vorkommt, wie der regelmäßige Schlag einer Glocke: »J'accuse«, »Ich klage an«.

Es ist die Geburtsstunde einer Figur, die die Weltgeschichte bis heute begleitet – des engagierten Intellektuellen. Zola verkörperte damals alles, was diesen bis heute ausmacht: das moralische Pathos und die Selbstgewissheit, die Vereinfachung, den rhetorischen Glanz, etwas, was die einen Anmaßung und Selbstüberschätzung nennen, die anderen Mut. So sieht sich Zola mit dem Präsidenten auf Augenhöhe, er behauptet, die Wahrheit zu kennen, er verwirft aus eigenem Recht, dem des erfolgreichen Autors, ein Gerichtsurteil.

Privat ist Zola ein eher schüchterner Mann, gepeinigt von zahlreichen Ängsten, nicht frei von Wehleidigkeit. Aber er möchte unbedingt angeklagt werden, wegen Verleumdung. Darin sieht er die einzige Chance, den Fall Dreyfus trotz des Freispruchs von

Esterhazy neu aufzurollen. Aus der Affäre des machtlosen Hauptmanns D. soll die Affäre des Großschriftstellers Z. werden – und so geschieht es auch: Zola wird zu einem Jahr Gefängnis verurteilt, während in Paris Tausende von Demonstranten seinen Tod und den Tod aller Juden fordern. Vor dem Haftantritt flieht er nach England. Am Ende, nach jahrelangen juristischen Kämpfen, kehrt Dreyfus von der Teufelsinsel zurück, wird 1906 rehabilitiert und zum Mitglied der französischen Ehrenlegion ernannt. Zola erlebt diesen Triumph nicht mehr, weil er 1902 einen rätselhaften, nie aufgeklärten Vergiftungstod stirbt.

»J'accuse« wird gemeinhin für das Gründungsdokument der modernen, nicht mehr so stark von Militär und Kirche beherrschten Demokratie in Frankreich gehalten. Weniger bekannt ist, dass damals, im Zuge der Affäre, ein neues Wort geboren wurde. Nach dem 13. Januar unterschreiben etwa zweitausend prominente Franzosen eine Solidaritätserklärung mit Zola und Dreyfus: Autoren, Wissenschaftler, Schauspieler, Journalisten, darunter Anatole France und Marcel Proust. Es handelt sich fast um die gesamte geistige Elite des Landes. Maurice Barrès, ein konservativer Romancier und Dreyfus-Gegner, nennt diese Leute in einem Artikel abwertend »les intellectuels«. ► Intellektuelle sind für Barrès Personen, die von Politik keine Ahnung haben, sich aber trotzdem dazu äußern, sich aufspielen, ihre patriotischen Pflichten nicht kennen und den Juden nahestehen. Die »Intellektuellen« aber übernehmen das Schimpfwort schon bald selbst und deuten es um.

In den folgenden Jahrzehnten bleibt der Intellektuelle eine Dauererscheinung in Politik und Medien, er verwendet dabei im Wesentlichen das bereits von Zola und seinen Gefährten entwickelte Werkzeug, den Offenen Brief, die Resolution, die Unterschriftenliste. Die Zahl seiner politischen Siege ist nicht groß, vielleicht war sogar die Dreyfus-Affäre sein bis heute schönster Erfolg.

Literatur:
Elke-Vera Kotowski und Julius H. Schoeps: J'Accuse ...! Ich klage an! Zur Affäre Dreyfus. Eine Dokumentation, Berlin 2005.
Karl Korn: Zola in seiner Zeit, Frankfurt a. M. 1984.
Frederick W. J. Hemmings: Émile Zola. Chronist und Ankläger seiner Zeit. Biographie, Frankfurt a. M. 1981.

Dieter Anschlag, geboren 1958, Chefredakteur der Medienfachzeitschrift »Funk-korrespondenz« (Bonn). Veröffentlichungen u. a.: »Die WM-Show. Wie wir die beste Fußball-WM aller Zeiten am Bildschirm erlebten« (Konstanz 2006) und »Die Fernsehproduzenten« (mit Lutz Hachmeister, Konstanz 2003).

Nadine Barthel, geboren 1975, Wissenschaftliche Mitarbeiterin am Institut für Medien- und Kommunikationspolitik, u. a. beteiligt an der Erarbeitung eines Grundsatzpapiers »Internet und Bildung« für das Medienreferat des SPD-Partei-vorstands und an der Konzeption und Redaktion eines kulturwissenschaftlichen Online-Studiengangs »Medien und Globalisierung«.

Dr. Carsten Brosda, geboren 1974, Leiter des Referats »Reden und Texte« im Leitungs- und Planungsstab des Bundesministeriums für Arbeit und Soziales, Lehrbeauftragter am Institut für Journalistik der Universität Dortmund. Ver-öffentlichungen u. a.: »Diskursiver Journalismus. Journalistisches Handeln zwi-schen kommunikativer Vernunft und mediensystemischem Zwang« (Wiesbaden 2008) und »Diskurs-Inszenierungen« (mit Thomas Meyer und Christian Schicha, Wiesbaden 2001).

Dr. Kai Burkhardt, geboren 1971, Historiker und Wissenschaftlicher Mitarbeiter am Institut für Medien- und Kommunikationspolitik Berlin. Aktuelle Veröffent-lichung: »Adolf Grimme. Eine Biografie« (Köln, Wien 2007).

Peter Burghardt, geboren 1966, Redakteur der »Süddeutschen Zeitung«, Kor-respondent der »Süddeutschen Zeitung« und des »Tages-Anzeigers«, Zürich, für Spanien, Portugal und Lateinamerika. Veröffentlichungen u. a.: »Die Metropole der langen Nächte. Madrider Eigenheiten« (Wien 2003).

Dr. Thymian Bussemer, geboren 1972, Kommunikationswissenschaftler und Leiter Personalstrategie/Grundsatzfragen beim Arbeitsdirektor der Volkswagen AG. Aktuelle Veröffentlichung: »Propaganda. Konzepte und Theorien« (Wies-baden 2005).

Prof. Dr. Oliver Castendyk, geboren 1960, Direktor des Erich Pommer Insti-tuts, Professor an der Juristischen Fakultät der Universität Potsdam, Justiziar des Verbandes »Technischer Betriebe für Film und Fernsehen e. V.«, Mitherausgeber der Zeitschrift »MultiMedia und Recht«. In den 1990er Jahren arbeitete er in der Rechtsabteilung der Kirch-Gruppe sowie als Chefjustiziar der »ProSieben Media AG« und als Geschäftsführer bei deren Tochterfirmen »Seven Pictures« und »VG Satellit«.

David Allan Chipp, geboren 1927, arbeitete seit 1950 in Fernost für die Nach-richtenagentur Reuters. Er war der erste westliche ortsansässige Berichterstatter in China (1956 bis 1958). Später war er Redakteur bei Reuters und Chefredakteur bei der Nachrichtenagentur »The Press Association«. Inzwischen im Ruhestand, arbeitet er weiterhin frei für Zeitungen und Magazine.

Mirko Derpmann, geboren 1972, Creative Director bei der Berliner PR-Agentur »Scholz & Friends Agenda«, u. a. Mitarbeit an den Kampagnen »Deutschland – Land der Ideen« und »Baden-Württemberg – Wir können alles. Außer Hochdeutsch«.

Julia von Dobeneck, geboren 1976, Referentin für Medienpolitik bei »Bündnis 90/Die Grünen« im Deutschen Bundestag und freie Mitarbeiterin am Institut für Medien- und Kommunikationspolitik Berlin.

Dr. Patrick Donges, geboren 1969, Oberassistent am IPMZ (Institut für Publizistikwissenschaft und Medienforschung der Universität Zürich). Veröffentlichungen u. a.: »Von der Medienpolitik zur Media Governance?« (Köln 2007) und »Rundfunkpolitik zwischen Sollen, Wollen und Können. Eine theoretische und komparative Analyse der politischen Steuerung des Rundfunks« (Wiesbaden 2002).

Dr. Wolfgang Eichhorn, geboren 1960, Wissenschaftlicher Mitarbeiter am Institut für Kommunikationswissenschaft und Medienforschung der Universität München. Veröffentlichungen u. a.: »Medien – Politik – Kommunikation« (mit Karl Pauler und Heinz Pürer, München 2006) und »Agenda-Setting-Prozesse. Eine theoretische Analyse individueller und gesellschaftlicher Themenstrukturierung« (München 1996).

Prof. Ernst Elitz, geboren 1941, Intendant des Nationalen Hörfunks Deutschlandradio (Deutschlandfunk, Deutschlandradio Kultur), Honorarprofessor am Institut für Kultur- und Medienmanagement der Freien Universität Berlin. Veröffentlichungen u. a.: »Programmliche Selbstverpflichtungen und Medienqualität. Ein Projekt zur Sicherung der Qualität in den elektronischen Medien« (mit Dieter Stammler, Köln 2006) und »Rundfunk- und Fernsehanstalten als Träger der Kulturförderung« (in: »Kulturstaat Deutschland«, hg. von Norbert Lammert, Köln 2004).

Prof. Dr. Andreas Elter, geboren 1968, Professur für Journalistik an der Makromedia Fachhochschule in Köln, seit 2000 Redakteur des »RTL-Nachtjournals«. Veröffentlichungen u. a.: »Propaganda der Tat, Geschichte medialer Terrorstrategien« (Frankfurt a. M. 2008) und »Die Kriegsverkäufer. Geschichte der US-Propaganda von 1917–2005« (Frankfurt a. M. 2005).

Dr. Benno Ennker, geboren 1944, Wissenschaftlicher Mitarbeiter am Institut für osteuropäische Geschichte und Landeskunde der Universität Tübingen, Lehrbeauftragter der Universität St. Gallen (Schweiz). Veröffentlichungen u. a.: »The Stalin Cult, Bolshevik Rule and Kremlin Interaction in the 1930s« (in: »The Leader Cult in Communist Dictatorships. Stalin and the Eastern Bloc«, hg. von Balázs Apor, Basingstoke 2004) und »Die Anfänge des Leninkults in der Sowjetunion« (Köln u. a. 1997).

Bernd Gäbler, geboren 1953, Publizist und Dozent für Journalistik an der FHM Bielefeld, 1997 bis 2001 Leiter des Medienressorts der »Woche«, 2001 bis 2004

Geschäftsführer des Adolf Grimme-Instituts in Marl. Mitarbeit bei den Publikationen »Die Alpha-Journalisten. Deutschlands Wortführer im Porträt« (hg. von Stephan Weichert und Christian Zabel, Köln 2007) und »Die Herren Journalisten« (hg. von Lutz Hachmeister und Friedemann Siering, München 2003).

Dr. Kerstin Goldbeck, geboren 1973, Wissenschaftliche Mitarbeiterin am Institut für Publizistik- und Kommunikationswissenschaft der FU Berlin, Arbeitsstelle Kommunikationspolitik/Medienökonomie, zuvor Referentin für Medienpolitik beim »Bundesverband Deutscher Zeitungsverleger« (BDZV). Veröffentlichungen u. a.: »Gute Unterhaltung, schlechte Unterhaltung. Die Fernsehkritik und das Populäre« (Bielefeld 2004).

Dr. Udo Göttlich, geboren 1961, Leiter der Forschungsgruppe »Politik und Kommunikation« am Rhein-Ruhr-Institut für Sozialforschung und Politikberatung der Universität Duisburg-Essen. Aktuelle Veröffentlichung: »Die Kreativität des Handelns in der Medienaneignung. Zur handlungstheoretischen Kritik der Wirkungs- und Rezeptionsforschung« (Konstanz 2006).

Dr. Tobias Gostomzyk, geboren 1973, Rechtsanwalt mit Schwerpunkt Medien- und Telekommunikationsrecht. Zahlreiche Veröffentlichungen zum Medienrecht, u. a.: »Die Öffentlichkeitsverantwortung der Gerichte in der Mediengesellschaft« (Baden-Baden 2006).

Steffen Grimberg, geboren 1968, Publizist und Medienredakteur bei der »taz«, Lehrtätigkeit an Hochschulen und in der Journalistenaus- und -weiterbildung.

Prof. Dr. Johanna Haberer, geboren 1956, Leiterin der Abteilung Christliche Publizistik der Universität Erlangen-Nürnberg. Veröffentlichungen u. a.: »Studien zur Christlichen Publizistik« (Mitherausgeberin) und »Gottes Korrespondenten. Geistliche Rede in der Mediengesellschaft« (Stuttgart 2004).

Dr. Lutz Hachmeister, geboren 1959, Direktor des Instituts für Medien- und Kommunikationspolitik Berlin und Privatdozent am Institut für Journalistik der Universität Dortmund. Veröffentlichungen u. a.: »Der Gegnerforscher. Die Karriere des SS-Führers Franz-Alfred Six« (München 1998) und »Nervöse Zone. Politik und Journalismus in der Berliner Republik« (München 2007).

Prof. Dr. Kai Hafez, geboren 1964, Professor für Kommunikationswissenschaft mit dem Schwerpunkt »Vergleich von Mediensystemen/Kommunikationskulturen« an der Universität Erfurt. Von 1995 bis 2002 Wissenschaftlicher Mitarbeiter am Deutschen Orient-Institut, Hamburg. Veröffentlichungen u. a.: »The Myth of Media Globalization (Cambridge 2007) und »Die politische Dimension der Auslandsberichterstattung« (Baden-Baden 2002).

Dr. Wolfgang Hagen, geboren 1950, Privatdozent für Medienwissenschaften an der Humboldt-Universität Berlin und Leiter der Abteilungen Kultur und Musik im Deutschlandradio Kultur. Veröffentlichungen u. a.: »Veronica on TV – Ikonographien im Äther von Baraduc bis Beckett« (in: »Äther, ein Medium der Moderne«, hg. von Jens Schröter, Bielefeld 2007) und »Das Radiobuch. Zur Theorie und Geschichte des Hörfunks Deutschland/USA« (München 2005).

Matthias von Hein, geboren 1958, Leiter der chinesischen Redaktion des deutschen Auslandsrundfunks Deutsche Welle in Bonn. Er veröffentlicht regelmäßig Berichte und Kommentare zu China in den Hörfunkprogrammen der ARD.

Prof. Dr. Knut Hickethier, geboren 1945, Professor für Medienwissenschaft an der Universität Hamburg. Veröffentlichungen u. a.: »Film- und Fernsehanalyse« (4. Aufl., Stuttgart, Weimar 2007) und »Geschichte des deutschen Fernsehens« (Stuttgart, Weimar 1998).

Claudia K. Huber, geboren 1980, Wissenschaftliche Referentin am Institut für Medien- und Kommunikationspolitik Berlin. Veröffentlichungen u. a.: »Black Box Brüssel. EU-Journalismus zwischen Affirmation und Kontrolle« (Wiesbaden 2007).

Prof. Dr. Gangolf Hübinger, geboren 1950, Professor für Vergleichende Kulturgeschichte der Neuzeit und Fellow am Max Weber Kolleg in Erfurt, Mitherausgeber der historisch-kritischen Max-Weber-Gesamtausgabe, der Ernst-Troeltsch-Gesamtausgabe, der Zeitschrift »Internationales Archiv für Sozialgeschichte der deutschen Literatur« und der »Studien und Texte zur Sozialgeschichte der deutschen Literatur«. Veröffentlichungen u. a.: »Gelehrte, Politik und Öffentlichkeit. Eine Intellektuellengeschichte« (Göttingen 2006) und »Theodor Mommsen und das Kaiserreich« (Friedrichsruh 2003).

Hans-Jürgen Jakobs, geboren 1956, Chefredakteur des Online-Portals *sueddeutsche.de* in München. Veröffentlichungen u. a.: »Das Gewissen ihrer Zeit. Fünfzig Vorbilder des Journalismus« (mit Wolfgang Langenbucher, Wien 2004) und »Springer, Augstein & Co. – deutsche Mediendynastien« (Zürich 1990).

Prof. Dr. Otfried Jarren, geboren 1953, Professor und Direktor des IPMZ (»Institut für Publizistikwissenschaft und Medienforschung« der Universität Zürich). Veröffentlichungen u. a.: »Ordnung durch Medienpolitik?« (mit Patrick Donges, Konstanz 2007) und »Rundfunkregulierung. Leitbilder, Modelle und Erfahrungen im internationalen Vergleich. Eine sozial- und rechtswissenschaftliche Analyse« (Zürich 2002).

Dr. Marcus S. Kleiner, geboren 1973, Lecturer für Medien- und Kommunikationswissenschaften an der Universität Bonn. Aktuelle Veröffentlichungen: »Medien-Heterotopien. Diskussionsräume einer gesellschaftskritischen Medientheorie« (Bielefeld 2008) und »Im Widerstreit vereint. Kulturelle Globalisierung als Geschichte der Grenzen« (Bielefeld 2008).

Prof. Dr. Hans J. Kleinsteuber, geboren 1943, Professor für Politische Wissenschaft/Vergleichende Politikwissenschaft an der Universität Hamburg, seit 1982 auch für Journalistik und Kommunikationswissenschaft. 1988 gründete er die Arbeitsstelle »Medien und Politik« an der Universität Hamburg. Veröffentlichungen u. a.: »Radio. Eine Einführung« (Wiesbaden 2008) und »Handbuch Journalismus und Medien« (hg. mit Siegfried Weischenberg und Bernhard Pörksen, Konstanz 2005).

Prof. em. Dr. Kurt Koszyk, geboren 1929, ehemaliger Leiter des Instituts für Zeitungsforschung in Dortmund und der Sektion Publizistik an der Ruhr-Universität Dortmund, Gründungsprofessor des Studiengangs Journalistik an der PH Hochschule Ruhr, Abteilung Dortmund (heute »Institut für Journalistik« der Universität Dortmund). Veröffentlichungen u.a.: »Deutsche Pressepolitik im Ersten Weltkrieg« (Düsseldorf 1968) und »Geschichte der deutschen Presse«, Bd. 2: »Deutsche Presse im 19. Jahrhundert«, Bd. 3: »Deutsche Presse 1914–1945« und Bd. 4: »Pressepolitik für Deutsche 1945–1949« (Berlin 1966–1986).

Leif Kramp, geboren 1980, freier Journalist und Medienwissenschaftler. Veröffentlichungen u.a.: »The Changing Role of Television in the Museum« (in: »Spectator« 27/1, Los Angeles 2007) und »Western von Gestern« (in: Jahrbuch Fernsehen, Berlin 2007).

Prof. em. Dr. Klaus Kreimeier, geb. 1938, bis 2004 Professor der Medienwissenschaft an der Universität Siegen. Veröffentlichungen u.a.: Mitherausgeber der dreibändigen »Geschichte des dokumentarischen Films in Deutschland« (Ditzingen 2005), »Lob des Fernsehens« (München 1995) und »Die Ufa-Story« (Frankfurt a. M. 1992).

Stefan Krings, geboren 1971, freier Journalist in Köln. Veröffentlichungen u.a.: »Das Propagandaministerium« (in: »Das Goebbels-Experiment – Propaganda und Politik«, hg. von Lutz Hachmeister und Michael Kloft, München 2005).

Prof. Dr. Arnulf Kutsch, geboren 1949, Prof. für Historische und Systematische Kommunikationswissenschaft an der Universität Leipzig, Mitherausgeber von »Publizistik. Vierteljahreshefte für Kommunikationsgeschichte« und des »Jahrbuchs für Kommunikationsgeschichte«. Veröffentlichung u.a.: »Buch, Markt, Theorie« (hg. mit Thomas Keiderling und Rüdiger Steinmetz, Erlangen 2007) und »350 Jahre Tageszeitung. Forschungen und Dokumente« (hg. mit Johannes Weber, Bremen 2002).

Thomas Latschan, geboren 1976, freier Journalist und Politischer Redakteur in verschiedenen Hörfunkprogrammen des Westdeutschen Rundfunks und der Deutschen Welle.

Prof. Dietrich Leder, geboren 1954, Professor in der Fächergruppe Fernsehen/Film der Kunsthochschule für Medien Köln, Mitherausgeber der dreibändigen WDR-Geschichte »Am Puls der Zeit« (Köln 2006). Er veröffentlicht wöchentlich das »Journal der Bilder und der Töne« auf der Internetseite der »Funkkorrespondenz« und jährlich den Fernsehjahresrückblick in der »Funkkorrespondenz« und im »Jahrbuch Fernsehen«.

Prof. Dr. Claus Leggewie, geboren 1950, Direktor des Kulturwissenschaftlichen Instituts (KWI) in Essen und Professor für Politikwissenschaft. Veröffentlichungen u.a.: »Die akademische Hintertreppe. Kleines Lexikon wissenschaftlichen Kommunizierens« (mit Elke Mühlleitner, Frankfurt a. M., New York 2007), »Ein Ort, an den man gerne geht. Das Holocaust-Mahnmal und die deutsche Geschichtspolitik nach 1989« (mit Erik Meyer, München 2005) und »Interaktivität. Ein transdisziplinärer Schlüsselbegriff« (hg. mit Christoph Bieber, Frankfurt a. M., New York 2004).

Dr. Dirk Leuffen, geboren 1974, Wissenschaftlicher Assistent am »Center for Comparative and International Studies« der ETH Zürich. Aktuelle Veröffentlichung: »Cohabitation und Europapolitik. Politische Entscheidungsprozesse im Mehrebenensystem« (Baden-Baden 2007).

Jan Lingemann, geboren 1967, Leiter »Forschung & Beratung« bei der Unternehmensberatung »HMR International« in Köln, Lehrauftrag am Institut für Medienwissenschaften an der Ruhr-Universität Bochum, Autor von zahlreichen Marktstudien sowie medien- und kulturwissenschaftlichen Fachaufsätzen.

Peter Littger, geboren 1973, Assistent des Journalistischen Vorstands im Verlag Gruner + Jahr in Hamburg. Zuvor Redakteur u. a. bei »Park Avenue«, »Cicero« und der »Zeit«. Veröffentlichungen u. a.: »Der Selbstzerstörungsjournalismus oder: Wie die nicht-autonome Medienbeobachtung zur autonomen Korrekturinstanz werden kann« (in: »Die Selbstbeobachtungsfalle«, hg. von Michael Beuthner und Stephan Weichert, Wiesbaden 2005).

Harald Martenstein, geboren 1953, Kolumnist der »Zeit« und Redakteur beim »Tagesspiegel«, Träger des Egon-Erwin-Kisch-Preises 2004 für die beste deutschsprachige Reportage. Veröffentlichungen u. a.: »Heimweg« (München 2007) und »Männer sind wie Pfirsiche« (München 2007).

Christian Meier, geboren 1971, Hauptstadt-Korrespondent der Fachzeitschrift »kressreport« und freier Autor u. a. für den »Tagesspiegel«, die »Neue Zürcher Zeitung« und die Wochenzeitung »Das Parlament«.

Dr. Daniel Meier, geboren 1970, Akademischer Rat für Christliche Publizistik an der Universität Erlangen-Nürnberg. Veröffentlichungen u. a.: »Kirche in der Tagespresse« (Erlangen 2006) und »Zwischen Panikmache und Parteinahme. Weltwahrnehmung als Profession. Journalistisches und pastorales Handeln im Dialog« (in: »Praktische Theologie«, Gütersloh 2005, S. 291–300).

Monika Menz, geboren 1976, Rechtsanwältin und Wissenschaftliche Mitarbeiterin am Erich Pommer Institut für Medienrecht und Medienwirtschaft an der Universität Potsdam.

Prof. Dr. Michael Meyen, geboren 1967, Professor am Institut für Kommunikationswissenschaft und Medienforschung der Universität München. Aktuelle Veröffentlichungen: »Ich habe dieses Fach erfunden. Wie die Kommunikationswissenschaft an die deutschsprachigen Universitäten kam« (mit Maria Löblich, Köln 2007) und »Klassiker der Kommunikationswissenschaft« (mit Maria Löblich, Konstanz 2006).

Prof. Dr. Herfried Münkler, geboren 1951, Professor für Theorie der Politik am Institut für Sozialwissenschaften der Humboldt-Universität Berlin und Mitglied der Berlin-Brandenburgischen Akademie der Wissenschaften. Veröffentlichungen u. a.: »Imperien. Die Logik der Weltherrschaft. Vom Alten Rom bis zu den Vereinigten Staaten« (Berlin 2005) und »Die neuen Kriege« (Reinbek 2002).

Dr. Sophie Mützel, geboren 1971, Wissenschaftliche Assistentin am Lehrstuhl für Vergleichende Strukturanalyse, Institut für Sozialwissenschaften der Humboldt-Universität Berlin. Veröffentlichung: »Making meaning of the Move of the German Capital. Networks, Logics, and the Emergence of Capital City Journalism« (New York 2002).

Dr. Harald Neymanns, geboren 1970, Dozent am »Institute of Electronic Business« an der UdK (Universität der Künste) Berlin und Projektleiter für E-Government bei »City & Bits«. Veröffentlichungen u. a.: »Suchmaschinen. Das Tor zum Netz« (Berlin 2005) und »Online-Wahlen« (mit Hubertus Buchstein, Opladen 2002).

Dr. Jörg-Uwe Nieland, geboren 1965, Wissenschaftlicher Mitarbeiter am Lehrstuhl »Vergleichende Regierungslehre und Politikfeldanalyse« der Ruhr-Universität Bochum und Mitglied der »Forschungsgruppe Regieren« an der Universität Duisburg-Essen. Veröffentlichungen u. a.: »Das Spiel mit dem Fußball. Interessen, Projektionen und Vereinnahmungen« (hg. mit Jürgen Mittag, Essen 2007) und »Regieren und Kommunikation. Meinungsbildung, Entscheidungsfindung und gouvernementales Kommunikationsmanagement« (hg. mit Klaus Kamps, Köln 2006).

Dr. Thomas Petersen, geboren 1968, Projektleiter am Institut für Demoskopie Allensbach und Dozent am Institut für Politische Wissenschaft an der Universität Hamburg, Vizepräsident und President-Elect der »World Association for Public Opinion Research« (WAPOR). Veröffentlichungen u. a.: »Das Feldexperiment in der Umfrageforschung« (Frankfurt a. M. 2002) und »PR-Arbeit in der Antike. Wie Augustus zum vielleicht erfolgreichsten Politiker aller Zeiten wurde« (München 2005).

Prof. Dr. Horst Pöttker, geboren 1944, Professor für Journalistik am Institut für Journalistik der Universität Dortmund. Veröffentlichungen u. a.: »Vergessen? Verschwiegen? Verdrängt? 10 Jahre ›Initiative Nachrichtenaufklärun‹« (hg. mit Christiane Schulzki-Haddouti u. a., Wiesbaden 2007).

Diemut Roether, geboren 1964, Redakteurin beim Medienfachdienst »epd medien«, von 1993 bis 2000 Nachrichtenredakteurin bei ARD Aktuell.

Prof. Dr. Ulrike Röttger, geboren 1966, Professorin für Public Relations an der Westfälischen Wilhelms-Universität, Münster. Veröffentlichungen u. a.: »PR-Kampagnen. Über die Inszenierung von Öffentlichkeit« (Wiesbaden 2006) und »Theorien der Public Relations« (Wiesbaden 2004).

Marion Romes, geboren 1976, Wissenschaftliche Referentin am Zentrum für Europäische Integrationsforschung (ZEI) der Universität Bonn. Veröffentlichungen u. a.: »Methoden und Maßstäbe der Ex-ante-Entgeltregulierung nach dem TKG. Zur Anwendung der Vergleichsmarktmethode im Vorabgenehmigungsverfahren« (mit Christian Koenig, in: »MultiMedia und Recht«, Köln 2007) und »Die regulatorische Behandlung neuer Märkte im Telekommunikationsrecht« (mit Christian Koenig und Sascha Loetz, in: »Kommunikation & Recht«, 2006).

Marcel Rosenbach, geboren 1972, Redakteur beim Nachrichtenmagazin »Der Spiegel«.

Dr. Stephan Ruß-Mohl, geboren 1950, Professor für Journalistische Praxis und Medienmanagement an der Università della Svizzera italiana (USI) in Lugano und Leiter des »European Journalism Observatory«. Veröffentlichungen u. a: »A Complicated, Antagonistic and Symbiotic Affair. Journalism, Public Relations, and their Struggle for Public Attention« (mit Bernd Merkel und Giovanni Zavaritt, Lugano, Milano 2007) und »Der Journalist als Homo oeconomicus« (mit Susanne Fengler, Konstanz 2005).

Sabine Sasse, geboren 1963, freie Journalistin in Berlin.

Ulrike Sauer, geboren 1964, seit 1991 als Journalistin in Italien tätig, u. a. als Wirtschaftskorrespondentin für die »Süddeutsche Zeitung« und für die »Wirtschaftswoche«.

Dirk Schäfer, geboren 1969, freier Journalist u. a. für die Zeitschrift »Wirtschaft & Wissenschaft«.

Prof. Dr. Gisela Schmalz, geboren 1970, Professorin für Strategisches Management an der Rheinischen Fachhochschule Köln und Mitarbeiterin am Institut für Medien- und Kommunikationspolitik Berlin.

Gerti Schön, geboren 1965, freie Medienjournalistin in New York, u. a. Korrespondentin für »Die Welt« und »Horizont Magazin«.

Thomas Schuler, geboren 1965, freier Journalist, Buchautor, Mitglied im Vorstand des »Netzwerk Recherche e.V.«. Veröffentlichungen u.a.: «Strauß. Die Biographie einer Familie« (Frankfurt a. M. 2006) und »Die Mohns. Vom Provinzbuchhändler zum Weltkonzern. Die Familie hinter Bertelsmann« (Frankfurt a. M. 2004).

Dr. Christian Schulte, geboren 1960, Privatdozent am Institut für Kulturwissenschaft der Universität Bremen und Medienwissenschaftler am Zentrum für Kunst und Medientechnologie Karlsruhe (ZKM). Veröffentlichungen u.a.:»Der Maulwurf kennt kein System« (mit Reiner Stollmann, Bielefeld 2005) und »Kluges Fernsehen. Alexander Kluges Kulturmagazine« (mit Winfried Siebers, Frankfurt a. M. 2002).

Dr. Ralf Siepmann, geboren 1961, freier Journalist mit Schwerpunkt Medien und Kultur, von 1993 bis 2002 Pressesprecher und Leiter Kommunikation des Auslandsrundfunks Deutsche Welle (DW), zuvor Pressesprecher und Leiter Öffentlichkeitsarbeit des Deutschlandfunks.

Prof. Dr. Jan Tonnemacher, geboren 1940, Professor für Journalistik an der Universität Eichstätt, u. a. Tätigkeiten in der Wirtschafts- und Medienforschung beim Institut für Demoskopie Allensbach und bei der Prognos AG in Basel. Veröffentlichungen u.a.:»Kommunikationspolitik in Deutschland. Eine Einführung« (2. Aufl., Konstanz 2003).

Prof. Dr. Thomas Vesting, geboren 1958, Professor für Öffentliches Recht, Recht und Theorie der Medien an der Universität Frankfurt a. M. Zahlreiche Publikationen zum Medienrecht (Rundfunk, Film, Internet), u. a.: »Rechtstheorie« (München 2007).

Dr. Gerhard Vowe, geboren 1953, Professor für Kommunikations- und Medienwissenschaft am Sozialwissenschaftlichen Institut der Heinrich-Heine-Universität Düsseldorf. Veröffentlichungen u. a.: »Mediatisierung der Politik? Ein theoretischer Ansatz auf dem Prüfstand« (in: Publizistik 51, 2006) und »Radioqualität. Was die Hörer wollen und was die Sender bieten« (mit Jens Wolling, München 2005).

Christian Wagener, geboren 1968, Gesellschafter der »HMR Produktion GmbH« und dort tätig in den Bereichen Projektentwicklung, Archivrecherche und Regieassistenz, darüber hinaus langjähriger Gutachter für das MEDIA-Programm der EU und Autor von Buch- und Internetbeiträgen über Medienkonzerne.

Markus Wehner, geboren 1963, Redakteur der »Frankfurter Allgemeinen Sonntagszeitung«, von 1992 bis 2004 Mitarbeiter der »FAZ«, u. a. von 1999 bis 2004 Korrespondent in Moskau.

Dr. Stephan Weichert, geboren 1973, wissenschaftlicher Projektleiter am Institut für Medien- und Kommunikationspolitik Berlin. Veröffentlichungen u. a.: »Die Alpha-Journalisten. Deutschlands Wortführer im Porträt (hg. mit Christian Zabel, Köln 2007) und »Die Krise als Medienereignis. Über den 11. September im deutschen Fernsehen« (Köln 2006).

Prof. Dr. Siegfried Weichlein, geboren 1960, Professor für Europäische und Schweizerische Zeitgeschichte an der Universität Fribourg (Schweiz). Aktuelle Veröffentlichungen: »Nation und Region. Integrationsprozesse im Bismarckreich« (in: »Beiträge zur Geschichte des Parlamentarismus und der politischen Parteien«, Bd. 137, 2. Aufl., Düsseldorf 2006) und »Nationalbewegungen und Nationalismus in Europa« (in: »Geschichte Kompakt«, Darmstadt 2006).

Prof. Dr. Wolfgang Th. Wessels, geboren 1948, Inhaber des Jean Monnet-Lehrstuhls am Forschungsinstitut für Politische Wissenschaft und Europäische Fragen der Universität zu Köln. Mitglied im Vorstand des Instituts für Europäische Politik (Berlin), Chairman der »Trans European Policy Association« (Brüssel), Gründungsmitglied des »Jean Monnet Centre of Excellence«, Projektkoordinator des Netzwerks »EU-CONSENT« sowie Visiting Professor am »College of Europe«, Brügge und Natolin. Veröffentlichungen u. a.: »Die Öffnung des Staates« (Opladen 2000), »Europa von A–Z. Taschenbuch der Europäischen Integration« (hg. mit Wolfgang Weidenfeld, Bonn u. a. 1991–2007 ff.) und »Jahrbuch der Europäischen Integration« (hg. mit Wolfgang Weidenfeld, Bonn u. a. 1981–2007 ff.).

Dr. Christian Zabel, geboren 1976, freier Autor, Mitarbeiter von »HMR International GmbH«. Aktuelle Veröffentlichung: »Die Alpha-Journalisten. Deutschlands Wortführer im Porträt« (hg. mit Stephan Weichert, Köln 2007).

PERSONENREGISTER

Abendroth, Wolfgang 143
Ackermann, Josef 199
Adenauer, Konrad 14, 16, 18, 26, 83, 106, 194, 268, 286, 289, 291, 355, 406
Adorno, Theodor W. 143, 163, 201, 277, 291, 293, 362
Ahlers, Conrad 14
Albrecht, Ernst 11, 19
Allen, Paul 125f.
Al-Qaradawi, Jusuf 36
Alterman, Eric 67
Al-Thani, Hamad bin Khalifa 33, 35
Amann, Max 374
Annan, Kofi 168, 170
Arendt, Hannah 208, 299
Aristoteles 241, 297, 404
Arnett, Peter 67, 326
Astor, John Jacob 217
Augstein, Rudolf 26, 82, 291, 356
Augustus 418
Baarova, Lida 130
Baecker, Dirk 209
Bateson, Gregory 212
Balbo, Italo 277
Barrès, Maurice 161, 427
Baudrillard, Jean 209
Beavin, Janet H. 211
Beck, Glenn 67
Becker, Boris 108, 369
Becker, Wolfgang 114
Beckmann, Elisabeth 56
Ben-Ghiat, Ruth 280
Bennett, James Gordon 261
Beresowskij, Boris 10f., 350f.

Berlusconi, Silvio 13, 44–47, 109, 121, 218, 264, 360
Bernays, Edward L. 48–51
Bernstein, Carl 24, 326
Bertelsmann, Carl 52f.
Bertelsmann, Heinrich 53
Beuve-Méry, Hubert 118
Bewkes, Jeffrey 392
Bin Laden, Osama 36, 68, 383
Bismarck, Otto von 59, 81, 186, 261, 297
Blair, Jayson 283f.
Blair, Tony 139f., 274
Bloch, Ernst 91
Bogart, Leo 289
Bolaffi, Angelo 47
Böll, Heinrich 374
Bourdieu, Pierre 160, 162, 364
Born, Michael 25
Börne, Ludwig 318, 320
Bötsch, Wolfgang 11, 197f.
Boveri, Margret 289, 356
Brandt, Willy 406
Branson, Richard 275
Brecht, Bertolt 191
Bredow, Hans 333
Breuer, Rolf 199
Brian, Denis 326
Brin, Sergej 132
Brisbane, Arthur 154
Brodskij, Josif 348
Brown, Gordon 42
Brüning, Heinrich 81, 158
Bucerius, Gerd 82, 291
Bücher, Karl 57–60, 222, 261, 318, 411

Bühler, Karl 211
Burda, Hubert 275, 374
Bush, George W. 67, 101, 125
Büssow, Jürgen 203
Calame, Byron E. 284
Campbell, Alastair 140
Capote, Truman 187
Carroll, Lewis 211
Caruso, Enrico 49
Chase, Stuart 206
Chi Huang Ti 418
Chirac, Jaques 117
Chodorkowskij, Michail 352
Chomsky, Noam 18
Churchill, Winston 78, 150, 326
Cicero 104
Clausewitz, Carl von 227
Clement, Wolfgang 85, 113
Clinton, Bill 26, 67, 100, 360, 414
Comtes, Auguste 207
Coolidge, Calvin 50
Corbetta, Piergiorgio 46
Craxi, Bettino 44
Creels, George 310
Cronenberg, David 105
Cruise, Tom 115
Curran, James 137
Czitrom, Daniel J. 220
Davies, Marion 155
Day, Benjamin 260
DeLay, Thomas 67
Deng, Wendy 276
Derrida, Jacques 163
Dewey, John 220
Diderot, Denis 161
Dirks, Walter 163
Dobbs, Lou 67
Dönhoff, Marion Gräfin 318, 356

Döpfner, Mathias 375f.
Dostojewski, Fjodor 131
Dovifat, Emil 15, 186, 223, 288, 319f.
Drewitz, Hans-Dieter 13
Dreyfus, Alfred 424–427
Dröge, Frank 221, 249
Durkheim, Émile 161, 210, 365
Dyke, Greg 42
Eberhard, Fritz 14f., 82, 223, 286, 320
Edison, Thomas Alva 262
Ehmke, Horst 84
Elfenbein, Stefan 283
Elisabeth II. 38, 369
Ellul, Jacques 308
Engels, Friedrich 86, 248
Enzensberger, Hans Magnus 318
Eppler, Erhard 353
Erhard, Ludwig 14
Ester, Karl d' 319f.
Evans, Kent 125
Farinacci, Roberto 277
Faure, Felix 425
Feldmann, Erich 221
Fest, Joachim 318
Feuchtwanger, Lion 318
Fichte, Johann Gottlieb 161
Filbinger, Hans 289
Fischer, Joschka 183
Foerster, Heinz von 240
Fox, William 262
France, Anatole 426
Frère, Albert 55
Freud, Sigmund 48f., 128, 131, 231
Friedmann, Werner 187
Gabler, Neal 262
Gallup, George 288
Garner, John N. 154
Gates, Bill 123–126, 357, 360
Gaulle, Charles de 121
Gelli, Licio 45

Georg, Franz 197
George, Lloyd 149, 154
Gerhards, Jürgen 294
Giani, Paul Leo 203
Giscard d'Estaing, Valéry 119, 415
Giesecke, Michael 213
Glaeser, Ernst 318
Glotz, Peter 14
Gödels, Kurt 240
Goebbels, Joseph 81, 88f., 91, 127–131, 186, 217, 278f., 288, 303, 310
Gogh, Vincent van 127f.
Goodman, Clive 139
Gorbatschow, Michail Sergejewitsch 237, 348
Gore, Al 133
Göring, Hermann 131, 153
Gould, Jay 217, 324
Grade, Michael 42
Graf, Steffi 369
Gramsci, Antonio 162
Grass, Günter 163
Gregor XV. 309
Gross, Johannes 80, 318, 356
Grossmann, Wassilij 348
Gumbrecht, Hans Ulrich 224
Günther, Eberhard 82, 223
Gussinskij, Wladimir 10, 349f.
Gutenberg, Johannes 185, 254, 302
Haacke, Wilmont 319
Habermas, Jürgen 112, 142–145, 163, 202, 210f., 241, 293f.
Hadden, Briton 390
Haffner, Sebastian 318
Hagemann, Walter 15, 319f.
Hammerich, Johann Friedrich 374
Hardt, Hanno 223

Harmsworth, Alfred (Lord Northcliffe) 137, 146–150, 152, 261, 310
Harmsworth, Harold (Lord Rothermere) 137, 147, 261
Harmsworth, Lester 137, 149, 261
Hearst, William Randolph 151–155, 261, 272, 282, 323f., 394
Hege, Hans 21
Heide, Walther 319
Heidegger, Martin 208f.
Heidemann, Gerd 27
Heine, Heinrich 248, 318, 320
Herfurth, Edgar 58
Herrmann, Joachim 90
Hersant, Robert 121
Heß, Rudolf 131
Heuss, Theodor 162
Hilferding, Rudolf 162
Hindenburg, Paul von 129
Hinderer, August 312
Hirsch, Wilhelm 156
Hitler, Adolf 25–27, 88f., 92, 127–131, 153, 156, 158, 262, 277
Hobbes, Thomas 354
Holzamer, Karl 83
Hondrich, Karl Otto 24
Hörisch, Jochen 224
Horkheimer, Max 143, 163, 291f., 362
Horton Cooley, Charles 212, 220
Hovland, Carl 220
Hoyt, Clark 284
Huber, Erwin 198
Hugenberg, Alfred 81, 156–159, 191, 261, 303
Hussein, Saddam 67
Innis, Harold Adams 212, 221, 253
Jackson, Don D. 211

SACHREGISTER